DAS TIER MIT DEN ZWEI RÜCKEN

Das Tier
mit den
zwei Rücken

Erotika

---

herausgegeben und kommentiert
von Roger Willemsen

Kiepenheuer & Witsch

FG

■ INHALT ■

Das Buch ist ein Schwein

Eine Sache ist der Koitus, eine andere die Rede von ihm. Was sich im Liebesakt als das Herrlichste, als vollendete Steigerung des Vergnügens darstellen kann, das ist in der Rede, und nur in der Rede, möglicherweise unsittlich, und was im Koitus selbstverständlich ist – die Sichtbarkeit der verschlungenen Körper, der Organe in ihrer Erhitztheit und Aufregung – das ist in ihr zumindest riskant. Kaum hebt sie an, gehen ihr die Worte aus. Sie muß ›Koitus‹ sagen oder ›Liebesakt‹, als handele es sich statt Erotik um Sexualphysik, sie muß ›das Herrlichste‹ sagen, statt einen euphorischen Ausruf zu tun oder das stickige ›Orgasmus‹ zu setzen, sie muß unfreiwillig metaphorisch werden, um ihre Sache zu retten.

In dieser Hinsicht hat es die Rede oft schwerer als die Körper. Sie tastet sich an Verboten vorbei, die in der Vokabelmasse sitzen, den sittlichen Verboten des Zu-Ausdrücklichen und Indezenten und, schlimmer noch, den literarischen Verboten der inadäquaten Formulierung, so wie sie sich im hygienischen Sprechen oder in der Zote niederschlagen kann. Mit sexuellen Vokabeln wird medizinisch diagnostiziert, Recht gesprochen und geflucht. Wer wirklich vom Lieben sprechen will, muß sich eine eigene Sprache erfinden. Insofern steckt in aller erotischen Literatur auch der Versuch, Worte zu erretten, durch die die Erfahrung des Liebesakts überhaupt aussprechbar wird. Das ist das eine.

Zugleich sucht die erotische Rede meist nicht allein der Erregung Sprache, sondern auch, der Sprache eine Hülle von Erregung zu geben. Sie kultiviert das Vorspiel der Worte, die rhetorische Initiation, sie umschwärmt den Höhepunkt mit Satzbrüchen und Interjektionen und verewigt Lustgefühle noch, wenn sie vorbei sind. Ja, sie verführt den Leser, sie versteht seine Scham zu kitzeln und eine Erregung zu befreien, so imaginativ, so abstrakt und

zugleich verwegen, daß sie der von physischer Berührung ge-
weckten Erregung kaum näher steht als ein gemalter Arm einem
wirklichen. Literatur erschafft Erotik. Das ist das andere.

Sie erschafft eine Erotik mit eigenem Gehalt. Denn so opernhaft
es wirkt, wenn uns Beischläfer und Beischläferin ihre Stellungs-
wechsel und Empfindungen gewissermaßen in actu mitteilen, so
unmittelbar und wahrhaftig erscheint es, wenn wir ihnen durch
die Augen eines Dritten zusehen. Wirklich wimmeln erotische
Literatur und Kunst von heimlichen Lauschern, von Spionen,
die sich an der Lektüre gestohlener Liebesbriefe ergötzen, von
Zeugen, die auch im orientalischen und asiatischen Kulturraum
hinter Paravants hervorquellen, von Vorhängen unvollständig
bedeckt werden oder selbst als Assistenzfiguren der Raserei mit
geöffnetem Hausmantel herbeieilen. In dieser Gestalt bezieht die
erotische Literatur nicht nur Autor und Leser ins Geschehen ein,
sie kultiviert zugleich jene bestimmte, nur mit Texten identifizierbare Erregung: ein Ineinander aus Zeugenschaft und Miter-
findung, aus Nachvollzug und Schöpfung, verwandt aller
künstlerischen Produktion. Man nennt dergleichen auch ›voyeu-
ristisch‹, aber das ist eine unglückliche Bezeichnung von mild
perversem Hautgout für die banale Lust am Zusehen, den
Drang, die Augen aufzumachen, wenn es etwas zu sehen gibt.

Schließlich aber hat es Literatur selten geschafft, das Erotische
und nur das Erotische darzustellen. Vielmehr hat sie in ihm etwas
anderes bezeichnet, ein über das Haptische hinausgehendes Verlangen, eine Ahnung und Erwartung, einen Aufschwung, eine
Erhebung oder im Gegenteil, recht anti-idealistisch, eine vaso-
motorische Banalität, einen Bodensatz aus Sekretion und Witterung. Insofern ist wohl weniges so elementar symbolisch wie die
Rede vom Sex, und zugleich gibt es nichts, das nicht durch die
Berührung mit ihm seine Wertigkeit änderte. Es wird lächerlich,
utopisch, unflätig, lasterhaft oder spannend, es hinterläßt eine
Irritation, eine gewisse Nervosität und Ablenkung oder einen
merkwürdigen Starrsinn. All das kann schon vom geringsten
Signal geweckt werden, vom minimal verrutschten Wams, vom

Symbol des Phallus oder der Vulva, ja selbst von der tändelnden Anordnung der Notenschrift eines Liebesliedes in Form der weiblichen Brüste, so wie es der Renaissance gefiel. Dies bezeich‚ net tatsächlich ein zuverlässiges historisches Kontinuum: die erotischen Zeichen wirken immer noch, die Andeutungen kom‚ men noch ans Ziel, das auf die Hauswand gekritzelte Wort kitzelt noch heute. Kaum kommt es zu Sexuellem, möchte der Leser auf keinen Fall mehr unterbrochen werden.

So ist die erotische Schrift nicht im geringsten von eindimensio‚ naler Versessenheit, sondern sie ist in vielerlei Richtung schwär‚ mende, in vielerlei Hinsicht bedeutungsvolle Schrift, sie denkt und sie gestaltet anders und anderes als alle übrige Literatur. Sie kultiviert einen eigenen Anspielungsstil, der in manchen Werken nie ›zur Sache‹ kommt, die Vorstellung aber so dreist von Ent‚ hüllung zu Enthüllung, von Griff zu Griff, von Höhepunkt zu Höhepunkt führt, daß die lesende Übersetzung zwangsläufig indezenter ausfällt als manches, was sich die ausdrücklichere Li‚ teratur getraut hat. Auch diese andere, die schamlose, unverhüllte oder drastische Literatur aber spricht anders, beflügelt von der amoralischen Energie des Protests, der Verweigerung, der Ketze‚ rei, der Lust an der grellen Beleuchtung von Dingen, Vorgängen und Worten, die auf die Nachtseite von Leben und Sprechen verdammt wurden.

Doch dieses Reden bleibt für sich. In keinem der großen Romane des 19. Jahrhunderts, bei Dostojewski, Balzac, Dickens, George Eliot, Flaubert oder Zola kommt ein Exzess vor. Kein Autor aus den Blütezeiten des Romans bis zum 20. Jahrhundert hat seine Protagonisten denken, fühlen, glauben, zweifeln *und* unverhüllt vögeln lassen. Sollten sie *das* tun, so begann der Autor einen neuen Text, in dem sie nun kaum etwas anderes trieben. Liebe und erotische Ausdrücklichkeit scheinen sehr lange in getrennten Räumen zu leben, sie scheinen lange nicht einmal durch Fenster verbunden, scheinen nicht einmal dasselbe Haus zu bewohnen. Der klassische Roman kultiviert so die Vorstellung, wahre Men‚ schen machten die Liebe nicht wirklich oder umgekehrt, körperlich Liebende seien keine romanfähigen Helden. Selbst ein vermeintlicher erotischer Klassiker wie D. H. Lawrence's ›Women in Love‹ ist nirgends so unverbindlich, so abstrakt, so verloren in vagen Seinserschütterungen und kosmischem Zittern, wie dort, wo die Paare sich hingeben und man nicht einmal erfährt, ob sie ihre Kleider noch tragen. Entweder man beugte sich Zensurvorschriften oder man empfand es wahrhaftig, jeden, falls entstand der Eindruck: Sex ist unedel, wenn nicht: unrein.

Zugleich ist aber die erotische auf einzigartige Weise wirkungs, volle Schrift. Weniges nämlich hat diese Form des Sprechens so sehr zu einem Leben hinter Anonymen und Pseudonymen, ge, fälschten Erscheinungsorten und ,daten, falschen Druckern und Herausgebern verurteilt, wie die Befürchtung, daß man sich an ihr ›anstecken‹ könne. Ja, es sieht sogar so aus, als habe man neben der politischen Rede überhaupt keiner Sprechform solche schlei, chende Demagogie zugetraut, wie der erotischen, die doch gar nicht überzeugen und manipulieren, sondern allein sichtbar und vielleicht vergnügt machen möchte.

Hinter dieser für die Autoren gewiß auch beneidenswerten Un, terstellung einer ›gefährlichen‹ Literatur verbarg sich die Vermu, tung, daß man sich gegen den Sex nicht wehren könne, daß er aus den Schriften sogleich übergriffe und Zentren der Moral mit Erosionen und Zerfall bedrohe. Bezeichnend, daß man gerade das Sexuelle in eine solche Schlüsselposition für die gesellschaft, liche Formulierung von ›Gesundheit‹, von ›Anstand‹, von sitt, licher Integrität hob und daß man ihm zugleich eine so blindwütige Wirkung zuschrieb. Aber bezeichnend wofür?

Die Bibliotheken reservierten der erotischen Literatur eigene Ver, schlußorte, die man in England ›private cases‹ nannte, in Frank, reich ›L'Enfer‹, die Hölle, und in Deutschland den ›Gift, schrank‹. Dort existierte sie (und existiert sie teilweise noch heute) in symbolischer Isolierung, wie die Schamgegend der Sprache peinlich verhüllt und vor möglicher Wirkung bewahrt, eine Versammlung von Schriften voller schräger Spiele und Obses, sionen, gemacht aus Wörtern, die alle kennen, aber nicht ver, wenden, so wie sie Organe haben, die sie nicht zeigen und die unter Umständen noch anständiger gefunden werden als die Worte, mit denen man sie nennt, »Scham« und »Glied«, »Penis« und »Vagina«, »Schwanz« und »Fotze«, oder wie es beim unvergleichlichen Aretino heißt: »Sprich doch frei von der Leber weg und sag doch ar, schwa, vo und fi. Sonst versteht dich höchstens die Sapienza Capranica mit deinem Schlauch im Ring, Obelisk im Culiseo, Rübe im Garten, Riegel im Loch, Schlüssel im Schloß, Stämpel im Mörser, Nachtigall im Nest, Pfahl im Graben, Blasebalg vor'm Ofenloch, Degen in der Scheide, und mit dem Pflock, der Schalmei, der Mohrrübe, dem Mäuschen, der Kleinen, dem Kleinen, dem Hinterpommeranzen, den Meßbuchblättern, dem Verbi gratia, dem Ding, der Geschichte, dem Stiel, dem Pfeil, der Rübe, der Wurzel, dem Rettich und dem Dreck – [. . .] Nenn doch das ›Ja‹ Ja und das ›Nein‹ Nein oder behalt's für dich.« Auf die knappste (und männlichste) Formel aber bringt es Casanova, als er sein Geschlecht der Geliebten erklärt: »›Das ist das Verbum‹, sagte ich, ›der große Schöpfer der Menschen.‹«

Weggeschlossen wurden die Bilder der Organe, Stellungen, Erregungszustände, der entblößten Gruppen und der entblößenden Worte viele Jahrhunderte lang. Man neigt dazu, dergleichen Epochen zuzubilligen, die auch die Beine des Klaviers schamhaft in Spitzenhosen steckten und Bücher getrennt nach dem Geschlecht der Verfasser aufbewahrten. Aber man fragt sich, welche Bedeutung heute dieselben Vorrichtungen besitzen (die nicht zuletzt selbst die Zusammenstellung dieser Sammlung technisch erschwert haben), fragt sich schlußfolgernd, welche elementare Funktion jene Moral für das gesellschaftliche Leben spielt, die man mit einem Ausdruck von gnädiger Unschärfe die ›doppelte‹ nennt. Denn wenn man hört, daß Marie Antoinette auf dem Kirchgang erotische Literatur verkappt im Umschlag eines frommen Buches las oder daß Botticelli, später ein Anhänger Savonarolas, den Mediceern erotische Bilder fürs Schlafzimmer malte oder daß hehre Gottesanbeter des ›Göttinger Hains‹ wie Bürger,

Voß und Stolberg in der Abfassung ›Priapischer Oden‹ kon-
kurrierten, dann nennt man dies eben gerne die ›verlogene‹,
›bürgerliche‹ oder ›doppelte‹ Moral, obwohl man sie eigentlich bis
zum heutigen Tag so am liebsten hat: so bürgerlich, verlogen und
doppelt, und das heißt auch: so lustvoll. Denn diese Moral zerfällt
ja nicht wirklich in zwei Hälften (die anständige und die eigentliche), sondern nur so doppelt ergibt sie ein Ganzes, nur so kann
sie existieren, nur so die Freuden der Entrüstung *und* der Übertretung spenden.

Nicht selten scheint die Lust am borniertem Gegner ganz deutlich
aus dem Plädoyer für eine lustvolle Literatur heraus. Nehmen wir
etwa Mirabeaus ketzerisches Motto zu »Lauras Erziehung«
(1777-1781):

> Zieht euch zurück, ihr eifernden Zensoren,
> Schließt, Frömmler, Moralisten, Narren, eure Ohren!
> Nicht sollt ihr eifernden Megären mit uns rechten,
> Hinweg mit euch, ihr Stolzen, Selbstgerechten,
> denn dieser Blätter süße Heimlichkeit
> ist nie und nimmer euch geweiht.

Man schätze indessen die Bedeutung des Verbots für die erotische
Literatur nicht zu gering ein. Schließlich ist die Trennung zwischen den gesellschaftsfähigen Aussagen über das Geschlechtli-
che und den geheimen Enthemmungen und Phantasien schlicht
die Voraussetzung dafür, daß uns der Sex die Vorstellung einer
immer noch zu erreichenden Befreiung vorgaukeln und Gelegenheit bieten kann, immer neu und hinter dem Banner der Aufklärung von ihm zu reden. Nur so bewahrt er zugleich seine
wichtigste Illusion: die, es handele sich beim Erotischen insgesamt um etwas Geheimnisvolles. Was aber kann der Literatur
Besseres passieren, als daß sie von etwas sprechen darf, das noch
›top secret‹ ist und es zugunsten der Erotik bis zu einem gewissen
Grad auch bleiben muß?

Wenn man es also recht bedenkt, sind beide Seiten belastet: die
Zensur, die die Darstellung elementarer menschlicher Bedürfnisse

und Handlungen verbietet *und* die selbstbewußte Zensurkritik, die befreiten Sex als Reformkost anbietet und die erotische Literatur um den Ruch des Gefährlichen und Indezenten, um die Raffinesse ihres Sprechens bringt. Der Wert dieses Sprechens aber ist für sich und gegenüber allen anderen Formen sprachlicher Artikulation nicht gering zu veranschlagen. Das erotische Sprechen ist gezeichnet von einer eigenen Dialektik von Reden und Verschweigen. Als ›Geständnistier‹, wie Foucault geschrieben hat, akzeptiert der Mensch ja im Sexuellen keineswegs ein Darstellungstabu, vielmehr will er immerzu vom Sexuellen sprechen, es immerzu bekennen und mehr als alles andere immer neu zur Sprache bringen. Im selben Vorgang aber übergibt er die Realität des Sexuellen dem Vergessen, einer Verschleierung, die es verrätselt und erregend opak erscheinen läßt. Gerade so ausdrücklich und ebenso unausgesprochen erhält es sich in der prekären Situation einer Enthüllung, die niemals an ein Ende gelangen soll und die zugleich bewirkt, daß man sich lange Zeit mehr damit beschäftigt hat, den Sex sündelos zu *nennen* als ihn so *darzustellen*. Bei aller Aufklärung aber kann man sich auf die erreichte Freizügigkeit nur mit ausreichender Kurzsichtigkeit etwas einbilden. Es ist heute schon viel schwieriger, dem erotischen Sprechen den Charakter des Mysteriösen, Diffusen und Vagen, wenn nicht Unerlaubten, zu geben, als den Sex selbst einer handfesten Befreiung zu unterwerfen. Entsprechend sind auch die sexuellen Verbote längst weniger schillernd als die rhetorischen Figuren derer, die sie aufheben wollen. Zwar möchte man mit Recht Erkenntnis und Vergnügen ohne Einmischung der Polizei genießen, Verbot und ›Tabu‹ aber sind gegenüber diesem Anspruch inzwischen oftmals zum Popanz geworden.

Insofern lebt die erotische Literatur davon, nicht so sehr die befreiten Stellungsspiele der glücklichen Menage à trois und der Orgie zu feiern, sondern zunächst das Verbot neuerlich aufzurichten, gegen das sich der Text lüstern durchsetzen kann. Vermutlich ist gerade deshalb das Kloster – und das gilt selbst für die asiatische Literatur – der Lieblingsschauplatz aller erotischen

Kunst, der Ort mit natürlichem Verbotsklima, der dem geringsten unzüchtigen Blick bereits die Bedeutung einer lasterhaften
Übertretung gibt und weder Erregung ohne Schuld erlaubt noch
Genuß ohne Reue. In all diesen entfremdeten Kirchenräumen
und Klosterzellen, umfunktionierten Sakristeien und wattierten
Beichtstühlen, in all diesen aufgedröselten Gürtelkordeln, abge-
worfenen Kapuzen und bereitwillig gehobenen Kutten honoriert
die erotische Literatur den Beitrag der Kirche zur Verfeinerung
der Verbote wie der Lust. Zugleich erschafft sie eine halb fiktive
Kultur solcher Heimlichkeit und exzessiver Phantasie, wie sie
vermeintlich nur vom zölibatären Gebot ausgeschwitzt werden
kann. Insofern sind Mönch, Novizin, Äbtissin und geiler Abbé
mit gutem Grund zu Säulenheiligen der erotischen Literatur
geworden und zugleich sind sie die typologischen Attrappen, in
denen man das Gebot am sinnfälligsten profanieren und schän-
den konnte. Daß die höchsten Dinge durch die Berührung mit
dem Sex erdig und niedrig werden, gehört zu den Lieblingsthe-
sen einer Kunst, die im Erotischen auch das Ketzerische, Anti-
idealistische und Destruktive suchte.

Was aber war am Erotischen so unrein, daß man die Sexualdis-
ziplin anfangs nach ihrem Vorläufer, der Abortdisziplin, aus-
richtete? Was war an ihm so profan, da doch mystische Frauen
selbst unverblümt fleischlich vom Koitus mit Gott berichteten?
Was war an ihm so abstoßend, daß man so viel Aberglauben und
Antiaufklärung mobilisieren mußte, ihn zu bannen?

Zunächst fanden sich von Anbeginn an literaturkritische Ein-
wände: die entsprechenden Texte *spezialisierten* sich auf ›das Eine‹.
Unter Ausblendung des Akzidentiellen, Kompositorischen und
labil Balancierten in der menschlichen Innenwelt gaben sie in
notorischer Fachsimpelei einen arg reduzierten, einen Teilmen-
schen. Graphisch vereinfacht – auch darin ist de Sade Meister –
statteten sie ihre Protagonisten mit einem Minimum an Geschichte, Klassenspezifik und Charakter aus und präparierten statt
dessen die Sexualwerkzeuge und die diesen förmlichen anhaften-
den Abarten.

Tatsächlich findet sich in der asiatischen Kunst, vor allem in den Holzschnitten Utamaros, Hokusais oder Harunobus eine auch für die Erzählungen charakteristische Extremvergrößerung der Geschlechtsorgane, die sich hier so im Zentrum aufpflanzen wie es in der westlichen Literatur oft der Phallus tut. Seit den Phallusprozessionen bei Aristophanes setzt sich in der Literatur ein Kult des männlichen Potenzsymbols durch, hinter dem Gesichter, Psychologien und Geschichten so oft verschwinden wie der Weg gegenüber dem Ziel. Penetration und Vollendung tendieren dazu, alle zuständlich-schwärmenden Formen des Erotischen zu verdrängen. Man fand diese Reduktion des Moralischen, Psychologischen und Epischen zugunsten priapischer Souveränität anstößig. Die Erzählungen ließen wenig mehr zu als eine im ganzen nur geringfügig variierbare Abfolge von Wahl, Verführung, Initiation, Vollendung und Abschüttelung. Deshalb ist das Niveau des erotischen Romans über längste Fristen der Geschichte nicht besonders hoch, und deshalb sind auch in der erotischen Literatur selten echte Romane geschrieben worden. Was so genannt wird, sind meist eigentlich mehr oder minder verlegen verbundene Novellensammlungen, deren Abschnitte vom Wechsel der Partner, der Techniken oder der Erschöpfung vorgeschrieben werden.

Moralisch verwerflich schien die erotische Literatur zweitens in der Zeichnung ihrer Charaktere. Die Gestalt, die immer will, immer zu haben ist und immer für alles und jeden zu haben ist, muß als Folgelast ihrer einseitigen Interessiertheit und Reizbarkeit meist Defizienzen im Hirnbereich wie im Seelischen hinnehmen, mit denen sich moralische Skrupellosigkeit bei der Durchsetzung ihrer Wünsche verbindet. De Sades Sex-Teams, gesichtslose Rammel-Mannschaften, versammeln insofern sehr alte Typen der erotischen Literatur zum Ensemble.

Die Frau, die vornehmlich Männer dabei am liebsten erfinden, ist (weit vor der ›verführten Unschuld‹) ›das Weib‹, die zum Laster erzogene, abgehärtete Hetäre, die Duclos de Sades, die Gamiani Mussets, die Nanna Aretinos, Frauen, die man historisch vage mit Ninon de Lenclos, Lady Hamilton, Madame Pompadour,

George Sand, mit Cleo de Mérode, La belle Otéro oder Liane de Pougy in Verbindung bringt und die im Schund als ›La Marquise de Sade‹ oder ›L'Animale‹ auferstanden. Hierbei handelt es sich nicht allein um Projektion, sondern um Ausfaltungen eines Typus, der seit Anbeginn der erotischen Literatur verbürgt ist. Pornographie, ein Kompositum aus porne (= Hure) und graphein (= schreiben), das war nicht nur die *für*, es war auch die *von* Huren geschriebene Literatur, denn in der Antike verfaßten zunächst Tribaden und Hetären wie Philänis oder Artynassa erotische Traktate, verliehen den Erfahrungen großer Kurtisanen Sprache und halfen jenes ›Weib‹ heranzubilden, das bei Lukian, Aretino oder in den Antikenbearbeitungen Wielands bereits als Archetypus erscheint und sich bis in die moderne Literatur etwa zu Pauline Réages »Geschichte der O« erhält. So paradox es klingt: aber die erotische Literatur brauchte die Emanzipation der Frau, weil sie ein ganzes Typen-Reservoir selbstbewußter, eigenständiger, auch abgebrühter und abgefeimter Frauen brauchte, die den Männern den Garaus machen, auch ohne daß diese darum bitten. Wollten die Frauen schließlich nicht aus eigenem Antrieb selbständig werden, so wurden sie (meist von Männern) dazu erzogen: Von de Laclos und Mirabeau bis hin zu Heym und Wedekind finden sich solche Texte, die sich vor allem der Erziehung der Frau zur Hetäre widmen.

Das männliche Pendant ist bezeichnenderweise blasser. Die Dämonie Don Juans profanisiert sich in ihm zum ›Kult des Wüstlings‹, um den sich der erotische Kosmos in jeder gewünschten Konstellation arrangiert. Favorisiert wird unter diesen das Liebesspiel zweier (meist eigentlich heterosexueller) Frauen – nach ihrer Verbreitung zu urteilen, eine männliche Lieblingsvorstellung. Die vorbildliche Realisation der Charge des Wüstlings vollzog sich nicht in Casanova – der eher ein Verführer als ein Phalliker war – sondern in John Wilmot, besser bekannt als Earl of Rochester, ein hemmungsloser Lebemann und innovatorischer Dichter.

Doch selbst wenn man schließlich Grund hat, in der verantwortungslosen Ausbeutung der Lust wie in den sittlichen Profilen der Gestalten Gründe für die Verwerfung literarischer Erotika zu erkennen, so wird man nicht ernsthaft glauben, die Angst vor der Ansteckung durch erotische Literatur hinge hauptsächlich mit ihrem schlechten Vorbild zusammen. Gefährlich war vielmehr die erheblich zuverlässigere Wirkung der Texte: die Erregung der Sinnlichkeit. Kommt schon innerhalb der nicht-erotischen Literatur Lust oft an die Oberfläche als das Unbeherrschte und offenbar Unbeherrschbare, so suchen die Texte des erotischen Genres in dieser Lust geradezu ein Stimulans – der Begierde wie des Schreibens. Denn daß es in der gesamten Weltliteratur so wenige Bücher ohne Liebesgeschichte gibt, hat nicht nur mit der guten Reputation der Liebe insgesamt und mit der der Erotik im besonderen zu tun, es hat nicht einmal nur mit der Liebe zu tun, sondern mit ihrem Zusammenhang zum Schreiben, einer Verwandtschaft im Bespitzeln und Zusehen, im Schönfärben und Übertreiben, einer Vorliebe für hitzige Worte und Exaltationen und ein Wandern zwischen Gespenstern. Schließlich hängt die Vormacht der Liebe nicht zuletzt damit zusammen, daß das Schreiben ein Weckmittel der Wünsche sein kann, wie der fast vergessenen Lüste, eine Art Glorie des Sexuellen ohne Erinnerung an seine Realität. Restif de la Bretonne, vermutlich der älteste Inzestautor und Patron des Schuhfetischismus (Restifismus), erklärte seinen Hang zur Schriftstellerei mit dem Vergnügen, das es ihm bereite, jenes Gefühl heraufzubeschwören, das ihn ergriffen habe, sobald er seine Hoden am Geländer der Seinebrücken habe schleifen lassen. 194 Bände de la Bretonne verdanken wir diesem Gefühl.

Daß die Lust, die in der schriftlichen Erschaffung erregender Situationen und in ihrer lesenden Reproduktion frei wird, nur auf lauter Umwegen als ›partnerschaftliche‹ oder soziale verstanden werden konnte, das war das eigentliche Skandalon. Die einsame Ersatzbefriedigung, die Eröffnung phantastischer Räume, in denen Verbotenes und Verdrängtes ohne Berührung mit der Außenwelt genossen und ausgelebt werden konnte, sie sollte nicht sein. Unschicklich war das Zitieren erotischer Texte ehemals vor allem in der Gegenwart von Frauen, denn nicht nur ›verzog‹ man sie mit der Vorspiegelung lauter leckerer Lüste und ungehobener Schätze der sexuellen Erregung, man spiegelte ihnen auch ein Privatissimum der Lust vor, in dem man die körperliche Präsenz von Frauen durch Bücher und Bilder, die echten Zeugungsakte durch kurzatmige Erleichterungen und Verstimmungen ersetzte. Obszön, das hieß: orientiert am männlichen Masturbationstrieb, und es war Mirabeau, der diesem Verbot offensiv begegnete, als er im Vorwort zu »Meine Bekehrung« den Leser anredete: »Und nun lies, verschlinge es, masturbiere.«

Mag sein, daß unter dieser Maxime Romane entstanden, in denen gesichtslose Helden von Episode zu Episode, von Höhepunkt zu Höhepunkt, von Abart zu Abart eilen, mag sein, daß diese Texte kein zwingenderes ästhetisches Programm hatten als ›sich was zu trauen‹, daß sie die Situationen immer bizarrer wählen und die Körper immer fantastischer verbiegen, um sie der Lust gefügig zu machen. Jedenfalls gewinnen sie auch eine unausweichliche Echtheit darin, daß sie alles dem Sex zuordnen, daß sie die gefühlsweichen Sensationen, an denen sich sonst Liebe anlagerte, – Sonnenuntergänge, Lauben, Opernlogen – entkernen und un- barmherzig dem Koitus unterwerfen. Nicht umsonst existieren so zahlreiche zotige Parodien auf klassische Gedichte, in denen hohe Kulturgüter gefühlskritisch verschweint werden, nicht umsonst spielen die erotischen Stiche so gern an galante Arrangements empfindsamer Literatur an – das belauschte Liebespaar, die ba- denden Nymphen, schwüle Nacht, der verliebte Alte, vor dem Spiegel, Flirt im Grünen – und nicht umsonst pflegen erotische Texte Moral insgesamt zu einer zweiten Ordnung zu machen, die sich hinter den ökonomischen Prinzipien von Steigerung und Variation fast verflüchtigt. Vielleicht spricht diese Literatur aus keinem anderen Grunde so selten von Liebe. Vielleicht ist sie überhaupt die literarische Gattung, die am weitestgehenden auf Liebesgeschichten verzichtet. In einem berühmten Satz hat Mar- cel Proust gestanden, er habe sich verboten niederzuschreiben, ›sie war lieb zu mir‹ und an die Stelle gesetzt, ›sie zu küssen hat mir Vergnügen gemacht‹. Einen Schritt weitergehend, beharrt die erotische Literatur oft auf einer Körperlichkeit ohne Transzendenz – zugleich die Voraussetzung für die kühle Erforschung der Individuen auf ihre Eignung zur Ferkelei, zu Partnertausch und allen möglichen Praktiken. Zu jeder Zeit trugen Werke, die so schrieben und solchen Interessen folgten, das Stigma, nicht besinnlich und nicht sublim zu sein, aber dafür ›das Eigentliche‹ auszusprechen, das so niemand ›wahr‹ und schon gar nicht ›erbaulich‹ nennen wollte.

Im Mittelalter haben dieselben, die in ihrem Minnedienst das Hemd der Geliebten trugen, sich deren Haar und Schamhaar schenken und ihr Waschwasser zum Trinken geben ließen, die rüdesten Lieder und Schwänke verfaßt. Überall trifft man, in spielerischer oder ernster Form, auf diese vermeintliche Unzusammengehörigkeit, auf das Erotische als die Sprache jenseits der Künstelei, als Entladung und zugleich als eine ganz eigene Destruktion und Kritik, vor der der sittliche Geschmack, der idealistische Mensch ebenso wie die bürgerliche Wahl und Werbung zunichte wurden.

Nicht zuletzt hat aus diesem Grund die Geschichte der erotischen Literatur ein ganz anderes Profil als die der sogenannten Weltliteratur, also der Versammlung jener Texte, die schamlos genossen werden konnten. Zahlreiche große Autoren sind als Erotiker nie hervorgetreten, andere, wie Voltaire, haben sich verleugnet und sind auf diesem Feld unbedeutender als eine Handvoll Anonymer, Dritte wiederum sind in der Literaturgeschichte nie wirklich namhaft geworden, dafür aber in der Geschichte der erotischen Literatur.

Dabei ist diese in vielerlei Hinsicht, in der ihr eigenen Ökonomie, in der Inneneinrichtung begierdefähiger Räume und Landschaften, in der Versammlung radikaler Beobachtungen und Gedanken eine Quelle dessen, was später ›Moderne‹ genannt wird. Sie wirkt darüber hinaus in einem Maße erzieherisch, wie es von der Erbauungsliteratur nur nie wahrgenommen wurde. In deren Augen hatten sich die Texte bereits durch ihr Thema um jeden Ernsthaftigkeitsanspruch gebracht. Die Darstellung des Geschlechtlichen wurde nun einmal blanko mit der Zulieferung zur Masturbation identifiziert und diese verwerflich genannt.

Mehr noch, man kann sagen, daß sich zentrale Programminhalte klassischer Literatur gerade in der erotischen Literatur Bahn gebrochen haben, so die Gefühlskritik, die Kritik geschlechtlicher Rollenfestlegungen, sogar die Gesellschaftskritik, insgesamt Phänomene, die sich mit besonderer Deutlichkeit im Komplex des Libertinismus niedergeschlagen haben. Häufig leitet der Widerstand gegen das Tabu der Nacktheit, das eheliche Treuegelöbnis, die Polygamie, leitet insgesamt der sexuelle Protest einen politischen Protest ein und begleitet ihn. Die abweichende Vorstellung von der Liebe wird insofern zum Zentrum abweichender Lebensvorstellungen und veränderter Machtvorstellungen, und umgekehrt gibt es kaum eine gesellschaftliche Utopie, die nicht zugleich andere Formen des Liebeslebens erdacht hätte. Insofern enthält die erotische Literatur vielfach ein revolutionäres Potential, das sich zwangsläufig dort eröffnet, wo sich Menschen nicht mehr als Objekt von Arbeit oder Geld verstehen, sondern von Sexualität. Darin liegt der tiefere Sinn, wenn Begierde als Gottheit, als Amor oder Cupido personifiziert wird, nämlich als eigene Herrschaft. »Stets war zärtlich mein Herz«, schreibt Ovid, »und erlag den Geschossen Cupidos leicht: ein geringes schon war, es zu erregen, genug.« Diese ›Macht‹, die sich die Menschen seit der Antike gerne als etwas Äußeres, Willkürliches und zugleich Gebieterisches vorstellten, diese Macht zwingt den Beobachtern eine andere Form des Spürsinns, eine abweichende Richtung ihrer Entwürfe auf.

Sicher ist der erotische Souverän zunächst das Gegenbild zum politischen Herrscher, seine Travestie und zugleich seine intime Vollendung, aber dabei handelt es sich nicht um ein Verhältnis, das sich in der Neuformulierung von Befehl und Gehorsam erschöpft. Vielmehr setzt die Bewegung weiter außen an. Plötzlich werden Kleider, Architekturen, Verstecke bedeutend, wird das

Widersprüchliche und Unscharfe im moralischen Kodex zum Tor, durch das Eros einfällt und seine Steigerung vollendet. Manche Texte – oft die lyrischen – zögern das Erlebnis des Beischlafs geradezu schmerzhaft heraus. Sie schwellen förmlich an, während sie den Leser auf die Vereinigung warten lassen oder diese grausam vereiteln. Am Anfang steht die Erkenntnis des Objekts, ein lustvolles Wünschen, dessen genuine Sprache die Verherrlichung, die Verschönung ist, und damit der Verdacht nicht entsteht, es sei alles Trieb und gleichförmig, leitet nicht selten die einzigartige ›Erscheinung‹ den Prozeß der Eroberung ein. »Nie habe ich süßere Rundungen unter meinen Fingern gespürt«, schreiben sie alle, denen Sexualität nicht allein Motorik bedeutet, alles ist ein- und erstmalig wie die Kunst und muß es sein, damit kein Leser auf die Idee käme, es sei immer dasselbe. So wird die erotische Literatur getrieben von immer neuer Entfaltung der Verherrlichung, von einer Tätigkeit des Schönmachens, die weit über Frau und Mann hinaus auf ein Leben weist, das insgesamt begehrenswert ist und das mit idealen Gegenbildern deshalb so gerne zu Szenerien des Märchens, der heidnischen Antike, eines fiktiven Orients oder idealen Goldenen Zeitalters greift.

Zugleich gilt in dieser Sphäre nichts so sehr wie die Entfaltung des schönen Versprechens in immer neuen Formen produktiver Vollendung, die Steigerung der Lust, eine utopisch in Raserei überführende Bewegung, die zuletzt nichts sein läßt, wie es war und die aus Entrückung und Ekstase Bilder eines wertvollen, nie erschöpften und immer gesteigerten Lebenszustands zurückwirft, in dem jeder und jede souverän sein kann, weil alle sich allein dem Prinzip der Steigerung des Lebensgefühls unterwerfen.

Zwangsläufig schlagen gerade diese Entwürfe zuletzt in ihr Gegenteil um. Während der Libertin wie ein Nudist nur in geschlossener Gesellschaft existiert und sich nur so lange hält, wie er im Widerstand leben, im Gegenentwurf seine exzessiven Kleingesellschaften dirigieren kann, verwandelt sich der heidnische Himmel freier Liebe durch die Orgie in ein Stellungsspiel gesichtsloser Nicht-Individuen. Hier gibt es kein Ansehen des

Partners mehr, keine Beschreibung eigener Individualität, keine Reflexion des Anderen, nicht einmal mehr Attribute, sondern nur noch funktionale Relationen, Lust ohne Liebe, ohne Zeu-gung, ohne Verlangen nach Lebenserhaltung. Zur Sprache kommt allein das Paradoxon einer Liebesleidenschaft, die von Indifferenz gegenüber der Fortsetzung des Lebens, wenn nicht vom Todeswunsch selbst getrieben wird und zugleich nichts so sehr fürchtet wie Ermattung und Übersättigung. Kein Wunder, daß diese Steigerung am Ende immer leerer, mechanischer und quantitativer erscheint! Das Steigerungsfähige liegt in Praktiken, Requisiten, dem Einsatz von Hilfsmitteln, der Manipulation von Nebenumständen, den Bizarrerien von Gruppenregeln, der Inte-gration von Schmerz und Ekel, der Einführung von Barbaren, Schwarzen und Tieren. Wer die Sprache der Lust durch die Jahrhunderte verfolgt, wird in ihr wenig Sanftmut entdecken. Gerade das Erotische erweist sich als besonders durchlässig für die Gewalt aus dem äußeren Leben. Erotik, nach verbreiteter Über-zeugung eine Sache von Appetit und Genuß, hat doch vor allem in den Texten der modernen Literatur (seit de Sade) häufiger mit Verderben und der Unmöglichkeit des Genusses zu tun. Mußte man nicht in Hochpreisung und Glorifizierung der Liebe eine Reaktion *gegen* die Natur erkennen, in dieser aber das krude, unsentimentale Gesetz blinden Ergreifens? War nicht Gewalt die Möglichkeit, die der Liebe inhärenten Momente der Herrschaft zu isolieren und Souveränität durchzusetzen?

Die unumschränkte Macht der Phantasie degradiert die Körper zuletzt zu Apparaten, die in die Form maximaler Unterwerfung und Bedienbarkeit gebracht werden. Maschine und Puppe sind die letzten Gestaltungsergebnisse des lüsternen Objekts, entleert zur Chiffre, zum Dekorum, zugleich aber vibrierend vor Erre-gung, weil in ihnen ›das Böse‹ der Unterwerfung und Erniedri-gung zittert. Er sei fest davon überzeugt, äußerte der Marquis de Sade, nicht das Objekt der Begierde errege die Lust, sondern die mit der Begierde verbundene Idee des Bösen – der Grund, von dem die Phantasie sich erhebt, um in phantastischen Einbildungen die ganze Welt zu unterwerfen. Hier spricht nicht Anteros, der fast vergessene Bruder des Eros, der die mit der Peitsche bestrafte, die nicht widerlieben wollen, Eros selbst legt die Maske ab: als ein vom Bösen besessener Gott, der vom Guten, vom Argwohn der Sittenwächter und von der despotischen Phantasie der Moralerfinder lebt. Er schwärmt nicht mehr, er spricht nicht länger ernsthaft vom »Schnee ihres Leibes«, vom »süßen Liebespfand«, von einem Leib »mit den Proportionen der Medicäischen Venus«, er spricht auch nicht länger symbolisch von jenem anderen Himmel des Goldenen Zeitalters, ausstaffiert mit den Werten der Französischen Revolution. Er spricht über den Sex, er spricht ihn selbst aus, er hält ihn fest in jenen praktischen Handgriffen, wenn sich die Gamiani vor dem Cunnilingus die Haare zusammenbindet oder sich die Duclos, bevor sie das Geschlecht des Grafen mit der Hand bearbeitet, den Ärmel bis zum Ellenbogen hochzieht. Der Text wird jetzt identisch mit dem Sex; ihn so denken zu können, das heißt ihn zu vollziehen, in der einzigen Form, in der er vollziehbar ist: literarisch, in einer unvorgreiflichen, schrecklichen, nichtkonnotierten, nichtillusionistischen, von Deleuze »denotativ« genannten Sprache.

Über de Sade führte in dieser Hinsicht nichts hinaus, nichts, als der von Apollinaire nur noch arabesk inszenierte Versuch, diese Sphäre mit ihrer Verneinung zu versöhnen, mit dem Witz. Denn damit wurde dem Erotischen nicht nur das Renommé entzogen, von dem es auch lebt, es wurde auch in sich zum Paradoxon. Nichts, nicht einmal der Tod, ist so ernst wie das Erotische, denn der Witz wirkt spannungslösend und zerstreut die Erregung. Die monumentale Gewalt de Sades aber mit Gelächter zu durchkreuzen, das ließ den Sex insgesamt zur Farce werden, zu einem übertriebenen, fratzenhaften Gestikulieren, das unsinnigerweise noch mit dem Bösen, mit dem Wert des Lebens, mit der Schönheit der Aufregung auftrumpft, sich in der Glorie des nichtmehrschönen Triebes und in der Verneinung der elementaren Verbote profiliert: dem Masturbationsverbot, dem Verbot der Homosexualität, des nichtenthaltsamen Lebens, dem der Bigamie, der Freude am Perversen. Bleibt der Höhepunkt: keine Selbstaufhebung in Verzückung, keine Verschmelzung mit aller Welt, keine Erscheinung der Natur, keine symbolische Entrückung, sondern ein Augenrollen und Keuchen, ein Agglutinieren sinnloser Bilder in Krämpfen und panischen Traumata, sprachlose Masse, in der die Erotik und mit ihr die Verbote untergehen. »Erghh!« und »Ughhh!«, so haben Comic Strips seit dem 19. Jahrhundert den Höhepunkt der Lust dargestellt. Was hätten sie sonst sagen sollen?

Zu diesem Band

Der Titel dieses Buches greift eine idiomatische Wendung auf, die sich unter anderem in Shakespeares »Othello« und in Rabelais' »Gargantua und Pantagruel« findet. »To make the beast with the two backs« ist im Englischen noch heute ein Ausdruck für den Vollzug körperlicher Liebe. Ausgewählt wurden klassische und weniger bekannte Texte von Autoren aus der erotischen Literaturgeschichte, ferner erotische Texte klassischer Autoren, schließlich einige anonyme Werke und sprechende kulturhistorische Dokumente. Angestrebt war nicht, die homosexuelle Liebe zu repräsentieren – dies bedürfte einer eigenen Sammlung – und ebensowenig einen ›Kanon‹ wiederzugeben – das wäre zumindest teilweise eine Sache des Geschmacks, außerdem in diesem Rahmen und unter weitgehendem Verzicht auf die Gattungen des Romans wie der Dramatik unmöglich gewesen – vielmehr sollten bedeutende Werke der erotischen Dichtung im Zusammenhang ihrer literatur und kulturhistorischen Voraussetzungen und Wechselbeziehungen gezeigt werden. So ergänzt das Gedicht der Londoner Prostituierten Verbote und literarische Stilisierungen des BordellMilieus und Stolbergs Ode konterkariert ›attraktive‹ Formen des Geschlechtsekels durch ihre drastische

›Ästhetik des Häßlichen‹. Mag in dieser Hinsicht der literarische
Wert eines Textes auch vereinzelt weniger schlagend wirken, als
Sprachrohr einer Strömung oder Form, als Beleg oder Dokument
ist dieser unter Umständen von besonderer Aussagekraft. Da
möglichst heterogene Texte, möglichst viele Epochen, Nationen,
Stilrichtungen und Gattungen berücksichtigt werden sollten,
bleibt manches zwangsläufig unterrepräsentiert. Zugleich ist jedoch der große Einfluß von Werken wie Aretinos ›Goldenem
Esel‹ oder den ›Gesprächen der Aloisia Sigea‹ zumindest ansatz-
weise erkennbar. Die Texte sollten in der Regel abgeschlossen und
nicht einem größeren Zusammenhang entrissen werden, Aus-
nahmen wurden dort gemacht, wo die novellistische Struktur
eines Romans die Lösung in sich geschlossener Einheiten erlaubte. Es war außerdem angestrebt, das Spektrum vom Galanten bis
zum Drastischen zu umreißen, das keineswegs, wie manchmal
unterstellt, die Entwicklung vom Zeitalter der Empfindsamkeit
zur Moderne kennzeichnet, sondern in jeder Epoche durchschritten wird.

Wie naheliegend, sind vor allem einige besonders ›fleischliche‹
Epochen in dieser Auswahl vertreten: die Antike, das Mittelalter
in seiner Schwank- und Versdichtung wie in der neulateinischen
Liebes- und der Humanistenlyrik, die deutsche Dichtung aus
Barock und Empfindsamkeit in ihrer petrarkistischen Poesie, das
französische Rokoko und seine Überwindung in der Revolu-
tionsepoche, das viktorianische England und das 20. Jahrhundert
zwischen Expressionismus und Gegenwart. Dazu kommen Texte der Mythen und Sagen, der asiatischen und vorderorientali-
schen Dichtung, der englischen Restauration, des französischen
19. Jahrhunderts etc. Bei der Anordnung wurden weder geogra-
phische noch chronologische Einteilungen gewählt (sie wären
bloß äußerlich gewesen), noch sollten durch Zwischentitel Le-
sevorschriften gegeben werden. Statt dessen haben thematische
Bezüge vorrangige Bedeutung gehabt. Wer ihnen folgt, wird vielleicht die Entwicklung einzelner Themengestaltungen schärfer
ins Auge fassen können, aber das soll nicht zwingend sein.

Begonnen wurde mit zwei kanonischen Texten, dem Kamasutra, jenem freizügigen altindischen Lehrbuch der Liebe aus dem 3. nachchristlichen Jahrhundert und einem Bibeltext, der zum Komplex der Prostitution überleitet. Beccadelli variiert mit Veniero und Stolberg Bilder der raffinierten, lasterhaften oder ekelhaften Dirne, der von Villon und Wedekind Menschlichkeit verliehen wird. In den folgenden, vorrangig dialogischen Texten wird das Bild des willfährigen Freudenmädchens abgelöst vom Bild der Hetäre als eine erfahrene, überlegene, wenn nicht abgebrühte Liebhaberin: zunächst, von Lucian bis zu Nicholas Chorier, vornehmlich gesehen aus pseudo-weiblicher Perspektive, sodann von Musset bis Kerouac aus wechselnden Standpunkten, die schließlich vor allem die begehrliche, schließlich träumerische Perspektive des Mannes umschreiben. Préverts »Blutorange« eröffnet den Reigen mit Szenen unterschiedlichster, meist monogamer Liebesräusche, die mit Calcagninus in eine Verherrlichung des Phallus, als Potenzsymbol oder umgekehrt als Personifikation von Impotenzerlebnissen, übergehen. In den Poggio Bracciolinis Mönchsgeschichte folgenden Texten lösen sich die Darstellungen des Koitus schließlich ins Szenische, Anekdotische und Parodistische auf, so wie sie von der mittelalterlichen Schwankdichtung bis hin zur modernen Kriminalerzählung die Kurzprosa bestimmen. Chang Tien-yis dem modernen China entstammende Erzählung endlich eröffnet den letzten Zyklus mit den Darstellungen mechanischer Gewalt, erotischer Maschinerien und Puppen.

Roger Willemsen

Die Frau in der Rolle
des Mannes

Bemerkt die Frau während der Einung, daß der Mann zwar
ermüdet, aber noch von Leidenschaft erfüllt ist, dann kann sie
sich über ihn wälzen und seine Rolle übernehmen, um ihm zu
helfen. Sie kann das entweder mit seiner Einwilligung oder auch
ohne sie tun, und zwar um seiner Wißbegierde zu genügen oder
des Neuheitswertes wegen.

Diese Einung kann auf zweierlei Weise vollzogen werden: Entweder geschieht sie nach der eigentlichen Einung, indem die Frau
den Mann auf den Rücken dreht, wobei sie ihn unausgesetzt
festhält, oder die Frau übernimmt die dem Mann naturgemäße
Lage von Anfang an.

Während die Blüten aus ihrem aufgelöst flatternden Haar fallen,
ihr Lachen vom Atemholen unterbrochen wird, ihre Brüste die
Brust ihres Geliebten beim Küssen beschweren, ihr Kopf sich
oftmals hernieder beugt, soll die Frau alle die Kunstgriffe, die ihr
Geliebter bei ihr angewendet hat, an ihm wiedervergelten; sie ruft
dabei: »Vorher war ich unten, aber jetzt werde ich dich nieder-
drücken!« Unter solchen Scherzen versetzt sie ihm Püffe und
Stöße. Ist sie dann ermüdet, soll sie zu ihrer Schamhaftigkeit
zurückkehren, indem sie deutlich macht, daß sie die Einung zu
beenden wünscht; sie hält sich dabei an denselben Weg wie der
Mann nach der Einung.

Nun soll beschrieben werden, wie der Mann vorzugehen hat.
Er soll damit beginnen, daß er den Knoten ihres Untergewandes
löst; sie liegt indessen auf dem Lager, scheint von seinen verliebten
Reden verwirrt zu sein und hindert ihn am Aufbinden des Kno-
tens. Er aber soll ihre Ängste dadurch zerstreuen, daß er ihre
Wangen und andere Körperstellen küßt. Ist sein Lingam bereit,

soll er zärtlich ihren Leib kosen; vollzieht er die Einung mit seiner Geliebten zum erstenmal, soll er sie zwischen den eng zusammengedrückten Schenkeln berühren. Ist sie noch unberührt, dann soll er ihre Brüste drücken, ihre Arme, ihre Seiten, ihre Schultern, den Hals und die geschlossenen Schenkel kosen, ehe er den Knoten löst. Ist sie jedoch eine erfahrene Frau, dann richtet sich der Vorgang gewöhnlich nach den beiderseitigen Neigungen.

Auch soll er mit stürmischer Bewegung die Locken ihres Haares ergreifen, ehe er sie auf den Mund küßt, und ihr Kinn mit zusammengehaltenen Fingern pressen.

Gewöhnlich schließt das Mädchen, das noch keine Erfahrung in Liebesangelegenheiten hat, bei der ersten Einung die Augen.

In jedem Fall soll der Mann herausfinden, welche Kunstgriffe die Leidenschaft der Frau bei der Einung entflammen und demgemäß vorgehen.

Nach der Ansicht von Suvarnanabha liegt das Geheimnis, das Verlangen einer Frau zufriedenzustellen, darin, daß der Mann wahrnimmt, wohin die Frau ihren Blick nach der Einung wendet; jene Stellen ihres Körpers muß er mit sich steigernder Lebhaftigkeit und Kraft drücken.

Die gänzliche Befriedigung der Frau zeigt sich durch die Mattigkeit der Glieder an, durch das Schließen der Augen, das Verschwinden ihrer Schamhaftigkeit und das Drücken ihres Unterleibs gegen den des Mannes.

Sie schüttelt ihre Hände, bricht in Schweiß aus, beißt, hindert ihn daran, sich abzuwenden, stößt mit ihren Beinen, und setzt die Bewegungen sogar noch fort, nachdem der Mann schon aufgehört hat.

Der Mann soll mit dem Ablauf vertraut sein; darum soll er nie versäumen, das Yoni durch Kitzeln mit dem Finger vorzubereiten, ehe die eigentliche Einung vollzogen wird.

Es gibt zehn Möglichkeiten an Stößen bei der Einung:
Wird er ruhig und in natürlichem Rhythmus ausgeführt, spricht man von Upasriptaka, was Vorwärtsbewegung bedeutet.

Hält der Mann den Lingam und dreht ihn im Yoni nach allen Seiten, so heißt das Manthana, was Buttern bedeutet.

Ist das Yoni unten und der Lingam dringt von oben her ein, so nennt man das Hula, was Durchbohren bedeutet.

Ist das Verhältnis gerade umgekehrt, wobei eine jähe und heftige Bewegung erforderlich ist, dann spricht man von Avamardana, was Reiben bedeutet.

Drängt der Mann den Lingam mit ziemlicher Heftigkeit in das Yoni und setzt er den Druck so lange als möglich fort, so heißt das Piditaka, was Drücken bedeutet.

Zieht der Mann den Lingam mit Zartheit zurück und preßt dann wieder seinen Unterleib mit ziemlicher Heftigkeit gegen denjenigen der Frau, so nennt man das Nirghata, was einen Streich versetzen bedeutet.

Wenn der Lingam nur eine Seite des Yoni reibt, dann bezeichnet man das als Varahaghata, was Biß eines Ebers bedeutet.

Wenn die beiden Seiten des Yoni mit dem Lingam gerieben werden, heißt das Vrishaghata, was Stoß eines Stiers bedeutet.

Wenn der Mann, ohne den Lingam zurückzuziehen, die Stöße schneller nacheinander fortsetzt, so führt das den Namen Chatakavilasita, was die Jagd des Sperlings bedeutet. Damit wird gewöhnlich das Ende des leidenschaftlichen Zustandes angezeigt.

Wird die Einung vollzogen, ohne daß der Lingam zurückgezogen wird und Mann und Frau mit eng aneinander gedrückten Schenkeln liegen bleiben, so heißt das Samputa.

Der Mann muß entscheiden, welche von diesen zehn Weisen der Frau zusagen dürfte und dementsprechend die Einung mit ihr vollziehen. Nimmt die Frau die Rolle des Mannes an, dann sind dreierlei Stöße möglich:

Wenn die Frau, indem sie die Vadava-Haltung bei der Einung übernimmt, den Lingam im Yoni festhält, ihn weiter hinein zu drängen sucht und ihn lange darin läßt, so nennt man das Samdamsha, was Zange bedeutet.

Wenn die Frau sich auf dem Mann befindet, den Lingam im Yoni festhält und sich im Kreis herumdreht, so führt das die

Bezeichnung Bhramaraka, was Kreisel bedeutet. Das kann nur nach beträchtlicher Erfahrung ausgeübt werden. Der Mann muß dabei seine Schenkel heben, um die Frau bei den kreisförmigen Bewegungen und der unausgesetzten Einung zu unterstützen.

Wenn die Frau ihre Hüften und den Unterleib nach allen Seiten schaukeln läßt, so heißt das Prenkholita, was Schaukel bedeutet.

Während sie noch mit ihrem Geliebten vereinigt ist, soll die Frau ausruhen, indem sie ihre Stirn auf diejenige des Mannes legt. Hat sie auf diese Weise ihre Müdigkeit überwunden, erneuert der Mann die Einung.

Mag die Frau auch zurückhaltend sein und ihre Empfindungen und ihr Verlangen zu verbergen trachten, so kann sie es dennoch nicht mit Erfolg tun, sobald sie in der Heftigkeit die Rolle des Mannes annimmt.

Bei allen Gelegenheiten muß der Mann sorgfältig jede Handlung der von ihm geliebten Frau beobachten, danach ihre Wesensart und Leidenschaft beurteilen und die Einung mit ihr vollziehen, indem er dies berücksichtigt.

Der Mann darf niemals der Frau erlauben, die Rolle des Mannes anzunehmen, wenn sie gerade menstruiert, wenn sie vor kurzem entbunden hat, wenn sie zum Typ der Gazelle gehört, wenn sie schwanger und wenn sie allzu dick ist.

Über die Hurerei Jerusalems
16, Vers 4 bis 42

Bei deiner Geburt war es so. Am Tag, als du geboren wurdest, wurde deine Nabelschnur nicht abgeschnitten, auch hat man dich nicht mit Wasser gebadet, damit du sauber würdest, dich nicht mit Salz abgerieben und nicht in Windeln gewickelt.

Denn niemand sah mitleidig auf dich und erbarmte sich, daß er etwas von all dem an dir getan hätte, sondern du wurdest aufs Feld geworfen. So verachtet war dein Leben, als du geboren wurdest.

Ich aber ging an dir vorüber und sah dich in deinem Blut liegen und sprach zu dir, als du so in deinem Blut dalagst: Du sollst leben! Ja, zu dir sprach ich, als du so in deinem Blut dalagst: Du sollst leben!

und heranwachsen; wie ein Gewächs auf dem Felde machte ich dich. Und du wuchsest heran und wurdest groß und schön. Deine Brüste wuchsen, und du bekamst lange Haare; aber du warst noch nackt und bloß.

Und ich ging an dir vorüber und sah dich an, und siehe, es war die Zeit, um dich zu werben. Da breitete ich meinen Mantel über dich und bedeckte deine Blöße. Und ich schwor dir's und schloß mit dir einen Bund, spricht Gott der Herr, daß du solltest mein sein.

Und ich badete dich mit Wasser und wusch dich von deinem Blut und salbte dich mit Öl

und kleidete dich mit bunten Kleidern und zog dir Schuhe von feinem Leder an. Ich gab dir einen Kopfbund aus kostbarer Leinwand und hüllte dich in seidene Schleier

und schmückte dich mit Kleinoden und legte dir Spangen an deine Arme und eine Kette um deinen Hals

und gab dir einen Ring an deine Nase und Ohrringe an deine Ohren und eine schöne Krone auf dein Haupt.

So warst du geschmückt mit Gold und Silber und gekleidet mit kostbarer Leindwand, Seide und bunten Kleidern. Du aßest feinstes Mehl, Honig und Öl und wurdest überaus schön und kamst zu königlichen Ehren.

Und dein Ruhm erscholl unter den Völkern deiner Schönheit wegen, die vollkommen war durch den Schmuck, den ich dir angelegt hatte, spricht Gott der Herr.

Aber du verließest dich auf deine Schönheit. Und weil du so gerühmt wurdest, triebst du Hurerei und botest dich jedem an, der vorüberging, und warst ihm zu Willen.

Du nahmst von deinen Kleidern und machtest dir bunte Op-ferhöhen daraus und triebst dort deine Hurerei, wie es nie geschehen ist noch geschehen wird.

Du nahmst auch dein schönes Geschmeide, das ich dir von meinem Gold und Silber gegeben hatte, und machtest dir Göt-zenbilder daraus und triebst deine Hurerei mit ihnen.

Und du nahmst deine bunten Kleider und bedecktest sie damit, und mein Öl und Räucherwerk legtest du ihnen vor.

Meine Speise, die ich dir zu essen gab, feinstes Mehl, Öl und Honig, legtest du ihnen vor zum lieblichen Geruch. Ja, es kam dahin, spricht Gott der Herr,

daß du deine Söhne und Töchter nahmst, die du mir geboren hattest, und opfertest sie ihnen zum Fraß. War es denn noch nicht genug mit deiner Hurerei,

daß du meine Kinder schlachtetest und ließest sie für die Götzen verbrennen?

Und bei all deinen Greueln und deiner Hurerei hast du nie gedacht an die Zeit deiner Jugend, wie du bloß und nackt warst und in deinem Blute lagst.

Und nach all diesen deinen Übeltaten – o weh, weh dir! spricht Gott der Herr –

bautest du dir einen Hurenaltar und machtest dir ein Lager darauf an allen Plätzen.

An jeder Straßenecke bautest du dein Hurenlager und machtest deine Schönheit zum Abscheu. Du spreiztest deine Beine für alle, die vorübergingen, und triebst viel Hurerei.

Zuerst triebst du Hurerei mit den Ägyptern, deinen Nachbarn voller Geilheit, und triebst viel Hurerei, um mich zu reizen.

Ich aber streckte meine Hand aus gegen dich und entzog dir einen Teil meiner Gaben und gab dich preis der Willkür deiner Feinde, der Töchter der Philister, die sich schämten über dein schamloses Treiben.

Danach triebst du Hurerei mit den Assyrern, weil du nicht satt geworden warst; du triebst mit ihnen Hurerei und wurdest auch hier nicht satt.

Da triebst du noch mehr Hurerei mit dem Krämerland Chaldäa, doch auch da wurdest du nicht satt.

Wie fieberte doch dein Herz, spricht Gott der Herr, daß du alle diese Werke einer großen Erzhure tatest:

daß du deinen Hurenaltar bautest an allen Straßenecken und dir ein Hurenlager machtest auf allen Plätzen! Dazu warst du nicht wie sonst eine Hure; denn du hast ja Geld dafür verschmäht.

Du Ehebrecherin, die du dir Fremde anstelle deines Mannes nimmst!

Allen andern Huren gibt man Geld; du aber gibst allen deinen Liebhabern noch Geld dazu und kaufst sie, damit sie von überall her zu dir kommen und mit dir Hurerei treiben.

So ist es bei dir mit deiner Hurerei umgekehrt wie bei andern Weibern, weil man dir nicht nachläuft und dir nicht Geld gibt, sondern du noch Geld dazugibst; bei dir ist es also umgekehrt.

Darum, du Hure, höre des Herrn Wort!

So spricht Gott der Herr: Weil du bei deiner Hurerei deine Scham entblößtest und deine Blöße vor deinen Liebhabern auf, decktest, und wegen all deiner greulichen Götzen und wegen des Blutes deiner Kinder, die du ihnen geopfert hast:

Darum, siehe, ich will sammeln alle deine Liebhaber, denen du gefallen hast, alle, die du geliebt, samt allen, die du nicht geliebt hast, und will sie gegen dich versammeln von überall her und will ihnen deine Blöße aufdecken, daß sie deine ganze Blöße sehen sollen.

Und ich will dich richten, wie man Ehebrecherinnen und Mör, derinnen richtet; ich lasse Grimm und Eifer über dich kommen.

Und ich will dich in ihre Hände geben, daß sie deinen Hurenaltar abbrechen und dein Lager einreißen und dir deine Kleider
ausziehen und dein schönes Geschmeide dir nehmen und dich
nackt und bloß liegen lassen.

Und sie sollen eine Versammlung gegen dich einberufen und
dich steinigen und mit ihren Schwertern zerhauen

und deine Häuser mit Feuer verbrennen und an dir das Gericht
vollstrecken vor den Augen vieler Frauen. So will ich deiner
Hurerei ein Ende machen, und auch Geld sollst du nicht mehr
dafür geben.

Dann kommt mein Grimm gegen dich zum Ziel, und mein Eifer
läßt von dir ab, so daß ich Ruhe habe und nicht mehr zürnen
muß.

Die Anschaffe

Gestern nacht
Lag ich da und habe mir gedacht:
Worin besteht eigentlich das Vergnügen,
In der Horizontale zu liegen?
Man muß sich (Zähne zusammenbeißend) vielen, vielen Män-
          nern fügen, die am Schluß vom »Vergnügen«
Lügen,
So etwas »haben sie noch nie getan«.
Und es geht einen wirklich nur einen feuchten Kehricht an,
Wenn wir, ehrfurchtsvoll zuhörend, erfahren,
Daß sie gerade beim Kürschner waren
Wegen eines Mantels für die Gattin zu Haus
(aus den Fellen einer Maus)
Und während sie dich wie Gorillas umfassen,
Machst du Grimassen,
Und fixierst deine große Zehe über einem fleischigen Nacken,
Und er kann's nicht packen,
Weil du nicht mitmachst, während er Knoblauchgase
Oder gar Alkoholfahnen wehen läßt unter deiner hübschen Nase,
Und du wünschst dir inbrünstig, er bricht sich den . . .
Natürlich gibt es verschiedene Sorten,
Wie der, der durchaus allerorten
Seine Hände über deine Bettdecke wischt, und obwohl du lieb
          bist
Und ihn bittest,
Es nicht noch mal zu tun, tut er's doch – hinter deinem Rücken.
Und du möchtest vor lauter Entzücken
Dem Mann, der so »rücksichtsvoll« ist und meint, auch er sollte
          dir »Befriedigung« geben,

Denn du seist doch viel zu »gut« für diese Art Leben,
Eine kleben. (Als könnte er's dir geben!)
Und dann ist der, der will nichts als Sex,
Aber zahlen tut er nur mit gedeckten Schecks.
Und wenn du so dumm bist und es bleibt dabei –
(Wenn du willst, dann trifft er dich morgen in der Bank, lange
        vor drei)
Dann merkst du plötzlich, er ist verschwunden,
Und der Scheck gesperrt, seit Stunden!
Und dann gibt es den Shylock, der jedesmal
Geküßt werden will, da und dort, überall,
Und der will, daß du sämtliche Kleider ausziehst, einschließlich
        der Nylons, für die du am Nachmittag dein letztes
        Pfund springen ließ't,
Und die das Biest
Zerfetzt.
Fast vergaß ich den »Sklaven«,
Der kann nur mit dir schlafen,
Wenn du ihn peinigst,
Der will durchaus dein Klo reinigen,
Und wenn er nackt vor dir steht,
Erst dann geht,
Wenn er die Peitsche bekommen hat, und er konnte dir dienen
Und der dann fragt: »Kommen noch mehr solche wie ich zu
        Ihnen?«

◼ ANTONIO BECCADELLI ◼
Grabschrift der Nichina aus Flandern,
eines bekannten Freudenmädchens.

Wenn du ein wenig hier weilst und liesest die Verse der Inschrift,
Wirst du erkunden, dies Grab deckt eine Tochter der Lust.
Schon in der zartesten Jugend, als Mägdlein schon ward ich der
          Heimat
Durch meines Liebhabers Flehn, durch seine Tränen entführt.
Flamischem Boden entsprossen, durchwandert' ich mit ihm den
          Erdkreis,
Bis diese friedliche Stadt Siena mich aufnahm zuletzt.
Weithin bekannt war mein Name, Nichina, so hieß ich und
          wohnte
In dem Bordell, dessen Stern, dessen Heroïn ich war.
Hübsch und dezent war ich stets, parfümiert, ein sauberes Mädel,
Weiß wie der frischeste Schnee war ich an Gliedern und Leib.
Im Seneser Bordell gab es nie eine schmuckere Thaïs;
Keine verstand den Popo so zu bewegen wie ich.
Feurige Küsse den Männern gab ich mit vibrierender Zunge,
Selbst nach dem Koitus noch küßte ich zärtlich und oft.
Schneeige Linnen in Menge bedeckten die mollige Bettstatt,
Und mit geschäftiger Hand trocknet' die Sehnen ich ab.
Mitten in meinem Gemach stand ein Becken, in dem ich mich oft
          wusch;
Schmeichlerisch leckte mein Schoßhündchen den Steiß, der
          noch feucht.
Nacht war es, als mich einmal eine Schar von Jünglingen heim⸍
          sucht',
Hielt ich sie hundertmal aus, hatt' aber noch nicht genug.
Lieblich war ich und reizend und allen gefiel mein Benehmen;
Aber mir selber gefiel nichts so als Silber und Gold.

Gereimte Preistafel

Der Tullia aus Aragona nun
Wollen jetzt wir Erwähnung tun.
Der spült vom Helikon die Quelle
Kaldaunen heraus eine halbe Elle
Immer dann, sobald sie pißt,
Zehn Taler ihr Verlangen ist,
Will ihr jemand von hinten nahn,
Von vorne ist es für fünf schon getan.
Eine größere Hure gibt es nicht.
Seid ihr auf Bianzifiore Negro erpicht,
Drückt eine Blase Ihr, eine leere,
Und schwimmend auf einem weiten Meere,
Werdet vor Durst Ihr zu sterben glauben.
Drei Taler wird sie Euch dafür rauben.
Nun wollen wir zur Tassetta kommen,
Von der man viel schlimme Streiche vernommen,
Durch die sie sich einen Namen schuf,
Genau so, wie durch ihre Reize den Ruf.
Wer sie umarmet, muß leisten viel,
Vier Taler vergüten ihr reichlich das Spiel,
Denn es hat das reizende Kind
Ein feuchtes Spundloch, das stetig rinnt.
Elena Balbi den Stoß aushält,
Sie gibt ihn zurück, wies dem Manne gefällt,
Für zwei Taler, doch lieber dafür
Bietet sie dar ihre Hintertür.
Giacomina Fasol scheint zu entsetzen
Alle, die sich an ihr ergetzen,
Nicht durch den Atem, nein, durch gemeinsten
Gestank, er entströmt ihr schon bei der kleinsten

Gebärde oder Bewegung. Es ehrt
Sie, wer ihr liebend zwei Taler beschert.
Nun Polissena, das niedliche Tier,
Erwähnet sei, man bricht mit ihr
Zum selben Preise auch hinter dem Rücken
Die Lanze, laßt Zweifel Euch nicht bedrücken,
Daß sie es gut verschluckt und sodann
Das Klistier auch bei sich behalten kann.
Lucietta, die mit dem harten Popo,
Nenne ich jetzt, man heißet sie so,
Weil fest wie eine Mauer sie
Den Stoß empfängt, sie wanket nie.
Das Franzosenübel machte sie krank,
Zwei Taler aus Mitleid erhält sie zum Dank,
Trotzdem mancher Tolpatsch hinterher
Rühmet sich noch des Genusses sehr.
Mit jeder Schönen nähme sodann
Cecilia es auf, was behaupten ich kann,
Ich nähme sogar dies auf meinen Eid,
Hätte von Frankreich nicht seinerzeit
Franz der Erste, der König, bereits
Zerstört und genommen ihr allen Reiz.
Für zwei Taler zieht mit ihr
Ritterlich man ins Turnier.
Der Leiterin Stütze seit langer Frist
Im Kolleg Marietta Pisani ist,
Auch sie auf ihrem Leibe trägt
Das Königssiegel tief eingeprägt.
Sie steht für einen halben Taler
Zur Verfügung jedem Bezahler.
Die Nächste nun ist unbedingt
Alfana, die selbst im Schlafe noch schlingt.
Für Laura Pisciottas Liebesgenuß
Und ihrer Schwester Morgana muß
Ein halber Taler für jede es tun.

Elena Ballarina, die Nächste nun,
Sie ist zwar lieblich, doch ist ihr toller
Kopf, ihr schöner und leichtsinnsvoller,
Von Eifersucht immer geplagt und verwirrt.
In Wahrheit zur fahrenden Dirne sie wird,
Die niedlich, doch lüstern Cazzi begehrt;
Die beiden Halbkugeln fast hat sie entleert,
Die Närrin; als der Umarmung Lohn
Genügen ihr gerne vier Taler schon,
Doch bietet ihr heimlich jemand nur zwo,
Tut sies für diese auch ebenso.
Inella ist liebenswürdig und mild,
Das Schönste an diesem Frauensbild
Ist ihr bewundernswerter Popo.
Für zwei Taler macht sie Euch froh.
Bianca Sarraton, die hat Seide und Gold
Gewonnen mit ihrem Hintern so hold
Und wieder im Spiele verloren dann.
Sie mag ein ungestalteter Mann
Als einen Bissen sich erringen,
Der fast als lecker zu verschlingen.
Ein Taler ist ihr ganzes Verlangen.
Nach Rom ist zum Ponte Sisto gegangen
Monna Tedia, man gibt das Klistier
In den hoch erhobenen Podex ihr.
Dem Barscherer, der ihr Herz gewann,
Opferte sie einen Edelmann.
Perina Lavandiera ist offenbar
Die Aergste der ganzen Hurenschar.
Sie will ihn stets ins Rund hinein,
Es wird ihr niemals schmerzhaft sein.
Wer zwei Taler ihr beschert,
Hat sie hoch und fürstlich geehrt.
Ein halber Taler für ihre Schwester
Paola ist, wollt ihr sie spießen, mein Bester,

Noch ein recht guter und hübscher Preis.
Es überrieselt mich kalt und heiß,
Spreche von dir ich, Cecilia
Bragadino, Ihr zahlet da
Einen Taler, doch wird dieses Weib
Nimmer nackend Euch zeigen den Leib.
Diana di San Fantino zu Zeiten
Lässet die Gänse im Mieder weiden.
Dies Dämchen zu lieben ein Gulden genügt.
Mit Vergnügen täuscht und betrügt
Und beschimpft ihre Buhler sie dreist,
Darauf verwendet sie all ihren Geist.
Ich glaubte zu einem Fehler zu neigen,
Wollt ich den guten Possen verschweigen,
Mit dem sie einen Buhler genarrt.
Ein junger Einfaltspinsel ward
Von Leidenschaft so zu ihr übermannt,
Daß ihm die Glut fast die Knochen verbrannt.
Als sie das Bürschchen so feiste sah,
Beschloß sie ihm eines Tages da
Den Bürzel zu rupfen, sie lud ihn ein
Auf Ort und Stunde bei ihr zu sein.
»Schlafen sollst du heute bei mir«,
Sprach sie zu ihm, »deshalb rate ich dir,
Schicke zum Nachtmahl etwas hierher.
Ja, es gelüstet mich heute zu sehr
Bei dir zu liegen die ganze Nacht.«
Er, wenig gewitzet noch, hat nicht acht
Der Lügen der Dirne, er gibt für den Schmaus,
Die Nacht ersehnend, drei Taler aus.
Diana indessen hat mit Bedacht
Eine Torte mit Kräutern zurechtgemacht,
Ganz auserwählte sie dazu erkor.
Die setzte sie dem Herrn Saftsack vor.
Der kostete ahnungslos, füllte sodann

Den Leib mit jenen Kräutern sich an.
Als nun der Tor von der Tafel ging,
Im Bauche es ihm zu kollern anfing,
Worauf er dann die Fuhre entleert.
Zweimal noch war ihm dasselbe beschert,
Ohn daß ihm darüber Argwohn sich regt,
Was ihm so stark den Kanal bewegt.
Als nun gekommen die Schlafenszeit,
Ins Bett sie legten sich zu zweit.
In die Arme schließt er die Göttin beglückt.
Wie er im Ansturm stößt und drückt,
Die Madonna unter dem Stichblatt
Und die Jagd ihren Anfang hat,
Seufzet und ächzet sein Hinterer schwer,
Augenblicks läuft längs dem Bette einher
Flüßiger brauner Kot, während noch
Sie sich windet, stößt er ins Loch.
Und sachte, sachte steigt darauf
Ein Ruch, nicht wie Kot oder Mist duftet, auf,
Nein, schlimmer als Jauche, er kommt immer näher,
Wie von einem wassersüchtgen Hebräer
Er übel sich jedem bemerkbar macht
Der hier das Spundloch hat aufgemacht.
»O, o«, ruft Madonna, die Hand ausgestreckt,
Die sich mit brauner Tunke bedeckt.
Sie zieht sich zurück; von Wut entbrannt
Frei lässet sie ihren Sankt‑Wachs‑in‑der‑Hand.
Mit nackenden Füßen herausgesprungen,
Hat sie sich kaum aus dem Bett geschwungen
Und schreit schon, als wenn sie am Spieße steckt,
Wobei sie den Buhler mit Prügeln zudeckt.
»Lump, Schweinhund, allerschmutzigstes Vieh,
Du schläfst sonst mit Tieren«, so keifet sie,
»Mit Frauen im Bette nicht, sauber und rein,
Wo Amor verschießet die Pfeile sein.

Heraus aus dem Bette, du Edelmann,
Der Nebenbuhler nicht leiden kann!«
Der arme Teufel in seinem Leide
Bangt, daß ihm Seele und Eingeweide
Zugleich der Drang heraus mit riß,
Will sich erheben aus seinem Schiß.
Er bittet mit flehentlichen Klagen
Die Holde, es niemandem weiter zu sagen,
Sie aber schweiget durchaus nicht still,
Gar nicht beschwichtigen sie sich will:
»Der ganze Rialto«, gellt ihr Geschrei,
»Soll lachen über die Hofmacherei,
Ein jeder Straßenjunge dich quäle!«
»Herrin, Königin, liebe Seele,
Tuet mir nimmer die Schande an,
Ich will euch bezahlen, was ich kann!«
»Soll ich kein Wort darüber sagen,
Mußt fünfzig Taler daran du wagen.
Pfui doch! Schämst du dich nicht genug!«
»Hier ist mein Beutel.« Auf einen Zug
Bezahlt er die Taler, von Angst übermannt.
Die Geschichte ward aber trotzdem bekannt.

Wahl meiner künftigen Gattin und ihrer Eigenschaften.

Motto:
Vivat, wer ohn' allen Ekel,
Auch den ärgsten Gassen-Reckel,
Frisch durch Läuse, Schorf und Dreck
Fuchst ins Teufels Namen weg.

1

Nicht weiss wie Milch und Blut, gepudert und frisiert
Und mit dem reichsten Schmuck von Frankreich ausgeziert
Nein, ruprigt, ledergelb und schmierig wie ein Schwein,
Soll die, die ich mir einst zur Gattin wähle, sein.

2

Mich reizt kein braunes Haar, in Locken sanft gewunden,
Worin sich mancher schon im Netz verstrickt gefunden,
Nein, sträubig und mit Schorf, mit Läusen wohl geziert,
Und blutrot sei ihr Haar, mit gelbem Talg geschmiert.

3

Nicht schalkhaft lächelnde, nicht grosse blaue Augen,
Gemacht der Liebe Geist aus ihnen einzusaugen,
Nein, eitern müssen sie, wie Drachenaugen glühn,
Und hoch am Tränenquell ein gelber Pettig blühn.

4

Nicht griechisch, nicht antik, von Phideas gerissen
Nein, stumpf und unpoliert, schon faulend und beschissen,
Soll ihre Nase sein, mit Finnen übersät,
Und stinkend wie die Pest in einem Lazarett.

5

Ein langes Ohr, aus dem ein Strom von Unrat fliesst,
Und wie aus dem Vesuv die Lava sich ergiesst,
Ein leckeres Gemisch von Pettig, Blut und Salz,
Mit Schweiss und Grind vermischt und gelbem Ohrenschmalz.

6

Ein schiefes Maul dazu, verbaut mit platten Lippen,
Von dessen Eingang her zwei Reihen grosser Klippen,
Zwei Hauer, so wie dort des Herkuls Säulen stehn,
Und da den Höllenpfuhl hochprangend übersehn.

7

Es krön' ein Hasenschart den Quell von faulen Düften,
Die alles um sich her verheeren und vergiften,
Der ohne Unterlass in zähem Geifer schwimmt,
Und durch den stets ein Rotz ins Maul den Eingang nimmt.

8

Es gleiche jeder Zahn verbrannten Pallisaden
Und sei ein Aufenthalt der Würmer und der Maden,
Ganz hohl und kohlenschwarz in Scharbock eingehüllt,
Und mit verfaultem Fleisch und Läusen angefüllt.

9

Ein Hals, geschickt um die Anatomie zu lehren,
Ein Kopf und eine Brust, die doch in allen Ehren,
Den zweien Zitzen gleicht, und schrumpfig hangend platt,
An diesem sitzt der Krebs, wenn Sie den Fistel hat.

10

Ein schlaffer Bauch, gehängt auf zwei spitzen Hüften,
Filzläuse weiden hier in unzählbaren Triften,
Ihr Buckel gleiche dem von einem Elephant,
Auf welchem Rad und Pfahl und Galgen eingebrannt.

11

Der Sitz des Schreckens sei die ungeheure Votze,
Zerschrumpft und ohne Haar, verklebt mit grünem Rotze,
An der seit Jahren schon manch kalter Bauer hängt,
Mit Tripper, weissem Fluss und Chanker untermengt.

12

Stets muss ein dicker Schleim aus dieser Quelle träufen,
Und sich zu Händen hoch an ihre Öffnung häufen,
Bis an den Lenden sich der Strom hinübergiesst,
Und halb mit trägem Lauf ins Arschloch überfliesst.

13

Zwei eingebog'ne Knie mit krummen Säbelbeinen,
Die wie ein römisch X sich zu durchkreuzen scheinen,
Und weil das Ende sich zum Anfang reimen muss,
Dem Knochenfrass am Bein, und den Verschwind am Fuss.

14

So soll die Gattin sein, die ich mir einst erwähle,
Bös, eigensinnig, falsch, von teuflerischer Seele,
Dumm muss Sie wie ein Rind, doch voller Tücke sein.
Zerlumpt und bettelarm, doch stets voll Brantewein.

15

Und soll sie vollends gar mein ganzes Herz besiegen,
Muss sie die Schwerenot des Tages zehnmal kriegen,
Mit jedem Hurenwirt und jedem Tambour gehn,
Und immer oben an auf ihrer Liste stehn.

16

Werd ich dies Urbild einst auf dieser Runde finden,
Dann werde ich nicht eher auf ewig mich verbinden,
Alsdann darf ich mich nicht noch fürs betrügen scheu'n,
Und werde glücklicher als tausend Männer sein.

17

Sie träumten Engel sich, und fanden doch mit Schrecken,
Wie unter Engel sich auch Teufel oft verstecken,
Ganz anders wird es mir mit dieser Gattin gehn,
Ich träumte Teufel mir, und werde Engel sehn.

Ballade von Villon
und der dicken Margot

Wenn ich die Kleine schon seit je beschützt,
so seid mir dessenthalb nicht bös gewillt,
denn mir gefällt die Art, die sie besitzt,
um ihretwillen trag ich Dolch und Schild.
Wenn Leute sie besuchen kommen, flüchte
ich mich zum Wein und rühre mich nicht mehr,
und biete ihnen Wasser, Brot und Früchte,
Und wenn sie gut bezahlen, sag ich: »Herr!
Kommt recht bald wieder, wollt ihr Liebe schmausen
in dem Bordell, in dem wir beide hausen.«

Doch manches Mal, da gibt es arge Not,
im Fall Margot nichts zu verdienen fand,
da schelt ich, schimpf und martre sie zu Tod
und nehm ihr Wäsche, Kleider, Putz und Tand
und schwör, die Sachen alle zu versetzen.
Da fragt sie höhnisch, was ich mich erdreiste,
und schreit und kreischt und jammert vor Entsetzen
und widerspricht. Drauf ball' ich meine Fäuste
und lasse sie auf ihre Nase sausen
in dem Bordell, in dem wir beide hausen.

Dann gibt sie Ruh und lacht und läßt ein Fürzchen
und lockert sacht ihr enges Miederlein
und nennt mich »Lieber Schatz« und löst ihr Schürzchen
und krault mit sanfter Hand mir Bauch und Bein.
Dann schlafen wir, und beim Erwachen legt
sie sich mit ihrer ganzen Last auf mich,
daß sie das Kind nicht tötet, das sie trägt.

Ich werde glatt wie ein Gedankenstrich.
Dann kost sie mich, daß mir die Ohren sausen,
in dem Bordell, in dem wir beide hausen.

Die Mädchen von Paris

Ich trage mich mit dem Gedanken, heute bei Fernande zu schlafen. Sie ist indessen unversehens verschwunden. Aufgeregt wie
ich mich habe, suche ich bei den Brasserien in der rue Goufflot
herum und finde ein Mädchen in schlampiger Toilette mit großen
geheimnisvollen Augen. Nach längerer Unterhaltung begleite
ich sie auf ihr Zimmer, das einen sehr angenehmen häuslichen
Charakter trägt. Nachdem sie sich ausgezogen, setzt sie sich mir
auf den Schoß: »Faites-moi un petit cadeau!« Ich streife dabei an
ihrem Schenkel eine Narbe, die mich stutzig macht. Sie sagt mir,
die Nadel sei ihr abgebrochen, sie ist nämlich Morphinistin.
Krank könne sie nicht gut sein, da sie mehrere Internes aus dem
Hospital zu Freunden habe. In der Tat sehe ich den ganzen
Schenkel voll kleiner picures. Ich frage sie, ob sie denn überhaupt
noch das Bedürfnis habe, de faire la noce. O ja, man sei sogar viel
erregter. Ob sie denn menstruiere. Nein. Ich lege mich sehr be-
haglich und in keiner Weise nach Liebe lüstern zu Bett. Sie
macht sich zwei Injektionen, wäscht sich und legt sich zu mir.
Darauf beginnt sie, auf ihre Freundin zu schimpfen in einem
ununterbrochenen Wortschwall, indem sie mir zur gleichen Zeit
meinen Unaussprechlichen kajoliert. Schließlich ist es soweit,
mais il faut le monter. Je sens très étroite. Sie hat nicht unrecht,
scheint in der Tat erregt, elle grince des dents, wenn nicht alles
Komödie ist. Nachdem sie ihre Toilette gemacht, mich gleichfalls
pflichtschuldigst gewaschen und wir wieder im Bett liegen, gibt
sie mir ein Journal, nimmt selber ein anderes und liest, indem sie
mich zur gleichen Zeit wieder ganz mechanisch bearbeitet. Indessen kommen wir überein, daß wir eigentlich noch zu Baury
gehen könnten. Es ist gerade Tag geworden, wir ziehen uns an.
Sie nimmt ihren Hund auf den Arm, nachdem sie ihm vorher die
Locken gekämmt, und wir gehen zu Baury, wo noch eine größere

Gesellschaft versammelt ist. Nachdem wir uns mit Apfeltorte und einigen Gläsern Milch gestärkt, trennen wir uns. Sie heißt Marie Louise. Rue Honge 25. Ich lege mich zu Bett, lese noch eine Stunde Nietzsche und schlafe gegen 6 Uhr ein.

[. . .] ich gehe ins Café d'Harcourt. Im finstersten Winkel sitzt Gaston Fero. Er sagt, er gehe jedenfalls bald fort, er habe etwas vor. Ich bitte ihn, sich nicht abhalten zu lassen. Darauf kommt Alice und fragt mich, ob ich sie mit mir nehme. Ich führe sie zu Mimbach hinüber, wir essen zwei Dutzend Austern, trinken eine Flasche Wein, darauf kommt ihre Freundin Emma und erzählt von Folies-Bergère, von Emilienne d'Alençon, von deren Schön- heit sie ganz entzückt ist. Wir kehren ins d'Harcourt zurück, und Emma macht sich auf die Suche nach einem Herrn. Schließlich hat sie einen gefunden, ein konfisziertes Gesicht, der reine Bauch- aufschneider. Sie kommt zurück, zeigt ihn uns und fragt, ob sie ihn wohl nehmen solle. Er habe ihr 10 frs geboten, sie werde sich aber jedenfalls im voraus bezahlen lassen. Bevor sie mit ihm geht, kommt sie nochmal, um uns adieu zu sagen. Neben uns sitzt Bibi mit seinem glattrasierten Spitzbubengesicht, mit eingeschlagenem Hut und macht mimische Kunststücke, indem er die Augenlider hinaufklappt. Gegen zwei Uhr nehmen wir der scheußlichen Kälte wegen eine geheizte Droschke, in der die Scheiben fehlen, und fahren nach Hause.

Ich mache Feuer, Alice entledigt sich ihrer reizenden Toilette, ich entkleide mich gleichfalls bis auf meine silbergrauen Trikots, und wir setzen uns vor den Kamin, rauchen und plaudern. Sie löst ihr dunkelblondes, üppiges Haar auf, das ihr wie eine Mantille um die Schultern bis auf die Hände fällt. Ihre großen, lichtvollen blauen Augen, das Olympisch-triumphierende in ihren Zügen, ihre herrlich gezeichneten frischen Lippen, ihre vollen, frischen, weißen Arme, ihr feines Spitzenhemd mit den blauen Schleifen, das alles ist von einem Reichtum, von einer Vollendung, wie ich sie noch bei keiner anderen gefunden.

Ich nehme ihre Füße auf meinen Schoß, klappe sie mehrmals auseinander, sinke dann dazwischen und mache ihr Minet. Obschon sie sich vorher nicht gewaschen, ist nicht der leiseste Beigeschmack zu spüren. Ich genieße die gebotene Delikatesse um ihrer selbst willen, als Lusthyliker, als Gourmet, ohne mich im geringsten sinnlich dabei aufzuregen. Sie hat mir ihre Beine über die Schultern gelegt und setzt mir die Fersen in den Rücken, um mich anzuspornen. Mit den Händen hält sie mich bei den Haaren fest. Ihr voller Körper gerät ins Zittern, er windet sich und bäumt sich auf; schließlich wiehert sie wie ein Füllen. Ich renke mir die Kinnlade wieder ein, merke, daß ich mir das Zungenband zerrissen habe und lispele wie ein Jude. Nachdem sich der Sturm in ihrem Körper gelegt, geht sie ins Cabinet de toilette, um sich zu waschen, ein Bedürfnis, das ich meinerseits nicht empfinde.

Nachdem wir noch eine Ewigkeit geschwatzt, legen wir uns zu Bett. Ich frage sie, ob sie Sozialistin oder Anarchistin sei. Sie sagt, sie sei je⁄m'en⁄Foutiste. Sie hat un petit pucelage von 14 Tagen und genießt mich mit der Klugheit, Umsicht und Vorsorge einer Künstlerin in ihrem Beruf. Bei brennenden Kerzen schlafen wir ein unter einem neuen schottischen Plaid, den ich mir heute im Bon⁄Marché gekauft und den ich der großen Kälte wegen über meine Bettdecke gebreitet habe.

■LUCIAN■
Lucius oder der Esel

Als wir uns [. . .] mit dem Trank für die Nacht wohl gerüstet
hatten, sagte Palästra zu mir: Vor allem mußt du dir darüber klar
sein, mein Junge, daß du in eine Ringschule geraten bist; du
mußt nun zeigen, ob du tüchtig unter deinen Altersgenossen bist
und alle Arten des Ringkampfes kennst. Du wirst mich, sagte
ich, einer Prüfung hierin nicht ausweichen sehen; zieh dich nur
aus, wir wollen dann ringen. Lege mir die Probe ab, erwiderte sie,
wie ich kommandiere. Ich will mich wie ein Lehrer und Vor-
steher auf die Namen der Kunstgriffe besinnen und sie dir sagen.
Du mußt dann bereit sein und folgen und alle Befehle ausführen.
Gut, sagte ich, kommandiere du, und du sollst sehen, wie genau,
wie flüssig, mit welcher Spannkraft alles geschieht. Sie legte die
Kleider ab, trat ganz nackt heran und begann mit den Befehlen:
Zieh dich aus, Bürschchen, salbe dich mit der Salbe dort und
umfasse den Gegner; spreize ihm die beiden Schenkel auseinander und neige ihn hintenüber, dann komm ihm von oben
zwischen die Schenkel und, sie auseinanderhaltend, hebe ihn
hoch und ziehe ihm die Beine hinauf; nachlassend und vorbeu-
gend füge dich mit ihm zusammen, unversehens eindringend wirf
ihn hin und vorstoßend stich nunmehr ganz hinein, bis du er-
mattest; stark seien deine Lenden! Dann ziehe die Waffe heraus,
stoße sie durch die Scham und laß sie eindringen bis an die
Wand, dann triff! Siehst du Ermattung, da geh drauf los, schlinge
dich um die Hüften; halt ein und mach nicht zu schnell, halt ein
wenig ein, jetzt fest drauf los – jetzt ist's fertig. – Ich war leicht in
allem willfährig, und unsere Übungen waren endlich fertig. Da
sagte ich lachend zu Palästra: Siehst du, Meister, wie recht und
pünktlich von mir gerungen wurde; sieh nun zu, daß du nicht
mit inkommentmäßigen Stößen antwortest; denn du befiehlst die
einen nach den andern. Sie gab mir eine Ohrfeige und sagte: Was

hab ich für einen albernen Schüler bekommen! Sieh nur du zu, daß du nicht noch mehr Schläge bekommst, wenn du andere als die befohlenen Stöße ausführst! Mit diesen Worten stand sie auf, machte sich fertig und sagte: Jetzt wirst du zeigen, ob du ein junger Mann und tüchtiger Ringer bist, ob du den Ringkampf im Knien verstehst. Und sie ließ sich auf die Knie nieder auf dem Bett und sagte: Wohlan, Ringer, du hältst auf die Mitte zu, die Lanze schwingend, stoße vor und tief hinein; hier siehst du eine nackte ungedeckte Stelle, die benütze; aber zuerst, wie es der Brauch will, umschlinge, dann biege nach hinten um, greife an und halte aus und laß keinen Zwischenraum. Ermattet der Geg‚ner aber, dränge rascher vor, beuge vorstehend dich vorwärts, und zieh ja nicht schneller als befohlen zurück, sondern ihn tüchtig krümmend zieh ihm die Beine unter dem Leib weg, dringe von unten ein, indem du den Angriff erneuerst und besorg es ihm, dann laß ihn los, denn er ist besiegt und erschöpft; dein Gegner ist ganz zu Wasser geworden. Da sagte ich, hell auflachend: Nun will ich noch selbst einige Kunstgriffe kommandieren: du aber folge, steh auf, setze dich, dann fasse mit der Hand an, halte fest und wische ab, umarme mich und schläfere mich ein, beim Herakles!

Nachdem wir unter solchen Scherzen und Kämpfen die Nacht verbracht hatten, bekränzten wir uns gegenseitig.

Die hübsche Dame
und der goldene Esel

In kurzem verbreitete sich das Gerücht von meinen Wunderkün-
sten so sehr unter die Leute, daß mein Herr sich nur sehen lassen
durfte, so hieß es: »Seht, seht! Das ist der, der den neckischen Esel
hat, welcher wie ein Mensch speist und ringt und tanzt und
Schnacken macht und alles versteht, was man ihm sagt, auch
durch Winke sich wieder verständlich machen kann!« Doch ich
muß euch wohl erst sagen (was ich allerdings gleich zu Anfang
hätte sagen sollen), wer und woher mein Herr war.
Thyasus (also nannt' er sich) war aus Korinth, der Hauptstadt
von ganz Achaia, gebürtig. Seiner Geburt und seinem Stande
gemäß hatte er sich von einer Ehrenstufe zur andern, bis nun
endlich zum fünfjährigen Oberrichteramt, wozu er eben ernannt
worden war, emporgeschwungen. Um diese hohe Würde mit
allem erforderlichen Pompe anzutreten und den ganzen Umfang
seiner Freigebigkeit sehen zu lassen, hatte er sich zu Kampfspielen, die drei Tage dauern sollten, anheischig gemacht, und weil er
wünschte, bei dem Volke Ehre einzulegen, so war er selbst bis
nach Thessalien gereist, um die edelsten wilden Tiere und die
berühmtesten Fechter aufzukaufen. Bereits war seine Absicht erreicht und alles nach Wunsch angeschafft, und er eilte wieder
nach Hause. So viele schöne Wagen, Kutschen und Kaleschen er
auch mit sich hatte, so fuhr er dennoch auf der Reise in keiner
einzigen; sie mußten alle nebst den Sänften, nebst den stolzen
thessalischen Zeltern, nebst den köstlichen gallischen Zuchtheng-
sten ledig hinten nachfolgen. Vorauf paradierte er auf mir, der ich
auf das stattlichste mit goldenem Geschirr, prächtigem Sattel,
purpurner Schabracke, gesticktem Gurte und hellklingenden
Schellen herausstaffiert war. Er koste im Reiten oftmals sehr liebreich mit mir und versicherte mir unter anderem, daß es ihm eine

unsägliche Freude sei, so in mir zu gleicher Zeit seinen Gesell-
schafter und Träger gefunden zu haben.

Als wir nun unsere Reise teils zu Lande, teils zur See zurückgelegt hatten und zu Korinth ankamen, so strömte das Volk
allenthalben haufenweise zusammen; nicht sowohl, wie's mir
vorkam, um dem Thyasus Ehre zu erweisen, als aus Begierde,
mich zu sehen. So sehr war der Ruf von meiner Geschicklichkeit
vor uns hergegangen!

Das machte sich der anschlägige Freigelassene, mein Verpfleger,
zunutze; er merkte nicht so bald, daß die Leute so großes Verlangen nach meinen Künsten trügen, als er mich unter dem
Schlosse hielt und mich niemand anders als für Geld sehen ließ.
Das brachte ihm täglich keine Kleinigkeit ein.

Unter den vielen Leuten, die sich die Neugier, mich zu sehen,
was kosten ließen, befand sich auch eine reiche, vornehme Dame.
Diese belustigte sich so sehr an meiner Drolligkeit und meinen
mannigfaltigen Gaukeleien, daß sie sich gar zuletzt, nachdem sie
mich lange aufs lebhafteste bewundert hatte, sterblich in mich
verliebte. Sie verschmähte jedes andere Mittel, sich von dieser
unsinnigen Leidenschaft zu heilen, und strebte nur wie eine andere Pasiphae nach meinem Genusse. Kurzum, sie bot meinem
Wächter eine große Summe Geldes für eine einzige Nacht von
mir. Leider fand sie in der eigennützigen Denkart desselben keinen Widerstand! Ohne Bedenken gestand ihr der Nichtswürdige
ihr Begehren zu, und abends, als wir von der Tafel unseres Herrn
zurückkamen, fanden wir die Dame schon unserer vor der Kam-
mertür warten.

Alle Welt! Was wurden da für Anstalten gemacht! Vier
Verschnittene bereiteten flugs auf der Erde ein weiches Lager.
Über große, von leichtem Flaum hochgeblähte Pfühle deckten sie
ein mit Gold und tyrischem Purpur gesticktes Laken und legten
darauf Kissen von allerhand Größe, womit das zärtliche Frauenzimmer teils die Wangen, teils den Nacken zu unterstützen
pflegt. Dies getan, und das ganze Zimmer mit schimmernden
Wachskerzen so hell wie bei Tage erleuchtet, verweilten sie nun

nicht länger die Wollust ihrer Gebieterin und begaben sich hinweg.

Nun entkleidete sich die Dame ganz und gar, legte auch die Binde ab, womit sie ihren schönen Busen eingeschnürt hatte, trat an das Licht und salbte aus einem zinnernen Gefäß sich und mich reichlich mit Balsam; vorzüglich aber badete sie damit meine Schenkel und Lenden samt den Werkzeugen der Wollust, welche sie vorher mit chiischem Rosenwasser gereinigt. Priapus, sofort durch ihre niedlichen Hände herbeigezaubert, winkte ihr gefällig mit starrem, erhobenem Zepter. Sobald sie die günstige Gegenwart des Gottes vernommen, umhalste sie mich aufs zärtlichste und küßte mich; aber nicht, wie in liederlichen Häusern feile Dirnen ihre kampflustigen Buhler zu küssen pflegen, sondern mit dem wärmsten, innigsten Gefühle der Seele. Sie liebkoste mich mit all den süßen Worten der Liebe, womit die Weiber ihre Zuneigung an den Tag legen, um die unsrige zu erwecken.

»Dich lieb ich!« rief sie, »nach dir sehnt mein Herz sich! Du mein Einziger! Mein Auserwählter! Ohne dich kann ich nicht leben!« und so dergleichen.

Endlich faßte sie mich bei dem Halfter und zog mich zu sich auf das Bett nieder. Ich machte ihr keine sonderliche Mühe; denn Behendigkeit hatt' ich gelernt, und meine Begierde, nach so langer Zeit einmal wieder bei einem hübschen Weibe zu schlafen, war ganz rege, um so mehr, da ich mir vorher in gutem Weine gütlich getan und der wohlriechende Balsam meinen Kitzel aufs äußerste gereizt hatte.

Angst und bange war ich aber dennoch, wie bei so langen Stakbeinen den Thron der Liebe zu besteigen? Wie so sanfte, zarte, glänzende, von lauter Milch und Honig geknetete Glieder mit eisernen Hufen zu umfassen? Wie so kleine ambrosia-duftende Purpurlippen mit einer so plumpen Schnauze, mit ungeheuren garstigen Zähnen zu küssen? Und wie endlich, möchte die Dame auch vor Lust bis in die äußersten Fingerspitzen glühen, ein so übergroßes Opfergefäß hinein in das enge Heiligtum der Wollust zu bringen sei?

»Wehe dir«, dacht' ich bei mir selbst, »wo du eine so vornehme Dame sprengst! Dann kannst du dich nur gefaßt machen, bei deines Herrn Kampfspielen mit zu figurieren und den reißenden Tieren vorgeworfen zu werden!«

Unterdessen verdoppelte die Dame ihre Liebkosungen, herzte, küßte mich und girrte und verdrehte im Taumel stechender Begierden die Augen. Zuletzt rief sie: »Ha, nun hab ich dich! Hab ich dich, mein Täubchen! Mein Vögelchen!« Und mit den Worten zeigte sie, daß alle meine Besorgnis und Furcht töricht und überflüssig war; denn sie umschlang mich und nahm mich ganz, ganz sage ich, auf!

Sooft ich, ihrer schonend, mein Hinterteil zurückzog, sooft flog sie elastisch in jähem Schwunge mir nach, und, je fester und fester mit ihren Armen mein Rückgrat umfassend, schloß, drückte, preßte, schmiegte sie sich brünstiger an mich, so daß ich, beim Herkules! gar glaubte, es mangle mir noch etwas zur Befriedigung ihrer Üppigkeit, und im Ernst auf den Argwohn geriet: die Mutter des Minotaurs müsse sich wohl nicht ohne Grund lieber einen brüllenden Liebhaber zur Kurzweil erkoren haben.

Nachdem die Dame auf die Art die Nacht mir mir sehr geschäftig und des Schlafes uneingedenk hingebracht hatte, dingte sie von meinem Wärter für denselben Preis die folgende wieder und begab sich, um von niemand gesehen zu werden, noch vor Tage hinweg. Der Freigelassene vergönnte ihr um so williger, sich abermals nach ihrem Gefallen mit mir zu erlustigen, weil er, ungerechnet, daß er reichlich dafür bezahlt wurde, auch seinem Patrone das Vergnügen dieses neuen Schauspiels geben wollte.

◼PIETRO ARETINO◼
Das Leben der Eheweiber

Nanna und Antonia erhoben sich gerade, als der kindisch ge⸗
wordene Hahnrei Tithonus das Hemd seiner Frau Gemahlin
verstecken wollte, damit der kupplerische Tag es nicht in die Hände
ihres Buhlers, des Sonnengottes, gäbe. Aber sie bemerkte es, riß es
dem alten Narren aus der Hand, ließ ihn krächzen und ging
schöner geschminkt als je davon und entschlossen, sich unter seiner
Nase zwölfmal bohren zu lassen und darüber vom Meister Zif⸗
ferblatt als öffentlichem Notar die Akten ausfertigen zu lassen.
Als sie angezogen waren, besorgte Antonia vorm Morgenläuten
alle jene kleinen Haushaltungsgeschäfte, die der Nanna mehr
Sorgen machten als Sankt Peter seine Bauunternehmungen.
Nachdem sie dann ordentlich gegessen hatten wie Leute, die freie
Kost und Wohnung haben, gingen sie wieder nach dem Wein⸗
berg und setzten sich wieder auf den Platz, wo sie Tags zuvor
gesessen hatten, und unter denselben Feigenbaum. Und da es
bereits Zeit war, die Hitze des Tags mit dem Fächer der Plauderei
zu verjagen, legte Antonia die Hände auf die Knie, sah Nanna
gerade ins Gesicht und sagte: »Über die Nonnen weiß ich nun
wirklich Bescheid und nach dem ersten Schlaf konnte ich kein
Auge mehr schließen, weil ich nur an die törichten Mütter und
die einfältigen Väter dachte, die sich einbilden, wenn ihre Töchter
Nonnen würden, hätten sie keine Zähne mehr zum Beißen wie
die, die sie verheiraten. Wie kümmerlich wäre ihr Leben! Die
Alten müßten doch wissen, daß auch sie von Fleisch und Bein
sind und daß nichts mehr das Gelüst steigert als eine verbotene
Frucht. Das sehe ich ja an mir. Ich sterbe vor Durst, wenn ich
keinen Wein im Haus habe. Dann sind auch die Sprichwörter
nicht zum Lachen, und an das muß man glauben, das da sagt,
die Nonnen seien die Frauen der Mönche, sogar jedermanns
Frauen. An das Wort hatte ich gestern nicht gedacht, sonst hätte

ich dich nicht damit belästigt, mir von dir ihre Ausgelassenheiten erzählen zu lassen.«

NANNA Alles hat sein Gutes.

ANTONIA So wie ich erwachte, wartete ich, daß es Tag würde, und krümmte mich vor Ungeduld wie ein Spieler, wenn ein Würfel oder eine Karte zu Boden gefallen ist oder ihm das Licht ausgeht und er dann wild wird, bis er sie aufgehoben hat und das Licht wieder brennt. Ich wünsche mir selbst Glück, in deinen Weinberg gekommen zu sein, der mir durch deine Freundlichkeit stets offen steht, und mehr noch freue ich mich, daß ich dich ohne Umstände fragte, was dir fehlt, worauf du mir so liebenswürdig geantwortet und alles erzählt hast. Nun sag' mir, was beschloß deine Mutter, nachdem dir die verdammten Hiebe den Geschmack an Liebeshändeln und am Klosterleben genommen hatten?

NANNA Sie sprach davon, mich zu verheiraten, und erfand bald diese, bald jene Geschichte über meine Entnonnung, indem sie vielen Leuten zu verstehen gab, im Kloster wären hunderte von Geistern, so viel wie Honigkuchen in Siena. Das kam einem zu Ohren, der lebte, weil er aß, und er beschloß, mich zur Frau zu kriegen oder zu sterben. Und da er in guten Verhältnissen war, so schloß mit ihm meine Mutter, die, wie ich dir sagte, meines Vaters, Gott hab' ihn selig!, Hosen anhatte, den Ehevertrag ab. Um nicht vom Hundertsten ins Tausendste zu kommen, endlich kam also die Nacht, wo ich mich fleischlich mit ihm verbinden sollte, und die Schlafmütze von Mann wartete schon drauf wie der Bauer auf die Ernte. Da zeigte sich die Schlauheit meiner süßen Mama in ihrem ganzen Glanz. Sie wußte ja, daß meine Jungfernschaft in die Brüche gegangen war, drum schnitt sie einem von den Hochzeitskapaunen den Hals ab, füllte das Blut in eine Eierschale und lehrte mich die Kunst, die Keusche zu spielen. Als ich mich zu Bett legte, salbte sie mir mit Blut die Spalte, aus der dann meine Pippa kam, und als ich so im Bett lag, legte er sich auch dazu, und als er näher kam, um mich zu umarmen, fand er mich ganz zu einem Knäuel zusammengekauert am Bettrand. Er wollte die Hand an meine Etcetera bringen, aber ich ließ mich aus dem Bett auf die Erde fallen. Darauf sprang auch er 'raus, um mir zu helfen, und nun fing ich zu jammern an: »Ich will nicht so was Schlimmes machen. Laßt mich in Ruh'.« Auf unsere lauten Stimmen höre ich meine Mutter kommen, sie öffnet die Kammer und tritt mit einem Licht in der Hand ein. Und sie schmeichelte mir so lange, bis ich mich mit dem guten Schäfer versöhnte. Nun wollte er mir die Schenkel öffnen und schwitzte dabei mehr wie einer beim Dreschen. Dabei riß er mir das Hemd entzwei und stieß tausend Verwünschungen aus. Schließlich als mehr Flüche auf mich herabgehagelt waren als auf einen vom Teufel Besessenen am Pranger, öffnete ich, aber schimpfend und jammernd und fluchend, den Geigenkasten und er warf sich über mich, zitternd vor Begier nach meinem Fleisch, und wollte die Sonde in die Wunde führen, aber ich gab ihm solch einen Stoß, daß er aus dem Sattel fiel. Doch er kletterte geduldig wieder 'rauf, versuchte es noch mal mit der Sonde und stieß so stark, daß sie eindrang. Da mir der Butterwecken gefiel, konnte ich mich nicht mehr halten und gab mich ihm hin wie eine gekitzelte Sau und schrie nicht, bis mein Mietsmann das Haus verließ. Auch meine Mutter kam wieder in die Kammer, und als sie das Hühnerblut sah, das die Bettlaken und das Hemd meines Mannes gefärbt hatte, bat sie so lange, bis er sich für diese Nacht zufrieden gab und mir erlaubte, bei ihr zu schlafen. Am andern Morgen hielt die ganze Nachbarschaft über meine Keuschheit ein Konklave ab und in der ganzen Gegend sprach man von nichts anderm. Als die Hochzeitsfeierlichkeiten vorbei waren, fing ich an, in die Kirchen und zu Festen zu gehen, wie's die andern Frauen auch tun, und da wurde ich mit der und jener bekannt und die Vertraute der einen und der andern.

ANTONIA Ich bin ganz weg, wenn ich dich so erzählen höre.

NANNA So wurde ich denn auch ganz und gar vertraut mit einer reichen, schönen Bürgersfrau, die mit einem Großkaufmann verheiratet war, einem jungen, hübschen, lebenslustigen Menschen, der so verliebt in sie war, daß er nachts träumte, was sie sich morgens wünschte. Eines Tages war ich bei ihr in der Kammer, da blickte ich zufällig auf ein kleines Nebenkabinett und sehe durchs Schlüsselloch was vorüberhuschen.

ANTONIA Was wird's bloß sein?

NANNA Ich äugle wieder aufs Schlüsselloch und sehe wieder was – ich weiß nicht was.

ANTONIA Aha, so steht's.

NANNA Meine Freundin wird meine Blicke gewahr und ich merke, daß sie was gemerkt hat. Ich sehe sie an und sie mich und ich sage:»Wann wird denn Euer Mann, der gestern aufs Land ging, hier sein?«–»Er wird kommen, wenn Gott es will«, entgegnete sie, »aber ging's nach meinem Willen, so käme er nie wieder.«–»Warum denn nicht?« frage ich. –»Möge Gott dem, der mir zuerst von ihm sprach, die Pest und Kränke schicken! Er ist nicht der Mann, für den ihn die Leute halten. Nein! Bei diesem Kreuz!« Und sie schlug eins mit den Fingern und küßte es. – »Warum denn nicht?« frage ich. »Jeder beneidet Euch um ihn. Woher denn Eure Unzufriedenheit? Sagt's mir doch, wenn's möglich ist!« Und sie sagt zu mir: »Soll ich's dir in Plakatbuchstaben sagen? Er ist eine schöne Null und nur gut genug, mich mit Firlefanzereien abzuspeisen. Ich brauche aber was andres. Wie's im Evangelium heißt: Das Brot lebt nicht vom Menschen allein.« Ich meinte, sie hätte recht, den Mann zu verkaufen, und sage zu ihr: »Ihr seid klug und wißt, daß es mehr als einen Tag auf dieser Welt gibt.« – »Damit du dich meiner Klugheit noch mehr ver, gewisserst«, antwortete sie mir, »will ich dir mein Auskunftsmittel zeigen.« Und sie öffnete ihr Kabinett und ließ mich einen anrühren, der meiner Meinung nach zu denen gehörte, die mehr Fleisch als Brot haben, und so war's auch, denn vor meinen Augen warf sie sich über ihn, setzte das Haus auf den Kamin und ließ sich zwei Nägel in einem Hämmern schmieden und zwei Kuchen in einer Backhitze backen und sagte dabei: »Lieber mag man wissen, daß ich liederlich bin und mich zu trösten weiß, als daß man mich für anständig und unglücklich hält!«

ANTONIA Das sind Worte, die man mit goldnen Buchstaben schreiben sollte!

NANNA Sie rief ihre Zofe, die Vertraute ihrer Befriedigungen, und ließ den Mann auf dem gleichen Weg, wie er gekommen war, wieder hinausführen, nachdem sie ihn zuvor noch mit einer Kette, die sie am Hals trug, geschmückt hatte. Ich küßte sie auf die Stirn, den Mund und beide Wangen und ging heim, um mich vor der Heimkehr meines Mannes davon zu überzeugen, ob unser Hausknecht ein sauberes Hemd hätte. Ich fand die Tür offen, schickte mein Mädchen nach oben und ging selbst nach seinem Kämmerchen im Erdgeschoß. Ich ging leise, leise und tat, als wollte ich auf dem Abort, der dort war, ein bißchen Wasser abschlagen. Da höre ich ein Wispern und Flüstern. Ich horche auf und merke, daß meine Mutter vor mir an ihr Geschäft gedacht hatte. Ich geb' ihr den Segen, wie sie mir damals den Fluch gab, als ich so tat, als wolle ich meinem Mann nicht zu Willen sein, dreh' mich um, geh' die Treppe 'rauf, und wie ich mich noch über das Gesehene fuchse, sieh' da kommt mein Tunichtgut, und nun vertrieb ich mir mit dem mein Gelüst, nicht nach meinem Wunsch, aber doch so gut ich's konnte.

ANTONIA Warum nicht nach deinem Wunsch?

NANNA Weil alles andre besser als der Ehemann ist. Nimm nur das Beispiel, wie einem das Essen außer dem Hause schmeckt.

ANTONIA Das stimmt. Abwechslung in den Speisen mehrt den Appetit. Ich glaub' dir, es heißt ja auch: alles andre ist besser als eine Ehefrau.

NANNA Ich kam mal in mein Heimatdorf, da wohnte eine vornehme Edelfrau, ich sag' dir, 'ne große Dame, mehr sag' ich nicht. Die brachte ihren Mann zur Verzweiflung, weil sie das ganze Jahr auf dem Lande wohnen wollte; und wenn er ihr vorhielt, wie glänzend man's in der Stadt hat und wie erbärmlich man auf dem Land lebt, sagte sie nur: »Ich mach' mir nichts aus Pracht und Prunk, ich will nicht die Leute zur Sünde des Neids verführen, ich schätze nicht Feste und Gesellschaften, ich will auch nicht, daß sich einer meinetwegen den Hals bricht. Mir genügt die Messe Sonntags und ich weiß recht gut, was man spart, wenn man hier draußen wohnt und was man in deinen Städten zum Fenster hinauswirft. Magst du nicht hier bleiben, so zieh' in die Stadt. Ich bleib' hier.« Der Edelmann hatte in der Stadt zu tun und mußte dort häufig hinreisen, wenn er auch nicht gewollt hätte, und mußte sie manchmal gute vierzehn Tage allein lassen.

ANTONIA Ich glaube zu sehen, worauf ihre Absicht ging.

NANNA Ihre Absicht ging auf einen Pfaffen, den Kaplan des Dorfes. Wären seine Einkünfte so groß gewesen wie der Weihwedel, womit er den Garten der Dame mit dem heiligen Öl besprengte, und sie ließ ihn sich von ihm überschwemmen, wie du gleich hören wirst, so hätte er sich besser als ein Monsignore gestanden. O, hatte der einen langen Stiel unter dem Bauch! O, hatte der einen dicken! O, hatte der einen geradezu bestialischen!

ANTONIA Die Pest!

NANNA Eines Tags sieht ihn die gnädige Frau, die wieder auf dem Lande ist, unter ihrem Fenster das Wasser abschlagen, ohne daß er sich dabei was denkt. Das hat sie mir selbst erzählt, denn sie vertraute mir alles an. Sie sieht also einen armlangen weißen Schwanz mit einem korallenroten Kopf und einem bildschönen Spalt und einer strotzenden Ader an der Unterseite, keinen toten Aal, keine verkorkste Bretzel, sondern ein nudelnudelsaubres Ding. Mit einem Kranz goldblonder Löckchen stand es zwischen zwei strammen runden springlebendigen Schellen, die schöner waren als die silbernen zwischen den Beinen des Aquilo, der auf dem Botschaftertor stand. Und sowie sie den Karbunkel sah, warf sie sich auf ihre Hände nieder, um sich nicht zu versehen.

ANTONIA Das wäre fein gewesen, wenn sie, vom bloßen Ansehen schwanger geworden, sich mit der Hand an die Nase gefahren wäre und dann 'n Mädel gekriegt hätte mit den Schellen als Muttermal im Gesicht!

NANNA Hahahaha! Sie fiel also auf ihre Hände und geriet aus Gier nach dem Widderschwanz in solche Aufregung, daß ihr übel wurde und sie zu Bett gebracht werden mußte. Ihr Mann war ganz erstaunt über einen so merkwürdigen Anfall und ließ aus der Stadt durch einen reitenden Boten den Arzt holen, der ihr den Puls fühlte und sie fragte, ob sie richtigen Stuhlgang hätte.

ANTONIA Meiner Seel'. Weiter wissen sie nie was zu sagen. Sobald sie hören, daß beim Kranken der untere Destillierkolben gut funktioniert . . .

NANNA Da hast du recht. Die gnädige Frau sagte nein. Darauf appliziert ihr der Pflasterkasten ein Argument, das aber wir‐kungslos abprallte. Und ihrem guten Manne kamen die Tränen in die Augen, als er sie nach dem Priester rufen hörte. Sie sagte: »Ich will beichten, und da es Gottes Wille ist, daß ich sterbe, soll es auch mein Wille sein. Aber es schmerzt mich sehr, dich verlassen zu müssen, mein lieber Mann!« Auf diese Worte warf sich ihr der Schafskopf an den Hals und heulte, als hätte er Prügel gekriegt; sie aber küßte ihn und sagte: »Mut! Mut!« Dann stieß sie einen Schrei aus, als sollte sie verscheiden, verlangte wieder nach dem Priester. Ein Diener lief nach ihm und der Kaplan kam ganz verstört. Gerade wie er eintrat, hatte der Arzt seine Hand an ihrem Arm, um zu fühlen, was der Puls zu diesem Fall sagte, und war ganz erstaunt, als er ihn beim Erscheinen des Kaplans wieder kräftig klopfen fühlte. Und der Pfaff kam weiter vor und sagte: »Gott gebe Euch Eure Gesundheit wieder!« Sie aber heftete die Augen auf den Hosenlatz, dessen oberer Teil über dem Sarscherock, den er um die Beine trug, sichtbar war, und fiel wieder in Ohnmacht. Man badete ihr die Schläfen mit Rosenessig, und sie erholte sich ein wenig. Dann ließ ihr Mann, der wirklich ein Kerl wie 'n Pfund Wurst war, alle aus der Kammer gehen und machte selbst die Tür zu, damit die Beichte nicht gehört würde. Er setzte sich mit dem Medikus hin und besprach den Fall und brachte viel Kohl darüber zutage. Während nun der Quacksalber mit dem Trottel dispu‐tierte, setzte der Pfaff sich auf den Bettrand, schlug mit eigner Hand das Zeichen des Kreuzes, damit's der Kranken nicht beschwerlich fiel, und wollte sie gerade fragen, wann sie zuletzt gebeichtet hätte, da legte sie ihm die Tatzen an den Schlauch, der schnell wie der Blitz hart war, und führte ihn sich in den Leib.

ANTONIA Eine schöne Probe!

NANNA Was sagst du dazu, daß der Pfaff ihr mit zwei Stößen die Ohnmacht vertrieben hatte?

ANTONIA Ich sage, er verdient großes Lob, weil er keiner von den Hosenscheißern war, die nicht mal den Mut haben, ins Bett zu pissen, und dann noch sagen: »Hat das Schweiß gekostet!«

NANNA Als die Beichte fertig war, setzte der Priester sich wieder hin, und gerade als er ihr die Hand zum Segen auf den Kopf legte, steckte der Mann ein ganz klein wenig den Kopf zur Tür 'rein. Als er sah, daß ihr die Absolution erteilt wurde, die sie mit einem ganz strahlenden Gesicht empfing, sagte er: »Wahrhaftig, es gibt keinen bessern Doktor als unsern Herrgott. Nein, wirklich, du bist ganz gesund, und eben noch glaubte ich dich zu verlieren.« Und sie sah ihn an und sagte seufzend: »Ach ja, ich fühle mich besser.« Und dann murmelte sie mit gefalteten Händen das Confiteor, wie wenn sie die Bußgebete sagte. Dem Priester ließ sie beim Abschied einen Dukaten und zwei Julier in die Hand drücken und sagte dabei: »Die Julier sind das Almosen für die Beichte und der Dukaten, damit Ihr mir die Messen des heiligen Gregor lest.«

ANTONIA Prost Mahlzeit!

NANNA Hör' jetzt was andres, was noch besser ist als die Geschichte vom Pfaffen. In unserm Dorf lebte eine Matrone von etwa vierzig Jahren, die ein Gut mit großen Einkünften besaß. Sie stammte aus sehr angesehener Familie und war die Frau eines Doktors, der für ein Wundertier in der Literatur galt, weil er schon 'ne Menge dicker Bücher geschrieben hatte. Diese Frau ging, sage ich dir, immer in Grau, und hätte sie nicht an jedem Morgen ihre fünf bis sechs Messen gehört, so hätte sie an dem Tag keine Ruhe gehabt. Sie war ein fleischgewordenes Avemaria, eine Betschwester, eine Kirchenläuferin und alle Monate fastete sie am Freitag, nicht nur im März, und bei der Messe sang sie die Responsorien mit wie der Küster und bei der Vesper hörte man ihre Stimme wie einen Mönchstenor und man sagte, sie trüge einen eisernen Gürtel auf der bloßen Haut.

ANTONIA Die kommt ja noch über die heilige Verdiana.

NANNA Sie kasteite sich hundertmal mehr als die, das will ich meinen. Und sie trug nur Sandalen und an den Vigilien des heiligen Franz von Vernia und des von Assisi aß sie nur so ein Stückchen Brot, wie sie's in der Faust halten konnte, und trank nichts als nur einmal reines Wasser und betete bis Mitternacht, und das bißchen, was sie schlief, lag sie auf einer Brennesselstreu.

ANTONIA Ohne Hemd?

NANNA Das kann ich dir nicht sagen. Nun war da ein büßender Eremit, der wohnte in einer Einsiedelei, eine Meile oder vielleicht zwei vom Dorf ab, der kam fast jeden Tag zu uns um ein bißchen was zu ergattern und nie kehrte er leer nach seiner Einsiedelei zurück, denn mit seiner Sackleinenkutte, seinem magern Gesicht, seinem Bart bis zum Gürtel 'runter, und dem Stein, den er wie der heilige Hieronymus in der Hand trug, erregte er das Mitleid der ganzen Gemeinde. Diesen ehrwürdigen Einsiedler schloß die Doktorsfrau in ihr Herz – der Doktor hatte damals in der Stadt viele Prozesse zu führen – sie gab ihm reichlich Almosen und ging oft in seine Einsiedelei, wo es wirklich gottselig und anmutig aussah, um sich ein paar bittere Kräuter zum Salat zu holen, denn süße dazu zu nehmen, hätte ihr Gewissen nicht zugelassen.

ANTONIA Wie sah denn die Einsiedelei aus?

NANNA Sie lag auf einem kleinen Berg, den der Klausner Kalvarienberg nannte. In der Mitte von ihm stand ein großes Kreuz mit drei Holznägeln, so dick und lang, daß die Weiblein Angst davor kriegten, und das Kreuz trug 'ne Dornenkrone und an den Armen hingen zwei Geißeln mit Knoten 'runter und am Fuß lag ein Totenkopf. Auf der einen Seite stak ein Rohr, obendrauf ein Schwamm, auf der andern auf einem alten Hellebardenschaft ein Eisen von einem rostigen Wurfspieß. Wo der Berg 'runter ging, war ein Gärtchen, um das die Rosen eine kleine Mauer zogen, mit einem Pförtchen aus geflochtenen Weidenzweigen und einem hölzernen Riegel, und hätte man einen ganzen Tag gesucht, so hätte man drin, glaube ich, kein Steinchen gefunden, so gut hielt der Klausner das Gärtchen. In den Beeten, die durch einige hübsche Wege voneinander getrennt waren, wuchsen allerlei Kräuter, hier dichter und fester Salat, dort frische und zarte Pimpernellen, in einigen Beeten Knoblauch, dicht und so regelmäßig gepflanzt, als wären die Abstände mit dem Zirkel gemessen, in andern der schönste Kohl von der Welt, Krause und Pfefferminze, Anis, Majoran und Petersilie hatten auch ihren Platz in dem Gärtchen, und in der Mitte gab ein Mandelbaum Schatten, einer von den großen ohne Borke. In mehreren Rinnen floß klares Wasser aus einer Quelle, die am Fuß des Berges im Gestein entsprang, und die ganze Zeit, die der Klausner sich von seinen Gebeten abstehlen konnte, verwandte er auf die Pflege des Gärtchens. Unweit davon stand das Kirchlein mit seinem Türmchen und den beiden Glöckchen und die Hütte, wo er ausruhte, lehnte sich an die Kirchenmauer. In dies kleine Paradies also kam, wie ich dir gesagt habe, die Doktorsfrau, und da kam's, ich weiß nicht wie, vielleicht um nicht den Leib auf die Seele neidisch werden zu lassen, eines Tags, als sie sich vor der drückenden Hitze in die Hütte zurückgezogen hatten, zu schlimmen Sachen. Und wie sie gerade dabei waren, kam ein Bauer (man kennt ja das lose Schandmaul dieser Kerle), der suchte das weggelaufene Füllen seiner Eselin, und wie er nun zufällig an der Hütte vorüberkommt, sieht er das heilige Paar zusammengekoppelt wie Hund und Hündin. Er lief ins Dorf, zog ein paarmal die Glocken und rief das Volk dadurch 'ran, denn die meisten ließen, als sie's hörten, ihre Arbeit liegen und erschienen vor der Kirche, und nicht weniger Weiber wie Männer. Dort fanden sie den Bauern, der dem Pfarrer erzählte, wie der Klausner Wunder tat. Darauf legte der Pfarrer Chorhemd und Stola um und nahm das Brevier in die Hand, der Küster trug das Kreuz voraus und mehr als fünfzig Leute gingen hinterdrein. In der Zeit von einem Credo kamen sie zur Hütte und fanden drin die Magd und den Knecht der Diener des Himmels in tiefem Schlaf, und der schnarchende Eremit hielt noch seine Geißel unter die Hinterbacken der frommen Verehrerin des Bußstricks. Beim ersten Anblick war die

Menge stumm und starr wie ein gutes Weib, das den Hengst auf der Stute sieht; dann aber, als sie sahen, daß ihre Frauen die Gesichter abwandten, brachen die Bauern in ein Gelächter aus, das die Siebenschläfer aufgeweckt hätte und das auch die beiden aus dem Schlaf riß. Als der Pfarrer sie aber in so enger Verbindung sah, stimmte er den Chorgesang an: Et incarnatus est!

ANTONIA Ich glaubte, es könnte keinen schlimmern Hurenkram als bei den Nonnen geben, aber da hatte ich mich geirrt. Aber sag' mir, wurden der Klausner und die Betschwester nicht totgeschlagen?

NANNA Totgeschlagen? Er zog die Raspel vom Eisen, sprang auf, gab ihr zwei Streiche mit der zusammengedrehten Waldrebe, die ihm als Gürtel diente, und rief: »Herrschaften, lest das Leben der heiligen Kirchenväter und dann verdammt mich zum Feuer oder zu welcher Strafe ihr sonst wollt. Der Teufel hat in meiner Gestalt statt meiner gesündigt und nicht mein Leib, und es wäre ruchlos, dem ein Leid anzutun.« Was brauche ich dir noch weiter zu sagen? Der Halunke, der Soldat, Meuchelmörder, Kuppler gewesen und aus Verzweiflung Eremit geworden war, schwatzte so viel, daß außer mir, die wußte, wo der Teufel den Schwanz hat, und dem Pfarrer, der durch die Beichte der feinen Dame Bescheid wußte, alle Welt ihm Glauben schenkte, denn er schwor bei seinem Waldrebengürtel, daß die Geister, die die Einsiedler in Versuchung führten, Succumbier und Imcumbier hießen. Während der Bettlereremit gakelte, hatte die Halbnonne Zeit, sich was auszudenken, und mit einem Mal begann sie sich zu winden, die Luft anzuhalten, die Augen zu verdrehen, zu heulen und so um sich zu schlagen, daß man sich fürchten mußte. Da rief der Einsiedler: »Seht da den bösen Geist über der Unseligen!« Der Dorfschulze wollte sie festhalten, aber sie biß nach ihm und schrie entsetzlich. Darauf wurde sie von zehn Bauern gebunden und in die Kirche gebracht, wo in einem plumpen Tabernakel aus vergoldetem Kupfer zwei Knöchelchen, die von den ermordeten unschuldigen Kindlein stammen sollten, aufbewahrt wurden. Mit denen berührte man sie und bei der dritten Berührung kam sie wieder zu sich. Als die Kunde davon zu dem Doktor drang, holte er die angehende Heilige in die Stadt zurück und ließ über das Geschehnis eine Predigt drucken.

ANTONIA Nein, was Verruchteres hat man doch nie gehört!

NANNA Glaubst du denn, es kommen nicht noch ganz andre Sachen vor?

ANTONIA Wirklich?

NANNA Bei der heiligen Jungfrau, ja! Ich hatte eine Nach-barin in der Stadt, die war wie 'ne Eule im Vogelherd, so viel Liebhaber lauerten um sie 'rum. Die ganze Nacht hörte man nichts als Serenaden und den ganzen Tag machten die jungen Herrchen Fensterparaden zu Pferd und zu Fuß. Und wenn sie zur Messe ging, konnte sie kaum durch die Straße, so drängten sich da ihre Verehrer. Und der sagte: »Selig, wer solchen Engel sein nennt!« und der: »O Gott, warum zaudere ich, einen Kuß auf diesen Busen zu drücken und dann zu sterben?« Einer sam-melte den Staub, den ihr Fuß aufgerührt hatte und streute ihn ins Barett, wie man mit cyprischen Puder tut, und ein andrer sah sie seufzend an und sprach kein Wort. Und dies gelobte Meer, worin jeder fischte, ohne je was zu fangen, schwoll an vor Sehnsucht nach einem von jenen verräucherten Magistern, die sich als Haus-lehrer ihr Brot suchen, dem schmierigsten, häßlichsten, schmut-zigsten Kerl, den man je gesehen hat. Auf dem Rücken trug er einen pfauenblauen Mantel, der am Hals so zerknillt war, daß keine Laus drüber hätte kriechen können und noch manchen Ölflecken hatte, wie man ihn bei den Klosterküchenjungen sieht. Unter dem Mantel hatte er ein Wams aus Kamelwolle, das so abgenutzt war, daß es nach jedem andern Stoff als nach Kamel-wolle aussah und niemand raten konnte, welche Farbe es mal gehabt hatte. Umgürtet war es mit zwei schwarzseidnen zusam-mengeknoteten Schnüren, und da es keine Ärmel hatte, sah man statt ihrer die Ärmel des Kamisols aus Baselatlas, der so zerlöchert und ausgefranst war, daß man am Handsaum das Futter sah, und am Halskragen war ein Schmutzrand, der vom Schweiß so hart geworden war wie Knochen. Allerdings paßten zu diesen Oberkleidern die Hosen ausgezeichnet, sie waren mal rosenfarben gewesen, aber jetzt waren sie's nicht mehr. Am Kamisol mit zwei Stücken Schnur ohne Nestelstift befestigt, schlotterten sie ihm um die Beine wie Galeerensträflingshosen. Reizend anzusehen war die eine Strumpfferse, die ihm ständig aus dem Schuh schlüpfte, so daß er sie bei jedem Schritt mit dem Zeigefinger wieder hin*einstopfen mußte. Seine Schuhe hatte er aus ein Paar groben Stiefeln seines Großvaters zugeschnitten, seine Strümpfe waren wohl fein, aber hatten große Lust, die großen Zehen sehen zu lassen, und das hätten sie auch getan, wenn die Kalbslederpan*toffeln es zugegeben hätten. Dann trug er ein Barett mit einem einzigen Knick, das hinten übergezogen war, und eine Haube drüber ohne Seidensaum, die an drei Stellen zerrissen war und so mit dem Schweiß und Schmutz des Kopfes, den er nie wusch, getränkt, daß sie wie die Kappen aussah, die die Grindigen tragen. Das Schönste an ihm war sein liebliches zartes Gesicht, das er sich zweimal die Woche rasierte.

ANTONIA Gib dir keine Mühe weiter, ihn mir auszumalen, ich sehe den Henkerskerl vor mir.

NANNA Wahrhaftig, ein Henkerskerl war er! Und in den verliebte sich das reizende Weib bis zur Verrücktheit, denn, die Wahrheit zu sagen, wir Weiber sind ja stets auf das Schlimmste erpicht. Da sie kein Mittel finden konnte, mit ihm zu sprechen, fing sie eines Nachts mit ihrem Mann ein meilenlanges Gespräch an und sagte: »Wir sind ja sehr reich, Gott sei Dank, haben keine Kinder und auch keine Hoffnung, welche zu bekommen, drum ist mir der Gedanke an ein großes Liebeswerk gekommen.« Und der gute Mann fragt: »Woran hast du denn gedacht, liebes Weib?« Und sie wieder drauf: »An deine Schwester, die das Haus voll Jungen und Mädchen hat, und ich möchte, daß wir ihr den jüngsten Sohn abnähmen. Denn abgesehen davon, daß uns der*maleinst an unsern Seelen vergolten wird, wem wollen wir denn Gutes tun, wenn nicht unserm eigen Fleisch und Blut?« Der Mann lobte sein Weib, dankte ihm und entgegnete: »Seit vielen Tagen wollte ich schon den Mund auftun, um dir das Gleiche zu sagen, aber ich wußte nicht, ob es dir recht sein würde. Aber jetzt, wo ich deine Gesinnung kenne, werde ich gleich nach dem Aufstehen meiner armen guten Schwester die frohe Botschaft bringen und den Jungen in dein Haus führen, denn alles hier rührt ja von deiner Mitgift her.« – Und sie antwortete ihm: »Dein Haus so gut wie meins.« Und darüber kam der Tag. Der Mann stand auf, um sich seine Hörner selbst zu besorgen, wurde von der Schwester sehr froh empfangen, bekam das Jüngelchen und brachte es zu seiner Frau, die es mit Jubel und Freude aufnahm. Zwei Tage danach saß sie mit ihrem Mann bei Tisch, plauderte nach dem Abendessen mit ihm und hub an: »Ich wünschte, daß wir unser Ludwigchen (so hieß der Junge) was Ordentliches lernen ließen.« Und er fragte: »Wer sollte ihm das beibringen?« Darauf versetzte sie: »Jener Magister, den ich hier herumschleichen sehe, und der eine Stellung suchen muß.« – »Was für ein Magister?« fragte er wieder. – »Der mit dem Wams, das ihm kaum noch auf den Schultern sitzt.« – »Vielleicht der Mensch, der immer in die Messe . . .« Und ehe er noch die Kirche genannt hatte, rief sie schon: »Ja, ja, eben der! Und neulich hat mir jemand gesagt, er sei gelehrt wie eine Chronik.« – »Schön!« antwortete der gute Mann und ging noch am selben Abend ihn suchen und brachte den Hahn in den Hühnerstall. Am nächsten Morgen holte der Magister sein Bündelchen, drin waren zwei Hemden, vier Schnupftücher und drei Bücher in hölzernen Einbänden und bezog das Zimmer, das ihm die Hausfrau anwies.

ANTONIA Was wird das geben?

NANNA Wart' nur, du wirst's gleich hören. Am andern Abend nahm Madonna ihren Neffen, der den Psalter lernen sollte, das Kupplerchen der Tante, an der Hand, rief den Magister, und ich, die an jenem Abend bei ihr zum Essen geladen war, höre, wie sie zu ihm sagt: »Magister, Ihr habt nichts andres zu tun als diesen Knaben, der mir mehr ist als ein Sohn (und dabei küßte sie ihn zweimal auf den Mund), gut zu unterrichten, und Ihr könnt Euch wegen des Lohns ruhig auf mich verlassen.« Der Magister begann das Blaue vom Himmel herunterzuschwatzen, zählte seine Grundsätze an den Fingern her und phantasierte was zusammen, so daß Madonna sich zu mir wandte und rief: »Er ist ein wahrer Cicerko!« Und so ging die Disputation mit Hujus und Cuius weiter. Plötzlich wechselte sie das Gespräch und fragte: »Sagt mir, Magister, wart Ihr je verliebt?« Der alte Zie-genbock, der, wenn nicht einen schönern doch mindestens einen bessern Schwanz hatte als der Pfau, entgegnete: »O Madonna, die Liebe hat mich aufs Studium gebracht!« Und dann packte er das ganze Altertum aus und erzählte uns, wer sich aus Liebe aufge-hängt, wer sich vergiftet und wer sich vom Turm gestürzt hätte, und so nannte er uns viele Frauen, die aus Liebe a porta inferi gekommen wären, und das stets in gewählten und gezierten Wor-ten. Und während er krächzte, stieß sie mich mit dem Ellenbogen in die Seite und fragte mich nach den Püffen: »Was hältst du von dem Herrn Magister?« Ich las ihr nicht bloß im Herzen, sondern auf dem Grund ihrer Seele, und antwortete: »Mir scheint er der Mann zu sein, den Pfirsichbaum zu rütteln und den Birnbaum zu schütteln.« Da warf sie mit einem Hahaha mir die Arme um den Hals, sagte: »Geht an Eure Studien, Magister!« und zog mich mit in ihre Kammer. Indes kommt eine Botschaft, daß ihr Mann nicht zum Abendessen und zur Nacht nach Haus kommen würde, was er oft zu tun pflegte. Sie freute sich darüber und sagte mir: »Deine Schlafmütze von Mann wird sich in Geduld fassen. Du sollst heute abend bei mir bleiben.« Sie ließ darüber ein Wörtchen meiner Mutter sagen und bekam die Erlaubnis. Und drauf setzten wir uns zu einem kleinen Abendessen nieder, das aus tausend Schleckereien bestand, aus Lebern, Kröpfen, Hälsen und Füßen von Hühnern mit Petersilie und Pfeffer als Salat angemacht, aus beinahe einem ganzen kalten Kapaun, Oliven, Paradiesäpfeln, Ziegenkäse und Quitten, um den Magen in die rechte Stimmung zu bringen, und Zuckerplätzchen, um den Atem wohlriechend zu machen. Der Magister bekam seine Abendkost auf seine Kammer, sie bestand ausschließlich aus frischen und hartgekochten Eiern, und warum sie hart gekocht waren, kannst du dir denken.

ANTONIA Hab' ich mir schon längst gedacht.

NANNA Nachdem wir gegessen und das Geschirr vom Tisch hatten räumen lassen, schickte die Frau alle ihre Leute und auch den kleinen Neffen ihres Mannes zu Bett und sagte zu mir: »Schwester, wenn unsere Männer das ganze Jahr verschiedenerlei Fleisch essen würden, wenn sie's nur immer haben könnten, warum sollten wir nicht wenigstens heute nacht mal von des Magisters Fleisch kosten! Nach seiner Nase muß er einen haben wie 'n Kaiser. Dann wird man auch niemals was davon erfahren, denn er ist so häßlich und tolpatschig, daß ihm niemand glauben würde, wenn er auch nicht reinen Mund hielte.« Ich wand mich hin und her und machte ein Gesicht, als hätte ich Angst und könnte die Antwort nicht herauswürgen, und sagte schließlich: »Das sind gefährliche Sachen. Wenn nun dein Mann käme, wie würde es uns da gehen?« Drauf sagt sie zu mir: »Närrchen, worauf kommst du nur! Hältst du mich denn für so dumm, daß ich, selbst wenn mein Strohkopf käme, nicht etwas finden würde, um ihn die Pille mit guter Manier schlucken zu lassen?« – »Wenn's so ist, dann tu's«, antwortete ich. Indes hatte der Magister, der geriebener als Parmesankäse war und gleich bemerkt hatte, daß bei seinem Schwatz über die Liebe der Dame das Wasser im Mund zusammengelaufen war, gehört, daß der Hausherr außerhalb schlafen würde. Dann hatte er ihre Worte gehört, daß sie keine Lust hatte, sich aufzuhängen und zu erdrosseln, wie die Närrinnen, die er beispielmäßig angeführt hatte, und es für das Beste gefunden, sich den Magister auf den Leib zu legen. Man brauchte nur an seiner Seite die Tasche aus schimmligem Leder zu sehen, wie sie heute keiner mehr trägt, damit sich einem alles Gedärm im Leib umdrehte, aber sie war nun mal in ihn verschossen. Er hatte also alles gehört und hob mit der den Schulmeistern eigenen Selbstgefälligkeit den Türvorhang auf und trat ohne weitere Einladung ein. Als seine Gebieterin, die alle ihre Leute zu Bett geschickt hatte, ihn sah, sagte sie: »Meister, haltet Euren Mund und Eure Hände im Zaum und bedient uns heute nacht nur mit Eurem Weihwedel!« Der Ziegenbock, der keine Nase hatte, um

das Gelbe der Rosen zu beschnuppern und keine Finger, um die
Flötenlöcher zuzuhalten, machte sich aus den Küssen und Fin⸗
gerspiel wenig, holte sein Schemelbein 'raus, das einen dampfen⸗
den, feurigen Kopf hatte und ganz mit Warzen verziert war, gab
ihm einen Stüber und sagte: »Dieser steht Eurer Herrlichkeit zur
Verfügung!« Und sie legte ihn sich auf die flache Hand und rief:
»Mein Spätzchen, mein Täubchen, mein Pintchen, komm in
deinen Bauer, dein Schloß, deine Domäne!« Und sie lehnte sich
an die Wand, hob das Bein, schob ihn sich in den Bauch und
wollte die Wurst im Stehen essen, und der Teufelskerl gab ihr
fürchterliche Stöße. Ich stand indes wie eine Äffin da, die den
guten Bissen kaut, ehe sie ihn noch im Mund hat, und hätte ich
mich nicht mit einem Metallstämpfel gestochert, den ich auf
einem Kasten fand und mit dem man, wie ich am Geruch merk⸗
te, Zimmet gestoßen hatte, so wäre ich ganz gewiß vor Neid über
die Lust der andern gestorben. Das Roßgesicht machte seine
Sache fertig, die Dame aber, matt doch nicht satt, setzte sich aufs
Lotterbänkchen, nahm wieder den Hund beim Schwanz und
rieb und trieb ihn so lange, bis er wieder fest war. Da sie sich aus
des Magisters Gesicht nichts machte, drehte sie ihm den Rücken,
packte den Salvum me fac und stieß ihn sich wild in die Null
'rein, dann zog sie ihn 'raus und steckte ihn ins Viereck, drauf ins
Runde und so kam der zweite Sturm zu Ende, worauf sie zu mir
sagte: »Für dich ist auch noch ein gutes Stück übrig geblieben.
Glaub's man!« Ich war fast ohnmächtig, wie einer, der vor Hun⸗
ger umkommt und nicht essen kann, drum steckte ich den Finger
dem Fuchs in ein bestimmtes Loch, worauf ihm im Nu das
Gefühl wieder erwachte (ich hatte das Geheimnis von meinem
Bakkalaureus, und hab' dir nur nichts davon gesagt, weil ich's
vergessen hatte), da hören wir an die Haustür klopfen und das so
ungeniert, daß man wohl zu dem Klopfenden sagen konnte:
»Entweder bist du verrückt oder du gehörst zum Haus!« Bei
diesem Lärm verfärbte sich unser Dickkopf, wie einer, der als
ehrsamer Bürger gilt und beim Einbruch in eine Sakristei ertappt
worden ist. Wir aber saßen da mit Gesichtern so ruhig wie Glas.

Wie's das zweite Mal klopfte, erkannte sie ihren Mann und begann zu lachen, lauter und lauter, und lachte immer mehr und so sehr, daß der Mann es hörte. Wie sie das merkte, rief sie: »Wer ist da unten?« Und er antwortete: »Ich bin's!« Drauf sagte sie: »O, liebes Männchen, ich komm gleich. Wart' nur!« Und zu uns sagte sie: »Daß ihr hier bleibt!« und ging ihm öffnen. Und als sie die Tür aufgeschlossen hatte, rief sie: »Ein Geist hat mir gesagt, daß ich nicht zu Bett gehen sollte, denn gewiß schläft er heute nacht nicht außerhalb, und damit mir der Schlaf nicht ankam, habe ich unsere Nachbarin bei mir behalten. Sie hat mir von dem Leben erzählt, das sie im Kloster führte, die Arme, und mich dadurch tief gerührt. Und wäre mir nicht eingefallen, daß unser Magister so gut Geschichten erzählen kann, so hätte ich eine schlechte Nacht gehabt. Drum habe ich ihn zu uns kommen lassen und er hat mich mit seinen Schnaken aufgeheitert.« Damit führte sie den Credo in deum nach oben, er stellte auch weiter keine Fragen und begann nur zu lachen, als er den Magister erblickte, der, durch sein Kommen ganz verdattert, wie ein unterbrochener Traum aussah. Als mich sah, faßte er den Plan, in den Besitz meines Gütchens einzutreten und fing, um Gelegenheit zu finden, mit mir vertraut zu werden, mit dem Schulmeister ein Gespräch an. Er tat, als fände er Gefallen an ihm und ließ ihn das Abc von hinten aufsagen, und der Schlaukopf sagte es ganz verkehrt auf, so daß der Hausherr vor Lachen auf den Rücken fiel. Indes hatte ich sein Äugeln wohl gemerkt, das er noch durch etliche Fußtritte begleitete, und sagte: »Da eure Dienerinnen zu Bett gegangen sind, will ich jetzt auch gehen und mich zu ihnen legen.« – »Nein, nein«, rief das Freundchen und sagte zu seiner Frau, »bring' sie ins Kämmerchen und laß sie da schlafen!« So geschah's auch, und sobald ich im Bett lag, sagte er, so daß ich's hörte und er mir jeden Zweifel nahm: »Liebe Frau, ich muß wieder zu der Gesellschaft zurück, von der ich eben gekommen bin. Schick diesen Nachtwächter ins Bett und geh auch selbst schlafen.« Sie meinte mit dem Finger den Himmel zu berühren und begann alle Kleider aus einer großen Truhe auszuräumen, um zu zeigen, daß sie auf ihn bis zum Tagesanbruch warten wolle. Er ging nun geräuschvoll die Treppen 'runter, sperrte die Tür auf, blieb aber drinnen und machte sie wieder zu, als wäre er hinausgegangen. Dann schlich er leise wie ein Kater nach oben, trat in die Kammer, wo ich schlief, ohne zu schlafen, und legte sich sacht an meine Seite. Als er mir die Hand auf die Brust legte, kam ich in solche Aufregung, wie sie der fühlt, der manchmal mit dem Kopf nach unten schläft, so daß dir's ist, als setzt sich dir was Schweres, Schweres aufs Herz, so daß du nicht sprechen und dich nicht rühren kannst.

ANTONIA Das ist der Alb.

NANNA So ist's. Und er sagte zu mir: »Wenn du ruhig bist, wird's dein Schade nicht sein«, und streichelte mir dabei sanft die Wange. Ich aber fragte: »Wer ist da?« – »Ich bin's, ich!« entgegnete der unsichtbare Geist und wollte mir die Schenkel öffnen, die ich fester geschlossen hielt als ein Geizhals seine Hand. Ich sagte: »Madonna, Madonna!« und glaubte es ganz leise zu sagen, aber seine Frau hörte mich. Drauf sprang ihr Mann, der schon mit mir die Klinge gekreuzt hatte, aus dem Bett und lief in den Saal. Und gerade wie seine Frau mit einem Licht herbeilief, um zu sehen, was mir wäre, kam er in die Stube, die sie eben verlassen hatte, und sah den Bullen sich auf seinem Platz räkeln und die Flöte streichen, mit der er der Lerche das Singen lehren wollte. Und gerade wie die Geweihfabrikantin mich fragte: »Was hast du?« nahm mir ein Jammergeschrei, das eher dem Plärren eines Esels als einer Menschenstimme glich, die Antwort aus dem Munde; denn der Gatte verdrosch mit der Feuerschippe den Schulmeister gottsjämmerlich, und wäre sie ihm nicht zu Hilfe gekommen und hätte ihm das Ding nicht weggerissen, so wär's dem Magister schlecht gegangen.

ANTONIA Er hatte recht, ihm alle Knochen zu zerbrechen.

NANNA Er hatte recht und auch nicht recht.

ANTONIA Warum, zum Teufel, nicht?

NANNA Darüber ließe sich genug sagen! Als nun die Frau dem Kerl das Blut aus der Nase laufen sah, drehte sie sich zu ihrem Mann um, dem die Geduld gerissen war, als er den Tölpel auf seinem Platz gesehen hatte, und rief, indem sie den Kopf zurückwarf: »Für wen hältst du mich denn, he? Wer bin ich denn, he? Meine Amme hatte ganz recht, als sie mir sagte, daß du mich nicht anders behandeln würdest, als hättest du mich auf dem Kehrichthaufen gefunden, auf dem ich dich fand. Ihre Prophezeiungen sind erfüllt. Immer hat sie mir gesagt: ›Nimm ihn nicht, nimm ihn nicht. Du läufst ins Unglück!‹ Glaubst du denn, eine Frau wie ich läßt sich mit so einem Stück Fleisch mit zwei Augen drin ein? Was hast du denn machen sehen? Ist vielleicht unser Bett ein heiliger Altar, das ein Hansnarr sich nicht ansehen kann? Weißt du denn nicht, daß solche Leute wie der Magister, wenn sie von ihren Büchern weg sind, nicht mehr wissen, in welcher Welt sie leben? Aber schön, ich hab' dich verstanden. Du willst's so und so soll's sein. Morgen früh geh' ich gleich zum Notar und laß ihn mein Testament aufsetzen, damit nicht ein Feind mein lachender Erbe wird, einer, der seine Frau wie eine Hure behandelt, ohne zu wissen, warum.« Und sie erhob ihre Stimme noch mehr und setzte weinend hinzu: »O weh, ich Arme! Bin ich eine Frau, die man so behandeln darf?« Und sie fuhr sich mit den Händen in die Haare, gerade als wäre ihr Vater vor ihren Augen getötet worden. Ich hatte mich im Nu angezogen, lief auf den Lärm heran und sagte: »Nun ist's aber genug! Seid doch jetzt bitte ruhig. Macht euch nicht zum Gerede der ganzen Nachbarschaft. Weint doch nicht, liebe Frau!«

ANTONIA Was antwortete ihr Platzheld drauf?

NANNA Ihm verschlug's die Zunge, als sie mit dem Testament drohte, denn er wußte, daß, wer heute nichts hat, schlimmer dran ist als ein Kavalier ohne Kredit, ohne Einfluß und ohne Einkommen.

ANTONIA Das ist sehr wahr.

NANNA Ich konnte mir das Lachen nicht verbeißen, als ich den armen Mann im bloßen Hemd an allen Gliedern zitternd in einen Winkel gedrückt sah.

ANTONIA Er muß ausgesehen haben wie 'n Fuchs im Garn, der eine Tracht Prügel auf seinen Buckel herabhageln sieht.

NANNA Hahaha, da hast du's recht gesagt. Kurz und gut, der Mann wollte die Krippe nicht verlieren, weil ihm der Esel ein Maul voll Futter 'rausgezogen hatte, und die Weide nicht einbüßen, die für ihn das ganze Jahr grün war, und warf sich ihr zu Füßen und tat und bat so lange, bis sie ihm verzieh. Ich aber mußte Kummerbrot essen, das hatt' ich davon, daß ich als eine Nein/ich/will/nicht mich aufgespielt hatte. Der Magister ging mit einem Dutzend Striemen zu Bett, die Eheleute legten sich versöhnt schlafen, und ich auch. Als es Zeit zum Aufstehen war, kam meine Mutter und holte mich nach Haus, wo ich mich in Ordnung brachte und den ganzen Tag dumm im Kopf war wegen der schlechten Nacht, die ich gehabt hatte.

ANTONIA Der Schulmeister wurde wohl weggejagt?

NANNA Weggejagt? Acht Tage drauf sah ich ihn in einem Staat wie 'n feiner Herr.

ANTONIA Das ist sicher, wenn so einer wie 'n Diener, Verwalter und 'n Lakai fein angezogen ist, viel Geld ausgibt und spielt, der pickt an der Hausfrau 'rum.

NANNA Daran ist kein Zweifel.

NICHOLAS CHORIER
Zweikampf

TULLIA Ich kann es nicht sagen, wie sehr mich dieser Schlaf, der sieben ganze Stunden lang meine Glieder umfaßte, erfrischt hat. Und du, Octavia?

OCTAVIA Ich wache seit einer Stunde; ein gräßlicher Alp-druck ließ mich entsetzt und zitternd auffahren.

TULLIA Erzähle mir diesen Alpdruck, wenn es dir recht ist.

OCTAVIA Es war mir, meine liebe Tullia, als wandele ich mit Caviceo an den grünenden Ufern des Po im Schatten der Weiden, die uns vor den brennenden Sonnenstrahlen Schutz boten. Caviceo bezauberte meine Seele und meine Ohren mit seinen zärtlichen Klagen, die die Liebe ihm in den Mund legte. Er bat mich um einen Kuß; ich weigerte mich. Er flehte mich an; endlich gab ich nach und er nahm ihn sich. Und wie er darauf eine seiner Hände in mein Mieder schob und mich mit seinem anderen Arm umschlang, so konnte ich mich nur dank dir, dank deiner Belehrungen seiner Umarmung entwinden. Befreit wandte ich mich zur Flucht; er verfolgte mich; im Augenblick, wo er mich erreicht, wende ich mich zurück, und . . . oh, Tullia, welch ein Wunder erblicke ich?

TULLIA Hatten sich Wölfe auf Caviceo geworfen und verschlangen sie deinen Liebsten? Hatte er sich selbst mit seinem Degen durchstoßen?

OCTAVIA Wirklich ja, würde er mich doch lieber mit seinem Dolche durchbohrt haben!

TULLIA Liebenswertes und geistvolles Kind!

OCTAVIA Ich sah ihn in ein schreckliches Tier verwandelt, wie es jenen Satyren, die wir auf den Bildern gemalt sehen, nicht ähnlicher hätte sein können, und völlig unähnlich ihm selber. Sein ganzer Körper strotzte von Haaren. Oben auf seinem Kopfe, an jeder Seite der Stirne, richteten sich zwei Bockshörner in die Höhe, sein Scheitel lief nach oben hin spitz zu; aber die Ohren,

82

die Stirne, die Augen, die Nase, das ganze Antlitz war das Antlitz Caviceos. Er bedrohte mich mit einem Spieß, zweimal größer als der Priaps, wie man ihn unter den Statuen der Venus eingemeißelt sieht; der Rest seines Körpers war der eines Bockes. Er warf sich auf mich, wollte mich mit Gewalt nehmen und preßte seinen Mund auf den meinen. Was soll ich dir mehr sagen? Dieses fremdartige Schauspiel erfüllte mich mit Entsetzen; und was es mir an Unglück vorhersagen will, das mußt du mir sagen können, so gelehrt wie du bist.

TULLIA Ja, ich kann es wohl, liebes Kind, und ich werde es dir zu gegebener Zeit sagen; aber im Augenblick brauchst du es noch nicht zu wissen.

OCTAVIA Laß es nicht zu, daß die Neugierde mich noch länger quält, meine Königin, mein Gatte! Sage es mir, wenn du mich noch ein wenig liebst.

TULLIA Nun wohlan. Dir, zartes und blühendes Mädchen, spricht dieser Traum von den köstlichen Früchten, die du von anderen Bäumen der Liebe pflücken wirst; auch Caviceo sagt er nicht gerade ein Unglück voraus; er prophezeit ihm die Entwei‚ hung des ehelichen Bettes.

OCTAVIA Eine solche Schändlichkeit sei mir ferne.

TULLIA Die Männer, deren Frauen unter dem Einfluß einer unkeuschen Liebesgöttin sich lüsternen Ausschweifungen und den verliebten Launen anderer Männer ausliefern, zählt man im allgemeinen zu den Hörnerträgern, den Hahnreien.

OCTAVIA Ich verstehe, was du sagen willst. Doch wie sollte ich eine solche Schändlichkeit begehen? Als könnte ich jemals einem anderen als Caviceo meinen Leib hingeben! Nein, lieber möchte ich sterben, als mich zu solcher Unehre entschließen.

TULLIA Später, zur gegebenen Zeit, wenn du deine Jung‚ fernschaft wirst verloren haben, und wenn dich Caviceo während langer Monate Tag und Nacht geschwächt, zerstoßen, gerädert haben wird, wollen wir wieder davon sprechen. Ich weiß es: andere Zeiten, andere Gedanken.

OCTAVIA Du mußt völlig deinen Sinn geändert haben und

nicht mehr der Meinung sein, der du warst, als du Callias zum Gatten nahmst, wenn du so von mir denken kannst.

TULLIA Wer wird es dir zur Schande gereichen lassen, der unwiderstehlichen Notwendigkeit gewichen zu sein, wenn die Götter dich zwingen, diese Torheit zu begehen? Auch mich haben sie dazu gezwungen und Minerva selber ist dem nicht entgangen. – Aber hat dir dieser Traum sonst nichts über Caviceo offenbart?

OCTAVIA Sonst nichts. Aber wie ich völlig erwacht war – du warst noch von tiefem Schlummer befangen – ließ ich mir durch den Kopf gehen, was du mir von den Geheimnissen der Liebe entschleiert hattest.

TULLIA Alles dies berührt Caviceo und nicht deine Mutter, die dich mir anvertraut hat, um dich zu belehren. Je unterrichteter du aus meinen Armen kommst, um dich in die Caviceos zu legen, umso köstlicher werden die Früchte der Liebe sein, die er bei dir pflücken wird. Welches diese Früchte sein werden, bleibt dir noch zu wissen, und mir bleibt noch zu sagen, welche Wollust deiner wartet, wenn diese Nacht vergangen sein wird. Doch jetzt schon wisse, daß Caviceo dich bis zur siebenten Rippe durchbohren wird.

OCTAVIA Du lachst dabei, Tullia? Wie soll das möglich sein? Du machst dich über mich lustig.

TULLIA Dennoch wird dem so sein. Bei dieser fleischlichen Vereinigung werden sich eure Schamteile so ineinander verschlingen, daß eure beiden Körper wie einer erscheinen werden. Und alleine an dir wird es liegen, wie sich dies bewirkt.

OCTAVIA Ich will es wissen, und ich fürchte mich, es zu erfahren; ich sehne mich danach, in Caviceos Armen zu liegen und fürchte den Augenblick, der meine Wünsche erfüllt.

TULLIA Zuerst wird er dich, wie aus Furcht, daß du ihm entgehen könntest, mit seinen Armen wie mit schweren Ketten umschlingen und mit aller seiner Kraft an sich pressen.

OCTAVIA Willst du nicht lieber von Callias zu mir sprechen, kleine Schwester, und mir sagen, wie es war, als er dich zum

Weibe nahm? Denn über Caviceo wirst du nichts mit Sicherheit sagen können.

TULLIA Ich will dich zufrieden stellen und du müßtest aus Marmor sein, wenn du aus dem Spiel, das Callias mit mir trieb, nicht jenes erraten kannst, das Caviceo mit dir spielen wird. Es ist schon lange her, aber kein Geschehnis dieser wollüstigen Nacht ist meinem Gedächtnis entschwunden.

OCTAVIA Noch schläft alles im Hause. Die Sonne, Auge der Natur und Mutter der Tage, öffnet über der Erde ihre schläfrigen Lider. Noch schwimmen die Augen der Sterblichen in der süßen Ruhe des Schlafes; allüberall herrscht tiefste Stille. Hier sind wir in Sicherheit, sei es um zu plaudern, sei es um uns zu zerstreuen.

TULLIA Sei dem so! Nachdem meine Mutter mich in das Brautbett gelegt hatte, küßte sie uns beide, mich und Callias. Dann wollte sie, daß Callias mir, die ich mit brennender Scham-röte bedeckt da lag, vor ihren Augen einen Kuß gebe, schloß die Türe unserer Schlafkammer ab und nahm den Schlüssel mit in ihr Zimmer, in dem sich eine Anzahl unserer Freunde und Verwandten befanden, darunter auch meine liebe Pomponia.

OCTAVIA Du sprichst von jener, die im gleichen Alter wie du, mit dir in der herzlichsten und innigsten Freundschaft lebte, und die du mehr als irgend eine andere deiner Gefährtinnen liebtest?

TULLIA Würdest du die Anmut, den zauberhaften Reiz und den Geist dieser Frau kennen, du liebtest Pomponia ebenso wie ich sie liebe. Einige Monate vorher hatte sie Lucrezio geheiratet, einen jungen Mann von vollendeter Bildung, sowohl mit kör-perlicher Schönheit, wie auch den liebenswertesten Eigenschaften ausgestattet. Besser als sie hätte mich niemand über alles, was dieses Kapitel anbetrifft, unterrichten können; sie hatte mich ge-lehrt, was ich bei den ersten Sturmangriffen zu ertragen habe, was ich zu tun hätte, was ich sagen müßte. Mit Scharfsinn war sie bemüht, mich auch nicht über die geringste Einzelheit des Lie-besspiels in Unwissenheit zu lassen. Vor allem pries sie die Wonnen, die ich genießen würde; Wonnen, die alle anderen übertreffen. Kurz, so vorbereitet und abgerichtet erwartete ich meinen wackeren Kämpen, mit einem Mut, der dem seinen gleichkam, wenngleich die Kräfte ungleich waren, so mich über, haupt meine Schamhaftigkeit würde verlassen können.

OCTAVIA Doch wozu diese Vorrede?

TULLIA Du wirst es sehen! Zügele um ein weniges dein Ver, langen in einem Atemzuge alles das zu erfahren, was dir zu wissen wichtig ist. Ich werde dir alles sagen, aber alles zu seiner Zeit. Sobald meine Mutter sich entfernt hatte und Callias mich, die nun ihm alleine anvertraut war, auf dem Bette, dieser wahrhaften Walstatt der Venus, liegen sah, streifte er seine Kleider in so großer Hast ab, daß er sich schon zu meiner Seite am Rande des Bettes befand, bevor ich ihn nur zur Hälfte entkleidet glaubte. Dank einer großen Anzahl Wachskerzen, die angezündet überall im Zimmer angebracht waren, war das Zimmer wie am hellen Mit, tag erleuchtet. Ich erblickte einen weißen, kraftvollen, wohlge, bauten Körper. Callias warf nun die Decken, in die ich mich eingehüllt hatte – denn unsere Hochzeit fand anfangs Juni statt – zurück und entblößte mich. Mit einer Hand bedeckte ich meine Brüste, um sie seinen Blicken zu entziehen, aber er entfernte sie und begann alle Stellen meines Körpers zu betasten. Zugleich überfiel er meine Augen, meinen Mund, die Wangen, die Schul, tern, die Brüste mit einer Flut von Küssen, und, indem er mit seiner Hand zwischen meine Schenkel fuhr, überzeugte er sich geschickt von meiner Jungfräulichkeit.

OCTAVIA Schau, die Bosheit der Männer!

TULLIA Oh, was das anbetrifft, unterscheidet sich kein Mann vom anderen! Alle sind sie neugierig wie kaum einer; du selber hast es bei Caviceo erfahren. Verzeihen wir ihnen dieses Miß, trauen, wie ihm auch sei. Sicherlich erfüllt das junge Mädchen größte Freude, wenn man ihre Blüte unversehrt findet und auch der Gatte ist im höchsten Maße erfreut darüber; denn, um dir die Wahrheit zu sagen, liebes Kind, die welche wahrhaft Jungfrauen sind, so wie du es bist und wie ich es selber war, bewahren dies offenbarste Zeichen ihrer Keuschheit an jener Stelle, an der die

Jungfernschaft ihren Sitz hat. Diese Blüte der Keuschheit, die Alten nannten sie Hymen oder *eugium*, weist die als Jungfrauen aus, bei denen sie sich zeigt, und das junge Mädchen, das damit nicht mehr versehen ist, dergestalt, daß man diese Blüte, oder vielmehr dieses kleine Häutchen, nicht mehr unversehrt vorfindet, ist weit entfernt davon, noch Jungfrau zu sein; wenn sie sich auch noch keinem Manne hingegeben hatte, so haben zweifelsohne ihre einsamen Ausschweifungen ihn ersetzt; wenn auch noch unbe- rührt, hat sie sich selber die Keuschheit genommen.

OCTAVIA Du hast mir genug gesagt; ich errate, wie eine Jungfrau sich selber entjungfern kann.

TULLIA Ich hätte dir noch manches darüber zu sagen; dies aber später, zu einer anderen Zeit. Doch um in meinem Bericht fortzufahren: Wie er nun erkannt hatte, daß er der erste war, der mein Pförtchen durchschreiten sollte, warf er mich auf das Bett, und, indem er mich umarmte, bat er mich mit den zärtlichsten Worten, mich ihm zu gewähren.

OCTAVIA Und du, du flüstertest kein Wort, du warst von Holz, von Stein, du, die sonst so anmutig und liebenswürdig nie um ein Wort verlegen ist.

TULLIA Die Seufzer, die meiner beengten Brust entwichen, ersetzten die Worte. Ich stieß ihn von mir, ich zog ihn wieder an mich; ich wich zurück, ich näherte mich ihm; die Scham er- stickte meine Wünsche und entflammte sie. Callias, der seine Hand auf Kundschaft ausgeschickt hatte, spürte an dem Tau, der meinem Gärtchen entquoll, daß ich, wenn auch wider meinen Willen, in Flammen stand. »Wohlan, meine Tullia«, so sagte er, »weigere dich nicht länger, mich glücklich zu machen. Nur an dir liegt es, nur von dir hängt es ab. Was fürchtest du, wenn du meine Bitten, mir alle Lust zu gewähren, erhörst? Da du doch ganz mein bist und mehr noch, dich sehnst, es zu sein?« — »Wohl will ich dein sein«, antwortete ich, »doch will ich deiner Ach- tung wert bleiben. Welches ist deine Liebe, die du für mich empfindest, du, der mir sagt, daß er mich liebt, wenn du mich besudeln willst? Diese Liebe gleicht mehr dem Haß, denn der

Liebe. Habe Mitleid mit mir, laß dich durch meine Tränen rühren.«

OCTAVIA Du weintest wirklich?

TULLIA Etliche kleine Tränchen konnte ich aus meinen Augen pressen. »Wohlan, meine Tullia«, sagte er, »wenn du mich liebst, dann laß für diese Nacht deinen störenden Widerstand; hinfort wirst du niemals so keusch gewesen sein, als zu der Stunde, in der du in diesem ehelichen Bette, welches das unsere ist, zeigen wirst, daß sich nichts in dir deinen Pflichten widersetzt, deinen Pflichten, die meine Freuden sind; denn künftighin wird es deine erste Pflicht sein, zu meiner Ergötzung zu dienen. Magst du auch der ganzen Welt gegenüber kalt wie Eis erscheinen, mit mir zusammen sollst du wie ein Sperling stets bereit zum Liebesspiel sein. Das erwarte ich von dir als deine Pflicht und daß du sie gerne und aus liebevollem Herzen tust.

OCTAVIA Oh, ich ängstige mich für dich; ich zittere, wenn ich an deine Verwundungen denke.

TULLIA Erzähle keine Dummheiten, Frechdachs! Höre ernsthafte Dinge ernsthaft an. Das ist deine Pflicht, wenn du verständig sein willst.

OCTAVIA Ah, ah, ah!

TULLIA Er sagte nun nichts mehr, aber er schob sein Bein zwischen die meinen und drückte mich mit dem Gewicht seiner Brust nieder. Dann versuchte er, freilich vergebens, sein Glied mit einer heftigen Bewegung in die Öffnung meines Gärtchens zu stoßen, wobei ich, wie ich gestehen muß, einen heftigen Schmerz empfand.

OCTAVIA Hattest du dich enthalten können zu schreien?

TULLIA Ich stieß einen Schrei aus und nicht allzu leise.

OCTAVIA Schriest du auch weiter, als du merktest, daß das Spundloch wohl angestoßen aber nicht eingeschlagen war?

TULLIA Ich erstickte sofort einen Schrei und alsbald versuchte Callias einen neuen Angriff, der diesmal Blut kostete. Einen Augenblick hielt er inne. »Ich will sterben, meine Tullia«, sagte er, »wenn ich dich nicht mehr liebe als mein Augenlicht, weit mehr, denn mein Leben! Niemand unter den Sterblichen ist schöner als du. Und ich weiß nicht, ob du Göttin bist oder Weib. Wie deine Brüste lieblich gerundet sind, wie fest sie sind, durch einen angemessenen Zwischenraum getrennt!« Dabei liebkoste er sie mit den Händen, überhäufte sie mit Küssen und kleinen, zärtlichen Bissen . . . und tausend andere verliebte Neckereien, die mich zu ungekannter Glut entflammten. »Nimm diese Hand fort, die mich in Flammen setzt«, sagte ich, »warum willst du mich quälen?« Aber er sprang vor Freude, als er mich so meine Glut bekennen hörte. Er bemächtigte sich meiner linken Hand und legte sie an seine hochaufgerichtete Lanze, die sich hart wie Stein und glühendheiß anfühlte. »Dir zu Ehren«, sagte er, »habe ich diese Fackel der Venus entzündet. Die Feuersbrunst, die sie hervorrief, wird sie auch löschen. Mut, meine Nymphe! Um dich zur Frau zu machen, hat dich deine Mutter in meine Gewalt gegeben; wenn sie wiederkommt und findet dich so unversehrt, wie sie dich mir übergeben hatte, wird sie ihren Schwiegersohn einen Feigling schelten, und wird mich, der ich nicht fähig war, mich zu deinem Gatten zu machen, als Schwiegersohn versto-ßen.« Ich gab seinem Flehen nach. Plötzlich empfand ich einen unerträglichen Schmerz; er hatte seine Lanze ein kleines Stück in meine Pforte hineingestoßen. »Du mordest mich, Callias«, schrie ich, wimmerte ich mit erbarmenerregender Stimme. Es waren keine Schreie mehr, es war mehr ein Brüllen; schnell zog er seinen Schwanz wieder zurück und mir ward eine kurze Ruhepause gewährt. Bald aber begann mein Gatte von Neuem mit Flehen: »Liebtest du mich, meine Tullia«, sagte er, »du würdest mir, Unglücklichem, der sich in Liebe zu dir verzehrt, die echten Früchte deiner Liebe nicht verweigern.« »Ich liebe dich«, ant-wortete ich, »ich liebe dich über alles, aber was willst du, daß ich tue, ich Unselige? Zu sehr leide ich.« — »Weißt du es nicht«, erwiderte er, »daß du mir rechtens völlig und ungeteilt gehörst? Warum hinderst du mich, meines Gutes ungezwungen zu ge-nießen? Schickt es sich für eine Frau, die wie du, meine geliebte Gattin, so völlig in den schönen Wissenschaften bewandert ist, ihrer Pflicht so nachlässig zu genügen? Denn deine Pflicht ist es, mir die Gaben der Liebesgöttin nicht streitig zu machen.« – »Oh, Callias!« gab ich zurück, »wenn du es wüßtest, du hättest Mitleid mit deiner Tullia, so du sie liebst.« – »Dieser Schmerz ist schick- lich und ehrt dich«, erwiderte er, »umso heftiger er dir erscheint, umso mehr zeigt er deine Reinheit. Aber er wird nicht von langer Dauer sein; ewig dagegen währt die Lust, die nicht zögern wird, ihm zu folgen. Hättest du mich doch gewähren lassen; vielleicht würde ich jetzt schon Vater sein. Es ist ein Verbrechen, glaube es mir, ein Verbrechen, wie es abscheulicher nicht sein kann; du selber tötest deine und meine Kinder, bevor sie geboren sind, du nimmst ihnen ihre Seele, die sie noch nicht haben. Dein Mangel an Mut ist verbrecherisch und entehrend.« Auf dieses langatmige Geschwätz antwortete ich: »Keineswegs, mein teurer Gatte, will ich mit dir über diesen Punkt rechten. Ich bekenne mich schul- dig, verzeihe mir. Ich werde dir von nun an besser gehorchen; mit starkem Herzen und mit unbeweglichem Körper werde ich alle Martern ertragen, dir Freude zu bereiten.« – »Wirklich«, rief er aus, »wo nimmst du die Kühnheit her zu glauben, du könntest dich von dem ausschließen, das alle Frauen, gleich welcher Be- schaffenheit des Körpers, und häufig noch viel jünger denn du, zu allen Stunden geduldig ertragen, wenn sie sich zum ersten Male einem Manne hingeben? Nichts kann dich von diesem Tribut befreien. Du bist so gelehrt in den antiken Wissenschaften und beträgst dich als wärest du töricht und unwissend.« Ich antwortete lachend: »Göttin Pertunda, eile mir zur Hilfe! Wie du mir zu sein befiehlst, daß ich deinen Wünschen diene, so werde ich mir ein Herz fassen zu sein. Nun, wohlan denn, bald werde ich im Blute schwimmen, wenn die Göttin mir beisteht.« Callias lachte so laut, daß in der benachbarten Kammer meine teure Pomponia ihn hören konnte; aber bald seine Lustigkeit dämp- fend, sagte er: »Nun, so laß dich umarmen, tue alles, was ich dir anbefehle, wenn du willst, daß ich dein Gatte sei; alles, was ich von dir verlange, alles, um was ich dich bitte, so du in mir deinen Geliebten sehen willst.« Ich versprach alles.

OCTAVIA Und hast du dein Versprechen gehalten?

TULLIA »Wohlan, Mut!« meinte er, »dem Tode würde ich deinetwegen trotzen, und du willst dich meinen Zärtlichkeiten widersetzen? In diesem Zwiespalt bist du selber Zeuge meiner Liebe; du kannst es sein, und du sollst es sein.« – »Eher möchte ich mir den Haß der Liebesgöttin zuziehen, als dir zu mißfallen«, antwortete ich. Alsdann näherte er seine Fackel abermals der Tempelpforte; er legte eine Bresche in die Öffnung, erweiterte sie mehr und mehr, und drang schließlich völlig ein. Ich schrie, ich heulte: Tränenbäche entflossen meinen Augen. »Ich Unglückselige«, sagte ich, »du tötest mich!« – »Nun gehörst du ganz mir«, sagte er, »aus einer keuschen Jungfrau bist du zu einer nicht weniger keuschen Gattin geworden. Nun hast du nichts mehr zu befürchten; den Weg, den wir beide zum Glück gehen werden, habe ich mir gebahnt.« – Nach einigen heftigen Stößen hielt er in seinen Bewegungen inne; das Werk war vollbracht. Doch zog er sich noch nicht vom Schauplatz des Kampfes zurück: »Ich will«, sagte er, »meine Auslagen zurückerstattet haben; nun, wo du mir die Festung übergeben hast, folge ich dem Beispiel der Sieger.« – »Und wie handeln die Sieger?« frug ich, »ich bitte dich, sag es mir, mein Callias, nun, da du mich besiegt hast und ich in deiner Macht bin. So du eine Eroberung machen wolltest, nimm mich als Leibeigene; lasse mich frei, so du um der Ehre willen gekämpft hast.« – »Die Festung, die ich mit so vieler Mühe genommen, die zu erobern so viel Blut gekostet hat, verlasse ich nicht so bald, wie du es wohl glaubst, ich nehme an, du weißt es wohl, daß ich der Sieger bin, und daß dein Besitztum, dessen Mauern niedergelegt sind, und das so völlig zerstört ist, mich als seinen Herrn anerkennt.« – »Oh, zweifellos«, sagte ich, »die Mauern sind niedergebrochen und alles elendlich zerstört und in Trümmern.« – »Bald, meine Tullia, wirst du anders reden, und wirst zugeben müssen, daß nichts auf Erden süßer ist, als die Freuden der Liebe. Doch erweise mir die Gunst, dich einiger Mühen zu unterziehen. Eher als anderen ist es dir möglich, jung, kräftig, blühend und stark wie du bist.« Und bald schien es, als wenn wir beide mit unseren heftigen Stößen die Kammer zum Einstürzen bringen wollten; das Bett erzitterte so gewaltig, daß man den Lärm weithin hören konnte. »Du meine Seele, meine Liebesgöttin«, murmelte Callias, »wie machst du mich glücklich! Welcher Mann ist mehr von der Glücksgöttin begnadet, denn ich?« – Ich fühlte bald eine nie geahnte Wonne; jeder Stoß steigerte meine Lust, Stöhnen entrang sich meinen Lippen und ich glaubte zu vergehen als ich heiß und kosend den köstlichen Tau verspürte, mit dem Callias mich verschwenderisch überflutete. So verlöschten wir beide, die Muskeln gelöst, zur gleichen Minute, und ich glaube, wenn Venus selber als Schiedsrichterin dem Kampfe beigewohnt haben würde, sie hätte nicht gewußt, wem die Siegespalme gebührt. Kaum begannen wir wieder Atem zu schöpfen – den uns die leidenschaftliche Hingabe an den Kampf bei dem wechselseitigen Wettlauf fast verlieren ließ – als wir hörten, wie ein Schlüssel in das Schloß geschoben wurde und die Türe sich öffnete. Zusammen stürzten meine Mutter und Pomponia in das Zimmer, beide strahlend, schlossen die Türe hinter sich und, damit niemand ihnen folgen könne, schoben sie den Riegel vor.

OCTAVIA War das ein Riegel gleich jenem, mit dem Callias deine Pforte verrammelte? Hm, hm! Und haben deine Mutter und Pomponia nicht um ihn zu balgen begonnen? Hm, hm, hm!

TULLIA Du hast noch den Mut zu lachen? Wo du in wenigen Stunden verspüren wirst, wie dein Pförtchen mit einem zwei Pfund schweren Riegel verrammelt wird?

OCTAVIA »Ja, unser Herz ist gefeit gegen die Schärfe des Schwertes: die Liebe, die es ersehnt, kann es nicht zu teuer zahlen.« Du warst es, die jene Verse Virgils auf diese Art abgeändert hattest. Sicherlich werde auch ich um den Preis des Kostbarsten, das ich besitze, die Liebe Caviceos und Wonnen, die den deinen gleichen, erringen. Doch spinne den Faden deiner Erzählung fort.

TULLIA Schnell nahm ich die Decken wieder hoch, die Callias anfangs uns zu Füßen geworfen hatte und bedeckte Callias' und meinen Körper damit, aus Furcht, die Augen meiner Mutter durch das Schauspiel zu beleidigen; auf Pomponia, die mich so gut kannte, wie ich sie, achtete ich weniger. Meine Mutter warf sich in Callias' Arme. – »Mein Sohn, hast du dich tapfer betragen? Die Schreie meiner lieben Tullia haben mir die Kunde deines Sieges zugetragen, ich beglückwünsche dich dazu. Wenn du die Schlacht nicht gewonnen hättest, Tullia wäre, kaum verheiratet, Witwe geworden.« Währenddessen schloß mich Pomponia in ihre Arme, bedeckte mich mit Küssen und feuchtete meine Wangen mit ihren Tränen. – »Wie hat er dich grausam behandelt, der Schlächter«, murmelte sie, »als ich dich dergestalt stöhnen hörte, verfolgten meine Verwünschungen den zügellosen Grimm dieses Bösewichtes. Doch wie fühlst du dich nun?« – »Ganz gut«, antwortete ich, »indessen war es ein sehr mühseliger Weg, auf dem ich die Freuden, nach denen ich mich sehnte, erreichte; um zu den höchsten Wonnen des Lebens zu kommen, mußte ich die Schrecken des Todes streifen.« – »Bist du nun Frau?« frug sie mich. »Ja«, gab ich zur Antwort, »und es erstaunt mich, daß man so viel Glück so preiswert erkaufen kann. Ich würde hinfort lieber am Tage die Sonne missen als eine Nacht ohne die Freuden der Liebe verbringen.« – »Wohl gibt es nichts besseres«, antwortete sie, »und sicherlich, diejenigen, die in ihrer Jugend die Gaben der Liebesgöttin nicht zu benützen verstehen, genießen ihr Leben nicht, so lebendig sie auch sein mögen.« Dann wandte sie sich Callias zu, nannte ihn ihren Imperator, unter dessen Fahnen Venus so schnell eine Jungfrau, so rein, so scheu überwand und alle Feinde, Eugium, die Nymphen und Hymen, vernichtete. Du weißt, Pomponia ist sehr gelehrt! Meine Mutter reichte Callias gewürzten Wein in einem großen silbernen Becher. »Das wird dir den Magen wärmen, mein Sohn«, sagte sie ihm, »aber wenn du meinem Rate folgen willst, pflege ein wenig der Ruhe, du hast in dieser Nacht genug für deinen Ruhm getan, indem du die Jungfernschaft meiner Tochter über die Klinge springen ließest.« Mir gab sie drei kandierte Nüsse zu essen und flüsterte mir ins Ohr ich solle versuchen, von meinem Gatten die Erlaubnis zu erlangen, einige Stunden zu schlafen; auch er bedürfe des Schlafes und der Ruhe nach solchem Ringkampfe. Danach zogen sich beide zurück; Pomponia, indem sie Callias gute Nacht wünschte und mir ein mutiges Herz und eine unbesiegbare Ausdauer. Während meine Mutter und Pomponia sprachen und meine Mutter die Decken und Leinentücher wieder in Ordnung brachte, ließ Callias seine Hand auf dem Schauplatz des Liebeskampfes umherirren. Seine Kräfte kehrten augenblicklich zurück; er rief Pomponia, die sich schon entfernen wollte: »Ich will, kleine Schwester«, sagte er, »daß du selber Zeuge der Grausamkeiten bist, die ich gegen meine Herrin, deine Herzensfreundin begehen werde, böse und schlecht wie ich bin.« – Vor ihr schickte er sich an, mich von neuem zu besteigen. »Ah, meine teure Pomponia«, rief ich, »komme mir zu Hilfe, schnell, komm!« Aber Pomponia und meine Mutter entfernten sich lachend aus der Kammer. Dieser Ritt dauerte ein wenig länger als die anderen bis schließlich alle meine Sinne mir einen Genuß kündeten, wie stärker und köstlicher nichts ihn verursachen konnte. »Die Götter mögen uns helfen«, rief Callias, »dieses Mal, meine teure Seele, hast du empfangen. Gestehe es mein Herz, übertrifft nicht die Lust, die du nun empfunden hast, alle Lust, die du in deinem Leben genossen hattest?« »Ich gestehe es«, antwortete ich, »aber was mich vor allem mit einer unglaublichen Wonne erfüllt, ist der Gedanke, daß du es bist, der sie mir verschafft, und alleine dieser Gedanke erfüllt mich mit Glück.« Er küßte mich zärtlich, dann sagte er: »Ruhe ein wenig, meine teure Tullia, bis ich dich zu einem neuen Waffengang auffordern werde.« Ein süßer Schlummer umfing uns wie wir waren und hielt uns unbeweglich; drei Stunden lang ergötzte er uns. Wie Callias dann erwachte, gab er mir, ich weiß nicht wieviele, Küsse, ohne daß es ihm gelang, mich aus meinem Schlaf zu reißen; zu tief war ich in seinem Bann. Von neuem warf Callias die Decken zurück und betrachtete mich. Die Vollkommenheit meines Körpers entzückte ihn – die Kerzen brannten noch – und er betrachtete lachend die Verheerungen, die der Rand meines Nachens zeigte. Plötzlich erwachte ich und öffnete die Augen.

»Gedankt sei Gott«, sagte er, »du lebst, mein teures Weib; schon fürchtete ich, es mit einer Toten zu tun zu haben, wie man es von Periander, dem Tyrann von Korinth, berichtet.« – »Du wirst es schon merken, daß ich sehr lebendig bin«, antwortete ich. – »Laß es mich merken«, erwiderte er, »mit nichts könntest du mir größere Freude bereiten.«

OCTAVIA Was tatest du nun, damit er merke, daß du am Leben seist?

TULLIA Was werde ich wohl, deiner Meinung nach getan haben?

OCTAVIA Du schwangst dich auf ihn und rührtest deine Lenden so stark du konntest.

TULLIA Du selber hast es gesagt.

OCTAVIA Dauerte dieser Sturmangriff lange?

TULLIA Wenn du ihn nach der Uhr gemessen hättest, drei Viertelstunden, wenn du aber an die Wonnen denkst, zwei Jahrhunderte.

OCTAVIA Mögen doch auch mir oft solche Jahrhunderte der Wollust zufallen.

TULLIA Zweifelsohne sind es gleiche Jahrhunderte der Wollust, die bewirken, daß alle Generationen lebender Wesen mit so viel Vergnügen ihre Existenz verewigen, indem sie sich fortpflanzen. – Nun, durch so heftige Stöße erschüttert, konnte ich die Mühsal nicht länger ertragen. »Ich gebe mich geschlagen«, rief ich aus, »lasse mich ein wenig Atem schöpfen.« – »Wie, du ergibst dich? Du streckst die Waffen? Tullia?«, frug er mich. »Oh, die Faulenzerin! Los, fasse dich!« – »Ich flehe um Frieden«, erwiderte ich, »oder zumindest um Waffenruhe. Du hast mehr Kraft und Stärke in den Gliedern, aber nicht mehr Mut als ich, glaube es wohl.« Nachdem ich mit Reden aufgehört hatte, sammelte er alle seine Kräfte und nahm von sich aus den Kampf wieder auf, und einen Augenblick später sanken wir erschöpft einander in die Arme.

OCTAVIA Und empfandest du am Orte des Kampfes selbst keinerlei Schmerzen mehr? Ich befrage dich aus Neugierde, denn wenn ich auch vor Verlangen nach den Wonnen der Venus brenne, fürchte ich doch die Qualen. Ich schwanke haltlos »zwi⁄schen der Furcht und der Hoffnung«.

TULLIA Schluß, kleine Törin; der Schmerz ist nichts gegen die Wonnen.

OCTAVIA Mir scheint, als beginne ich langsam dir zu glau⁄ben. Was tat Callias nun weiter vor Tagesanbruch?

TULLIA Während zweier Stunden fiel er in den tiefsten Schlaf; was mich anbetrifft, so konnte ich nicht schlafen, obgleich ich das größte Verlangen danach hatte. Die Kerzen brannten noch. Es kam mir in den Sinn, das Fenster nach dem Garten zu öffnen; ganz nackt, wie ich war, erhob ich mich und öffnete es. Callias regte sich nicht. Ich löschte die Kerzen und befriedigte ein heftiges Bedürfnis; jedoch verursachte mir dieses Unternehmen brennen⁄de, kaum erträgliche Schmerzen. Ein Wehlaut entfuhr mir. Meine wimmernde Stimme entriß Callias seinem Schlafe; er betrachtete mich, bewegte sich jedoch nicht. Lediglich seine Blik⁄ke waren auf mich gerichtet, ohne daß ich ihn wachend wähnte.

OCTAVIA Was du mir erzählst, scheint mir sehr erstaunlich.

TULLIA Nichts ist natürlicher. Das Brennen, das ich emp⁄fand, war so stark, wie wenn du eine Wunde, die du dir zufälligerweise mit einem Messer beigebracht hast in Salzwasser, dem du Essig zusetztest, wäschst. Mit einem Male überraschte mich Callias, indem er mich anredete: »Schmerzt es dich sehr, Tullia?« Mit Scham bedeckt antwortete ich: »Ich glaubte dich schlafend; verzeihe mir meine Unvorsichtigkeit und mein scham⁄loses Benehmen, teures Herz; ich schäme mich, deine Augen durch dieses unanständige Schauspiel beleidigt zu haben. Gräß⁄lich, daß du mich in Unterhaltung mit diesem Nachttopf betreffen mußtest.« »Warum nennst du unanständig, was, da es notwendig ist, nichts Schändliches an sich haben kann?« erwi⁄derte er. Ich begab mich wieder ins Bett. Lang ausgestreckt empfing mich Callias in seinen Armen. Sogleich bedeckte er meinen Mund mit Küssen und versetzte mir leichte Schläge auf die Hinterbacken, bald mit der einen, bald mit der anderen

Hand. Er bat mich, seinen Speer in die Hand zu nehmen, ihn zu neuen Kämpfen anzureizen; dies sei, sagte er, ein Dienst, den ich ihm erweisen könne; ich entzog mich ihm nicht. So erreichten wir bald mitsammen den Gipfel der Wollust. Über diese Belustigungen wurde es heller Tag; meine Mutter hatte versprochen, uns nach Tagesanbruch zu besuchen. Während wir von allerlei Dingen plauderten, Küsse tauschten und uns zärtlich aneinander drückten, hörte ich die Stimme meiner Mutter, die sich näherte. — »Komme, wer wolle«, sagte Callias, »niemand wird mich hindern, deine Umarmungen zu genießen. Ich habe beschlossen, meine Wonne, sieben Meilen zu reiten; sechs habe ich zurückgelegt, nun bleibt noch die siebente, die mich erst vollends sättigen wird.« Sobald er hörte, daß meine Mutter nahe war, bestieg er mich von Neuem, und im gleichen Augenblick als der Schlüssel ins Schloß geschoben wurde, schob auch er seinen Schlüssel in das Schloß, das ihn willig aufnahm. Meine Mutter, die gerade eintrat, hörte das Bett erzittern; aus Züchtigkeit begann ich mich bitter zu beklagen. »Was muß ich sehen, meine Tochter«, sagte sie, »hat dir eine ganze Nacht nicht genügt? Und auch dir nicht, Callias, um dich meiner Tochter zu erfreuen?« »Verzeiht mir, Mutter«, antwortete ich, »am liebsten möchte ich vor Scham sterben, da ihr mich in diesen Umständen seht.« — »Ich arbeite am Glück meiner Tullia, inmitten meiner Tullia«, erwiderte Callias, ohne außer Atem zu kommen. »Meine Tochter, deinem Gatten mußt du gehorchen«, sagte meine Mutter, »und vor allem, schäme dich nicht ihm in dem, was den wichtigsten Teil der Obliegenheiten einer Gattin ausmacht, gehorsam zu sein. Ich gehe jetzt, um nachher wieder zu kommen; inzwischen nehmt fröhlich alle Lust, einer am anderen.« Meine Mutter ging hinaus. Callias beglückwünschte mich zu meiner Glut und bewunderte meine Nachgiebigkeit. »Wessen du mich loben sollst«, sagte ich ihm, »das ist die Liebe, die ich für dich empfinde; ich will, daß du es mir dankst, gehorsam selbst im Schändlichsten zu sein; aber nun, mein Callias, nun entweicht alles Blut meinen Adern . . . vor Glück . . .!« Als Callias mit erschöpften Gliedern eine Weile in

meinen Armen geruht hatte, warf er sich aus dem Bett, rief seine
Diener, kleidete sich an; dann, indem er mir einen Kuß gab, bat
er mich, seinen Mangel an Kraft zu verzeihen; er gefiel sich darin,
so zu sprechen: »Verzeih mir«, sagte er, »daß ich lediglich eine
geringe Anzahl von Meilen in dieser köstlichen Stechbahn geritten bin.« Kaum hatte er ausgesprochen, so kam meine Mutter
zurück und mit ihr, strahlender als die Sonne, erschien meinen
Blicken Pomponia, das Licht meiner Augen. Jede von ihnen
trug eine Tasse mit Fleischbrühe in der Eidotter schwammen.
Meine Mutter bot die ihre Callias dar und Pomponia reichte mir
die andere, die ich mit viel Vergnügen trank. Callias behauptete
freilich, dessen nicht zu bedürfen; trank sie aber trotzdem. Dann
befahl mir meine Mutter zu ruhen. »Ich weiß«, sagte sie, »du hast
diese Nacht manche Meile zurückgelegt, so daß du in Gefahr
bist, zu erkranken, wenn du deinen zarten Körper nicht schonst.«
»Wir haben im ganzen sieben Meilen hinter uns gebracht«, unterbrach sie Callias, »aller Wahrscheinlichkeit nach wird sie
müde sein, denn den ganzen langen Weg hat sie mich mit großer
Schnelligkeit und Ausdauer getragen.« »Später werden wir weiter darüber sprechen«, sagte Pomponia, »bis dahin schlafe du,
Tullia, ein guter Schlummer möge deine Kräfte, die diese nächtliche Arbeit erschöpft hat, wiederherstellen.«
OCTAVIA Dein Bericht, kleine Schwester, gab mir ein Bild
alles dessen, das, wie ich denke, mein jungfräuliches Gärtchen
bedroht. Wenn mein Vorgefühl mich nicht täuscht, werde ich
Grausameres als du zu erdulden haben, aber zum Ausgleich
werden auch meine Wonnen größer sein.
TULLIA Möge dir die Liebesgöttin so gnädig sein wie mir,
kleine Schwester, das ist das Beste, das ich dir zu deinem vollkommenen Glück wünschen kann. Nun laßt uns das Bett
verlassen, teures Kind, morgen wirst du ihm als Frau, und noch
genau so schön, wie heute als Jungfrau, entsteigen. Ich glaube,
daß du für den Kampf, der dir bevorsteht, nun genügend gerüstet
bist.
OCTAVIA Ja, Venus wird mir helfen! Lieber noch möchte ich,

man möge morgen meine Standhaftigkeit rühmen können; ohne eine Träne, ohne einen Schrei, festen Herzens will ich alles ertra, gen.

TULLIA Hüte dich dessen wohl, meine Liebe, Caviceo würde es übel vermerken, wenn du allzuviele Unempfindlichkeit zeigst; dein Schweigen wird zu deiner Schande ausgelegt werden. Denn für den Mann ist es die größte Steigerung seiner Lust, daß die Jungfrau klagt und weint, wenn er ihr Gewalt antut. Die Männer behaupten, daß es die ans Messer gelieferte Jungfernschaft selber sei, die seufzt und wehklagt, wenn sie verröchelt. Ohne Mühe wirst du daraus deine Schlüsse ziehen können.

OCTAVIA Du hast recht daran getan, mich zu warnen.

■ALFRED DE MUSSET■■
Menage à trois

I

Mitternacht war eingeläutet, die Salons der Gräfin Gamiani erstrahlten in festlichem Glanz. Berauschend waren die Klänge des Orchesters, übermütig die Rundtänze und die Quadrillen, funkelnd Schmuck und Geschmeide, bezaubernd Gewänder und Roben.

Die Herrin des Hauses genoß mit Anmut und Eifer den Erfolg dieses Festes, das mit großem Aufwand angekündigt und vorbereitet worden war. Huldvoll nahm sie hübsche Redensarten und artige Komplimente entgegen, mit denen fröhliche Gäste sich fürs Dabeiseindürfen bedankten.

Ich hatte mich, wie ich es bei solchen Gelegenheiten öfter tue, auf die Rolle des unbeteiligten Beobachters zurückgezogen. Dabei machte ich einige Wahrnehmungen, die – so fand ich – mich der Verpflichtung enthoben, die Gräfin Gamiani so verdienstvoll zu finden, wie alle taten.

Sicher, eine Frau von Welt. Zu diesem Urteil ließ sich leicht gelangen. Aber was verbarg sich dahinter?

Sie war noch jung, hatte ein riesiges Vermögen und war – nach dem Geschmack der meisten – auch eine schöne Frau. Aber man wußte nichts von ihren Eltern, nichts von ihren Verwandten, es gab eigentlich auch keine Freunde, die sich zu ihr bekannten. Sie war eine Insel in unserer Welt.

Ich fühlte mich herausgefordert, den Hintergrund dieser geheimnisvollen Existenz zu entschleiern.

Ihr Verhalten erklärte nichts. Man mußte also ihren Charakter sezieren, das Skalpell an die Fasern ihres Herzens legen. Aber ich spürte, daß etwas Unbekanntes, Fremdartiges mich bei dieser Untersuchung zurückhielt. Etwas Unerklärliches stand mir im Wege.

Die Leute redeten viel über sie. Und wie immer, wenn die Leute sich die Zungen zerreißen, blieb auch an der Gräfin allerlei Schlechtes hängen. Freilich, aus Mangel an Beweisen wurde das Dunkel um die Gräfin nicht weniger undurchdringlich.

Für die einen war sie eine Feodora, eine Frau ohne Herz und ohne Leidenschaften. Die andren geheimnisten in sie eine zutiefst verwundete Seele hinein, die sich vor allen schmerzlichen Enttäuschungen schützen wollte.

Ich mußte alle diese Zweifel beseitigen. Ich brachte alle Hilfsmittel meiner Logik zum Einsatz, doch vergebens; ich kam zu keinem überzeugenden Schluß.

Verdrossen wollte ich schon dieses Thema fallenlassen, da hörte ich hinter mir die Stimme eines alten Lebemannes.

»Ach«, sagte er, »das ist doch eine Lesbierin.«

Das wirkte wie ein Blitz. Plötzlich hatten alle Schatten ein Gesicht, alle Steine meines Mosaiks fügten sich zu einem Bild, alle Widersprüche hoben sich auf.

Eine Lesbierin also! Mit einem eigenartigen Klang hallt dieses Wort in meinen Ohren wider, wirre Bilder unerhörter Leidenschaften beschwört es mir herauf; Bilder von wollüstiger Wut, von rasender Brunst, von schrecklichem Sinnenrausch, der unvollendet bleiben muß.

Vergebens versuchte ich, diese Bilder abzuweisen, doch schon im nächsten Augenblick geriet meine Phantasie erneut in Aufruhr. Schon im nächsten Augenblick sah ich die Gräfin wieder vor meinen Augen – nackt und keuchend, mit aufgelösten Haaren, in den Armen einer anderen Frau, erschöpft und doch von einer Lust gemartert, an der sie scheitern mußte.

Mein Blut stand in Flammen, meine Sinne brausten, wie betäubt sank ich auf ein Sofa.

Als ich aus dem Nebel wieder zu mir kam, begann ich eiskalt zu bedenken, was zu tun war, um die Gräfin überraschen zu können. Denn überraschen mußte ich sie um jeden Preis.

Ich war entschlossen, sie in dieser Nacht zu beobachten, mich in ihrem Schlafzimmer zu verstecken.

Genau gegenüber ihrem Bett befand sich eine Glastür, die zu ihrem Ankleidezimmer führte. Ich begriff sofort den strategischen Vorteil dieser Lage. Ich verbarg mich hinter einigen Kleidern, die dort hingen.

Von nun an faßte ich mich in Geduld. Ich wartete auf die Stunde des Sabbats.

Ich hatte mich kaum in meinem Versteck niedergekauert, als auch schon die Gräfin ins Zimmer kam und nach ihrer Zofe rief. Es erschien ein junges Mädchen mit braunem Teint und ausgeprägten Formen, und die Gräfin sagte zu ihr: »Julie, ich brauche Sie nicht mehr. Gehen Sie schlafen. Sollten Sie Lärm aus meinem Zimmer hören, kümmern Sie sich nicht darum.«

Ich durfte mich also auf ein Drama gefaßt machen. Ich beglückwünschte mich zu meiner Kühnheit.

Nach und nach erstarb das Geräusch der Stimmen, die aus dem Salon bis ins Zimmer drangen. Die Gäste gingen. Die Gräfin blieb allein mit einer ihrer Freundinnen, Mademoiselle Fanny B., zurück. Die beiden Frauen befanden sich bald im Zimmer und vor meinen Augen.

FANNY
»Wie ärgerlich! Es regnet in Strömen, und es ist kein Wagen da.«

GAMIANI
»Ich bin untröstlich. Zu dumm, daß mein Wagen auch gerade in der Sattlerei ist.«

FANNY
»Meine Mutter wird sich Sorgen machen.«

GAMIANI
»Keine Angst, meine liebe Fanny, Ihre Mutter weiß, daß Sie bei mir sind. Für diese Nacht schenke ich Ihnen meine Gastfreundschaft.«

FANNY
»Sie sind wirklich zu gütig. Hoffentlich macht es Ihnen keine
Umstände.«

GAMIANI
»Aber ich bitte Sie! Es ist mir ein wirkliches Vergnügen. Für
mich ist es ein Abenteuer, es lenkt mich ab. Ich möchte Sie nicht
allein in ein anderes Zimmer zum Schlafen schicken. Wir bleiben zusammen.«

FANNY
»Ach, ich würde Sie nur im Schlaf stören.«

GAMIANI
»Sie sind so förmlich. Tun wir einfach so, als wären wir zwei
junge Freundinnen, zwei Internatsschülerinnen.«

Ein sanfter Kuß bekräftigte dieses zarte Geständnis.

»Ich helfe Ihnen beim Auskleiden. Meine Zofe ist schon zu Bett.
Aber wir kommen ohne sie aus.
Wie hübsch sie gewachsen ist!
Glückliches Mädchen!
Ich bewundere Ihre Figur.«

FANNY
»Finden Sie, daß sie gut ist?«

GAMIANI
»Hinreißend!«

FANNY
»Sie wollen mir schmeicheln.«

GAMIANI

»Oh! Wie herrlich! Wie weiß Ihre Haut ist! Man könnte neidisch werden.«

FANNY

»Das dürfen Sie nicht sagen. Wirklich, Sie sind viel weißer als ich.«

GAMIANI

»Das denken Sie nur nicht, mein Kind!
Legen Sie nur alles ab. Wie umständlich Sie sind!
Man könnte fast meinen, Sie hätten einen Mann vor sich. Da, schauen Sie in den Spiegel . . .
Wie Paris Ihnen den Apfel zuwerfen würde, Sie Spitzbübin!
Nun lächelt sie, weil sie sieht, wie schön sie ist! Sie verdienen einen Kuß auf die Stirn, auf die Wangen, auf die Lippen . . . Sie ist überall schön, überall!«

Der Mund der Gräfin wanderte heiß und lüstern über Fannys Körper. Vor Schrecken stumm und zitternd ließ Fanny alles mit sich geschehen und verstand nichts.
Das war schon ein köstliches Paar, das sich da zwischen Wollust und Anmut, zwischen lustvollem Sichgehenlassen und furchtsamer Scham treiben ließ. Es war, als sei eine Jungfrau, ein Engel, in die Arme einer Bacchantin gefallen.
Und welche Schönheiten lieferten sich da meinen Blicken aus, welches Schauspiel wiegelte nun meine Sinne auf!

FANNY

»Oh! Was tun Sie da! Lassen Sie mich! Liebste Gräfin, ich flehe Sie an!«

GAMIANI

»Nein! Nein, meine Fanny, mein Kind, mein Leben, meine Freude!

Siehst du nicht, daß du einfach viel zu schön bist!
Ich liebe dich, ich liebe dich aus Liebe! Ich bin verrückt!«

Vergebens sträubte sich das Kind. Ein Hilferuf erstickte unter
Küssen. Ihr Widerstand starb unter dem Drängen der Gräfin dahin.
Sie hob das Mädchen auf, warf es aufs Bett wie eine Beute.

FANNY
»Was ist mit Ihnen! Oh, Gott!
Liebste Gräfin, aber das ist doch entsetzlich . . .
Ich schreie . . . Lassen Sie mich . . .
Ich habe Angst!«

Aber nur noch wildere, noch drängendere Küsse waren die Antwort auf ihre Schreie. Die Arme umschlangen sich fester, die
beiden Körper waren wie ein einziger Leib.

GAMIANI
»Fanny, meine Fanny! Jetzt gehörst du ganz mir!
Komm, hier ist mein Leben!
Oh, welche Lust!
Wie du zitterst, mein Kind!
Ah, du gibst nach . . .«

FANNY
»Das ist Sünde . . . das ist böse . . .
Sie bringen mich um . . .
Ach! Ich sterbe.«

GAMIANI
»Ja, schließ mich fest in deine Arme, meine Kleine, meine Liebe,
halt mich fest, noch fester.
Wie schön sie ist in ihrer Lust! Wie heiß . . .
Du schmilzt dahin, du bist glücklich . . .
O Gott!«

In der Tat, ein seltsames Schauspiel bot sich mir da. Die Gräfin wälzte sich mit flammendem Blick und fliegenden Haaren auf ihr Opfer, dem nun seinerseits die Sinne durchgingen. Bald umklammerten sich beide mit aller Kraft. Sie zahlten sich Zug um Zug jedes Aufbäumen, jedes Aufwallen mit Zins und Zinseszins heim, jede erstickte die Schreie und Seufzer der anderen mit feurigen Küssen.

Das Bett ächzte unter den wilden Stößen der Gräfin.

Schließlich ließ Fanny erschöpft, erschlagen, ihre Arme sinken. Blaß und reglos lag sie da, wie eine schöne Tote.

Die Gräfin tobte weiter. Die Wollust tötete sie und versagte ihr doch den Gnadenstoß. Sie sprang auf wie gehetzt, warf sich mitten ins Zimmer, wälzte sich auf dem Teppich, erregte sich selber in sinnlos lüsternen Stellungen und ließ sich von ihren eigenen Händen über alle Grenzen der Lust hinaustreiben.

Dieser Anblick raubte dann freilich auch mir den Verstand. Einen Augenblick überwältigten mich Abscheu und Empörung. Alles in mir schrie danach, vor die Gräfin hinzutreten und ihr das ganze Ausmaß meiner Verachtung entgegenzuschleudern.

Meine Sinne siegten jedoch über den Charakter, prachtvoll und schaudernd triumphierte das Fleisch.

3

Ich war von Sinnen, ein Verrückter. Ich warf mich nackt, entflammt, purpurrot und furchterregend über die schöne Fanny. Kaum blieb ihr Zeit, diesen neuen Angriff zu begreifen. Triumphierend spürte ich ihren geschmeidigen, zerbrechlichen Körper unter mir; sie zitterte, sie schüttelte sich, aber dann kam ihre Antwort auf meine Stöße. Unsere Zungen kreuzten sich, brennend und ätzend, unsere Seelen schmiedeten sich zu einer einzigen fest zusammen.

FANNY
»Oh! Gott! Das bringt mich um!«

Bei diesen Worten steifte sich die Schöne, sie stöhnte auf, brach zusammen und überflutete mich mit ihrer Liebe.

»Ah! Fanny!« rief ich aus. »Warte! Du! Ah!«

Und ich glaubte, mein ganzes Leben ströme dahin.

Vernichtet, versunken, so lag ich in Fannys Armen. Ich hatte nicht einmal gemerkt, daß die Gräfin zu einer wilden Attacke gegen mich angetreten war.

Sie war wieder zu sich gekommen, als sie uns schreien und stöhnen hörte. Von Wut und Neid getrieben, stürzte sich die Gamiani auf mich und versuchte, mich von ihrer Freundin weg-zureißen. Ihre Arme umklammerten mich und rüttelten mich, ihre Finger und ihre Zähne gruben sich tief in mein Fleisch.

Doch diese zweifache Berührung zweier Körper, die vor Lust schwitzten und vor Sinnlichkeit brannten, verdoppelte nur mei-nen wollüstigen Zorn.

Das Feuer ergriff mich am ganzen Körper. In der Umklamme-rung Fannys erstarkte ich zu neuer Siegesgewißheit, und ohne auch nur einen Fingerbreit des von mir eroberten Territoriums aufzugeben, gelang es mir, in diesem Gewirr dreier Körper, die sich ineinander verflochten, sich kreuzten und sich verstrickten — gelang es mir, auch noch die Schenkel der Gräfin fest in den Griff zu bekommen; gespreizt hielt ich sie über meinem Kopf.

»Gamiani, mir nach! Rücken Sie vornüber, stützen Sie sich fest auf Ihre Arme!«

Die Gamiani verstand sofort, und ich konnte nach Herzenslust eine flüssige, gefräßige Zunge gegen sie ins Feld führen.

Fanny streichelte verwirrt, verliebt, verglühend den Busen, der über ihr wogte.

Sekunden später war die Gräfin besiegt und außer Gefecht.

»Welches Feuer Sie entzünden! Das ist zuviel! Oh! Was für ein lustvolles Spiel! Sie töten mich! Gott! Ich ersticke . . .«

Der Körper der Gräfin fiel schwer wie eine leblose Masse zur Seite.

Fanny, jetzt noch erregter als zuvor, warf ihre Arme um meinen Nacken, umklammerte mich, riß mich an sich, kreuzte ihre Beine über meinen Hüften.

»Liebster!
Mir . . . Ganz mir gehörst du jetzt!
Oh, mäßige dich ein wenig . . .
Halt ein . . . da! Jetzt schnell . . . schnell doch! Oh!
Ich spüre . . . ich schwimme . . . ich . . .«
Wir blieben starr, bewegungslos aufeinander liegen, halboffen
fanden unsere Münder kaum zu neuem Atem.
Nach und nach kehrten wir in die Wirklichkeit zurück. Wir
erhoben uns alle drei, und dann kam ein langer Augenblick, da
wir uns alle verblüfft ánstarrten. Vor allem die Gräfin schien sehr
bestürzt über ihr Betragen zu sein. Sie griff hastig nach ihren
Kleidern und bedeckte sich verschämt. Fanny hüllte sich in die
Decken und begann zu weinen wie ein Kind, das einen Fehler
einsieht, wenn er begangen und nicht wiedergutzumachen ist.
Die Gräfin fing an, mich zu beschimpfen:
»Mein Herr, das ist eine böse Überraschung. Ihre Handlungs,
weise ist eine elende Hinterlist, eine infame Niederträchtigkeit! Sie
zwingen mich, zu erröten!«
Ich wollte mich verteidigen.
»Ah, mein Herr, Sie sollten wissen, daß eine Frau niemals einem
Mann verzeiht, der sie dort überlistet, wo ihre Schwäche am
stärksten ist!«
Ich verantwortete mich so gut ich konnte. Ich erklärte der Gräfin,
ich sei von einer unglücklichen Leidenschaft zu ihr erfaßt, aber
vor ihrer Kälte seien mir alle Hoffnungen geschwunden, und da
hätte ich mein Heil in der List und der Gewalt suchen müssen.
»Und im übrigen, Gräfin«, fügte ich hinzu, »glauben Sie im
Ernst, ich würde jemals ein Geheimnis mißbrauchen, das ich
mehr dem Zufall verdanke als meiner eigenen Kühnheit? Oh,
nein, das wäre zu schändlich, Gräfin. Ich werde zwar niemals in
meinem Leben den Überschwang unserer Lust vergessen kön,
nen, aber ich, werde die Erinnerung daran für mich allein
bewahren. Wenn ich schuldig bin, dann bedenken Sie, daß mein
Herz vom Wahnsinn ergriffen war. Oder, besser noch, bewahren
Sie doch in Ihrem Herzen die Erinnerung an die Lust, die wir

gemeinsam gekostet haben und die wir immer wieder neu kosten können.«

Ich wandte mich dann Fanny zu, während die Gräfin, die ihr den Kopf verhüllte, vorgab, sie zu trösten:

»Beruhigen Sie sich, mein Fräulein! Tränen mitten in der Lust! Oh! Denken Sie doch nur an das süße Glück, das uns soeben noch verband! Möge dieses Glück in Ihrem Gedächtnis wie ein schöner Traum weiterleben, der niemandem gehört, nur Ihnen, und den Sie allein bewahren. Ich schwöre Ihnen, niemals werde ich die Erinnerung an dieses Glück zerstören, es niemals jemand anderem anvertrauen.«

Ihre Verbitterung ließ nach, die Tränen versiegten, und ohne daß wir merkten, wie es dazu kam, fanden wir uns alle drei bald wieder eng umschlungen, und wir stritten nur noch mit Albern-heiten, mit Küssen und mit Zärtlichkeiten gegeneinander . . .

»Oh, meine lieben Freundinnen, laßt doch nicht die Angst un-sere Freude trüben. Laßt uns doch ohne Bedenken tun, als ob diese Nacht die letzte wäre, laßt uns Sinnenrausch, Freude und Fleischeslust bis zur Neige genießen . . .!«

Und die Gamiani rief aus:

»Die Würfel sind gefallen, die Lust ist Sieger!

Komm, Fanny, küß mich doch, du Tolle! Fühl nur − wie ich dich beiße, wie ich dich aufsauge, wie ich dich einatme, bis aufs Mark.

Alcide, vorwärts, tun Sie Ihre Pflicht!

Oh, dieses köstliche Tier! Welcher Überfluß!«

ALCIDE

»Sie beneiden ja die Kleine, Gamiani, ausgerechnet Sie!

Noch verschmähen Sie dieses Vergnügen, aber auch Sie werden es preisen, wenn Sie es erst einmal gekostet haben.

Bleiben Sie so liegen wie jetzt, entfalten Sie das Schlachtfeld, auf dem ich kämpfen will!

Ach, welche Schönheit! Welche Haltung!

Schnell, Fanny, schwingen Sie sich auf die Gräfin, führen Sie selbst diese schreckliche Waffe, dieses Flammenschwert in die Schlacht!

Schlagen Sie eine Bresche, fester, stärker, schneller! Gamiani, ach, Sie berauben sich einer Kostbarkeit.«

Die Gräfin betrug sich wie eine Besessene, aber sie war mehr mit den Küssen Fannys als mit meinen Anstrengungen beschäftigt. Ich nutzte eine Bewegung aus, die unsere ganze Gefechtsordnung auf den Kopf stellte; ich drehte Fanny auf dem Bett der Gräfin um und griff nunmehr sie mit Macht an. Einen Augenblick, und wir stürzten alle drei in die Abgründe der Lust hinab.

GAMIANI

»Welche Laune, Alcide, hat Sie ergriffen? Plötzlich sind Sie zum Feind übergelaufen!

Gewiß, ich verzeihe es Ihnen, Sie haben erkannt, daß Sie zuviel Vergnügen an eine Unempfindliche verschwendet haben.

Aber was wollen Sie! Ich befinde mich in einer traurigen Verfassung; ich lebe in Scheidung von der Natur. Ich träume und ich empfinde nur das Schreckliche, nur das Unerhörte. Ich jage dem Unmöglichen nach. Ach, es ist schon furchtbar, sich so wie ich in Enttäuschungen zu verzehren, immer zu begehren und niemals befriedigt zu werden. Die Gewalt meiner Phantasie bringt mich noch um. Ach, ich bin schon sehr unglücklich.«

4

Aus diesen Worten sprach so viel Hoffnungslosigkeit, daß mich Mitleid rührte. Diese Frau empfand fast schon als körperlichen Schmerz, was sie in ihrer Seele litt.

»Vielleicht ist dieser Zustand nur vorübergehend, Gamiani, Sie nähren sich zu sehr von trauriger Lektüre.«

GAMIANI

»O nein! Ich nicht! Verzeihen Sie, vielleicht bedauern Sie mich,

vielleicht suchen sie sogar nach Entschuldigungen für mich . . .
Ich bin in Italien aufgezogen worden, von einer Tante, die früh
zur Witwe wurde. Ich war schließlich fünfzehn und wußte immer noch nichts von den Dingen dieser Welt. Aber ich wußte
alles von den Schrecknissen der Religion. Ganz in Gott versunken, verbrachte ich mein Leben damit, den Himmel anzuflehen,
er möge mir die Qualen der Hölle ersparen.
Meine Tante flößte mir die Ängste ein, ohne sie jemals durch den
mindesten Beweis einer Zärtlichkeit zu lindern. Meine einzige
Freude war der Schlaf. Meine Tage gingen so düster dahin wie die
Nächte einer Verdammten.
Manchmal, morgens, wenn meine Tante allein war, rief sie mich
in ihr Bett. Dann hatte sie zärtliche Blicke und schmeichelnde
Worte für mich übrig; sie zog mich an ihre Brust und auf ihre
Schenkel und warf dann wohl auch in einer zuckenden Um-
klammerung ihre Arme um mich. Ich sah, wie sie sich wandte
und wie sie ihren Kopf verdrehte, und ihr irres Lachen klirrte
schrill in meine Ohren.
Reglos lag ich neben ihr, ich betrachtete sie erschrocken, und
immer glaubte ich, ein epileptischer Anfall habe sie befallen.
Eines Tages empfing sie einen Franziskanermönch zu einem langen Gespräch. Schließlich wurde auch ich gerufen, und der
hochwürdige Vater hielt mir die folgende Rede:
»Meine Tochter, Sie werden nun erwachsen. Und es kann bereits
geschehen, daß der Dämon der Versuchung seine Blicke auf Sie
wirft. Bald werden Sie seine Angriffe spüren. Wenn Sie nun rein
sind und unbefleckt, dann können seine Anschläge Ihnen sehr
wohl Übles anhaben, wenn Sie aber vom Schmutz befreit sind,
werden Sie unverletzbar sein.
Durch seine Leiden hat unser Herr die Welt gesühnt, durch
Leiden werden auch Sie die Sühne für Ihre eigenen Sünden
zahlen.
Bereiten Sie sich also darauf vor, daß das Martyrium der Erlösung
über Sie kommen wird. Bitten Sie Gott um den notwendigen
Mut und die notwendige Kraft. Heute abend werden Sie die

Probe bestehen müssen. Gehen Sie nun in Frieden, meine Tochter.«

Meine Tante hatte schon seit einigen Tagen immer wieder von Leiden und Foltern zu mir gesprochen, und wie man sie erdulden muß und wie man durch sie seine Sünden sühnt.

Ich zog mich nun zurück, die Worte des Mönchs hatten mich in Schrecken versetzt. Als ich allein in meinem Zimmer war, wollte ich beten, mich in Gott versenken, aber ich sah vor meinen Augen immer nur die Bilder der Foltern, die mich erwarteten. Es war mitten in der Nacht, als meine Tante kam und mich aus dem Schlaf holte. Sie befahl mir, mich bis auf die Haut zu entkleiden und mich von Kopf bis Fuß zu waschen. Ich mußte ein langes schwarzes Gewand anziehen, das um den Hals geschlossen, aber den ganzen Rücken hinauf geschlitzt war. Sie legte ein ähnliches Gewand an, dann verließen wir im Wagen das Haus. Eine Stunde später sah ich mich in einem riesigen, ganz in Schwarz ausgeschlagenen Saal, der nur von einer einzigen Lampe, die von der Decke herunterhing, erleuchtet war. In der Mitte stand ein Betpult, darum herum lagen Kissen.

»Knien Sie nieder, meine Nichte, bereiten Sie sich mit Gebeten darauf vor, alle Leiden zu ertragen, die Gott Ihnen auferlegen will.«

Ich wollte gehorchen, aber da öffnete sich auch schon eine geheime Tür. Ein Mönch, der wie wir gekleidet war und unverständliche Worte murmelte, trat auf mich zu. Er zog mir das Gewand auseinander und ließ die Hälften links und rechts zu Boden fallen. Er gab meinen ganzen Rücken der Enthüllung preis. Ein leichtes Beben befiel den Mönch, der Anblick meines Fleisches erregte ihn; seine Hand wanderte über mich hin, hielt auf meinen Hüften inne und blieb schließlich etwas tiefer liegen.

»Es ist durch dies, daß die Frau sündigt, es ist durch dies, daß sie leiden soll!« sagte eine Grabesstimme.

Kaum waren diese Worte gesprochen, da fühlte ich mich von Ruten geschlagen, von Stricken, die mit Knoten und Stahlspitzen versehen waren.

Ich klammerte mich an den Betstuhl, ich zwang mich, meine Schreie zu ersticken, doch vergebens. Der Schmerz war so über-mächtig, daß ich mich brüllend mitten in den Saal stürzte: »Gnade! Gnade!

Ich kann diese Qualen nicht ertragen!

Tötet mich lieber sofort!

Erbarmt Euch, ich flehe Euch an!«

»Elender Feigling!« schrie meine Tante. »Sie sollten sich lieber an mir ein Beispiel nehmen.«

Und damit warf sich die Tapfere völlig nackt dahin und spreizte ihre Beine und hielt sie hoch. Die Schläge regneten nur so auf sie nieder. Ihr Peiniger war gnadenlos. In wenigen Augenblicken stand das Blut auf ihren Schenkeln.

Dieser Anblick riß mich hin.

Ich spürte in mir einen übernatürlichen Mut, ich rief aus, auch ich sei nun bereit, alles zu erdulden.

Meine Tante erhob sich auf der Stelle und bedeckte mich mit heißen Küssen, während der Mönch meine Hände fesselte und mir eine Binde vor die Augen legte.

Meine Qualen begannen nun von neuem, fürchterlicher als vor-her. Stumpf vor Schmerz, war ich bald keiner Bewegung mehr fähig. Ich spürte nichts mehr, nicht einmal mehr durch den Lärm der Schreie hindurch die Schläge und die Hände, die auf mein Fleisch einhieben.

Da war auch sinnloses Lachen im Saal, nervöses Lachen, zuckendes Lachen, Vorläufer des Rausches. Sekundenlang beherrschte die vor Wollust keuchende Stimme meiner Tante diesen seltsamen Chor, dieses orgiastische Konzert, dieses Bacchanal des Blutes.

Später begriff ich dann, daß der Anblick meiner Qualen nur dazu gedient hatte, Begierden zu wecken, daß jeder meiner er-stickten Seufzer eine Flamme der Wollust entzündet hatte.

Zweifellos nur, weil sie ermattet waren, ließen meine Peiniger von mir ab.

Unfähig, einen Nerv zu rühren, lag ich in tiefer Erschöpfung da und machte mich auf meinen Tod gefaßt.

Dann jedoch, in dem gleichen Maße, wie die Gebrauchsfähigkeit meiner Sinne sich wieder einstellte, begann ein unbeschreibliches Brennen sich über meine Haut auszubreiten. Schließlich zitterte ich am ganzen Körper, mir war, als stünde mein Leib in Flammen. Ich wälzte mich über den Boden, wie auf der Suche nach der unbekannten Befriedigung eines nie geahnten, aber unsättigbaren Verlangens.

Plötzlich klammerten sich zwei sehnige Arme um mich. Etwas Heißes, Langgespanntes schlug mir gegen die Schenkel, glitt tiefer an mir herunter und drang plötzlich in mich ein.

In diesem Augenblick glaubte ich, entzweigespalten zu werden. Ich stieß einen schrecklichen Schrei aus, der fast das Gelächter um mich herum übertönte.

Zwei oder drei furchtbare Stöße trieben die Geißel vollkommen in mich hinein. Die Geißel aus Fleisch begann, mich zugrundezurichten.

Meine blutigen Schenkel legten sich fest um die Schenkel meines Widersachers. Mir schien, als strömten unsere Leiber zueinander, um zu einem einzigen Körper zusammenzuschmelzen. Meine Adern waren geschwollen, meine Nerven gespannt. Die wilde Reibung, die mich mit unglaublicher Behendigkeit durchdrang, erhitzte mich so, daß ich glaubte, rotglühendes Eisen in mir zu spüren.

Ich fiel bald in Ekstase, ich sah den Himmel unter mir. Klebriger, kochender Saft flutete mit großer Geschwindigkeit durch mich hindurch, brodelte mir bis zu den Knochen, brannte mir bis ins Mark.

Oh, das war zuviel! Ich zerfloß wie glühende Lava. Und aus der drängenden, reißenden Flut, die mich durchpulste, peitschte ich mit wilden Schlägen die Schaumkrone meiner Erschöpfung hervor. Dann riß es mich in die Strudel meiner ersten Wollust hinab . . .«

FANNY
»Gamiani, was für ein Gemälde! Sie treiben uns den Teufel unter
die Haut!«

GAMIANI
»Das ist noch nicht alles. Meine Lust wandelte sich alsbald in
grausamen Schmerz. Ich wurde entsetzlich gemartert. Mehr als
zwanzig Mönche fielen nun wie entfesselte Kannibalen über
mich her. Mein Kopf fiel zur Seite. Mein zerschlagener, zer-
schmetterter Körper lag wie ein Kadaver auf den Kissen. Tot
wurde ich in mein Bett getragen.«

FANNY
»Eine schändliche Grausamkeit!«

GAMIANI
»Ja, eine Schande, und noch schlimmer. Als ich wieder ins
Leben zurückgekehrt war und meine Wunden geheilt waren,
begriff ich auch endlich, welchen schrecklichen Leidenschaften
meine Tante und ihre elenden Gefährten des Lasters verfallen
waren. Nur noch der Anblick entsetzlicher Quälereien vermoch-
te ihr Fleisch aufzustacheln.
Ich schwor ihnen tödlichen Haß, und diesen Haß trage ich nun
in meiner Verzweiflung allen Männern entgegen.
Die Vorstellung, Zärtlichkeiten von einer Männerhand zu empfangen, verursacht mir seither nur Widerwillen. Ich wollte nicht
als billiges Spielzeug ihrer Lust dienen.
Aber da war dieses heiße Temperament in mir, und das mußte
befriedigt werden. Es dauerte lange, bis ich von der Onanie
geheilt wurde – ich verdanke das den erfahrenen Lektionen meiner Mitschülerinnen aus dem Kloster des Erlösers.
Ihre verhängnisvolle Gelehrsamkeit hat mich für alle Zeiten verdorben . . .«

Die erregte Stimme der Gräfin erstickte unter heftigem Schluchzen. Mit Zärtlichkeiten war bei dieser Frau nichts auszurichten.
Ich ließ sie sich ausweinen und wandte mich an Fanny:

»Nun ist die Reihe an Ihnen, meine schöne staunende Erstaunte!
In einer einzigen Nacht sind Ihnen alle Mysterien geoffenbart
worden. Nun müssen Sie uns erzählen, wie Sie zum erstenmal die
Lust der Sinne empfunden haben.«

FANNY
»Ich! Ich schwöre Ihnen, dazu habe ich nicht den Mut.«

ALCIDE
»Ihre Schamhaftigkeit ist zumindest hier und heute nicht am
Platze.«

FANNY
»Nein, aber nach dem Bericht der Gräfin wäre alles, was ich
erzählen könnte, bedeutungslos.«

ALCIDE
»Denken Sie das nicht, arme Naive. Was zögern Sie? Sind wir
nicht alle berauscht von Lust und Sinnlichkeit? Wir erröten bei
gar nichts mehr. Wir haben alles getan, wir können alles sagen.«

GAMIANI
»Hier, meine Schöne, ein Kuß, zweihundert, wenn es sein muß,
um Sie umzustimmen. Und Alcide – wie verliebt er ist! Schauen
Sie, er bedroht Sie . . .«

FANNY
»Nein, lassen Sie mich, Alcide, ich kann nicht mehr. Gnade! Ich
bitte Euch! Gamiani, wie gierig Sie sind! Alcide, sind Sie . . .
Oh!«

ALCIDE

»Pardon wird nicht gegeben! Zum Donnerwetter! Sie werden
uns jetzt die Odyssee Ihrer Jungfernschaft zum Besten geben.«

FANNY

»Sie zwingen mich?«

ALCIDE und GAMIANI

»Ja! Ja!«

5

»Mein fünfzehntes Lebensjahr hatte ich in aller Unschuld erreicht, das schwöre ich Ihnen. Meine Gedanken hatten sich
niemals bei irgend etwas aufgehalten, das mit dem Unterschied
der Geschlechter zu tun hat. Ich lebte ohne Zweifel unbeküm-
mert und glücklich.
Eines sehr heißen Tages war ich allein zu Hause. Ich empfand das
dringende Bedürfnis, es mir bequem zu machen. Ich löste meine
Kleider und legte mich fast nackt auf einen Diwan. Wie ich mich
da schämte!
Ich streckte mich aus, spreizte die Beine auseinander und bewegte
mich hin und her. Ich wußte es nicht, aber ich glaube, ich nahm
die allerunanständigsten Stellungen ein.
Der Stoff, mit dem der Diwan bezogen war, berührte mich glatt
und kühl. Diese Frische erzeugte in mir ein angenehmes Gefühl,
ein lustvolles Reiben am ganzen Körper; es entstand eine Atmo-
sphäre, die durchdringend zärtlich war.
Was für eine liebliche, hinreißende Lust! Ich schwebte in einen
köstlichen Rausch hinein. Mir war, als ob ein neues Leben mein
Sein durchflute, als ob ich auf einmal stärker und größer wäre, als
atmete ich einen göttlichen Hauch ein, als blühte ich auf unter
den Strahlen eines schönen Himmels.«

ALCIDE

»Sie sind poetisch, Fanny.«

FANNY

»Ich beschreibe Ihnen nur genau, was ich damals empfunden habe. Meine Augen irrten mit Wohlgefallen über mich hin. Meine Hände flatterten über meinen Hals, über meine Brust. Weiter unten hielten sie dann inne, ich verfiel in eine tiefe Träu-merei. Worte der Liebe, Worte eines Liebenden drangen mit ihrem unerklärbaren Sinn zu mir.

Dann wieder fühlte ich mich ganz einsam. Ich vergaß völlig, daß ich Eltern hatte oder Freunde, ich spürte eine schreckliche Leere. Ich stand auf und blickte traurig um mich.

Eine Zeitlang blieb ich nachdenklich so stehen, melancholisch ließ ich den Kopf und Arme hängen, ich faltete meine Hände. Dann betrachtete ich mich prüfend, betastete mich und fragte mich, ob es nicht ein Ziel, einen Zweck für all dies geben müßte. Mein Gefühl sagte mir, daß mir etwas fehlte. Etwas, das ich nicht beschreiben konnte. Etwas, das ich mir aber wünschte, wonach ich mich von ganzem Herzen sehnte.

Ich muß wohl ein wenig verwirrt gewesen sein, denn ich rief unvermittelt laut ins Zimmer hinein.

Ich breitete meine Arme aus, wie um nach dem Gegenstand meiner Wünsche zu suchen. Ich ging sogar so weit, daß ich mich selbst umarmte. Ich streichelte mich, ich umschlang mich. Aber wonach ich mich wirklich innigst sehnte, war ein Körper, den ich greifen konnte, den ich an mich drücken konnte.

In meiner seltsamen Halluzination bemächtigte ich mich meiner selbst, ich gaukelte mir vor, daß es jemand anderer sei, an den ich mich da drängte.

Durch die Vorhänge hindurch konnte man in weiter Ferne Bäu-me sehen und Wiesen. Ich fühlte mich versucht, dort über die Erde zu rollen, mich wie Luft an die Blätter zu verlieren.

Ich betrachtete den Himmel, und ich wünschte mir, ich könnte fliegen, mit dem Blau verschmelzen, in diesem Dunst, in diesem Himmel und in den Engeln aufgehen.

Ich war wohl kurz davor, verrückt zu werden. Mein Blut stieg mir kochend zu Kopf.

Ganz außer mir und wie von fremder Hand getragen fiel ich in die Kissen. Ich preßte mir eins zwischen die Schenkel, ich drück te eins in meinen Armen, ich küßte die Kissen wie irre, ich umfaßte sie voller Leidenschaft, ich glaube, ich lächelte sie sogar an. So sehr hatten meine Sinne von mir Besitz ergriffen.

Plötzlich hielt ich inne. Ich zitterte. Mir war, als schmölze ich, als stürze ich in einen Abgrund.

»Oh!« schrie ich. »Mein Gott! Oh! Oh!« Und ich stand mit einer heftigen Bewegung auf, schwankend und erschöpft.

Ich war völlig durchnäßt.

Ich verstand nichts von dem, was sich mit mir ereignet hatte. Vielleicht, dachte ich, habe ich mich nun verletzt. Ich hatte Angst. Ich warf mich auf die Knie. Ich flehte Gott um Verzei hung an, falls ich wirklich etwas Böses getan hätte.«

ALCIDE

»Liebenswerte Unschuld! Und Sie haben niemals einem Men schen anvertraut, was Sie so sehr verwirrt hatte?«

FANNY

»Nein. Das hätte ich nie gewagt. Bis vor einer Stunde war ich noch völlig unwissend. Sie selbst haben mir doch erst jetzt das Schlüsselwort für dieses Rätselspiel verraten.«

ALCIDE

»Oh! Fanny! Dieses Geständnis ist für mich der Gipfel des Glücks. Liebste Freundin, empfangen Sie noch einmal von mir den Beweis meiner Liebe. Gamiani, erregen Sie mich, damit ich diese junge Blume mit himmlischem Tau tränke!«

GAMIANI

»Welches Feuer! Welche Hitze! Fanny, du bist ja schon ganz außer dir! Oh! Sie ergießt sich! Sie ergießt sich!«

FANNY
»Alcide! Alcide! Ich sterbe . . . Ich . . .!«

Und süße Lust ließ uns in Trunkenheit versinken, trieb uns hoch in den Himmel hinauf.

Lord Lorely lebte auf sehr großem und vornehmem Fuß. Seine
Haushaltung wurde in großem Stil geführt, und er hatte eine
zahlreiche Dienerschaft. Sein Sohn John, der in Eton studierte,
stand ungefähr in meinem Alter. Er war ein gut entwickelter und
in jeder Art von Sport sehr erfahrener junger Mann. Seine Mutter
verkehrte viel in der guten Gesellschaft und war nur wenig zu
Hause. Alle Welt lebte ganz im amerikanischen Stil: Man sah
sich nur mal zwischen zwei Besorgungen oder zwei Vergnügungen; man traf sich zu Hause oder anderswo, um ein wenig
miteinander zu plaudern oder gemeinsam seine Mahlzeiten einzunehmen; kurz, jeder lebte nach seinem Belieben und ohne jede
Kontrolle. Uns jungen Mädchen war eine nicht allzu strenge
Gouvernante zugeteilt, die uns beaufsichtigen sollte – wenn es uns
paßte! Aber sie war sehr glücklich, wenn sie sich ihren eigenen
Angelegenheiten und Vergnügungen widmen konnte. Und wir
hatten es so weit gebracht, daß sie uns nur mehr bei unvermeid-
lichen offiziellen Besuchen begleitete.
Wir waren mitten in den englischen Ferien angekommen, wohn-
ten in einer Villa am Meer und tummelten uns wie junge Füllen
mit John in der Gegend herum.
Ich genierte mich nicht, wenn wir zusammen badeten, und er
hatte die Augen offen, um meine keimenden Reize zu betrachten,
die sich unter dem nassen Badeanzug deutlich abzeichneten.
Morgens klopfte er manchmal an meine Zimmertür, damit ich
mich schneller fertig machen solle, und auf meine Einladung kam
er auch öfter mal herein, während ich noch halbnackt vor dem
Toilettentisch saß.
Ich hatte alle heuchlerische Scham weit von mir geworfen, und
der dicke, pausbackige Junge guckte sich die Augen aus nach
meinen Waden und Schultern. Man sah förmlich, wie er zum

Leben erwachte und wie mein Körper ihn zu reizen begann. Er erfand alle möglichen Vorwände, um mich überraschen zu können, und als er sah, daß ich nichts dagegen hatte, tat er es immer öfter und wurde immer vertraulicher mit mir.

Eines Tages traf er mich im Hemde an und blieb verlegen in der Tür stehen.

»Warum kommen Sie nicht herein, John?«

»Ich . . ., ich . . .!«

»Was haben Sie denn heute nur? Kommen Sie und geben Sie mir einen Kuß, wenn Sie keine Angst haben!«

Lüstern drückte er seine Lippen auf meinen Hals, den ich ihm hinhielt. Dann drehte er unbeholfen seine Tennismütze in der Hand und sagte: »Na, das ist doch nicht alles?«

Noch einmal küßte er mich auf dieselbe Stelle und legte seinen Arm um meine Schultern.

Ich bog mich ein wenig zurück, und bei dieser Gelegenheit zeichneten sich meine kleinen Brüste unter dem Hemd noch deutlicher ab. Er drückte seine rechte Hand über dem Hemd an meine Brust, und ich legte ihm meine nackten Arme um seinen Hals. Ich saugte an seinen Lippen und küßte ihn mit der Zunge, worauf seine Beine sofort zu zittern begannen. Schmeichelnd rieb ich mich wie ein Kätzchen an ihm, er aber rührte sich nicht, und so mußte ich zu stärkeren Mitteln greifen.

Ich fuhr ihm mit der Hand in die Hose und holte ihm sein kleines Schwänzchen heraus, das so hart wie Holz war.

Endlich entschloß er sich, mir auch mit der Hand unter das Hemd zu fahren und zwischen meine Schenkel zu fassen. Ich spreizte die Beine auseinander, um es ihm leichter zu machen. So brachte er seinen Finger an meine Spalte, die ihn sofort tüchtig naß machte.

Er mußte mich an der Hand zu Bett führen; ich warf mich rücklings darauf, und nach einigem vorbereitenden Kitzeln führte ich sein Ding an den Eingang des Allerheiligsten. In der Theorie wußte er schon Bescheid und drang sofort in das heiße und schon feuchte Löchelchen ein. Ich kreuzte die Beine über seinen Hüften und mit lebhaften Stößen meines Hintern half ich ihm beim Hinundherschieben.

Heftigst spritzte er in mich hinein, und mir kam es noch stärker bei dem Gedanken, daß ich ihm nunmehr seine Erstlinge genommen hatte.

Er ging, denn es wäre gefährlich gewesen, noch länger zu bleiben. Aber von diesem Tag an kam er immer an den Tagen zu mir, an denen ich nicht Maud bei mir hatte, oder ich klopfte an seine Tür, wenn Maud schon wieder in ihrem Zimmer war oder wenn ich von ihr zurückkam, denn um der Dienerschaft willen schlief jede von uns auf ein paar Stunden auch in ihrem eigenen Bett. Mein kleiner Liebhaber ließ sich nie lange bitten, und ich ließ ihn auf jede nur mögliche Weise genießen. Er war wie toll auf meine Brüste, die er sehr kunstvoll saugte. Sein kleiner, rosiger Schwanz reizte meine Lippen, und ich leckte wiederholt daran, wobei er jedesmal vor Lust laut aufschrie. Sein schöner, weißer Körper verlangte förmlich nach Küssen, und ich zeigte mich darin keineswegs sparsam. So verlebte ich eine ganz köstliche Zeit. Wie schade, dachte ich, daß er Mauds Bruder ist! Wie herrlich könnten wir uns zu dritt amüsieren! Nach und nach – ich gestehe es offen! – machte ich mich immer vertrauter mit dem Gedanken, den ich zunächst mit aller Gewalt von mir wies, der aber immer wiederkam und den ich zuletzt für absolut durchführbar hielt.

Warum nicht? sagte ich mir. Wenn Maud nichts dagegen hat! – Aber wie sollte ich das erfahren? Es war eine heikle Sache.

Eines Tages saßen wir zusammen im Park. John schnitt einen zu weit vorstehenden Zweig ab, und wir sahen ihm zu. Da faßte ich Mut und sagte: »Ein famoser Bursche ist dein Bruder! So hübsch und kräftig! Ein Glück für dich, daß du einen solchen Bruder hast! Wäre es mein Bruder, ich glaube, ich würde ihn den ganzen Tag abküssen.«

»So küß ihn doch, wenn es dir Spaß macht!«

»Oh, nein – mein Bruder müßte er sein!«

»Wäre er dein Bruder, würdest du es machen wie ich und ihn nur selten und brüderlich küssen.«

»Ich weiß nicht, ob meine Küsse sehr schwesterlich sein würden. Aber jedenfalls würde ich ihn oft liebkosen!«

»Das trautest du dich? Auch wenn er dein Bruder wäre?!«

Ich sah ihr gerade in die Augen.

»Jawohl! Und noch mehr! – Und du?«

Sie antwortete nicht, und ich fuhr fort: »Nimm einmal an – was natürlich unmöglich ist –, dein Bruder würde dich zufällig durch ein Mißverständnis in die Arme nehmen, was würdest du dann tun?«

»Nun, töten würde ich mich deshalb nicht gerade. Aber das ist doch ganz unmöglich – gegen meinen Willen? Einfach unmöglich!«

»Aber es würde dir nicht unangenehm sein?«

»Nein, gewiß nicht! Er ist ein so hübscher Bursche, aber eben leider mein Bruder!«

Ich drang nicht weiter in sie. Mein Plan war fertig.

Noch im Pensionat hatten wir uns einen Godemiché verschafft. Er stammte von einer älteren Schülerin, die nicht im Pensionat selbst wohnte und die ihn ihrer Schwester weggenommen hatte. Wir hatten uns dieses Instrumentes hin und wieder beim Spielen bedient. Jetzt handelte es sich einfach darum, im Schutze der Dunkelheit das Instrument mit Johns Schwanz zu vertauschen, und die Sache war gemacht. Nachher ließ sich dann eben nichts mehr daran ändern.

Es machte mir keine Mühe, John zu diesem Spiel zu überreden. Er war von der Aussicht entzückt, in Zukunft von zwei Geliebten umschmeichelt zu werden. Die Ausführung selbst war das reine Kinderspiel.

Als ich mit meiner Freundin im Bett lag – ihren Bruder hatte ich nackt hinter den Vorhängen versteckt –, sagte ich zu ihr, ich hätte Lust, sie wie ein Mann zu lieben. Und nachdem ich ihre Grotte mit kundiger Zunge aufgeteilt hatte, band ich mir den Godemiché um den Leib. In diesem Augenblick drehte John das elektrische Licht ab, und es wurde dunkel. Ich sprang aus dem Bett und sagte, ich wolle nachsehen, warum das Licht versage.

»Wahrhaftig, es brennt nicht!« erklärte ich. »Schlimm genug, aber dann müssen wir uns eben im Dunkeln behelfen.«

Nun stieg John an meiner Stelle ins Bett und steckte seinen Schwanz in das Loch seiner Schwester hinein, die schon mit gespreizten Schenkeln in der richtigen Lage war. Ich hörte ihr beiderseitiges Stöhnen.

Als sie fertig waren, drehte ich das Licht wieder an, das jetzt die Szene grell beleuchtete.

Maud schrie auf und bedeckte die Augen mit beiden Händen. »Oh, wie schrecklich! Warum habt ihr mir das getan? Ihr Bösen! Oh, ihr Bösen!«

Aber ihr Bruder bedeckte sie mit Küssen. Sein Schwanz steckte noch bei ihr drinnen, und als Maud ihre Arme gehoben hatte und ihn ihre blonden Achselhaare sehen ließ, küßte er sie zärtlich. Dann hob er sich ein wenig hoch und betrachtete bewundernd ihre vollen Brüste, die er noch nie gesehen hatte. Stolz richteten sich ihre kleinen, rosigen Spitzen in die Höhe, und er begann sie mit der Zungenspitze zu kitzeln. Seine Schwester war besiegt und fühlte sich aufs neue gereizt. Sie fing an, den Bauch zu heben, und John stieß wieder hin und her in dem ganz überschwemmten Fötzchen. Sein Opfer hatte jetzt sein von verletzter Scham gerötetes Gesicht enthüllt, aber die Augen hielt sie dennoch hartnäkkig geschlossen. John begann aufs neue zu stöhnen, und jetzt sah Maud ihm voll ins Gesicht. Plötzlich faßte sie seinen Kopf mit beiden Händen, preßte ihren Mund auf den des Bruders und steckte ihm die Zunge hinein. Mit zarter Hand kitzelte sie ihn ganz sanft an den Hoden, und als sie merkte, daß die Entladung bevorstand, bohrte sie ihm einen angefeuchteten Finger in das Popoloch, so daß er sich krampfhaft auf den Leib seiner Schwester warf, die jetzt unter kräftigen Stößen ihres Hintern entlud. Nachdem sie sich gesäubert, fiel Maud ihrem Bruder um den Hals und rief: »Ach, du kleines Schwein, wie glücklich hast du mich gemacht! Oh, war das gut! Ich wußte ja gar nicht, daß du so ein kräftiger Mann bist! Und so geschickt schon! In meinen Augen warst du immer noch der kleine Bruder, ein Kind! Bei

wem hast du das gelernt? – Bei dir?« setzte sie hinzu und wandte
sich dabei an mich. »Bei dir? – Oh, du Schwein! Aber das hast
du wirklich gut gemacht. Mein kleiner Bruder ist so nett, und ich
bin immer noch so geil nach ihm! Komm, ich muß dich dafür
belohnen! Ich will dich lecken, will dich beißen! Ich will dein
Fötzchen verschlingen, bis du vor Wollust ganz ohnmächtig
wirst. – Johnny, du mein Herz, komm, hilf mir, bis sie vor
Wonne stirbt! Sauge an ihren schönen Brüsten, während ich ihr
den Kitzler, ihr süßes Zuckerplätzchen, lecke!«

Gierig warfen sich beide mit mir aufs Bett. Maud stürzte sich auf
meine Mimi, aus der es schon spritzte, während ihr Bruder mir die
Brüste küßte. Von den Achseln bis zum Nabel küßte er meinen
ganzen Leib, bis er sodann lange an den Brüsten saugte.

Als die Leckerin meine erste Entladung eingeschlürft hatte, reizte
sie mich von neuem, indem sie mir die Schenkel saugte. Dann
hob sie mir die Beine hoch, leckte mir den Hintern und steckte
mir die Zunge ins Popoloch.

Als mein Kitzler wieder hart geworden war, warf sie sich auf ihn
und leckte mit vollendeter Kunst an ihm. Dreimal pißte ich ihr
vor Wollust auf die Zunge – dreimal wurde ich glücklich und
schrie zuletzt: »Genug! Genug! – Du machst mich ja tot!«

Leblos sank ich auf das Bett zurück, wo ich am nächsten Morgen
allein, matt und wie zerschlagen erwachte.

ANAÏS NIN
Mathilde

Als sie zwanzig Jahre alt war, wurde Mathilde, eine Pariser Putzmacherin, von dem Baron verführt. Zwar dauerte die Beziehung nur zwei Wochen, aber trotzdem gelang es dem Baron, ihr in dieser kurzen Zeit etwas von seiner Lebensphilosophie und seiner geschwinden Art, mit Problemen fertig zu werden, mitzugeben. Was ihr der Baron eines Abends ganz beiläufig anvertraut hatte, ließ sie nicht ruhen: nämlich, daß man in Südamerika Pariserinnen besonders schätzte, weil man glaubte, sie seien im Gegensatz zu vielen südamerikanischen Ehefrauen, die immer noch in der Tradition des aufopfernden und unterwürfigen Eheweibs lebten, liebeserfahren, temperamentvoll, geistreich. Die Ehefrauen seien verkümmert, wohl weil ihre Männer sich weigerten, sie zu Mätressen zu machen.

Genauso wie der Baron hatte auch Mathilde ein Rezept entwickelt, nach dem sie ihr Leben als eine Folge von Rollen verstand. So sagte sie sich beispielsweise morgens, während sie ihr blondes Haar bürstete: »Heute will ich diese oder jene Person sein.« Und dann spielte sie diese Rolle.

Eines Tages hatte sie entschieden, sie würde gerne die elegante Vertreterin eines bekannten Pariser Modesalons sein und nach Peru geschickt werden. Sie brauchte ja nur die Rolle zu verkörpern. Also zog sie sich sorgfältig an, präsentierte sich mit größter Selbstsicherheit in besagtem Salon, wurde tatsächlich als Vertreterin engagiert und erhielt ihre Passage nach Lima.

An Bord des Dampfers benahm sie sich wie die elegante französische Botschafterin der Mode. Ihr angeborener Geschmack für erlesene Weine, kostbare Parfüms, ausgesuchte Kleidung kennzeichnete sie als Dame von Welt. Sie war eine Feinschmeckerin. Mathilde besaß aber auch den Charme, der zu dieser Rolle gehörte. Sie lächelte unaufhörlich, einerlei, was geschah. War ihr

Koffer abhanden gekommen, lächelte sie. Wenn man ihr auf den Fuß trat, lächelte sie. Dieses Lächeln war es, was Dalvedo, den Generalvertreter der Spanischen Schiffahrtslinie, so bezauberte. Er bat sie, am Tisch des Kapitäns Platz zu nehmen. Dalvedo machte eine gute Figur in seinem Smoking, benahm sich wie ein Kapitän und war voller Anekdoten. Am nächsten Abend führte er sie zum Tanz. Er wußte, daß er ihr während der kurzen Zeit der Überfahrt nicht in der üblichen Weise den Hof machen konnte, also begann er gleich, ihr pikante Komplimente wegen des kleinen Leberflecks auf ihrem Kinn zu machen. Um Mitternacht wollte er wissen, ob sie gerne indische Feigen äße. Sie hatte sie nie gekostet. Er erklärte, er hätte ein paar davon in seiner Kabine.

Aber Mathilde wußte, was sie sich schuldig war, und wollte sich nicht allzuschnell erobern lassen. Deshalb war sie auf der Hut, als sie die Kabine betraten. Es war ihr immer ein leichtes gewesen, die frechen Annäherungen der Männer abzuwehren, die verstohlenen Klapse auf den Hintern, die ihr die Ehemänner ihrer Kundinnen gaben, die Griffe an die Brust, wenn sie mit ihrem Freund im Kino war. All dies hatte sie kaltgelassen. Von dem, was sie bestimmt nicht kaltlassen würde, hatte sie eine vage, aber beharrliche Vorstellung: Sie wollte mit geheimnisvollen Worten umworben werden. Diese fixe Idee war das Resultat ihrer ersten Erfahrung, die sie als Sechzehnjährige gemacht hatte.

Damals war ein Schriftsteller, den ganz Paris kannte, in ihrem Laden erschienen. Aber er wollte keinen Hut erstehen. Er fragte sie, ob sie lumineszierende Blumen führe, von denen man ihm berichtet hatte, Blumen, die im Dunkeln leuchteten. Er wollte sie, so sagte er, für eine Frau, die im Dunkeln leuchtete. Er könne schwören, daß die Haut dieser Frau, wenn er mit ihr im Theater war und sie in ihrem Abendkleid zurückgelehnt in ihrer Loge saß, leuchtete wie die zartesten Meeresmuscheln, mit einem blaßrosa Schimmer. Er wollte, daß sie diese Blumen in ihrem Haar trug.

Mathilde hatte keine solchen Blumen. Aber sobald der Mann den

Laden verlassen hatte, trat sie vor den Spiegel. So ein Gefühl wollte sie erwecken. Aber konnte sie es denn? Sie war weit eher Feuer als Licht. Ihre Augen waren heiß und veilchenblau. Ihr Haar war blond getönt, aber es warf einen kupfernen Schatten auf ihr Gesicht. Ihr Teint war ebenfalls kupferfarben, kräftig und alles andere als durchscheinend. Ihr Körper füllte ihre Kleider aus. Sie trug kein Korsett, und doch hatte ihre Figur die Kurven der Frauen, die eins trugen. Sie machte ein hohles Kreuz, damit die Brüste und die Hinterbacken hervortraten.

Inzwischen war der Mann zurückgekommen. Diesmal wollte er gar nichts kaufen. Er stand nur da und starrte sie an und lächelte mit seinem langen, markanten Gesicht; seine schlanken Finger machten ein Ritual aus dem Anzünden einer Zigarette. Er sagte: »Diesmal bin ich zurückgekommen, nur weil ich Sie sehen wollte.«

Mathilde hatte ein solches Herzklopfen bekommen, daß sie glaubte, dies wäre nun der Augenblick, auf den sie so lange gewartet hatte. Fast stellte sie sich auf die Zehenspitzen, so gespannt war sie auf seine nächsten Worte. Sie war jetzt die leuchtende Frau in der schummrigen Loge, für die man die ungewöhnlichen Blumen verlangt hatte. Aber alles, was der elegante, graumelierte Schriftsteller mit der aristokratischen Stimme herausbrachte, war: »Sowie ich Sie sah, bekam ich einen Steifen in der Hose.«

Es klang so brutal, daß es eine Beleidigung für sie war. Sie errötete und schlug nach ihm.

Szenen in dieser Art wiederholten sich. Mathilde hatte erkannt, daß es den Männern meist die Rede verschlug, wenn sie irgendwo erschien. Sie vergaßen romantisches Werben und kamen gleich zur Sache. Mathildes Wirkung war so unmittelbar, daß die Männer nur ihre physische Erregung in Worte fassen konnten. Anstatt es als ein Kompliment zu sehen, nahm Mathilde das übel.

Nun befand sie sich in der Kabine von Dalvedo, dem welterfahrenen Spanier. Er schälte ihr ein paar indische Feigen und plauderte mit ihr.

Dann unterbrach er sich und stand auf. »Sie haben den verführerischsten kleinen Leberfleck auf Ihrem Kinn.« Sie glaubte, dies sei der Auftakt zu einem Kuß. Aber nein. Statt dessen knöpfte er sich die Hose auf, holte seinen Schwanz heraus, und mit der Geste eines Zuhälters gegenüber einer Straßendirne gebot er: »Auf die Knie!«

Wieder schlug Mathilde nach dem Mann und drehte sich zur Tür. »Bitte bleiben Sie doch«, flehte er, »ich bin wild nach Ihnen. Den ganzen Abend lang, als ich mit Ihnen tanzte, war ich in dieser Verfassung. Sie dürfen mich jetzt nicht verlassen.« Dabei versuchte er, sie zu umarmen. Als sie sich sträubte und ihm entkommen wollte, ergoß er sich über ihr Kleid. Sie mußte sich in ihr Abendcape wickeln, um in ihre Kabine zu gelangen.

Sowie Mathilde in Lima angekommen war, wurde ihr Traum Wirklichkeit. Die Männer machten ihr mit blumigen Worten den Hof und verbargen ihre Absichten hinter sehr viel Charme und schönen Komplimenten. Dieses Vorspiel auf dem Weg ins Bett befriedigte sie. Ein wenig Weihrauch tat ihr gut. In Lima bekam sie eine Menge, denn er gehörte zum Ritual. Sie fand sich auf einem Postament aus Poesie, von dem aus dann der Sturz in die endgültige Umarmung um so herrlicher schien. Sie verkaufte weitaus mehr Nächte als Mode.

Damals gab es in Lima eine große chinesische Kolonie; Opiumrauchen war an der Tagesordnung. Gruppen reicher junger Männer zogen von einem Bordell ins nächste oder verbrachten ihre Nächte in Opiumhöhlen, wo Prostituierte verkehrten; oder sie mieteten sich leere Zimmer im Bordellviertel, wo sie gemeinsam Rauschgift nahmen und sich von Huren bedienen ließen. Die jungen Männer kamen gern zu Mathilde. Sie hatte ihre »Gesandtschaft« in ein Boudoir mit Sofas, Spitzenüberwürfen, Seidenvorhängen und Kissen verwandelt. Ein Peruaner namens Martinez gab ihr zum erstenmal Opium zu rauchen. Später brachte er seine Freunde mit. Oft blieben sie mehrere Tage bei ihr, unauffindbar für die übrige Welt und für ihre Familien. Die Vorhänge waren zugezogen, die Stimmung schummrig, einschläfernd. Sie teilten sich Mathilde. Das Opium vertiefte ihre Wollust, ließ sie beständiger werden. Sie verbrachten Stunden damit, nur Mathildes Beine zu streicheln. Dann nahm sich jemand eine ihrer Brüste, ein zweiter drückte den Mund ins weiche Fleisch ihres Halses und preßte es nur mit den Lippen. Ein Kuß ließ sie, unter der Wirkung des Opiums, von Kopf bis Fuß erschauern.

Mathilde pflegte sich nackt auf den Boden zu legen. Alle ihre Gesten hatten sich verlangsamt. Die jungen Männer lehnten sich in die Kissen zurück. Ein träger Finger tastete nach ihrem Geschlecht, drang ein, blieb unbeweglich zwischen ihren Schamlippen liegen. Dann kam eine zweite Hand und suchte dieselbe Stelle, beschrieb Kreise darum und fand einen anderen Eingang. Ein dritter Mann bot ihrem Mund seinen Schwanz an. Dann saugte sie ganz langsam daran. Jede Berührung wurde durch die Droge intensiviert. So lagen sie stundenlang still da und träumten. Dann tauchten andere erotische Vorstellungen auf. Martinez sah den Körper einer Frau vor sich, langgestreckt, kopflos, ein weibliches Wesen mit den Brüsten einer Balinesin, dem Unterleib einer Afrikanerin, dem hohen Steiß einer Negerin. Alles floß zusammen zu einem Bild von beweglichem Fleisch, Fleisch, das wie aus Gummi schien. Die straffen Brüste schwollen seinem Mund entgegen, seine Hand wollte sie ergreifen. Aber dann streckten sich ihm andere Körperteile entgegen, traten in den Vordergrund, hingen über seinem eigenen Körper. Beine spreizten sich auf unmenschliche, unmögliche Weise, als seien sie selbständig geworden, und gaben das Geschlecht frei. Es war, als hätte man eine Tulpe geöffnet.

Die Vulva aber begann sich ebenfalls zu bewegen und dehnte sich wie eine Seeanemone, als zögen unsichtbare Hände an ihr, Hände, die neugierig waren, die den Körper zerstückeln wollten, um an sein Innerstes zu gelangen. Dann wandte sich der Hintern ihm voll zu und verlor seine Kontur, als würde er auseinandergezogen. Jede Bewegung schien den Körper völlig und bis zum Zerreißen zu öffnen. Martinez wurde jedesmal fuchsteufelswild, wenn andere Hände diesen Körper betasteten. Er richtete sich halbwegs auf und suchte Mathildes Brust, und wenn er dann auf eine andere Hand stieß oder auf einen Mund, der daran saugte, tastete er sich zu ihrem Bauch hinunter, als habe er immer noch jenes Bild vor sich, das ihn in seinem Opiumtraum verfolgt hatte. Er ließ sich noch tiefer über ihren Körper sinken, damit er sie zwischen ihren gespreizten Beinen küssen konnte.

Mathilde empfand eine so intensive Lust, die Männer zu liebkosen und von ihnen wiederum so schrankenlos und ohne Unterlaß gestreichelt zu werden, daß sie nur selten einen Höhepunkt erreichte. Es wurde ihr erst bewußt, als die Männer gegangen waren. Sie erwachte aus ihren Opiumträumen mit einem unbefriedigten Körper.

Sie blieb liegen, feilte ihre Nägel und lackierte sie. Sie bereitete sich sorgfältig auf das nächste Mal vor, bürstete ihr blondes Haar, setzte sich in die Sonne. Mit kleinen, in Wasserstoffsuperoxyd getauchten Wattebäuschen färbte sie sich ihr Schamhaar blond. Allein gelassen, verfolgte sie die Erinnerung an die Hände, die über ihren Körper geglitten waren. Nun spürte sie, wie eine unter ihrem Arm liegende Hand nach ihrer Taille tastete. Sie dachte an Martinez, der ihre Schamlippen wie eine Blüte geöffnet hatte, an seine behende, flinke Zunge, wie sie über den Damm zwischen Scham und Gesäßbacken strich, bis zu den Grübchen am Ende des Rückgrats. Oh, wie er diese Grübchen anbetete, die seinem forschenden Finger und seiner frechen Zunge den abwärts führenden Pfad wiesen, bis sie wieder zwischen den beiden üppigen Hügeln verschwanden.

Mathilde dachte an Martinez. Es erregte sie. Sie wollte seine Rückkehr nicht abwarten und sah herab auf ihre Beine. Da sie kaum noch an die frische Luft ging, hatten sie eine sehr verführerische Blässe bekommen, wie der kreideweiße Teint von Chinesinnen, eine Treibhausblässe, die den Männern, und besonders den dunklen Peruanern, so sehr gefiel. Sie starrte auf ihren Bauch. Er war makellos, besaß keine Falte, die nicht dort hingehörte. In der Sonne glänzte das Schamhaar rötlich golden.

»Wie wirke ich auf ihn?« fragte sie sich. Sie stand auf und trug einen langen Spiegel zum Fenster. Dann lehnte sie ihn auf dem Fußboden gegen einen Stuhl. Sie hockte sich auf den Teppich davor und öffnete langsam ihre Beine. Der Anblick war bezaubernd. Die Haut war makellos, die Vulva rosig und voll. Sie erinnerte sie an das eingerollte Blatt eines Gummibaums mit seiner verborgenen Milch, die ein Druck der Finger heraustreten ließ, eine duftende Feuchtigkeit wie die der Seemuscheln. So wurde Venus aus dem Meeresschaum geboren, mit diesen Körnchen von salzigem Honig, den nur Liebkosungen aus den verborgenen Winkeln des Körpers herausholen können.

Mathilde war neugierig geworden, ob auch sie diesen rätselhaften Honig aus seinem geheimnisvollen Gefäß holen konnte. Mit den Fingern öffnete sie die beiden kleinen Lippen und begann, sie mit einer katzenhaften Behendigkeit zu streicheln, vorwärts und rückwärts bewegte sie die Finger, wie Martinez es mit seinen nervigeren, dunklen Fingern tat. Sie stellte sich seine braunen Finger auf ihrer Haut vor und welchen Gegensatz sie bildeten. Ihre Stärke verhieß eher Schmerz als Wollust auf ihrer Haut. Und trotzdem war seine Berührung ganz zart, sanft hatte er ihre Schamlippen zwischen seine Finger genommen, als berührte er Samt. Sie hielt sie jetzt genauso wie er, zwischen Daumen und Zeigefinger. Sie spürte dasselbe Verströmen, das sie unter seinen Fingern gefühlt hatte. Tief aus ihrem Innersten heraus kündigte sich die salzige Feuchtigkeit an, trat heraus und benetzte die Flügel der Vulva.

Als nächstes wollte Mathilde wissen, wie sie wohl aussah, wenn Martinez ihr befahl, sich umzudrehen. Sie legte sich auf die linke Seite, die Gesäßbacken dem Spiegel zugewendet. Jetzt konnte sie den schimmernden Spalt von der anderen Seite sehen. Sie bewegte sich, wie sie sich für Martinez bewegt hatte. Sie sah, wie ihre eigene Hand über dem kleinen Hügel auftauchte, den ihr Hinterteil bildete, das sie jetzt streichelte. Die andere Hand schob sich zwischen die Beine, der Spiegel warf das Bild zurück. Mit dieser Hand fuhr sie nun vorwärts und rückwärts über ihre Fotze.

Dann führte sie den Zeigefinger ein und begann, sich dagegen zu reiben. Jetzt überwältigte sie das Verlangen, von beiden Seiten gleichzeitig genommen zu werden. Sie steckte den anderen Zeigefinger in ihre hintere Öffnung. Wenn sie sich nun vorwärts bewegte, fühlte sie ihren Finger vorn; ließ sie sich rückwärts sinken, fühlte sie den anderen Finger. Es war, als liebkosten Martinez und ein Freund sie gleichzeitig. Der nahende Orgasmus schüttelte sie, die Bewegungen wurden konvulsiv, als wollte sie, um die letzte Frucht vom Baum zu reißen, immer wieder an dem Zweig ziehen, als wollte sie alles in einem wahnsinnigen Orgasmussturm vereinen. Während sie sich im Spiegel betrachtete, kam der Höhepunkt. Sie sah, wie sich ihre Hände bewegten, sah, wie der Honig glänzte, sah ihr ganzes Geschlecht und den Spalt ihres Hintern feucht zwischen den Beinen schimmern.

Nach dieser Vorstellung verstand sie die Geschichte, die ihr einmal ein peruanischer Seemann erzählt hatte – wie die Mannschaft sich eine Gummifrau gebastelt hatte, um sich mit ihr die Zeit zu vertreiben und die sechs, sieben Monate allein auf See zu überbrücken. Die Frau wirkte sehr echt und schön – die perfekte Illusion. Die Seeleute liebten sie, nahmen sie mit ins Bett. Sie war so konstruiert, daß jede Öffnung den Männern zur Befriedigung dienen konnte. Sie besaß jene Beschaffenheit, die ein alter Indio einst seiner jungen Frau zuschrieb, als diese kurz nach der Hochzeit mit jedem der jungen Männer auf der Hacienda geschlafen hatte. Der Besitzer hatte den alten Indio zu sich kommen lassen, ihm von dem skandalösen Benehmen seiner Frau erzählt und ihm geraten, in Zukunft besser auf sie aufzupassen. Darauf schüttelte der Indio skeptisch den Kopf und entgegnete: »Weshalb denn? Warum sollte ich mir den Kopf zerbrechen? Schließlich ist meine Frau nicht aus Seife. Sie wird sich nicht abnutzen.«

Genauso war es mit der Frau aus Gummi. Den Seeleuten war sie eine stets bereite, stets nachgiebige, wahrhaft wundervolle Gespielin. Es gab keine Eifersüchteleien, keine Handgreiflichkeiten, keine Ausschließlichkeiten. Die Gummifrau wurde sehr geliebt. Aber trotz ihrer Unschuld, ihrer gutwilligen Bereitschaft, ihrer

Großzügigkeit, ihrer Diskretion, trotz ihrer Treue gegenüber den
Seeleuten brachte sie es fertig, sie alle mit Syphilis anzustecken.
Mathilde hatte gelacht, als ihr der junge Seemann die Geschichte
erzählte, auf ihr liegend, als sei sie eine aufgeblasene Gummima-
tratze, die so straff war, daß sie ihn beinahe abgeworfen hätte.
Mathilde kam sich vor wie diese Gummifrau, wenn sie Opium
geraucht hatte. Wie lustvoll war dieses Gefühl, sich ganz hinzu-
geben! Ihre einzige wirkliche Beschäftigung bestand darin, nachher das Geld, das ihre Freunde ihr zurückgelassen hatten, zu
zählen.

Einem von ihnen, nennen wir ihn Antonio, paßte ihr luxuriöses
Zimmer nicht. Immer wieder hatte er sie gebeten, ihn bei sich zu
besuchen. Er war ein Boxer, und er sah aus wie ein Mann, der es
versteht, Frauen für sich arbeiten zu lassen. Gleichzeitig war er
von jener Eleganz, welche die Frauen stolz auf ihn machten. Er
hatte das gepflegte Aussehen eines Müßiggängers und jene lässi-
gen Manieren, die, so fühlte man, im gegebenen Augenblick in
Gewalttätigkeit umschlagen könnten. Sein Blick war wie der
eines Katers, den man streicheln will, der aber niemanden liebt,
der niemals auf die Impulse, die er weckt, zu reagieren braucht.
Er hatte eine Geliebte, die gut zu ihm paßte und die es mit seiner
Stärke und seiner Potenz aufnehmen und seine Schläge energisch
parieren konnte. Kurz, sie war eine Frau, die ihrer Weiblichkeit
Ehre machte und von den Männern kein Mitleid verlangte, eine
Frau, die wußte, daß ein kräftiger Streit das Blut ins Wallen
brachte. Sie wußte, daß es nur nach einem Kampf eine wirklich
süße Versöhnung geben konnte. Sie wußte, daß Antonio, wenn
er nicht bei ihr war, die Französin besuchte, um bei ihr Opium zu
rauchen. Es machte ihr weniger aus, als überhaupt nicht zu
wissen, wo er sich aufhielt.

An jenem Tage hatte er gerade sorgsam seinen Schnurrbart ge-
bürstet und sich auf eine Opiumorgie vorbereitet. Um seine
Geliebte zu beschwichtigen, kniff und tätschelte er ihren Hintern.
Sie war eine apart aussehende Frau mit afrikanischem Blut in den
Adern. Ihre Brüste saßen unwahrscheinlich hoch, höher, als bei

irgendeiner anderen Frau, fast parallel zu ihrer Schulterlinie. Sie waren kugelrund und groß. Diese Brüste waren es, die Antonio aufgefallen waren. Die Tatsache, daß sie so herausfordernd, so nahe dem Mund, so nach oben gerichtet waren, löste bei ihm eine unmittelbare Reaktion aus. Es schien, als hätte sein Schwanz eine direkte Beziehung zu diesen Brüsten. Sowie er sie in dem Bordell, wo die Frau arbeitete, zum erstenmal sah, hatte sich sein Stengel erhoben, um mit ihnen gleichzuziehen.

Jedesmal, wenn er in den Puff kam, machte er die gleiche Er-fahrung. Schließlich nahm er die Frau aus dem Bordell heraus und zu sich in die Wohnung. Zuerst konnte er überhaupt nur ihre Brüste lieben. Sie verfolgten ihn. Steckte er seinen Schwanz in den Mund der Frau, glaubte er, sie zeigten hungrig auf ihn. Also nahm er ihn wieder heraus, schob ihn zwischen ihre Brüste und preßte sie dagegen. Die Warzen waren groß und verhärteten sich wie ein Fruchtkern in seinem Mund.

Unter seinen Liebkosungen stieg ihre Erregung, aber die ganze untere Partie ihres Körpers durfte nicht mitspielen. Ihre Beine zitterten und bebten, flehten darum, ihnen Gewalt anzutun, die Schamlippen öffneten sich, aber er beachtete sie nicht. Statt dessen nahm er ihre Brüste in den Mund oder ließ seinen harten Stamm zwischen ihnen arbeiten. Er wollte sehen, wie sein Samen sie bespritzte. Ihre vernachlässigte Körperhälfte, die wulstigen Lip-pen ihrer Scham wanden sich wie Blätter im Winde jeder Liebkosung, ihre Beine stießen ins Leere. Schließlich machte sie es sich selbst.

An diesem Vormittag, kurz vor dem Weggehen, wiederholte er diese Attacke. Er biß sie in die Brüste. Sie bot ihm ihre klaffende Fotze, er verschmähte sie. Statt dessen zwang er sie in die Knie und drang mit seinem Rohr in ihren Mund. Sie rieb ihre Brüste gegen seine Schenkel, denn manchmal konnte sie sich so befrie-digen. Dann verließ er sie und schlenderte zu Mathildes Woh-nung. Die Tür war nicht verschlossen. Mit der Lautlosigkeit einer Katze schlich er hinein, der dichte Teppich verschluckte jedes Geräusch. Er überraschte Mathilde vor dem Spiegel. Sie hatte sich auf alle viere niedergelassen und sah zwischen den Beinen hindurch.

Er sagte: »Bleib so, Mathilde, rühr dich nicht. Ich liebe diese Stellung.«

Dann beugte er sich über sie wie eine riesige Katze und durch-bohrte sie von hinten. Er gab Mathilde, was er seiner Geliebten versagte. Sein Gewicht preßte sie schließlich zu Boden, bis sie flach auf dem Teppich lag. Mit beiden Händen hob er ihre Hinterbacken hoch und stieß immer wieder zu. Sein Schwanz schien aus glühendem Eisen. Er war lang und dünn und bewegte sich nach allen Richtungen. Er tanzte in ihr mit einer Wendig-keit, die sie nie zuvor erlebt hatte. Dann wurden seine Bewegun-gen immer schneller, und er keuchte heiser: »Komm schon, komm, sag ich dir. Gib mir alles, jetzt, gib's mir wie noch nie. Gib's mir, wie noch nie. Gib's mir, los, jetzt, jetzt!« Da bäumte sie sich mit aller Kraft auf und ließ ihren Hintern gegen seinen Bauch, seine Schenkel, seinen Sack klatschen. Der Orgasmus kam wie ein Blitzschlag, der sie beide gleichzeitig traf.

Als die anderen kamen, lagen die beiden immer noch ineinander verknäuelt auf dem Teppich. Der Spiegel, der Zeuge des Ge-schehens war, belustigte sie. Sie bereiteten ihre Opiumpfeifen vor. Mathilde war erschöpft. Martinez träumte wieder seinen Traum von den auseinanderquellenden Frauen mit geöffneten Fotzen. Antonio hatte immer noch einen Steifen und befahl Mathilde, sich auf ihn zu stülpen.

Nach der Opiumorgie, als außer Antonio alle gegangen waren, wiederholte er seine Bitte, ihn in seine spezielle Opiumhöhle zu begleiten. Obwohl ihr der Schoß noch immer weh tat und von seinen wilden Stößen brannte, willigte sie ein, denn sie wollte bei Antonio bleiben und die wilde Nummer wiederholen.

Schweigend gingen sie durch die engen Gassen des Chinesen-viertels. An jeder Straßenecke boten sich Frauen an, lächelten ihnen aus offenen Fenstern zu, standen in den Türeingängen, winkten sie zu sich. In einige der Zimmer hatte man von der Straße aus Einblick. Das Bett war nur durch einen dünnen

Vorhang verhüllt. Man konnte erkennen, wie Paare miteinander fickten. Da gab es Syrerinnen in Nationaltracht, arabische Frauen, mit halbnackten, von bunten Steinen bedeckten Körpern, Japanerinnen und Chinesinnen, die verstohlene Gesten machten, üppige afrikanische Frauen, die im Kreise hockten und sich miteinander unterhielten. Eines der Häuser war voller französischer Huren in kurzen rosa Hemdchen; sie strickten und nähten, als seien sie zu Hause. Sie versprachen den Passanten ganz besondere Spezialitäten.

Die Häuser selbst waren eng, schwach beleuchtet, verstaubt, voll von Rauch und dunklem Stimmengewirr, von dem Gemurmel Betrunkener, von Liebesgestöhn. Die Chinesen hatten ihre Häuser mit spanischen Wänden, Vorhängen, Lampions, Weihrauchkerzen und goldenen Buddhastatuetten möbliert. Es war ein Labyrinth aus falschen Juwelen, Papierblumen, seidenen Behängen und Teppichen – mit Frauen, die so vielfältig waren wie die Muster und Farben.

In diesem Viertel hatte Antonio ein Zimmer. Er führte Mathilde die ausgetretene Treppe hinauf, stieß eine Tür auf, die kaum noch in den Angeln hing, und schob sie hinein. Der Raum war unmöbliert bis auf eine chinesische Matte auf dem Fußboden. Darauf lag ein in Lumpen gehüllter Mann, der so ausgezehrt und krank aussah, daß Mathilde erschrocken zurückwich.

»Ach, du bist es«, sagte Antonio verstimmt.

»Ich hatte kein Dach überm Kopf.«

»Du weißt, daß du hier nicht bleiben kannst. Die Polizei ist hinter dir her.«

»Ja, ja, ich weiß.«

»Ich nehme an, du warst es, der neulich das Kokain gestohlen hat, stimmt's?«

»Stimmt«, bestätigte der Mann mit teilnahmsloser, schläfriger Stimme.

Mathilde bemerkte, daß der Körper des Mannes mit Schrammen und Einstichen übersät war. Er versuchte, sich aufzusetzen. In der einen Hand hielt er eine Ampulle, in der anderen einen Füllfederhalter und ein Taschenmesser.

Entsetzt starrte sie ihn an.

Mit dem Finger brach er die Spitze der Ampulle ab, säuberte den Rand von Glassplittern. Statt einer Injektionsnadel benutzte er den Füllfederhalter und sog die Flüssigkeit auf. Mit dem Taschen⸗messer brachte er sich einen Einschnitt am Arm bei, der mit vernarbten und frischen Wunden bedeckt war. In den Einschnitt stach er den Füllfederhalter und drückte zu.

»Er hat kein Geld, um sich eine Spritze zu besorgen«, kommen⸗tierte Antonio. »Ich habe versucht, ihn vom Stehlen abzuhalten. Aber genau das hat er getan.«

Mathilde wollte fort, aber Antonio ließ es nicht zu. Der Mann war auf die Matte zurückgesunken und hatte die Augen geschlos⸗sen. Antonio holte eine Spritze heraus und gab Mathilde einen Schuß.

Sie streckten sich auf dem Boden aus. Eine überwältigende Mü⸗digkeit hatte Mathilde ergriffen. Antonio sagte: »Du fühlst dich wie tot, stimmt's?« Sie fühlte sich, als hätte er ihr Äther verab⸗reicht. Seine Stimme kam von ganz weit her. Mathilde gab ihm zu verstehen, daß sie einer Ohnmacht nahe sei. Er erwiderte: »Das geht vorüber.«

Dann begann ein Alptraum. Ganz weit weg lag die ausgestreckte Gestalt des in Lumpen gehüllten Mannes; dann waren da die Umrisse Antonios, groß und schwarz. Antonio nahm dem Mann das Taschenmesser aus der Hand und beugte sich über Mathilde. Sie spürte seinen Schwanz in sich weich und zärtlich. Sie bewegte sich langsam, entspannt, wellenartig. Der Schwanz wurde herausgezogen.

Sie fühlte, wie er über der seidenen Feuchtigkeit zwischen ihren Beinen schwang, aber sie war unbefriedigt und machte eine Be⸗wegung, als wollte sie ihn wieder einfangen. Dann ging der Alptraum weiter. Antonio ließ das Taschenmesser aufspringen und beugte sich über ihre gespreizten Beine, berührte sie mit der Messerspitze und stieß diese dann sachte in sie hinein. Mathilde spürte keinen Schmerz und konnte sich auch nicht bewegen. Das offene Messer hatte sie hypnotisiert. Aber dann wachte sie plötz⸗

lich auf. Ihr war erschreckend klargeworden, daß dies kein Alptraum mehr war. Antonio starrte wie gebannt auf die Spitze des Taschenmessers am Eingang ihres Lochs. Sie schrie. Die Tür flog auf. Es war die Polizei, die gekommen war, um den Kokaindieb festzunehmen.

Im letzten Augenblick war Mathilde dem Mann entkommen, der so oft den Huren in ihre Schlitze gestochen hatte und der nur aus diesem Grunde seine Geliebte niemals dort berühren wollte. Solange er mit ihr lebte, war er gegen die Versuchung gefeit, denn ihre herausfordernden Brüste lenkten seine Begierde von ihrem klaffenden Geschlecht ab und besiegten seine krankhafte Sucht, das, was er »die kleine Wunde der Frau« nannte, mit Gewalt zu vergrößern.

ANTONIO CORNAZANO
Dem Klugen genügen wenig Worte

Auf der ganzen Welt pflegt man, wenn einer dem andern etwas weitschweifig erklären will, und es den Anschein hat, als ob das Geschwätze nicht notwendig sei, das Sprichwort anzuwenden: »Dem Klugen genügen wenig Worte«. Sein Ursprung aber ist so: Einen eifersüchtigen, dazu noch alten Edelmann erfaßte, da seine Frau schön und von einer größeren Güte war, als er gewünscht hätte, ein so hefiger Argwohn, daß er nicht Tag, nicht Nacht Ruhe fand und die Dame immer gut bewacht in festem Ge- wahrsam hielt. Ja, es kam so weit, daß er, in Kenntnis seiner Ohnmacht, da die Furcht meistens von einem Mangel an Selbst- vertrauen herrührt, alle seine Diener, die sonst im Hause waren, entließ, weil er ihnen als jungen und aufgeweckten Leuten miß- traute; da er aber durchaus nicht anders auskommen konnte, kaufte er einen schwarzen Sklaven, der ganz jung vom Barka- gebirge herabgekommen war, einen ganz kräftigen Burschen, der aber kein Wort unserer Sprache verstand. Diesem gab er den Namen »Kluger«; so taufte er ihn gerade mit dem Gegenteil des Namens, den dieser eigentlich verdient hätte. Er war nämlich alles eher als klug.

Als die Frau inne ward, daß der Bursche kein Wort italienisch konnte, daß er trotz seiner Farbe ein hübscher, strammer Kerl war und sein ganzes Äußeres auf einen Schlauch von guter Verfas- sung schließen ließ, sprach sie in ihrem Herzen also zum Gatten: »Der muß mirs machen, und wenn du verrecken solltest, feiger Hahnrei! Sechsfach will ich dirs vergelten, daß du mich so ein- geschlossen hältst, daß ich nur mit Kummer die Vögel in den Lüften fliegen sehen kann.« – Eines Tages, der Mann war im Nebenzimmer bei seinen Geschäftsbüchern, der Sklave mit ihr allein, warf sie sich aufs Bett, so wie sie sich für ihren Gemahl hinlegte, und forderte den Neger durch Zeichen auf, sie zu besteigen; denn Worte verstand er nicht. Der aber hielt das für ein großes Verbrechen, was ihm zugemutet ward, wich zurück und weigerte sich, da er glaubte, sie führe ihn nur in Versuchung, und dann gab es Prügel. Als sich die Dame zurückgewiesen sah, erhob sie sich mit heftigem Geschrei, so daß es der Gatte hören mußte: »Was für ein Teufel ist denn das? Soll ich jetzt vielleicht noch so einem Hund von Schwarzen eine Magd abgeben? Da hat er seine ordentlichen Diener entlassen und einen solchen Rüpel genommen, der zu nichts zu gebrauchen ist. Und wenn ich dem Schuft etwas befehle, so verhöhnt er mich noch!« Auf den Lärm kam der Edelmann, der ihr sehr zugetan war, eiligst herüber: »Was ist's denn, mein süßester Schatz, worüber ärgerst du dich.« Da fing sie von neuem an zu schelten und verklagte den Mohren, daß er ihr nicht gehorche. Zuerst entschuldigte ihn der Mann, da er ja nicht verstehe, was man ihm sage, dann aber wandte er sich drohend zu ihm: »Kluger, du elender Lump, wenn du Petronella nicht folgst, so zerbreche ich dir die Knochen«, und fügte noch bei: »Sieh zu, daß du ihr besser dienst, als mir selbst!«

Nach diesen Worten ging er wieder, und kaum, daß er bei seinen Büchern saß, tat die Frau gerade so wie früher und gab dem Mohren einen Wink, auf sie zu steigen und den Ritt zu beginnen; aber wieder weigerte er sich und kehrte ihr den Rücken, als ob er sich drücken wollte. Schnell erhob sie sich und eilte schreiend zum Gatten: »Da seht, was für einen Kerl Ihr gekauft habt. Da habe ich ihm seinen zerfetzten Kittel genäht – da liegt er auf Euerm Bette – und jetzt bedeutete ich dem Lumpen, ihn zu klopfen und zu reinigen, damit er netter aussehe; da dreht er sich um und höhnt mich.« Nun geriet der Herr in Wut, ergriff einen Stock und versetzte dem Sklaven eine ordentliche Tracht Prügel. Der fing zu jammern an und fand denn doch ein paar Worte, um in unserer Sprache sagen zu können: »Messer, ich nicht verstehn.« Aber der Erzürnte schrie: »Was gibts zu verstehn? Ein Wink genügt, es braucht nicht viele Worte. Sieh zu, daß Du nur fliegst, wenn sie den Finger hebt!« Obwohl der Neger von der Rede nicht viel verstand, merkte er sich doch die Gebärde des Herrn, der den Finger starr erhoben hielt: »Dem Klugen genügen wenig Worte. Verstehst du sie nicht, so genügt ein Wink.« Und dabei wies der Finger auf das Bett hin. Dann ging der Gatte wieder zu seinen Büchern.

Er war kaum in seinem Zimmer, was die Dame aus dem Läuten der Türglocke entnahm, als sie sich von neuem aufs Bett warf, in derselben Stellung ut supra, und mit nach der Art ihres Gemahls gehobenem Finger dem Schwarzen ein Zeichen gab, auf sie zu kommen. Aber sie zweifelte, ob er sich ihrem Willen bequemen werde, da sie fürchtete, er sei durch die Schläge irgendwie verletzt worden. Doch der Sklave, der die Prügel ob seiner früheren Weigerung erhalten zu haben glaubte, sprang, immer noch weinend, auf das Bett, besorgte ihrs mit seinem steif gewordenen Tau und versetzte ihr, um sich für die vielen Hiebe zu rächen, ohne sein Knurren und Brummen zu lassen, die heftigsten Stöße. Damit glaubte er ihr etwas sehr Unangenehmes zu tun, während sie gerade das ersehnt hatte. Der Gatte, der alles in seinem Gemach hörte, da ihn nur eine dünne Wand trennte, rief: »Du brummst? Du bist wohl ein alter Kater, daß du dabei brummen mußt?« Denn er war der Meinung, daß der Schwarze seinen Kittel bearbeite, während er doch die Dame bearbeitete. – Eine Fahrt mit gespanntem Segel war vorüber, da begann der Kerl Geschmack an der Geschichte zu finden, und fuhr noch zweimal in den Hafen, bevor der Herr sein Zimmer verließ. Die schöne Frau, der das Heft des Mohren außerordentlich gefallen hatte, meinte: »Seit Ihr ihn ein bißchen geprügelt habt, hat er alles gut gemacht. Von Zeit zu Zeit braucht er ein wenig Schläge.« »Ich habe es dir ja gesagt, meine Petronella«, antwortete der Hahnrei, »daß er sich machen wird.« Und so oft er ihn zu Gesichte bekam, während er sich mit seiner Gattin unterhielt, lächelte er ihm freundlich zu, so daß er auf solche Art sein Möglichstes tat, den Sklaven in der Meinung zu bestärken, sein Herr habe das größte Vergnügen an seiner Arbeit. Auch sagte die Dame, nachdem sie den armen Teufel hinreichend gelobt hatte: »Ich will, daß Ihr ihm heute ein paar Schuhe und ein gutes Wams kauft«, und der Herr ging nach dem Essen mit dem Neger auf den Markt; er lud ihm den Einkauf auf den Rücken und befahl ihm, da er ihn zum Betten machen nach Hause sandte, beim Abschiede: »Kluger, du hast mich verstanden; ein Wink genügt«, und hob wieder den Finger. Der Bursche sah seinen Meister an: »Ich gut verstehn, Messer; wenig Worte.« »Wenig Worte«, entgegnete der Edelmann, »gehorche Petronella; ein Wink genügt.«

Ganz neu gekleidet kam der Mohr nach Hause, und sein erstes war, die Herrin zu umarmen, wozu er den Auftrag auf dem Markt vom Manne erhalten zu haben glaubte. Und da er dafür die Schuhe bekommen hatte, besorgte er ihrs noch zweimal. Und in dieser Weise ging es weiter. Jeden Morgen, wenn ihn der Herr mit den eingekauften Waren nach Hause zurückschickte, schärfte er ihm, um ihn an Gehorsam zu mahnen, ein: »Kluger, ein Wink genügt.« Und der Neger antwortete immer: »Wenig Worte, Messer«, gerade als ob er sagen wollte: »Du willst, daß ich zu Hause auf deine Frau steige; das will ich auch tun.« Dann ging er heim, sei es mit einem Kohlhaupte, sei es mit einem Fische, aber kaum angekommen, warf er den Kohl weg und pflanzte seinen Lauch, oder er hing den Fisch auf und steckte Fleisch an seinen Spieß. Lange dauerte schon das Spiel, dank der Schlauheit der Dame, die vielleicht nie besser begriffen worden war, als von diesem Neger, der kein Wort sprechen konnte. Aber zum Schlusse war der Gatte so oft auf den Markt gegangen, daß sie sich schwanger fühlte: und auch der Sklave war krank ob der vielen Arbeit. Da sie nun ihre Lage erkannte, heckte sie einen neuen Streich aus, der noch durchtriebener war als der erste. Weil sie sich klar war, daß das Kind auch die Farbe des Vaters haben müsse, ließ sie sich einen Betthimmel machen mit dem Wappen ihrer Familie. Dieses war aber ein nackter Mohr unter einem Felsen. Dann bestach sie den Hausarzt mit hundert Dukaten, daß er bei der Geburt gegenwärtig sei, und wenn dann der kleine Mohr komme, behaupten und fest dabei bleiben müsse, die Leibesfrucht sei über dem beständigen Anschauen des Betthimmels schwarz geworden; und er müsse weiter gewichtige Gründe dafür beibringen, daß die

Einbildungskraft eine große Rolle in der Medizin spiele, kurz beweisen, daß sich im Leibe der Frau, die von ihrem Manne geschwängert sei, der Same verändert habe.

Die Zeit kam heran, und die Dame gebar Zwillinge, schwarz wie deren Erzeuger. Und der Arzt half ihr mit so tüchtigen Gründen aus der Patsche, daß der Gatte alles ruhig hinnahm. Der arme Neger aber hütete vier Monate lang das Bett, entkräftet und ausgesogen bis auf die Knochen. Als der Doktor auch an ihm seine Kunst versuchen wollte und sich erkundigte: »Was fehlt dir? Was schmerzt dich?« Da sagte der Kluge, da er nichts anderes wußte, nur: »Wenig Worte, Messer, wenig Worte.« Und so oft man ihn auch um seine Krankheit befragte, konnte er nichts anderes herausbringen als: »Für den Klugen genügen wenig Worte, Messer.« So wollte er andeuten, er müsse sterben, da er den Bogen allzu straff gespannt habe. Der Doktor aber glaubte, er wolle zu verstehen geben, daß ihm das Sprechen schade; und so ließ er ihn, weil er auch aus dem Urin erkannt hatte, daß das Übel völlig unheilbar sei, immer schlechter werden, befahl ihn Gott, und zog mit seinem Gelde ab.

Später wurde durch ihn die Geschichte im Lande bekannt und legte den Grund zu dem obigen Sprichworte, das viele Leute, ohne seinen Ursprung zu kennen, beiläufig und mißbräuchlich anwenden.

Begerine und ihr Galan Ente

Unter allen Frauenzimmer
In dem deutschen Elb-Athen
Wird des Nachts bei Sternenschimmer
Keine nicht gassaten gehn,
Als die geile Begerine,
Die Studenten-Violine.

Wenn dies Nachtlicht nun erscheinet,
Stellt sich bald die Lichtputz ein,
Die das Licht zu putzen meinet,
Ob es gleich von Fleisch und Bein,
Und da hält die arme Nille
Wie ein Lamm geduldig stille.

Fügt sich nun ihr Liebesglücke
Fragt sie nicht: wer, wie und wo,
Sie ist zwar vom Mittelstücke
Weit beschrien, doch ists nicht so,
Ihre Jungferschaft ist enge
In die Quer und in die Länge.

Possen! ihre Liebestasche
Ist mit nichten ausgedehnt,
Allenfalls hat sie die Flasche
Von Luisen schon entlehnt,
Deren Tropfen (helf mir lachen!)
Weite Jungfern enge machen.

Darum bleibet sie doch schöne;
Ob ihr gleich zum Zeitvertreib

Dann und wann die Musensöhne
Höckern auf den geilen Leib.
Sie lacht nur zu solchen Possen
Weil die meisten fehlgeschossen.

Tausendmal hat sie probieret,
Wie der Liebeshampelmann
Mit den Jungfern courtisieret,
Daß sie mehr erzählen kann
Von verliebten Necktarflüssen,
Als wohl manche Weiber wissen.

Dennoch bleib ich ihr gewogen,
Weil ich ihren Leibesseim
Und sie meinen eingesogen,
Welcher als wie Vogelleim
Mein Herz an ihr Herze klebet,
Das ihr ganz zu eigen lebet.

Nimmermehr kann unser Kater
Seiner Mieze günstig sein,
Und ich glaube, mein Herr Vater
Kann nicht so ein Gläschen Wein,
Kein Altweib die welke Rüben
Als ich Begerinen lieben.

Denk ich ihrer Liebes-Chosen,
Hüpft mir der Hopheisasa
In den erzverliebten Hosen,
Die ich von der Großmama
Ihrem roten Scharlachrocke
Machen ließ beim Ziegenbocke.

Ach du Fixstern meiner Seele
Laß mich durch den Tubus doch

Sehn in deine Leibeshöhle,
In das zuckersüße Loch,
Wo schon bei so jungen Jahren
Mancher aus- und ein gefahren.

Wenn du wüßtest, wie mich brennte
Deiner Augen heißer Strahl,
Ließest du die arme Ente,
Die so quäcket, gern einmal
Zu dir in dein Bette steigen
Und dich von Sankt Stephan geigen.

Nun ich stehe vor der Türe,
Laß mich Lumpenbettler ein,
Denn es warten ihrer Viere
Neben mir in heißer Pein,
Wirst du uns nicht Kühlung gönnen,
Müssen wir vor Glut verbrennen.

Sprich ein Wörtchen der Genaden
Öffne aus Barmherzigkeit
Den verschloßnen Fensterladen,
Höre wie die Ente schreit.
Laß mich in dein Zimmer steigen,
Ich will auch dein Leibstück geigen.

SHUZO TAKIGUCHI
Kuß auf das Absolute

Die Frau aus reiner Eingebung, die in einen Salon eindringt, der
von den Stäubchen der Kaskade im Innern meiner gold'nen
Fingernägel trieft. Es kümmert mich wenig, ob der geborstene
Diamant an ihrem Finger von einem unbekannten Jäger heim‚
gesucht wird oder nicht. Ihre Brüste, lot‚ und waagerecht
zugleich, sind von dem Kleidungsstück bedeckt, das auch eine
Waage ist. Daß im Wachsland großes Elend herrscht, davon
erzählt ihr hauchfein blau getönter Schnurrbart. Sie bewegt sich
völlig frei um die Linse des Rouges ihrer Lippen, das unablässig
die Zeit verbrennt. Geheimnis der Person. Empfindung der Zeit.
Oh, die Spuren der Zeit verändern plötzlich mein sechsflächiges
Zimmer, so als ob es schneite. Das Lichtbett ist aus dem Mar‚
derfell geboren, das auf ihre Schultern gleitet. Sie fällt in Ohn‚
macht und wird zum Ei! Das Spiel der Verwechslung von Meer
und Erde wird am Ende stufenweise näherrücken. Die trockenen
Sterne werden in den Tellern meines Frühstücks dröhnen. Das
Meerelement wird sich heimlich über die Bücherborde ergießen.
Bald wird das aus drei Geraden bestehende Meer in meiner hoh‚
len Hand galoppieren. Die Wesenheit ihres Leibes wandelt sich
wie Würfelaugen ständig von weiß zu violett und von violett zu
weiß. Ein Augenzwinkern genügt, und schon ist sie verwittert
wie eine Riesengottheit am Grunde des Meeres. Sie ist Hitze im
glühenden Windstoß oder besser: Stahl selbst im Stahl. Außer‚
dem singt sie ein geistliches Lied, sie ist eine Vogelart in der
Asche. Die Sterne des Meeres fließen in den Ausfluß einer
Hauptstadt im Innern ihrer selbst. Dieser Teil einer großen Wöl‚
bung in ihrem Körper ist ein Leviathan. Ihr ganzer Leib ist eine
mit Flammen geschriebene Letter, in die wie in ein ungepflügtes
Feld von Unterschieden ein Grab aus Quecksilber gesperrt ist. Er
ist ein endloser Wasserspiegel, der im hellen Tageslicht liegt, einem

Licht, das ebenso zwischen den Yin-Haaren strahlt wie zwischen den Wolken. Ihr Gewitter. Ihre Legende. Ihre Nahrung. Ihre Seidenstrümpfe. Ihre Eindeutigkeit. Ihre Sehkraft. Ihre Bedeutung. Ihre Augenzähne. Das Erscheinen von ungezählten Exempeln spielt in der unbefleckten Vitrine, die vom Himmel herabschwebt, ein Glücksspiel. Die irisierenden Funken der Corned-beef-Büchsen. Das Recht auf öffentliches Eigentum eines Spiegels aus Käse. Der erlesene Tod eines Damenhuts, der zu Funken zerstiebt. Eine Gruppe von Pantheons im täglichen Brot. Wenn die stürmischen Seelen tot sind, werden dann alle Substanzen, pralle Koffer mit sich schleppend, auf Reisen gehen? Wer könnte das schon sagen? Die purpurnen Sterne seines Samens sind von Unlöslichkeit befallen. Als der Wind in ihr grünes Kleid hineinfuhr (ich werde mich einmal an es erinnern wie an ein altes Wunder), war der Raum voll dunkelgrüner Blumen. Ihr Gedankengang hinterließ die Spuren des klaren Wetters auf meinen Lippen. Warum war er Liebe? Eine Unschuld ohne Namen zog jäh an meinen Fingern, als der Chinese von nebenan in einem Kleid mit blauem Kragen an meine Türe pochte. Alles war überschwemmt. Alles sang. Eine äußerste Freude strahlte bis zu den Meerleuchten hin, auf Resten von Tee, die verlassen auf der nie betretenen Erde lagen . . . Ohne Datum.

PAUL VERLAINE
Ouvertüre

Euch, o des Einen Gotts, ihr einz'gen Priesterinnen!
euch schon erblühten, euch noch knospenden, geprüften,
wie noch zu prüfenden, euch Huren, will ich dienen!
Und nirgends leben, als in eurer Reize Klüften!

Anbetungswürdig sind, die flinken, eure Füße,
die nur um Liebe gehn und kommen, nur verweilen
im Bett im Liebesspiel und schmeichlerischer Süße
des Liebsten Mattigkeit und schlaffe Unlust heilen;

Ich presse, küsse sie, ich lecke sanft der Sehnen
geschmeidig zartes Netz, ich sauge an den Zehen
und trink' der Sohlen Hauch, der duftenden, vor denen
die Götter plump und die Apostel langsam gehen.

Ich liebe euren Mund und seiner Anmut Spiele,
wenn Zunge, Mund und Zahn, mit Kuß und Biß nicht geizend
sich unsre Zunge — und gar oft noch schön're Ziele —
ersehn, — ein Spiel fast, wie das Stößchen selbst, so reizend.

Und eure Brüste! Stolz und Wollust atmend strahlen,
Zwei trotz'ge Burgen, sie, — und oft an ihrer Mauer, —
ein Eber im Parnaß und in des Pindus Talen, —
reibt sich mein Mannesstolz und wetzt zum Kampf die Hauer.

Und eure Arme! die so schön, so zart, so weiß sind,
so weich, und doch — wenn's Zeit — von Muskeln so sich hebend,
die in der Liebe heiß, und frisch hernach, wie Eis sind
und weiß, wie der Popo, und fast, wie er, so bebend!

Und eure Hände! Oh! wie lieb ich eure Hände!
Reich sind gesegnet sie vom Streicheln und vom Schmeicheln;
mit Inbrunst kosen sie und Sorgfalt ohne Ende,
hervorzulocken neu die scheu verhüllten Eicheln.

Doch was, o Huren, ist all dies vor euren Mösen
und Hintern, deren Bild und Duft und Kuß und Lachen,
die euch Geweihten, uns zum wahren Heil erlösen,
wahrhaft zu Engeln uns gefallne Engel machen!

Und darum, Schwestern ihr und mir Begleiterinnen,
ihr einzigen, euch Frau'n, wie Jungfrau'n, euch geprüften,
wie noch zu prüfenden, will euch allein ich dienen
und nirgends leben, als in eurer Reize Klüften!

CHARLES BAUDELAIRE
Die Juwelen

Die Liebste ruhte nackt; mit meinem Sinn vertraut
Mocht sie die klingenden Juwelen einzig tragen;
Im vollen Siegerschmuck auf ihrer dunklen Haut
Glich sie der Maurin an den höchsten Freudentagen.

Bei ihrem Tanz umfängt mit spöttischem Geklirr
Mich eine ganze Welt von Steinen und Metallen
Und stachelt mein Begehr; ich liebe das Gewirr
Von Klang und Licht, dem ich mit Leidenschaft verfallen.

Sie lag auf ihrem Bett, zum Liebesspiel bereit,
Und lächelnd blickte sie mit wohligem Gelüste
Auf mein Verlangen, wie das Meer so süß und weit,
Das an ihr aufstieg wie an steiler Felsenküste.

Gezähmtem Tiger gleich, den Blick mir zugewandt,
Versuchte träumerisch sie mancherlei Entfalten,
Aus ihrer Unschuld und aus ihrer Lust entstand
Ein neuer Reiz in stets verwandelten Gestalten;

Und ihre Hüften wie ihr Schenkel, Arm und Bein,
Wie Öl so spiegelnd, wie der Schwäne leises Schaukeln,
Sie zogen meinem Aug vorüber, froh und rein;
Ihr Leib und ihre Brust – des Weinbergs Früchte – gaukeln

Verführerischer noch als böser Engel Schar,
Um meine Seele zu verwirren, ihren Frieden,
Und stürzten sie vom Fels, der wie Kristall so klar,
Wo sie mit Stille sich und Einsamkeit beschieden.

Mir war es fast, als glich durch neuer Künste Sieg
Der Antiope Leib dem Torso des Epheben,
Weil aus dem Becken kühn und leicht die Hüfte stieg;
Die braungeschminkte Haut: Triumph und strahlend Leben!

– Und als die Lampe zu ersterben dann bereit
Und nur noch der Kamin den dunklen Raum erleuchtet,
Da war, wann aus der Glut ein Seufzer sich befreit,
Die ambrafarbne Haut mit rotem Blut gefeuchtet!

Die Flördeliese

Unter Blumen auf der Wiese,
ei, wie schlägt ihr Herz den Takt,
unter Blumen auf der Wiese,
liegt die schöne Flördeliese,
auf der Wiese,
splitternackt.

Über den Bachrand zwischen den Weiden
hängen die abgestreiften Seiden
und, wie ein Veilchen, aus ihrem Haar
blickt hier ein blaues Pantöffelchen gar.

Scheint die Sonne, weht der Wind,
lauter Dummheit träumt das Kind:

Gott, wo ist er nur geblieben,
Gummibusen Nummer Sieben?
Seh ich wirklich? Seh ich recht?
Alles echt!

Diese Schultern zart und rund,
liebt der Prinz von Trapezunt.
Diese Arme, weiß und fein,
sind gedreht aus Elfenbein.
Merkt er drunter die beiden Mäuschen,
gleich ist der Schlingel wie aus dem Häuschen
stuppst mich, packt mich, kriegt mich her,
als ob ich aus lauter Gußeisen wär.
Darf mich wirklich kaum noch recken,
muß die Kleinchen ganz verstecken,

wenn ich abends vorm Spiegel steh,
oder meine Haar zum Knoten dreh.
Willst du wohl? Wirst du? Nicht so dicht ran!
Und ich wehr mich, so gut ich kann.
Na? Wird's bald? Nicht doch! Ich beiß sonst zu!
Siehst du, du oller Ruppsack du?
Doch das Entzückendste für mein Schätzchen
ist dieses Kätzchen!

Ach, mein ganzes Herz geht auf,
scheint die liebe Sonne drauf!

Kuck, was hat bloß das Gesellchen
für ein süßes blondes Fellchen,
ohne Höschen, ohne Röckchen,
nein, wie lieb sind seine Löckchen,
eins, zwei, drei, vier, fünf, sechs, sieben,
wie sie zierlich sich verschieben,
flimmernde, goldigste Dingelchen,
lauter kleine Kringelchen!

Laß ich Dummchen sie mal sehn,
Gott, das kann ja mal geschehn,
Bloß ich schäm mich, es zu sagen,
gehts mir gleich an Kopf und Kragen,
huh, der Tollpatsch, huh, der Bär.
hilft kein Schrein, kein Zappeln mehr!
Und wie verliebt erst ist das Bübchen
in dieses Grübchen! . . .

Ach, er ist ein so herziger Bengel!
Ich bin sein Pläsierfisch, ich bin sein Engel.
Ich bin sein Goldkäferchen, sein grüner Schuh,
sein kleines Täubchen Turlutu.
Über meine Brust kein Äderchen rennt,

das er nicht hundertmal, tausendmal kennt,
das kleinste Härchen auf meinem Leib
ist ihm der himmlischste Zeitvertreib!

Gestern hat er wie verrückt
mir einen Kuß aufs Knie gedrückt;
warf sich dann über mich zwischen die Kissen,
Himmel, Hilfe, und hat mich gebissen!
Stöhnend wand ich mich – o du Mann –
durch mein Blut ein Feuer rann.
Über diese runden, runden Dinger
zitterten selig seine Finger,
über diesen weißen, weißen Samt
haben seine stammelnden Lippen geflammt.
Ich war so erschreckt, ich war so froh,
seine langen blonden Schnurrbarthaare kitzelten so.
Jubelnd spürt ich seine Zunge,
Junge!!

Nein! Was doch so ein Tollkopf nicht alles macht!
Herr, Gott, hab ich dann gelacht!

Ob ich ihm böse war? Hm, ja Kuchen.
So ein Mädel kann er suchen.
So ein Mädel, so wie mich,
so ein Mädel find't er nich.

Wiegt mich erst in den Armen wer,
kennt mein Herz kein Erbarmen mehr.
Um den Zitternden, um den Bangen,
ringelt es selig seine Schlangen,
ringt ihn sich, zwingt ihn sich in den Schoß,
zittert und zuckt und läßt nicht mehr los,
und nicht eher bin ich besiegt,
als bis er tot und auf mir liegt.

Dort der Himmel, hier das Moos,
ach, ich wollt, ich hätt' ihn bloß! –
Scheint die Sonne, weht der Wind,
lauter Dummheit träumt das Kind.
Drückt die Augen zu, kichert »wenn er das wüßte«
und bewirft sich mit Schlüsselblumen die Brüste.

Ohne Hemd und ohne Strümpfe,
ei, wie schlägt mein Herz den Takt,
ohne Hemd und ohne Strümpfe,
Bin ich nicht die schönste Nymphe,
ohne Strümpfe,
splitternackt?

CH. HOFMANN VON HOFMANNSWALDAU
An Lauretten

Laurette bleibstu ewig stein?
Soll forthin unverknüpffet seyn
Dein englisch⸍seyn und dein erbarmen?
Komm / komm / und öffne deinen schooß
Und laß uns beyde nackt und bloß
Umgeben seyn mit geist und armen.

Laß mich auff deiner schwanen⸍brust
Die offt⸍versagte liebes⸍lust
Hier zwischen furcht und scham geniessen.
Und laß mich tausend tausendmahl /
Nach deiner güldnen haare zahl /
Die geister⸍reichen lippen küssen.

Laß mich den ausbund deiner pracht /
Der sammt und rosen nichtig macht /
Mit meiner schlechten haut bedecken;
Und wenn du deine lenden rührst /
Und deinen schooß gen himmel führst /
Sich zucker⸍süsse lust erwecken.

Und solte durch die heisse brunst /
Und deine hohe gegen⸍gunst
Mir auch die seele gleich entfliessen.
So ist dein zarter leib die bahr /
Die seele wird drey viertel jahr
Dein himmels⸍rundter bauch umschliessen.

Und wer alsdann nach meiner zeit
Zu lieben dich wird seyn bereit /

Und hören wird / wie ich gestorben /
Wird sagen: Wer also verdirbt /
Und in dem zarten schooße stirbt /
Hat einen sanfften tod erworben.

Brenda — Wachtraum und Traum

Was Du mir vorgeschlagen hast, ist so verwegen, daß ich mir nicht sicher bin, ob ich zu tun vermag, worum Du mich gebeten hast. Seit ich Dich kenne, hast Du meine Gedanken fortwährend in Anspruch genommen. In meiner Phantasie habe ich alles mögliche mit Dir angestellt. Ich hatte und habe aber auch den festen Vorsatz, Dich nicht vor den Kopf zu stoßen. Zugleich spüre ich durch Deine Briefe, daß ich es wagen darf, viel mehr zu tun und zu sagen, als ich tatsächlich tue. Dein Körper an sich ist eine Aufforderung, alles zu tun.

Die Szene, die mir vor Augen steht, wiederholt sich oft. Ich bin bei Dir zu Hause und betrachte Deine Bilder. Du gibst mir gleich etwas zu trinken. Der Drink steigt uns zu Kopf. Du trägst einen sehr dünnen, durchscheinenden Rock. Vom Nabel aufwärts hast Du gar nichts an. Deine Brüste sind herrlich. Du hast die Statur einer Tänzerin. (Irgend etwas von Degas.) Deine Beine sind kräftig und schön. Ganz plötzlich stürze ich mich auf Dich und hebe Deinen Rock hoch. Unter dem Rock bist Du vollkommen nackt. Deine kleine Möse mit dem üppigen schwarzen Haar läßt mich im Nu steif werden. Ich schiebe meine Hand zwischen Deine Schenkel und merke, daß Du schon feucht bist. Du scheinst sehr erregt, zu allem bereit. Das ist nicht verwunderlich. Ich kenne Dich seit Jahrhunderten; was ich damit sagen will, ist, wir kennen uns von früheren Inkarnationen her. Schon viele Male waren wir ein Liebespaar. Manchmal warst Du eine Prostituierte im Tempel — in Indien, in Ägypten und in anderen Ländern. Du bist immer ein Freudenmädchen, aber immer religiös. Deine Religion hieß immer »Sex« — genau wie bei den Tantra-Anhängern im heutigen Indien. Du unterweist die Jugendlichen, Männer wie Frauen. Für Dich geht es dabei um Kunst. Darum scheinst Du nun zur Expertin gereift zu sein.

Ohne auch nur im mindesten rot zu werden, berührst Du Deine Möse mit der Rechten. Dann ... öffnest Du mit zwei Fingern jeder Hand den Spalt zwischen Deinen Beinen und zeigst mir die zarten Lippen, die wie Vögelchen zittern. Der Saft fließt reich- lich; Deine Schenkel glänzen.

Ohne ein Wort zu sagen, langst Du mir in die Hose und umfaßt meine Flöte (oder den Hobel, wenn Dir das lieber ist). Deine Hände, die so stark sind und dabei doch so gefühlvoll, spielen damit, als wäre er ein Musikinstrument. Du bist geil und unwi- derstehlich. Ich will gleich »spielen«, vor allem, als Du mir die Zunge in den Mund steckst. Und dann beginnt Dein Mund sacht meinen Schwanz zu lutschen. Es fällt mir schwer, aufrecht stehenzubleiben. Zum Glück ist die Couch auf Deiner Seite. Wir fallen zusammen darauf nieder, Mund auf Mund und Schwanz auf Möse. Ich bin noch nicht in Dich eingedrungen. Wie warm Du bist! Du küßt mich überallhin. Ich will Dich küssen. Du bist vollkommen bereit. Du drückst auf meinen Schwanz und schiebst ihn Dir zwischen die Beine. Sanft, ja langsam schlüpfe ich rein. Deine Vagina ist köstlich geformt. Sie ist eng und tief. Du hältst mich, wie man einen Finger halten würde. Natürlich kann ich mich nicht länger zurückhalten. Ich komme – und Du auch – wir beide gleichzeitig.

Wir bleiben eine Weile so, ineinander verschlungen wie zwei Schlangen. Ich will mich losmachen, aber Du läßt es nicht zu. Mit kräftigen Muskeln hältst Du mich fest. Nach einer Weile spüre ich Bewegung in Dir drin. Nach und nach beginne ich anzuschwellen. Jetzt hebst Du die Beine und legst sie mir über die Schultern. Du bist ganz und gar offen und feucht. Du kommst ohne Unterlaß. Dein Blick ist zur Decke hinaufgerichtet. Du bittest mich weiterzumachen, mehr zu tun. Du sagst (auf Eng- lisch): »Fick mich, Henry, fick mich! Stoß ihn rein bis ans Heft. Ich bin so geil.« Es geschieht zum erstenmal, daß Du mir ge- genüber solche Ausdrücke gebrauchst. Das macht mich ganz wild. »Gott gebe mir die Kraft, die Stärke«, sage ich im stillen, »und ich will Dich küssen ohne Ende.«

Vergiß nicht, daß ich Dir einen Wachtraum erzähle. Ich verstehe nicht, woher mir die Kraft kommt, Dir solange Lust zu verschaffen.

Du bist unersättlich. Du machst alle möglichen Bewegungen, manchmal auch Gesten, die völlig ekstatisch sind und obszön. Du bist außer Rand und Band. Du bist ganz und gar Sex und nichts anderes. Weil Du weißt, daß Du mich töten könntest, machst Du Dich los von mir, damit ich atmen kann. Aber Du hörst nicht auf zu schmusen, vor allem mit Deiner Zunge. Und Dein Körper fährt fort, über mir zu zucken und zu wogen. Du küßt mich wie eine Wahnsinnige.

Et puis quoi? Quelle position? C'est moi qui propose que nous faisons l'amour comme les chiens . . .

*

Wie schon in ähnlichen, früheren Szenen spielt sich das, was hier geschieht, vor den Augen der Öffentlichkeit ab, wenn auch nicht absichtlich. Wie in dem erotischen japanischen Film, *Das Reich der Sinne*, ergreifst *Du* die Initiative.

Aus irgendeinem Grund sind wir in der Halle eines Grandhotels, als das Verlangen über Dich kommt. Du sagst: »Machen wir's gleich hier!« Spontan, einfach so. Ich scheine verblüfft, vielleicht weil ich mir eher bewußt bin, wo wir uns in Zeit und Raum befinden. Allerdings nicht zu sehr, da bei diesen intimen Begegnungen immer nur Du und ich auf der Welt sind – gleichgültig, wie viele Leute um uns herumwandern. Vermutlich ein Sinnbild unserer großen Leidenschaft füreinander – wir können die Welt aussperren.

Jedenfalls hast Du es im Nu geschafft, uns zu einer auffälligen und majestätisch wirkenden Couch mitten in der Halle zu manövrieren. Ehe ich auch nur den geringsten Einwand erheben kann, hast Du mir den Hosenschlitz aufgemacht und hältst meinen Penis in der Hand. Er ist voll erigiert – herrliches Gefühl. Ebenso geschwind hebst Du Deinen Rock, entblößt Dich vollständig, und wir stürzen auf die Couch nieder. Wie ich eben in

Dich eindringen will, fällt mir ein, daß Du Dir erst vor kurzem diese Kupferspirale hast ziehen lassen. (Ich frage mich, ob Du weißt, was Du tust, oder ob Du, wie nach jenem sprichwörtlichen Glas Champagner, gar nicht anders kannst.)

So leicht und reibungslos dringe ich in Dich ein, daß es fast unwirklich ist. Ich versuche, Dein Gesicht zu sehen. Deinen Ausdruck zu erkennen. Aber genau wie wenn ich in meinem Bett liege und unser Foto ohne Brille betrachte, kann ich nur schwach die Konturen Deines Antlitzes ausmachen. Wie dem auch sei, ich bin auf Anhieb überzeugt, daß Du es so haben willst, daß Du Dir Deines Tuns bewußt bist. Und das steigert nur die Ekstase, die uns gepackt hat. Ich muß unwillkürlich an all die negativen Reaktionen denken, die Du an den Tag gelegt hast, und nun diese vollkommene, bedingungslose Hingabe. Du windest Dich wie ein Aal, flüsterst mir leise ins Ohr: »Mach's mir, Henry, mach's mir!« Und ich gebe mein Bestes, wobei mich Deine Bereitschaft mehr erstaunt als meine unerwartete Potenz. Deine Möse ist übrigens genauso, wie ich sie mir immer vorgestellt habe. Eine »entgegenkommende« Möse, wenn Du verstehst, was ich meine.

Mitten in unserem heimlichen Vergnügen spüre ich einen unsanften Ruck an der Schulter, und eine barsche Stimme ruft: »Was zum Teufel machen Sie denn da? Was glauben Sie wohl, wo Sie sind?« Und damit zerrt der Kerl mich hoch; mein Penis baumelt aus dem Hosenschlitz, und ein paar Tropfen Sperma fallen auf den Plüsch.

Dann wendet er sich an Dich. Du hast Deinen Rock runtergezogen. Aber Du siehst ganz geknickt aus. »Junge Dame«, fängt er an, »ich frage mich, ob Sie wissen, was Sie treiben oder wo Sie sich befinden . . .«

Du unterbrichst ihn mit den Worten: »Ich bitte tausendmal um Entschuldigung, Sir, aber ich habe völlig vergessen, wo ich war oder was ich tat.«

»So, einfach vergessen, wie?« sagt der Manager. »Was *sind* Sie denn eigentlich — etwa Schauspielerin?«

»Erraten!« antwortest Du. »Sehen Sie, ich habe die schlechte Angewohnheit, bisweilen meinen Text zu vergessen. Grade eben habe ich eine imaginäre Szene aus *Sturmhöhe* gespielt.«

Jetzt fangen die Neugierigen, die sich um uns versammelt haben, an zu kichern. Ein paar klatschen Beifall. Einer ruft: »Bravo!« Das scheint Dir die Fassung wiederzugeben. Du ergreifst mit beiden Händen meinen Arm und führst uns beide zur Tür. Leise flüsterst Du mir zu: »Diese verdammten Idioten! Die würden eine gute schauspielerische Leistung nicht mal erkennen, wenn man sie ihnen direkt vor die Nase setzte.« Du drückst mich ein wenig und fügst hinzu: »Komm Henry, laß uns irgendwohin gehen und in Ruhe was miteinander trinken. Du warst phantastisch, weißt du das?«

Finis

JACK KEROUAC
Traum

MADELEINE UND ICH sind im Apartment vom alten
James Watson, ich sitze in der Ecke auf der Couch, plötzlich
schau ich hoch und sie hat all ihre Kleider ausgezogen, hat einen
perfekten kleinen Körper, wie eine Sanduhr geformt, und eine
schwarze italienische Votze und ich reiß sie auf den Boden und
leg sofort los, Augen geschlossen, Ellbogen an jeder Seite von
ihren Rippen, ich stoß in eine elastische fremdartige Büchse, die
sich dehnt, als würd mein Schwanz in einer Pyjamahose stecken
und rauswollen, was auch tatsächlich der Fall war – (als ich
aufwachte) – und Madeleine tat nichts anderes als munter und
kleinmädchenhaft zu *reden*, während ich wortlos schuftete – In
Montreal träumte ich was und erwachte, höhnisch gegen die
Decke starrend – über die »Täuschung des Weiblichen« – mit der
Hand abscheuliche Gesten machend in dem leeren Loch des
roten Zimmers im St. Catherine Bordell – Auch andere, jetzt
vergessene Alpträume über Suff – und kein Montreal mit Parks
und durchgehenden Pferden – wie fremd die Wirklichkeit der
freudlosen endlosen Welt ohne Ziel oder Bedeutung oder Inhalt
und der süße kleine See des Geistes[.]

JACQUES PRÉVERT
Blutorange

Der Reißverschluß ist über deine Hüften hingeglitten
das Glücksgewitter deines liebesdurst'gen Leibes
mit seiner schönen Schattenmitte
ist plötzlich ausgebrochen
Und als dein Kleid auf das gebohnerte Parkett
herabfiel hat es nicht mehr Lärm gemacht
wie wenn ein Stück Orangenschale auf den Teppich fällt
Doch unter unsern Füßen krachten
die kleinen Knöpfe aus Perlmutt wie Kerne
Blutorange
schöne Frucht
die Spitze deiner Brust
hat eine neue Linie des Glücks
ins Innre meiner Hand gezogen
Blutorange
schöne Frucht

Sonne der Nacht.

JOHANN CHRISTOPH ROST
Die schöne Nacht

Erhitzter Jüngling höre du
Mir jetzt mit deinem Liebchen zu!
Wie? soll mich niemand weiter hören?
Ihr alten Buhler, die, wer Mitleid fühlt beklagt,
Wenn euch zum Opfer von Cytheren
Die frostige Natur den besten Dienst versagt,
Auch ihr hört zu, denn ich will dichten,
Die Schwachen männlich aufzurichten.
Ihr jungen Weiber horcht, denn euch steht mehr noch frei;
Ihr alten auch, doch seufzet stets dabei,
Daß ihr nicht mehr erfahrt, was ihr in jungen Jahren,
Vielleicht genug, vielleicht auch nicht genug erfahren.
Ihr, schöne Mädchen, fliehet nicht;
Wenn's gleich der Vater sagt, wenn's gleich die Mutter spricht,
Der Eltern Neid will nicht, daß ihr den Ursprung wisset,
Wie jeder Mensch aus Lust zur Lust entspriesset.
Die süße Nacht brach ein, auf die seit langer Zeit
Sich Julius geschont, sich Mathildis gefreut,
Die sehnlichst oft begehrte Nacht,
Die Mann und Weib und Kinder macht;
In der trotz züchtigen und kläglichen Gebehrden,
Die Mädchen erst entzückt und dann entjungfert werden.
Die Nacht, in der sich mit der Eltern Segen,
Die Töchter froh zu dem Geliebten legen.
Die gute Mutter gab jetzt den Gesetzen nach,
Sie leuchtete voran bis in das Schlafgemach.
Die letzte Tyranei noch liebreich auszuüben,
Befahl sie ihrer Mathildis,
Die schon mit Sittsamkeit die Kleider von sich schmieß,
Durch Wiederspänstigkeit den Mann nicht zu betrüben,

Drauf drückte sie die Schlösser selber ab,
Schloß wünschend noch die Thüre zu,
Vor der sie zu des muntern Paares Ruh,
Durch's Schlüsselloch den letzten Segen gab,
Und ließ, ihr Mütter laßt es euch erbarmen!
Ihr Kind, ihr einzig Kind, in wilden Männer-Armen.

Was machte Julius mit seiner Mathildis?
Zum Weibe macht er sie, dies wißt ihr schon gewiß,
Und wenn ich hier nichts mehr zu sagen hätte,
So sagt' ich, er und sie, sie legten sich zu Bette;
Allein, er hatte längst die Wollust ausstudiert;
Aus kluger Zauderei, bei der man nichts verliert,
Wollt' er nicht übereilt zur schönsten Handlung schreiten,
Nein, erst durch ein verliebtes Spiel,
Bevor er brünstig auf die schönste Beute fiel;
Wollt' er sie schöner noch zur Hochzeitslust bereiten!
Hier stellet euch ein halb entkleidet Mädchen vor,
Das mit den Augen sich im Bette schon verlohr,
Den Busen halb entblößt, halb eingeschnürt verwahrte,
Und schalkhaft für die Männerhand
Der Schnürbrust harten Widerstand
Zu kitzelnder Entkleidung sparte.
Hier war, o könnt' es doch gescheh'n,
Den Anblick noch einmal zu seh'n!
Damit ich euch recht abzuschildern wüßte,
Ihr' nur zum Reiz verdekten Brüste!
Hier war der Becher voller Lüste
Gefüllt, wie Evan oft den Freudenbecher häuft,
Der schäumend voll, dennoch nicht überläuft.
Ein dünnes Röckchen, das den kleinen Bauch umfing,
Um den es mehr zur Lust, als zur Bekleidung hing,
Das kaum verbarg, was es bedekte,
Zugleich verrieth und auch versteckte,
Kurz: Liebe, Reiz und Recht und Nacht − −

Wozu wird nicht dadurch ein Julius gebracht?
Klug und beglükt ist, der es auch so macht!
Jetzt küßt er sie und küßt sie länger,
Als kurz vorher. Ein sanfter Biß
Macht im voraus der schönen Mathildis
Schon alles, was sie wünscht, gewiß.
Jetzt wird ihr um den Busen enger;
Jetzt macht ihr selbst der Lüste Hoffnung bänger,
Jetzt wehrt sie sich; jetzt stellt sie sich auf einmal strenger,
Doch weil er ihr nicht Zeit zu denken lassen muß,
So gibt er ihr entzündet Kuß auf Kuß!
Und küssend fäng er an, dürft ich die Hand ihm führen!
Den Leib, den schönsten Leib, begierig aufzuschnüren,
Nur noch ein Knoten hält den Lauf
Verweg'ner Männerfinger auf.
Ein Knoten, den vielleicht der Mutter List erdachte,
Ein Knoten, den vielleicht der Mutter Neid verlachte.
Gewalt war hier der beste Rath,
Drum riß auch Julius, ein zweiter Alexander,
Ich selber thäte, was er that,
Den Senkel gleich entzwei, die Schnürbrust von einander.
Kurz, er empfing mit holer Hand,
Die kitzelnd sich noch tiefer wand,
Den Busen, der sich schwellend theilte,
Und hüpfend ihm entgegen eilte.
Wie emsig ward die weiße Brust durchwühlt,
Wie oft geküßt, wie oft befühlt. –
Jetzt sah Mathildis die eine Hand verschwinden,
Vielleicht das Rökchen aufzubinden;
Noch nicht. Im Augenblick war,
Zu ihrer größten Lust der Irrtum offenbar;
Diesmal blieb es unaufgebunden.
Denn bei dem Bande selbst war seine Hand verschwunden,
Verschwunden? Wie? Ihr Schönen bleibt in Ruh,
Es ging auch hier natürlich zu.

Weg war die Hand, das heißt sie war nicht mehr zu sehen,
Was im Geheim mit ihr geschehen,
Das sag' ich nicht: doch wenn ihr schärfer fragt,
So wißt: es war, was man viel lieber thut, als sagt,
Was ihr viel lieber fühlt, als davon reden höret,
Was auch die Keuschesten empöret.
Das leichte Rökchen fiel herab,
Und weil er seiner Hand die größte Freiheit gab,
So schmiegte sie sich bald an Brust und Halse fort,
Bald gaukelte sie spielend um den Ort,
Den wir stets in Gedanken meinen,
So oft wir einer Schönen Hand
Aus Ehrfurcht anzurühren scheinen,
Den schönsten Ort, den je ein Zärtlicher gekannt,
Der Lieb' und Menschheit Vaterland,
Nach welchem wir uns oft in aller Stille sehnen,
Wenn wir die schweren Glieder dehnen.
Seht, wie jetzt Julius berauscht,
Mit off'nem und erhitztem Munde,
An seiner Schönen Busen lauscht,
Gebt Acht, nun ist sie zimlich nah,
Nun kommt sie gleich, nun ist sie da,
Die süsseste, die schönste Stunde!
– Jetzt reißt sich Mathildis aus seinen Armen los,
Jetzt springt sie auf, verläßt den buhlerischen Schooß,
Sie eilt, sie flieht, jedoch nicht zu entflieh'n,
Sie eilt, sich länger nicht der Wollust zu entzieh'n!
Verschmachtet fällt sie dort auf's weiche Lager nieder,
Er folgt, er kommt, er küßt die allerschönsten Glieder;
Betrachtet sie und küßt sie wieder.
Jetzt sinkt er nach; die Schöne zieht ihn hin;
Sie hält den heißen Arm mit Kraft um ihn geschlungen.
Nun spricht die stumme Rednerin,
Die Wollust durch die That: die Lippen und die Zungen
Hat Liebe hier zum Küssen nur gedungen.

Ihr Mädchen horcht! Die Schöne seufzt und ächzt,
Der Jüngling glüht und kämpft und lechzt;
Nichts hält ihn auf, er folget nur,
Die ihn schon längst geruft, der Stimme der Natur! –
Und – doch ihr Schönen wollt, man soll euch alles sagen! –
Die mehr noch wissen will,
Die zwinge sich und schweige still,
Sie kann ja doch den Dichter heimlich fragen.

JOHANNES SECUNDUS
Der fünfte Kuß

Während du mich hier und hier drückst und festhältst mit deinen
weichen Liebkosungen und dich über mich beugst mit deiner
ganzen Brust und deinem Hals und deinem glatten Gesicht,
Neaera, und deine Schultern senkst und deine Lippen auf meine
drückst, und während ich dich beiße und du mich beißt und
wieder stöhnst und deine flinke Zunge hier und dorthin schießen
läßt und meine Zunge hier und dort aussaugst, bis es weh tut, und
den weichen, feuchten Atem deiner süßen Seele in mich hauchst,
um mein armes Leben zu füllen, Neaera, und während du meine
Seele austrinkst, die fällt und brennt und in den großen Dämpfen
der Liebe kocht, im Kessel meiner ungestümen Brust, spielst du
mit meinen Flammen, Neaera, und mit dem Keuchen meiner
atemleeren Brust; freudiger Atem meines eigenen Begehrens!
Dann sage ich: »Die Liebe ist der Gott der Götter, und kein Gott
ist größer als sie. Und sollte es wirklich jemanden geben, der
größer als die Liebe ist, dann bist nur du es, du Neaera; für mich
bist du größer als die Liebe.«

Nuna-kaha-hime antwortet der Werbung Ya-chi-hokos

Wenn hinter den grünen Bergen
Die Sonne untergeht,
In der wie die Nuba-Frucht (schwarzen)
Nacht werde ich hervorkommen.
Wenn wie die Morgensonne
Lächelnd und strahlend Du kommst,
Dann (sollen Deine) Arme, die weiß sind,
Die Seile aus Papiermaulbeerbaumrinde,
(Meine) wie schmelzender Schnee
Weiche Brust
Sanft klopfen;
Und (uns gegenseitig) klopfend und uns umschlingend,
Und Juwelen-Arme,
Die wahrhaften Juwelen-Arme
Ausstreckend und (gegenseitig) zum Kopfkissen machend,
Wollen wir (mit einander) schlafen
Mit ausgestreckten Beinen.
Sprich mir nicht von Liebesehnsucht
Allzusehr
Du Hoheit, Gott
Der achttausend Speere!
Die Erzählung auch
Von der Sache
Diese!

Deine Hände wühlten . . .

Deine Hände wühlten an meinem halbentblößten Busen
Blonde Locken windend
Brustwarzen zwickend
Meine Adern zum Knirschen bringend
Mein Blut gerinnen lassend
Deine Zunge war dick vor Haß in meinem Mund
Deine Hand hat meine Wange mit Wollust gezeichnet
Deine Zähne kritzelten Flüche auf meinen Rücken
Das Mark meiner Knochen troff zwischen meinen Beinen herab
Und das Auto raste über die stolze Straße hin
Beim Vorüberfahren meine Familie überrollend.

SAPPHO
Zwei Fragmente

(wieder) erschütterte mir das Herz
Eros, so wie der Wind in die Eichen des Berges fällt.

Und wieder mich Eros, der gliederlösende, beugt und biegt
das süßbittere, rettungslose Untier.

■ JOHANN VON BESSER ■
Ruhestatt der Liebe
oder die Schoß der Geliebten

Sic igitur Carmen, recta si mente legatus
constabit nulli posse nocere neum.
Ovid, 2. Trist. v. 275

Bei diesen brennenden und schwülen Sommer-Tagen,
Liess Cloris jüngstens sich in einen Garten tragen,
Kurz nach der Mittagszeit, zu suchen eine Kluft
Von kühler Witterung und schattenreicher Luft.
Sie setzte sich sofort bei einem Baume nieder,
Und streckte bald darauf die anmutsvollen Glieder,
Ermüdet und erhitzt, ins frische Gras hinein,
Und schlief darin versenkt, im ersten Schlummer ein.
Ihr Alabasterleib war nur mit Flohr bekleidet,
Und weilen man den Zwang nicht bei der Hitze leidet,
Ward in dem grünen Klee die blosse Brust gespürt,
So Cloris eben sich zum Schlafen aufgeschnürt.
Der sanfte Westen-Wind, bereit sie abzukühlen,
Liess seinen Odem gleich auf diese Wellen spielen,
Und bliess mit stillem Hauch, bey ihrer süssen Ruh,
Ihr aus der floren Hand die weichsten Blumen zu.
Es wiegte gleichsam sie sein angenehmes Weben;
Doch, als er sich bemüht, den leichten Rock zu heben,
Riss endlich unversehns von der gestreckten Schoss
Der vorgeschürzte Flohr mit seinem Gürtel los.
Hilf Himmel, welcher Schmuck! was süsse Wunderwerke!
Der Schönheit grösste Pracht mit aller ihrer Stärke,
Der Liebe Paradies ward hier uns aufgedeckt,
Das, uns zur Sicherheit, sich uns bisher versteckt.
Das Liebste, das man kennt, und doch sich scheut zu nennen,
Weil auch das blosse Wort uns schon vermag zu brennen,

War hier insonderheit ganz ungewöhnlich schön,
Und liess sich auch, vor Stoltz, hoch aufgebrüstet sehn.
Es lag wie ein Castel, von Marmor aufgeführet,
In einem Liljen-Thal, den seine Gegend zieret:
Dess Eingang von Rubin, und ganze Lagerstat
Nichts als ein Schattenwerk von Myrten um sich hat.
Es sah, von vorne zu (hier fehlt der beste Pinsel),
Als wie ein Grotten-Haus, wie jene Morgen-Insel,
Wo die Glückseligkeit den Tag zuerst beschaut,
Und wo die Nachtigall in lauter Rosen baut.
Die zwo von Helffenbein so rund gewölbten Hüffte
Verdeckten diesen Sitz, als ein paar gleiche Klüffte;
Durch deren Schutz kein Sturm auf das Gestade streicht,
Und dieses Lust-Revier dem steten Sommer gleicht.
Kein Apffel kann so frisch sich an den Stengel halten,
Kein Purpur-Pfirsig ist so sanft und zart gespalten,
Kein kleiner Raum der Welt hat so viel Überfluss;
Als in der Cloris Schoss der weisse Nabel-Schluss.
Die Sonne selbst, verliebt in so viel Zierlichkeiten,
Vergass, dem Ansehn nach, im Laufe fortzuschreiten,
Und drung sich durch das Laub, mit Hülffe von dem West.
Die Vögel hielten es für ein geblümtes Nest,
Die Brunnen wollten sich durch diesen Garten winden,
Die Blumen glaubten hier ihr Blumenfeld zu finden,
Die Nymphen waren selbst wie halb darin vernarrt,
Und Zephyr küsst es kaum, so fand er sich erstarrt. –
Der treue Celadon, dem sie zuvor entwichen,
War ihr ganz unvermerkt von Ferne nachgeschlichen,
Und ward des schönen Blicks so zeitig nicht gewahr,
Als er zugleich empfand die schlüpfrige Gefahr.
Die Liebe hiess ihn erst zwar seine Cloris ehren;
Doch wolte sie ihm auch, als Liebe, nichts verwehren.
Und wie sie uns entzückt zu dem Geliebten trägt,
Hat selbst sie seine Hand an Cloris Leib gelegt.
Er zuckt, und bebete, wie leichte Feder-Flocken;

So sehr er es verlangt, so war er doch erschrocken;
Er tapte wie ein Mensch bei dicker Finsterniss,
Und wagte nicht die Hand, wohin sie doch sich riss.
Was half ihm alle Furcht vor dem geliebten Weibe?
Die Finger glitten aus von dem polierten Leibe,
Und rollten mit Gewalt zu dem erwünschten Plan,
Den eben Zephyr hier den Augen aufgetan.
Du armer Celadon, wie wurdest du betrogen!
Du wärest fast von Glut und Flammen aufgeflogen,
Wo du der Finger Brand zu kühlen hingesetzt,
Und was du aus der Form, für einen Sprung geschätzt.
Du fühltest zwar nur Sammt, und lauter weiche Seide,
Du hattest in der Hand den Brunnquell aller Freude,
Wo die Ergötzlichkeit von Milch und Honig rinnt,
Doch dessen sanffte Flut mehr als der Schwefel zündt.
Es war der kleine Brunn die funken⁄reiche Stelle,
Wo Etna Feuer holt: die Wundervolle⁄Quelle,
Wo Hecklens Flammen⁄Fluss aus Schnee⁄Gebürgen quillt.
Und der dem Celadon die Adern angefüllt.
Er wusste nicht, was er vor Hitze solt beginnen:
Er fieng wie weiches Wachs vor Ohnmacht an zu sinnen:
Und hätt' ich weiss nicht was vor Raserei vollbracht,
Wenn Cloris nicht davon zum Unglück aufgewacht.
Sie stiess, noch voller Schlafs, mit ihren beiden Händen,
Den fremd und kühnen Gast, vor ihren weissen Lenden,
Der ihre zarte Schoss durchwühlet und verheert,
Und sprach, als sie ihn sah: du bist des Stranges wert,
Hilf Himmel, was ist das! Hast du den Witz verlohren,
Ist diss die stete Treu, die du mir zugeschworen?
Hast du der Cloris Zorn so wenig denn gescheut:
Das du auch freventlich ihr Heiligtum entweiht?
Dass du! welch eine Tat! – Sie konnte nicht mehr sprechen,
Und wollte sich an ihm mit ihren Thränen rächen.
Sie sprang mit Ungestüm von ihrem Lager auf,
Und eilt' aus seinem Arm, durch einen strengen Lauff.

Alleine Celadon fiel gleich zu ihren Füssen,
Und wusste selbige so fest an sich zu schliessen:
Dass sie, was sie auch tat, bei ihm darnieder sank,
Und er sie zum Gehör nach vieler Klage zwang.
Er lag, sie haltende, vor den erzürnten Knien,
Und sprach: Mein Fehler wird zu gross von dir beschrien.
Ich litte durch den Brand, der meine Seele plagt,
Durch jene Demmerung, die um dein Auge tagt,
Durch deine keusche Schoss, durch deine reinen Brüste,
Durch die von beyden mir noch unbekannten Lüste,
Durch deine schöne Hand, die mich jetzt von sich stösst;
Was hab ich denn verwirkt, dass Zephyr dich entblösst?
Dass ich es mit beschaut, was dessen Hauch verübet,
Dass ich es angerührt, was selbst der Himmel liebet,
Was selbst der Götter Mund begierig hat geküsst,
Und was der Inbegriff von deiner Schönheit ist.
Es ist deine Schoss der Auszug aller Zierde,
Der enge Sammel-Platz der schmeichlenden Begierde,
Der Rund, wo die Natur zusammen hat gedrängt,
Was sich nur reitzendes den Gliedern eingemengt.
Hier ist der kleine Schatz, der deinen Reichtum zeiget,
Der lebendige Thron, der alle Zepter beuget,
Der süsse Zauberkreis, der unsern Geist bestrickt,
Und des Beschwörungs-Wort die Felsen auch entzückt.
Ach Cloris! woltest du, dass ich gewichen wäre?
Bedenke doch die Schmach und deiner Schönheit Ehre;
Ich hätte ja die Macht der Lieblichkeit verhöhnt:
Wenn ich nicht deine Schoss mit meiner Hand gekrönt.
Kann Phrynens blosse Brust des Richters Zunge lähmen,
Wie soll nicht deine Schoss uns unser Hertze nehmen?
Wird man durch einen Blick der Gorgonen zu Stein,
Wer kann unaufgelöst bei deiner Allmacht sein?
Wer ein Gefühle hat, und hier doch nicht empfindet,
Wen der Gedanke nur nicht alsobald entzündet,
Wer diesem Schoss-Altar zu opfern nicht begehrt:

Der ist viel billiger des engen Stranges werth.
O möchtest du einmahl, was wir die Liebe nennen,
Mehr nach den Wirkungen, als nach dem Nahmen kennen!
Du würdest, für den Zorn, mir willig zugestehen:
Man könne sonder Raub hier nicht zurücke gehn. –
Die Cloris hatte noch, bey allen diesen Klagen,
Noch nicht vor Scham und Grimm die Augen aufgeschlagen:
Doch sah sie endlich ihn von einer Seiten an:
Wodurch er neuen Muth zu ihrer Huld gewann.
Er suchte sie darauf, mit rechten Weisheits-Gründen,
Und selbst aus der Natur, zum Beyfall zu verbinden:
Dass alles was nur lebt, was Amor nur bezwingt,
Notwendig zu der Schoss, als seiner Ruhstatt dringt.
Es hat selbst die Natur, sprach er, dafür gestritten,
Nachdem sie es gesetzt recht in des Leibes Mitten:
Wo dieser Mittelpunkt der kleinen Wunder-Welt
Auch den geheimen Zug des Punktes in sich hält.
Gleichwie ein jedes Ding zu seinem Cirkel eilet:
Der Stein nicht in der Lufft zu lange sich verweilet,
Das Feuer rüstig fleucht, erlassen in die Höh',
Und jeder Fluss verläufft in seine Mittel-See:
So wird vielmehr zur Schoss, dem Mittelpunkt im Lieben,
Was Geist und Odem hat, durchdringend angetrieben.
So grimmig ist kein Bär, hier hält er keinen Stich,
Ihn reisst der kleine Punkt, so wild er ist, zu sich.
Das Schuppen-Vieh im Meer, was hilft sein schnelles
Schwimmen?
Es muss, durch diesen Zug, doch an einander klimmen.
Der Vogel in der Lufft ist schüchtern, schlau und leicht;
Doch siehst du, wie ihn stets das Weibchen nach sich zeucht.
Vor allem aber hat der Mensch den Trieb empfangen,
Und unsere Vernunfft vermehret das Verlangen;
Die auch viel eyfriger nach dieser Heymat strebt;
Je mehr sie es erkennt, was dessen Sitz erhebt.
Wie der Magnet mit Macht das Eisen an sich ziehet,

Wie nach dem Norden-Pol die Nadel schlägt und siehet;
So ist der Liebsten Schoss der Nord nur der Magnet,
Wohin der ganze Wunsch wahrhaffter Menschen geht.
Man sagt: die Venus sey, ihr Wesen zu verstellen,
Nicht nach gemeiner Art, besondern aus den Wellen,
In einem Muschel-Helm empfangen und gezeugt,
Wo sie der Meeres-Schaum gewieget und gesäugt.
Wer gläubet solches nicht, der Venus Thun erwäget?
Weil aber eine Schoss der Muschel Bildnis träget;
Glaub ich, dass, als zur Welt die Venus war gebracht,
Sie diss, woraus sie kam, zur Frauen-Schoss gemacht.
Dass, als die Herrscherin den Muschel-Helm verlassen,
Sie, aller Menschen Hertz in diesen Schrein zu fassen,
Die Muschel in die Schoss der Weiber eingeschrenkt,
Und sich nachgehend selbst zur Wohnung nachgesenkt.
Wenn diesem also ist: wie wir es glauben müssen:
Kein Wunder, dass uns dann die Schoss zu sich gerissen!
Wo alle Reitzungen, wo Venus und ihr Kind,
Die Liebe, ja wir selbst, mit ihr gebohren sind.
Kein Wunder, dass man wünscht, in dieser Muschel-Wiegen,
Weil Venus drinnen wohnt, der Venus beyzuliegen:
Dass man die Liebe sucht, wo ihre Lagerstatt,
Da, wo diss kleine Schild ihr Haus bezeichnet hat.
Die Liebe will auch sonst sich nirgends lassen dienen;
In dieser Höhlen ist sie einzig uns erschienen:
Diss ist der Götter-Hayn, wo sie sich offenbahrt,
Und wo sie unser Hertz erforschet, prüft und paart.
Weil die Natur das Hertz in uns verdecken wollen,
Wie hätten wir es doch jemals erkennen sollen,
Wofern die Liebe nicht die Schoss darzu ersehn,
Des Hertzens Heimlichkeit durch Werke zu verstehn.
So aber können wir es höchst erwünscht ergründen,
Was nicht das Auge sieht, lässt uns die Schoss empfinden;
Anstatt sich nur zu seyn, so spürt man das Gemüth,
Und siehet, durch die That, was nicht das Auge sieht.

Wenn denn ein treues Paar in süsser Glut entglommen,
Und deren Seelen nun zusammen wollen kommen:
Bescheiden sie sich nur an den bestimmten Ort,
Und dieses Schifflein setzt sie über an den Port.
Da sprechen sie sich dann, da lernen sie sich fühlen,
Da wissen sie im Fleisch zu brennen und zu spielen:
Bis jener Meeres-Schaum, der Venus, hier auch schäumt,
Und den vermischten Geist gar an einander leimt.
Ach Cloris! die du rühmst, du habest mich erwehlet;
Woraus erkenn ich es, wenn du mir das verheelet,
Was die Natur uns selbst zur Ruhestatt gesetzt,
Und wornach man allein der Liebe Wahrheit schätzt?
Ein Freund ist nicht ein Freund, der uns was kan verhalten,
So lang er uns, mit sich, nicht lässt nach Willen halten:
So lange hat gewiss die Liebe nichts gethan,
Als sie nicht alles giebt, was sie nur geben kann.
Du aber hast mir gar den besten Theil entzogen,
Dein Leib weiss nichts davon, dass mir dein Hertz gewogen.
Das Hertze sieht man nicht, der Leib muss Zeuge sein;
Wem glaub ich? du sprichst ja, nur deine Schoss spricht nein.
Was habe ich zum Voraus von andern, die dich kennen?
Liebst du mich nicht genug, mir diss von dir zu gönnen?
Ich bin im Eigenthum ein unbekannter Gast.
Und für wen sparest du das Liebste, das du hast?
Du wirst doch diesen Schatz nicht für dich selbst vergraben;
Wie, oder soll es gar ein andrer als ich haben?
Nein Cloris, höret mir dein Hertze, wie man spricht:
So wehre mir denn auch des Hertzens Eingang nicht! –
Er fuhr voll Eifers auf, um dieses Unrechts willen,
Doch Cloris wusste bald ihn wider zu bestillen.
Sie zog, nunmehr erweicht, nach dem bezeugten Hass,
Den ausgesöhnten Feind mitleidig in das Gras.
Man meint: dass weil er sich, bescheiden überwunden,
Der Cloris Schoss gesehen, und würklich bloss gefunden.
Die Götter ihn hieher auch wunderbar gebracht:

Dass Cloris alles diss, nebst seiner Treu bedacht:
Dass Cloris ihm zuletzt belohnt sein langes Leiden:
So dass man beyder Glück auch nachmahls wollte neiden,
Sie aber unverrückt, wenn ihnen was gefehlt,
Diss süsse Sorgen⸺Grab zur Linderung gewehlt.

◼ GEORGE VILLIERS ◼
Das vollkommene Vergnügen

Da meine Silvia jetzt mir gnädig ist,
Soll Frohsinn meinen trüben Zweifeln folgen.
Wie war die Nacht doch gestern voller Wonnen!
Ein reicher Lohn für alle meine Mühe;
Und sollte später Unheil mich befallen,
Die sel'ge Nacht wird alles mir vergüten.
Und sollte Silvia hassen statt zu lieben,
Denk' ich daran und will auch gerne sterben.
Wir trafen uns beim Schlag von Mitternacht,
Und saßen eng beisammen auf dem Bett;
Die Lauscher haben es vielleicht gewußt,
Doch Lieb erfüllt das Herz und keine Furcht.
Ich muß ihr weiches Herz für mich gewinnen
Mit der Beredsamkeit, die Liebe zeugt,
Und sah ihr schönes Antlitz leicht erröten
Und in den Augen ungewohnte Lässigkeit.
Sie blicken sanft, es freuet meine Seele,
Wie neuer Liebreiz sich in ihnen spiegelt.
Die Wunden, die sie schlugen, heilt die Zunge,
Und nun verraten jene sanften Feinde
Geheimnisse, die jener Freund verbarg.
Auch meine Augen glühn vor Liebeslust
Und Eifer, um sich in die Schlacht zu stürzen.
Doch hält sie meine Hände, schließt die Schenkel,
Und was sie tun will ihre Stirn verleugnet;
Merkwürdiger Einfluß auf törichte Frauen,
Die sich verstellen müssen, weil's so üblich;
Ein Brauch, den Klugheit manches Mal besiegt,
Der doch als Grund am End nur Narren dient;
Ein Brauch, der alle Welt zu Sklaven macht,

Langweiliger Vorwand für törichte Tat.
Und sie muß deshalb ihrem närrischen
Geschlecht einstweilen folgen und sich wehren.
Doch nun, nachdem wir lang gerungen haben,
Läßt die Kraft nach, und das Verlangen wächst.
Wie kann sie jetzt dem Held das Tor verwehren?
Er fordert Einlaß, und die Liebe öffnet.
Die Hände, vors Gesicht geschlagen, lassen
Die Festung unbewacht, willens, zu leiden
Den wilden Ansturm, ungestümen Drang,
Blitzschnell die Tat, genauso schnell vorbei.
So spielet die Natur mit ihren Kindern;
Sie zeigt uns Lust, und zieht sie dann hinweg;
Kein Übermaß an Lust ist's, das die Schuld trägt;
Der Liebe Schmerz gleichet der Liebe Sport;
Und doch ist jener länger, denn wir seufzen
Oft nächtelang vor Kummer, kaum vor Lust.
Ein kleiner Schmerz mag ihr Verlangen trüben,
Doch nicht genug, um sich zurückzuziehen;
Mädchen erfreut Schmerz, Männer macht er stolz.
Hier heilt ihn Ehre, Liebe heilt ihn dort;
Die Welt sollte den Übermut verachten
Und dieses Unschuldsopfer rühmend preisen.
Nun denkt zufrieden sie vergangener Ängste
Und freut sich auf das kommende Vergnügen,
Des Vorbote alles entfernet hat,
Um Platz zu schaffen für wollüstige Liebe.
Der Gast ist gern gesehn, die Arme tun
Sich ganz um mich, und ihre Hände ruhn
Dort wo, was sie anrührn, den Kopf erhebt,
Dem Griff entwächst, der dazu Anlaß gab,
Den engere Wände nicht mehr halten können,
Nur die der Liebe, wo er ruhen kann.
Zweimal besiegt, erhebt er sich aufs neue,
Um bis zum letzten Tropfen fortzukämpfen.

Sie ist wie eine Amazone, die
Den Held besiegt, für den sie Liebe hegt.
Der nahe Kampf enzückt sie ohnegleichen,
Das Ringen um den Preis erfüllt sie ganz,
Bis sie ergötzt, ihn ganz bezwungen hat,
Ergötzter noch sich seiner Pflege widmend.
Sanft stützen ihre Hände seinen Kopf,
Sie fürchtet fast, er sei tatsächlich tot;
Verbindet ihn dann mit geschäftiger Hand,
Und dieser Balsam hat ihn aufgerichtet,
Bis ihre Augen ihn erneut erobern.
Ihn schlimmer noch verwunden als zuvor.
Obwohl gefallen von der Wollust Gipfel,
Schaun wir hinauf, die Blicke voller Sehnen;
Noch immer wollen unsere wachen Wünsche
Die Höhe der Glückseligkeit erklimmen,
Doch geht's nur sachte vorwärts. Und der Aufstieg
Ist fast so selig wie's ersehnte Ziel.
So küssen wir uns erst einmal behutsam,
Als wären wir zwei Tauben, die sich schnäbeln.
In einem Munde spielen unsere Zungen,
Während die Hände zärtlich sich vergnügen.
Und so verschlungen ruhen wir uns aus
Und atmen unsere Seelen in uns ein,
Dann küssen wir uns überall
Und tauschen so der Liebe Pfänder aus.
Hier wären Lob und Preis sehr wohl am Platze,
Die Wollust selber lieb ich kaum so sehr,
Denn dieses, obzwar weniger heiß und stark,
Entschädigt uns durch seine große Länge.
Dies könnte dauern, wenn wir es ertrügen;
Doch Liebe läßt nur ungern auf sich warten
Und treibt uns bald den ebnen Pfad entlang.
Jetzt läßt die Lust die Glieder wieder tanzen,
Die Liebe leiht den Leibern neue Formen,

Wir rührn uns klug und nicht wie jene Narren,
Die, plump an Seel' und Leib, nur um sich schlagen,
Statt dessen sind wir Liebeskünstler, die
Die Kunst beherrschen, weil die Herzen wollen.
Am Ende, atemlos und voller Sehnen,
Keuchend vor Todesqual, so scheint es uns,
Liegen wir still, doch ein gezielter Kuß
Schickt unsere Seelen in ihr Paradies.
Himmel der Liebe, Augenblick der Lust!
Ich tu dir Unrecht, jetzt tu ich dir Recht!
Mir ist, als wär ich in ihr aufgelöst
Und fest im Banne ihrer schönen Glieder;
Die Seelen, die Gedanken sind entflammt
Und spüren Qualen brennenden Verlangens
Wie Geizige, die in ihrem Horte wühlen,
Sie haben ihn, doch wollen sie immer mehr.
So treiben wir es manche süße Stunde,
Die wie ein Augenblick vorübergeht,
Die Summe unserer Seligkeiten wächst,
Sie ist zu groß, um noch gezählt zu werden.
Die tiefsten Freuden sind still wie die Nacht,
Wie stille Wasser auch am tiefsten sind.
Doch endlich, weil die Kraft uns dazu fehlt,
Müssen aus Taten leider Reden werden;
Ein Abstieg, den wir beide sehr bedauern,
Ein König stürzt nicht tiefer von dem Thron.
Der Wollust Fluten fließen nun nicht mehr.
Wie Fische auf dem Trocknen keuchen wir.
Und nun, die Schlacht geschlagen, kommen Wunden
Zum Vorschein, die wir erst gar nicht empfanden.
Sie fleht mich an, es endlich aufzugeben,
Doch ich wär' gern bereit, nochmals zu leiden.
Ihr Wort ist scheu, ihr Tun will mich verführen;
Und wenn sie fragt, ob es mir auch gefällt,
Versuche ich, es tätlich zu beweisen.

Doch geht es nicht, der Liebe fehlt der Atem.
So würde sie sich selbst zu Tode hetzen,
Wenn's die Natur nicht eingerichtet hätte,
Daß sie sich zügelt und rechtzeitig einhält.
Mit gütiger Strenge zeigt sie ihre Gnade
Dem Kind, das ihre Hut am meisten braucht.

PAUL BOLDT
Mädchennacht

Der Mond ist warm, die Nacht ein Alkohol,
Der rasch erglühend mein Gehirn betrat,
Und deine Nacktheit weht wie der Passat
Trocknend ins Mark.

Du hast ein weißes Fleischkleid angezogen.
Mich hungert so – ich küsse deine Lippen.
Ich reiße dir die Brüste von den Rippen,
Wenn du nicht geil bist!

– Küsse sind Funken, elektrisches Lechzen
Kupferner Lippen, und die Körper knacken!
Mit einem Sprunge sitzt mein Kuß im Nacken
Und frißt dein Bäumen und dein erstes Ächzen.

Und als ich dir die weißen Knie und,
Dein Herz verlangend, allen Körper küßte,
Geriet mein Schröpfkopf unter deine Brüste;
Da drängte sich das Herz an meinen Mund.

Das Treffen zwischen Elizabeth Barrett und Robert Browning

Robert Browning war ein dunkelhaariger, stattlicher Mann Mitte dreißig. Scharf auf die tapferen und lieblichen Verse Elizabeth Barretts, saugten sich seine Augen wie Rüssel riesiger Tasmani‐ scher Motten mit süßem Gift der Erinnerung voll. »Verehrte Miss Barrett – endlich!« rief er beim Anblick ihrer lieblichen Erschei‐ nung aus, als er gemessenen Schrittes in ihr Schlafgemach in der Wimpole‐Street kam, vorbei an den Lärchen und arktischen Gewächsen, die es bisher noch nicht gegeben hatte. Sie hatten sich ein Jahr lang Briefe geschrieben, die sie mit Anekdoten über die neue englische Poesie füllten, so daß Bob Wilson dahinter her war wie eine japsende Hyäne, um sie an die Harris‐Sammlung bei Brown zu verkaufen.

Eine C & A‐Tunte würde nicht mal einen Chorknaben so lie‐ bevoll geblasen haben, wie Robert Browning die glatten, kranken Finger Elizabeth Barretts lutschte und dabei mit dem verträumten Augenaufschlag eines Seepiratenjünglings einen Hitzeblick durch das Zimmer schickte, während seine Gedächtnismuster einraster‐ ten und die Daten alle Gewebe seines Kleinhirns überfluteten. Bücher, die berühmten Büsten Homers und Chaucers, der Efeu an der Fensterverkleidung, eine Wasserpfeife gegen die Norwegische Holzwand gelehnt, die dampfbetriebene Karbidlampe und ah, die mit einer scheckigen Leoparden‐Haut bekleidete Couch.

Sie quatschten und qualmten, und das Gemach hallte wider vom selbstgefälligen Auf‐die‐Schulter‐klopfen z. B.: wie großmütig und lieblich doch ihre Verse seien und wie fröhlich und groß‐ herzig seine. »Bob Browning! in Ihrer Versmühle ist Denken«, rief Liz Barrett aus.

»Ich weiß«, sagte er mürrisch, »aber mein Auge ist in der Was‐ serpfeife.«

»Ganz offen, Mr. Browning, finden Sie, ich sei wirklich ein so bemitleidenswertes Objekt?«

»Ich finde, Sie sind so, wie ich es mir immer vorgestellt habe, voll Tapferkeit und Fröhlichkeit. Sie sagen, meine Verse hätten Sie beeindruckt – doch das ist nichts! Ich selbst bin es jetzt, der Ihnen helfen wird! Endlich hat das Schicksal gesprochen – und ich darf Sie nicht wieder gehen lassen. Ich verfüge über mehr Vitalität als für einen Menschen normal ist – es kocht und bebt in mir.« Er nahm ihre Hände. Bedächtig knabberte er daran.

»Sie – Sie sind wirklich eine ungebührlich stürmische Person . . .«

»Kommen Sie mir nicht wieder damit, daß Sie Angst vor mir haben! Nicht vor mir haben Sie Angst. Es ist das Leben, das Sie fürchten – und das sollte nicht sein!«

Er fragte sie, ob sie sich an seinen ersten Brief erinnere. »Ganz besonders an einen Satz«, sagte er. »Ich liebe Ihre Bücher von ganzem Herzen – und ich liebe auch Sie. Erinnern Sie sich?«

»Ja – und ich empfand Ihre Bemerkung charmant-impulsiv.«

»Das war nicht impulsiv! Dieser Satz war genauso tief empfunden und sorgenvoll bedacht wie jeder andere Satz, den ich je schrieb. Ich sagte Liebe – und ich meine Liebe.«

»Mr. Browning, falls ich Sie recht verstehe . . .«

»Ich bin weder verrückt noch krankhaft empfindlich. Seitdem ich zum erstenmal Ihre Gedichte las, foltert mich der Gedanke an Sie . . .«

»Ich weigere mich, das zu glauben. Denn, wenn es so wäre, würde Gott zu ungnädig sein, doch ich *weiß*, daß er Erbarmen hat. Sie dürfen nie wieder so etwas sagen. Das verbiete ich Ihnen.«

»Verbieten, Mr. Browning?«

»Ganz recht, verbieten. Ach, welch ein Auftakt. Wir kennen uns kaum eine halbe Stunde und trotzdem haben wir uns intim über Kunst, Leben und Liebe unterhalten und uns gegenseitig Befehle gegeben. Könnte irgend etwas glücklicher und vielversprechender sein?«

Er küßte ihre Hand, nahm ihr den Atem und fast den Verstand.

Sie raffte sich auf, kam wieder zu sich und auf die Beine und mit
Hilfe von Stühlen und Tischen als Stütze näherte sie sich den
Statuen.

»Willste ficken!« schnaufte Browning, steckte seine hohen Ab⁄
sätze in den Wimpole⁄Street⁄Teppich, und seine stümperhaft
manikürten Fingernägel spielten Taschenbillard mit seinem klo⁄
bigen, schrumpeligen Schwanz. Auf die Büste von Homer
spritzten sie ihren Honig und leckten ihn schweigend gemeinsam
ab.

»Sie können nicht den Todesengel überflügeln, Mr. Browning«,
flüsterte sie und ließ eine aalige, rosa⁄victorianische Arschleck⁄
zunge in sein Ohr gleiten. Erdbeerkonfitüre floß an ihren
Schenkeln runter und Mr. Brownings eleganter Blazer glitzerte
davon. »Verehrte Miss Barrett – endlich!« rief er aus und löffelte
den Gelee von Chaucers Büste.

Sie lehnte sich dagegen und lutschte die blaßrosa Erdbeerstück⁄
chen ab, hob ihre Röcke am Hintern, ihre Arschbacken flatterten
wie ein Ventilator; und aus Robert Browning kam ein dumpfes
Stöhnen. »Aphrodite Kallipygos! O mein Ärschelchen, mein
Pfläumchen! Kerzen schwimmen auf Gottes dunklem Meer! Die
Form ist die Erweiterung des Inhalts! Tropos! Typos! Topos!«
und von Elizabeth: »Wie oft habe ich um 5.15 Uhr im Bett
gelegen, im Morgengrauen, läufig und ungedeckt, nachdem ich
den ganzen Tag versucht habe, mir einen Bananenreinsteck⁄Typ
aufzureißen. O ich hab es gesehen, ich hab es gesehen! Wie Sie
über die skythischen Steppen ritten, Ihre rohen, gestohlenen
Steaks unter dem Sattel heiß machten, und auch die schäumen⁄
den galoppierenden Hengste; o Robert Browning, kaufen Sie
mich von meiner byzantinischen Klosterschule los, in der ich
noch weile, zitternd und siechend; befreien Sie mich vom zer⁄
stäubenden Heiligenschein, so daß Sie mit Ihren faltigen Fingern
meine Oberschenkel bepimpern können oder mit Ihrer samtenen
Fruchtfleischzunge meine salzige Möse auslecken und keuchen
wie eine Herde junger bisexueller Ziegenhirten. Fick mich, fick
mich, fick mich«, stöhnte sie, streckte ihren Arsch in die glei⁄

ßenden Sexgaswolken und verbog mit ihrem spastisch-zitternden Rumpf Bobs Stengel wie in einem Prisma. »Wie ich dich liebe! Leck mich, solange ich jung bin.«

Sie trieben in kühlen, klebrigen Umarmungen ab, von Glibber zu Glibber. Die Fleischlappen winkten über den Haschischfel-dern, die nassen Büschel Haar und der herrliche Schnauzbart in der Spalte, den Schwanz in Liz' Wunderhaar gesteckt. Echter Pot wuchs in ihren Lungen. Zusammen brabbelten sie Gebete, damit der Friedensstrahl auf Erden leuchte, damit zarter Rosen-geist den See der Dämonen überflute, bis die pelzig zarte Eidechsenzunge das ölige Viehauge der Zimmerfliege leckt, und die haarige Hand des Schakals zwischen den Schenkeln des Pinguins wichst.

Ich will dich nun genießen, meine Celia,
Komm, flieg mit mir ins Liebesparadies:
Der Popanz, Ehre, der nur Memmen aussperrt,
Ist doch nur Blendwerk, und sklavischer Rückzug
Das Los von Niederen, die umsonst ihn ehren,
Den Riesengötzen, doch edlere Scharen
Mutiger Liebender, sie segeln täglich
Und ungesehn durch des Kolossus' Beine
Zu sel'gen Ufern; so sei unverzagt,
Und wir ziehn ein, der grimme Wächter wahrt
Nur zahmen Narren Eintritt, die nicht wissen,
Wie hohl er ist, und nur die Tölpel schreckt,
Die weit vom Schuß sind, also nähere dich
Damit du schmähst, was einst uns fürchten ließ.
Wir sehn ihn, den steifbeinigen Mummenschanz,
Auf fremden Beinen schwankend, böse Last
Für seine Schöpfer; nicht, wie einst wir glaubten,
Ein Göttersproß, nein, schwaches Abbild nur
Aus gieriger Menschenhand, die Zäune baut,
Um freie Frauen an ihren Arm zu fesseln.

Komm also, und auf Flügeln unserer Liebe
Durchbrausen wir die Luft, und fliegen über
Des Götzen Haupt und zu den schönsten Plätzen
In jenen Hainen, unsren Durst zu stillen.
Dort soll der Liebe Herrin und die Unschuld,
Schönheit, Natur jegliches Unrecht bannen
Aus unserer Efeulaube, wo die Augen
Dich nackt nun sehen, die goldenen Flechten offen.
Und dort soll meine nun befreite Hand

Dein nacktes Elfenbein allseits berühren.
Kein Vorhang hier, auch nicht aus feinstem Linnen
Soll deinen Jungfernschatz mir nun verschleiern;
Die reiche Mine, offen liegt sie nun,
Bereit ist sie zur Prägung, und wir werden
Mit ihrer Hilfe junge Amorn münzen.
Dort wartet nun ein Bett aus Rosen, Myrthen,
Im kühlen Schatten der Zypressenhaine:
Der Daun von Venustauben sind die Kissen,
Worauf wir unsere Glieder niederlegen
In den so kurzen Pausen unseres Spiels;
Und unsere Träume mögen dann im Schlummer
Der Phantasie von unserer Lust erzählen;
Und unsere Seelen, unumarmt geblieben,
Verspür'n das Echo körperlicher Küsse.
Inzwischen strömt der Quell ans warme Ufer,
Des Waldes Chor verliebt ein Ständchen singt
Mit tausend Noten unserer Liebesgöttin;
Der sanfte Westwind wird die Blätter rühren,
Stille Musik durch ihre Zweige wehen,
Wir ruhn von ihrem Schattentanz bedeckt,
Bis dann ein Flüstern aus verzückten Seelen
Uns wieder weckt und neues Feuer zündet,
Bis wir in süßer Wollust neu vergehn.
Ähnlich der Biene, die vor kurzem erst
All ihren Honig in den Stock gebracht
Und nun im bunten Feld auf leichten Flügeln
Die frischen Frühlingsblumen neu beraubt,
So will auch ich die Süßigkeiten stehlen,
Die in dem Eden meiner Träume schlummern,
Und Honig sammeln, den die Macht der Küsse
Aus jeder würz'gen Blüte träufeln läßt.
Die Rosenknospen reiß ich aus dem Bett,
Die Veilchenadern, die, ein Labyrinth,
Den Garten überall durchziehn; die Kirsche,

Die festen Äpfel, mit korallnen Beeren;
Dann sollen meine Lippen weiterwandern,
Durchs Liliental, zum Sitz der Seligkeit:
Und wo das süße Land sich teilt in zwei
Milchstraßen sollen meine Lippen gleiten
Hinab die glatten Pfade, wo die Spur
Pfade der Liebe zeigt im frischen Schnee.
Von dort, über die appeninschen Hügel,
Steig ich in deinen Apfelrosenhain,
Wo ich dann alle Süßigkeit entnehme,
Die meine Liebesalchemie mit Fleiß
Aus jener Mischung macht, und werde dann
Aus ihr einmaligen Balsam destillieren
Und jenen Zaubertrank dir dann kredenzen.

Und nun will ich mich ganz mit dir verflechten,
Mit Schenkeln, Beinen, Armen, will dich fesseln;
Du, wie ein milchenes Meer, bist unter mir,
Doch ich fall über glatte Wasser her
Mit einem solchen Sturm, wie einst der Zeus
Auf Danae in goldenem Regen fiel:
Mein hoher Baum soll in der Meeresenge
Ruhig vor Anker gehn, die Ladung löschen:
Mein Steuer, fest in deiner kühnen Hand,
Wie ein geübter Lotse sollst du's führen
Und meine Barke ins Flußbett der Liebe
Geleiten, wo sie tanzen wird und hüpfen
Wie Wellen, wenn sie auf und nieder gehen:
Dann sollen deine Arme mich umklammern,
Die Lippen mich in ihren Küssen baden,
Aus deren Duft ein Opferweihrauch strömt,
Die heil'gen Dünste so emporzusenden,
Daß Dank sie sprechen jenen hohen Mächten,
Die unsere Liebe segnen, unsere Stunden krönen,
Und Ruh und Frieden unseren Seelen schenken,

Die weder Angst noch Schrecken stören können.
Dort, wo kein Laut uns plötzlich überfällt,
Kein Lauscher hört, wenn wir die Herzen öffnen,
Was wir empfinden, keine schlauen Späher
Dieses Erröten, jenen Blick verlästern,
Noch Neideraugen sehen, wie wir lieben,
Noch Zimmermädchen uns für Geld verraten.
Kein Eheband kann unsere Liebe lösen;
Nächtliches Stelldichein, die dunklen Haine
Sind nicht für uns, noch solche bösen Namen
Wie Gatte, Frau, wie Keuschheit oder Scham,
Nutzlose Worte, deren bloßer Laut
Im Liebesparadies niemals gehört wird.
Hier dürfen wir das tun, was uns gefällt,
Was die Natur entzückt, Verlangen schürt;
Lieben, genießen, wollen, tun sind eins,
Wir sünden nur, wo wir der Liebe schaden.

Dort lebt Lukretia, die genau gelesen,
Was jener große Lehrer, Aretin,
Einst schrieb und weiß genausogut wie Lais,
Wie sie den Körper in der Liebe windet.
Den ungestümen Räuber abzukühlen,
Verschlingt sie ihre Glieder tausendfach
Und übt kunstvolle Posen ganz wie die
An jedem Baume eingeritzt sie sieht,
Von Menschenhand erdacht, zum Schmuck der Rinde.
Von diesen Pflanzen, die, als dort sie lagen,
Der Liebe Feuer schürten. Und auch jene
Griechische Dame, die mit ihrem Spinnen
Um eines Namens willen fruchtlos wirkte,
Enthüllt sich dort der Jugend Ithakas
Und zieht den Sport verliebter Nächte vor
Langweil'gen Träumen vom verlorenen Gatten.
Daphne ist ausgebrochen, und ihr Fuß,

Den zornige Götter eingewurzelt hatten,
Verläßt den Wald, und ungefesselt eilt sie,
Der Sonne in die Arme sich zu werfen.
Wie die delphische Leier hängt sie dort,
Ihr Kuß entfacht das alte, neue Feuer;
Voll ihres Gottes singt sie selige Lieder,
Oden der Liebe, wert des Lorbeerkranzes,
Der sie ja selbst einst war. Und neben ihr
Liegt Laura in Petrarcas weisen Armen
Und trocknet jene Tränen, die so süße
Reimpaare schufen, die die Welt entzückten.
Diese, und viele tausend Schönen mehr,
Tyrannenopfer, können nun Gesetze,
Die er erließ, mißachten und den Schaden
Endlich bereinigen mit zwiefach Liebeszoll.
Komm, meine Celia, wir wollen nicht
Noch länger fackeln nur aus lauter Angst,
Statt dessen wollen wir jenen stolzen Räuber
Entthronen und uns frei bewegen
Wie sie, vom Joch befreit, sich lieben können:
Noch soll er dein Geschlecht mit Keuschheit fesseln
Dem von Natur Enthaltsamkeit nicht steht;
Und wenn der böse Götze sich entschlösse,
Gerechtigkeit und Recht beiseit' zu lassen,
Und trotzdem mich veranlaßt, zuzuschlagen,
Rivalen oder Neider zu bekämpfen,
Die dich mit ihren Liebsten wollen vergleichen:
Wenn du ein Unrecht wähnst und dann mein Schwert
Anrufst, um dich zu rächen, wird es gleich
Zum Kampf mich fordern oder meinen Händen
Das Feiglingsbrandmal auf die Finger brennen.
Und doch erlaubt die Religion dies nicht,
Verflucht die Tat. Dann also saget mir,
Warum der Popanz Ehre, so verehrt,
Männer zwar gottlos, Frauen nicht zu Huren macht.

SIMON LEMNIUS

Von der Sardoa

Jüngst einmal führt' mich der Weg durch ein lachendes/ grünes
    Gefilde/
Über die Felder dahin/ schattig am Berghang gestreckt.
Dort/ wo im dichten Geäst buntfiedrige Sänger sich rührten/
Daß von des lieblichen Lieds Nachhall die Aue erklang.
Wälder ergrünten rundum/ und es sproßten die farbigen Blumen/
Und ihren purpurnen Kelch wiegte die Rose am Strauch.
In einen Garten trat ich/ der bepflanzt war mit herrlichen Bäu-
    men/
Der seinem Herrn gewährt' Freude und hohen Genuß.
Apfel- und Kirschbäume reckten die blütebeladenen Zweige/
Birnbäume standen im Grün/ nachbarlich Pflaumen gesellt.
Schlängelnd durcheilte die Mitte des Gartens ein silbriges Bäch-
    lein/
Sanft/ wie ein Schlummergesang/ lockte sein Plätschern das Ohr.
Siehe/ es nahte/ den üppigen Busen vom Gürtel gehoben/
Venus/ und herrlich entlang schritt sie dem murmelnden Bach.
Göttin der Liebe/ mit Blumen schon schmückt' sie die schim-
    mernden Brüste/
Als sie mit plötzlichem Blick/ mich/ den Trübwandelnden/ sah.
Was gehst du trauernd/ sprach sie/ durch die Jugend und ohne
    Gefährtin/
Weshalb vergrämst ohne mich du die so köstliche Zeit?
Höre/ ein glückliches Lied/ ich will's gerne vernehmlich dir
    singen/
Über die richtige Zeit klär's und das Alter dich auf:
Venus und Venus allein sei die blühende Jugend gewidmet/
Denn du erlebst noch den Tag/ der ohne Kraft dich erschaut.
Jugend verspotte mit Recht und verlache beengende Fesseln/
Denn ihr sind eigen zugleich Liebe und Fülle der Kraft.

Schäkert der Jüngling/ wie gern möcht' die Mädchen er scher,
zend umfangen
An ihren Busen geschmiegt/ wäre ihm süßestes Bett.
Liebe verlangt stets das Weib/ sieh'/ es schmachtet im Jungfrau,
enalter/
Und die verhaltene Kraft schüret ihm ständig die Glut.
Gleichwie das Wasser der Quelle nicht mangelt und nimmer
versieget/
So in der Jugend erstirbt Liebe der Jugend niemals.
Fühlst du/ wie Spannkraft die Glieder gewaltig dir dehnet und
schwellet/
Brünstige Neigung und Lust seien Begleiter dir dann.
Bis zum Verluste der Kraft und den Tagen ergrauender Haare
Huld'ge der Venus und sei stets ihr zu dienen bereit.
Ziehenden Wassern vergleichbar/ unmerklich enteilen die Stun,
den/
Welle zu Welle gefügt/ fließen die Jahre dahin.
Schnell auf die Tage der Liebe folgt jäh das gebrechliche Alter/
Und mit dem hinkenden Fuß humpelt der Greis dann herbei.
Wisse/ der Freuden nicht eine hat Venus dem Alten beschieden/
Liebe ist immer dem Greis recht ein verhaßtes Geschäft.
Was in der holdesten Zeit/ in der Jugend/ ihm Wonne gewährte/
Wird ihm im Alter zur Last/ Unlust/ Beschwerde und Pein.
Denk' an Tithonus/ ihn schwächte das ewig verlängerte Leben/
Und seine Reckengestalt dörrte zum Heuschreck die Zeit/
Ihn/ der als Jüngling ein Held war/ begabt mit den Kräften des
Riesen/
Ihn/ der Aurora besaß/ stürmisch oft setzt' er ihr zu.
Phoebe/ die Himmlische/ nahte nicht länger dem latmischen Fel,
sen/
Als ihr Endymion dann ewigem Schlummer verfiel.
Jupiters Liebe verschwand zu Ägina im Wechsel der Monde/
Und zu der Mutter war er lieblos/ ein säumiger Greis.
Hippolyt/ den schon gealterten/ schmählich verließ einst Diana/
Thetis bereitete so Peleus dasselbe Geschick.

Theseus gab später die Helena wieder/ die einstmals geraubte/
Und du erklärst es dir leicht/ wenn du sein Alter bedenkst.
Dëianira/ sie hätte des Herkules Ruhm nicht geachtet/
Hatte sie liebend umstrickt Nessus/ der jüng're Kentaur.
Nestor entzückten nicht mehr jene phrygischen Mädchen vor
    Troja/
Selbst einen Priamus reizt' Hecubas Anmut zu nichts.
Protesilaus wär' auch in der Liebe wohl lauer geworden/
Wenn ihm ein ander' Geschick längeres Leben gewährt';
Helena raufte um ihn/ die bekümmerte Schwester/ das Haar sich/
Ihm blieb der Jammer erspart/ der um die Grabhügel schrie.
Nie wär' der greise Orest um Hermione wahnsinnig worden/
Pyramus hätte als Greis nie sich um Thisbe entleibt.
Wenn auch für Lotis/ die Nymphe/ Silenus spät Feuer gefangen/
Theseus/ der alte/ sich noch Helenas wegen verliebt/
War die verspätete Brunst nicht der Flamme des Jünglings ver
    gleichbar/
Denn ihre heißeste Glut wird nur der Jugend zu teil.
Wer in den Jahren des Jünglings ist säumig im Lieben gewesen/
Wird als gealterter Mann nutzlos um Liebe sich müh'n.
Strotzet dein Körper voll Kraft/ die ihm jugendlich über will
    schäumen/
Jüngling/ erprobe die Kraft/ Venus zum Dienste geweiht.
Aber/ damit du nicht heute der Liebe der Mädchen beraubt sei'st/
Und mit der nahenden Nacht dich und ihr Dunkel verwünschst/
Wende die Schritte zum Marktplatz/ vorbei an den heiligen
    Hallen/
Wisse/ mit schwärzlichem Haar/ wird dir ein Mägdlein dort
    nah'n/
Sprach's – und entschwebte hernach in die Lüfte/ von Schwänen
    getragen/
Ich aber lenkte den Fuß rückwärts zur dämmernden Stadt.
Dort/ auf dem Markte/ begegnet' mir neben den Hallen das
    Mägdlein/
Dem ich/ mit zärtlichem Wort/ allsogleich trat in den Weg.

Perle der Jungfrau'n/ begann ich/ die herrlich vor allen erglänzet/
Sei mir in Liebe gegrüßt/ Venus selbst hieß mich dir nah'n.
Teile mit mir diese Nacht/ und vermehre du mir ihre Freuden/
Gib mir/ ich bitt' dich darum/ was uns die Göttin gewährt.
Weig're mir nicht dieses Glück und versage mir nicht jene Freu‑
den/
Die du zu geben vermagst/ Cypris selbst bittet durch mich.
Freut euch in mir/ war ihr Wort/ o ihr Jünglinge/ ihr auch/ o
Mädchen/
Denn wie ein reißender Fluß fliehen die Jahre dahin.
Vieles erbitte ich nicht/ doch du kannst mir wohl mehr noch
gewähren.
Ist meine Bitte gering/ wird ihr Erfüllung versagt?
Höre/ mein ragendes Haus liegt gen Norden auf stattlichem Hü‑
gel/
Weithin vermagst du es schon frei in der Gegend zu seh'n.
Mächtig erhebt sich der Bau/ der den Gipfel der Höhe bekrönet/
Und es umgibt rings das Grün saftigen Rasens das Haus.
Gärten umschließen es ganz/ die gebettet in blühende Auen/
Sorgfältig haben daran kundige Hände gebaut.
Lenke du nun deinen Schritt immerzu gegen Süden gerichtet/
Und an der Brücke alsbald liegt dir im Rücken die Stadt.
Aufwärts dann führet der Weg/ und du blickst auf die prächtigen
Häuser/
Himmelwärts ragen sie hoch aus ihren Gärten empor.
Komme du dorthin allein/ wenn die Nacht die Gefilde verdun‑
kelt/
Komme nur so/ wie du bist/ bringe nichts mit/ nur dich selbst.
Mannigfach wollen wir uns an den Gaben des Bacchus ergötzen/
Schmausen solang uns beliebt/ küssen bei jedem Gericht.
Aber ein Größ'res harrt deiner/ sobald wir das Lager besteigen/
Wahrlich kein leichtes Geschäft steht uns bevor für die Nacht.
Hiermit beschloß ich die Werbung. Das Mägdelein sagte dage‑
gen:
Fordere nur/ was du magst/ denn ich gewähre es gern.

Du auch bestimme den Ort/ und ich will bis zum Eismeer dir
folgen/
Aber/ sofern dir's beliebt/ geh' ich bekannteren Weg.
Unterdess' führte der Pfad uns am grünenden Weinberg vorüber/
Als eine lärmende Schar Freier uns sperrte den Weg.
Zahlreich umschwärmten sie uns/und sie sparten nicht Wort und
Gebärde/
Kälter als Eis trat das Blut mir zu dem Herzen zurück;
Denn mich bedrohte Gefahr/ um die süßesten Stunden zu kom-
men/
Und um die Freundin dazu/ jene begehrten sie selbst.
Aber entschlossen war ich/um mein teuerstes Mädchen zu kämp-
fen/
Todesfurcht schreckte mich nicht/ Liebe war stärker als Furcht.
Immerhin sann ich auf Rat/ wie wir listig der Rotte entrännen/
Und/ als ein gütiger Gott/ fügt' es der Zufall von selbst.
Laut nun bedroht' ich die Schar/ und mein Mädchen ließ heim-
lich ich gehen/
Nach dem geschilderten Haus/ öffnen uns beiden das Tor.
Als nun die liebeverlangenden Freier die Waffen entblößten/
Schlich sie gewandt sich ins Haus/und ich versuchte den Kampf.
Heftig entbrannte der Streit/ doch mir glückte/ mich ihm zu
entziehen.
Bald/ in das schimmernde Haus stieg ich zum Liebchen herauf.
Innig umarmt' ich mein Mädchen/ ich gab ihm der Küsse wohl
tausend/
Und Gott Kupido empfing Waffen vom Gotte der Schlacht.
Venus/ die Göttliche selbst/ sie verscheuchte die drückende
Schwüle/
Und das empfindsame Herz füllte mit Liebe sie an.
Speisen nun trug ich herbei und auch funkelnde feurige Weine/
Polster schon lagen bereit/ und wir begannen den Schmaus.
Wieder umarmten wir uns/ und ich tat nach des Liebhabers
Pflichten/
Füllte ihr jetzt den Pokal/ küßte sie dann auf den Mund.

Lustig empor aus dem Becher erhob Gott Kupido die Schwin-
gen/
Venus erglühte im Wein/ Feuer zu Feuer gesellt.
Hierauf ergingen wir uns durch die Räume des prächtigen Hau-
ses/
Nach dem beendeten Mahl/ stiegen hinauf bis zum Dach.
Niederwärts schritten wir dann/ und ich führte mein Mädchen
zur Kammer/
Goldglänzend strahlt' ihr Gebälk/ elfenbeinweiß war die Wand.
So ist wohl Priams Gemach/ drin er ruhte/ gestaltet gewesen/
Als er in Sicherheit einst Troja als König beherrscht.
Wir nun entblößten die Körper. Heraus aus den bergenden Hül-
len
Löste sich vor meinem Blick reizvoll der Nymphe Gestalt.
Auf mein Gewand fiel ihr Blick/ ich bestaunt' ihre milchweißen
Brüste/
Und es vollzog sich alsbald/ was unser Wille gewünscht.
Nieder schon sank sie auf's Lager/ und ich/ in den Schoß der
Geliebten
Sanft hingeschmiegt/ hatte bald Schenkel an Schenkel gefügt.
Kräftig gespannt war das Glied und vergleichbar dem Bogen des
Schützen/
Stark/ wie ein stämmiger Baum/ stand es so steif und so fest.
Sie sah in süßem Erbangen dem nahenden Pfeile entgegen/
Aber schon drang er hinein ihr bis zur siebenten Ripp'.
Starr blieb und standhaft das Glied in der Grotte geborgen/ der
feuchten/
Zweikampf erhob sich in ihr/ heftigster/ süßester Lust.
Venus gar nahte sich selbst/ und es brannten Kupidos Geschosse/
Bis wir die wonnige Tat mit ihrer Hilfe vollbracht.
Mehrmals das liebliche Werk wiederholten wir ohne Versäumnis/
Gaben dem Pferdchen den Sporn kräftig noch zwei und drei
Mal.
Als dann uns beiden die Lust war gestillt im verborgensten
Innern/

Lagen wir beide erschöpft hin auf die Kissen gestreckt.
Gleichwohl noch huldigten wir der erhabenen Göttin der Liebe/
Soviele Mal in der Nacht/ als sie uns Stunden gewährt'.
Unbändig wild trieb die Lust mich zu tausend verwegenen Spie-
    len/
Schlang um mein Mädchen den Arm/ bot ihm den Mund tau-
    sendmal/
Küssende Lippen erglühten/ es wirbelt' im Munde das Zünglein/
Und den beredsamen Mund schloß mir der ihrige zu.
Soviele Sterne am Himmel den nordischen Bären bezeichnen/
Sovielmal trennten wir uns/ schmiegten uns sovielmal an.
Endlich doch lag ich erschöpft von der Arbeit der Lust und der
    Liebe/
Wonnegesättigter Geist zeigte sich müde des Spiels.
Langsamer suchte das Blut sich den Weg durch die klopfenden
    Adern/
Langsam/ wie morgens der Tau tropfend den Rosen entperlt.
Fort/ aus der Schwüle im Bett/ nach den Werken so tätiger Liebe/
Drängt' es mich nochmals zum Kampf/ seinethalb sprang ich
    empor/
Fröhlich ergriff ich die Waffen/ begeistert vom Feuer der Liebe/
Eilt' ich hinaus auf den Platz/ stritt/ wie vor Anbruch der Nacht.
Ach/ wie bewundert' mein Mädchen die Kraft und die Keckheit
    der Waffen/
Als ich dann/ müde vom Streit/ wieder am Busen ihr lag.
Nochmals erneuerten wir jene reizvollen Spiele der Liebe/
In den vereinigten Schoß gaben wir beide den Saft.
Wonnig verging uns die Nacht in so süßem Genusse der Stun-
    den/
Doch/ mit dem grauenden Tag/ nahte das Ende der Kraft.
Als dann im Osten der Morgenstern herrlich und glänzend her-
    aufstieg/
Fand er uns beide erschlafft auf dem gemeinsamen Bett.
In die Gewänder schlüpft' eilig mein Mädchen/ mich schnell zu
    verlassen/

Ehe die Sterne verblaßt/ fahl/ in dem wachsenden Licht;
Denn sie befürchtet'/ Aurora und Helios möchten erfahren
Von dem Ereignis der Nacht/ fänd' sie der Tag noch bei mir.
Lachend wohl hätten das Sonnengefährt sie zu lenken vergessen/
Wenn sie das Mägdlein im Bett/ liebeerschöpft/ überrascht.
Und so beendeten wir jene Nacht einer brünstigen Liebe/
Die meine Freundin so oft und auch so reichlich genoß.

■ ANONYM ■
Der erschöpfte Liebhaber

Grau schon gefärbt ist das Haar, das die Schläfen mir spärlich umwallet,
Früheres Feuer und Kraft schwanden mir spurlos dahin,
Spannkraft erfüllet nicht mehr mir das Inn're mit kräftigem Triebe,
Gänzlich verließ mich Apoll', müde schleicht träge mein Fuß.
Das, was den Menschen erfreut, ach, es raubten mir grausam die Jahre,
Auge und Zunge und Herz, Arm auch und Fuß sind geschwächt.
Du auch, o Glied, das von vielen und lieblichen Mädchen gelobt ward,
Wie liegst du da nun? O weh! Jämmerlich kraftlos und matt.
Schlaff liegst du da, und du warst doch der bessere Teil meines Wesens,
Edelster Teil und bestimmt für die Gedrückten zum Trost.
Du allein konntest die alternde Menschheit durch Nachwuchs verjüngen,
Ward nicht ein jedes Geschlecht neu und beseligt durch dich?
Wachten wir ohne Verdruß nicht gemeinsam in zahlreichen Nächten,
Hast du nicht tropfenweis' mir lange Genüsse verschafft?
Du aller Freuden des Ehebetts erste, du Wonne der Hochzeit.
Erste der Pflichten des Gottes, den du am Köcher erkennst.
Du erste Wonne und Freude der lockenumflatterten Jugend,
Früheste Sorge und Müh', du, für der Jungfrauen Hand.
Du erste Liebe des Knaben und früh schon ein Trost des Erwachsnen.
Du erste Lanze und Speer für einen sehnigen Mann.
Nähme mir alles die Zeit, und sie hätte nur dich mir gelassen,

Dann hätt' ich Armer wohl nicht Ursach' zur Klage, wie jetzt.
Nun aber muß ich wohl jammern und singen ein Lied herber
Klage,
Steht nicht das Gute mit dir, fällt es nicht auf dein Geheiß?
Leben und Freude sie herrschen durch dich nur, du mächtiges
Zepter,
Einzige Ehre bist du, Stärke des Mannes und Kraft.
Labsal im Kummer bist du, o du stolzeste Zierde des Mannes,
O du mein herrlichster Ruhm, prächtigster, strahlender
Schmuck.
Wahrhaft ja glücklich sind die, die dich lange und standhaft
besitzen,
Himmlisches Feuer erfüllt ganz ihre Seele mit Glut.
Sie hat aus besserem Stoff der erhabene Schöpfer gebildet,
Der aus dem schlechteren Ton, uns, die Gering'ren, erschuf.
Uns hat geformt eine andere Hand, wir versagen gar kläglich,
Wenn du dich senkst und nicht mehr aufrecht zu stehen ver⁄
magst.
Ach, wie verarmt bin ich jetzt, nur durch dich, o mein Glied, du
erschlafftes,
Schmerz, ach, erstickt mir das Wort, denk' ich, wie früher du
warst.
Das auch verursacht mir Schmerz und des Jammers, der Klagen
die Menge,
Daß du nicht kurz und nicht träg früher gewesen, mein Glied.
Welch eine Kraft, welche Form, welche Glut hast du vormals
besessen,
Freigebig spendet' der Gott reichliche Gaben durch dich.
Schäumend und strotzend, so warst du und grimmig, bereit stets
zum Stoße,
Immer zum Angriff geneigt und auf den Vorstoß bedacht.
Hobst du das stattliche Haupt auf dem straffaufgerichteten Kör⁄
per,
Wo war die Hand, die dich ganz konnte umfassen sodann?
Ob es zur süßesten Pforte dich hinzog, ob du sie verließest,

Wo war die Maid, die dich nicht nach solcher Arbeit gelobt?
Als sie dich abwog, wie staunte Lycoris, wie wogte ihr Busen,
Magdala, als sie dich sah, rief, überwältigt, nur: Ach!
Rühmten dich nicht nach Gebühr damals Chloë und Aegle und
Phyllis,
Leidet denn Phyllis nicht noch an dem zu kräftigen Stoß?
Wenn auch der Eingang so fest war gefügt, daß ein andrer er-
schreckte,
Drangst du doch machtvoll hinein, hinderlich wurde dir nichts.
Mauern und Türme, wie du, hat noch keine Maschine bewältigt,
Stürmte ein Sturmbock, gleich dir, jemals noch festeren Wall?
Damals wohl hätt' ich den Berg Athos durchstoßen mit dir.
Ach, wohin schwand dir die Kraft, du mein Blitz, du Geschoß,
das ich lenkte,
O du mein Blitz, der du mich machtest dem Jupiter gleich.
Kläglicher Hauch bin ich jetzt nur, ein Schatten des feurigen
Blitzes,
Leichteste Asche nur noch, kalt und entbehrend der Glut.
Himmelanstrebend erhobst du dich damals so wuchtig und kräf-
tig,
Mit deinen Gaben geschmückt, würdevoll schritt ich einher.
Ruhmlos verging mir kein Tag und nicht einer entschwand ohne
Taten,
Werbung um Liebe durch dich brachte mir stets den Erfolg.
Zahlreiche Siege errang ich, doch will ich nur einen hier feiern:
Oft denkt und gern man der Zeit, die man in Freude verbracht;
Frühere Wonne wird Balsam und Linderung jetzigen Leiden,
Milder verspürst du den Schmerz, denkst du vergangenen
Glücks.
Schämet euch nicht, meine Göttinnen, ihr, o äonische Musen,
Singt von dem üppigen Werk glühender, sinnlicher Lust.
Nicht ist es Schande, die menschliche Liebe im Liede zu feiern,
Denn auch dem Werke der Lust fehlet die Ehrbarkeit nicht.
Nicht ist verächtlich die Tat, die im Liede besungen, verherrlicht,
Die man in Büchern auch preist, wertloses schreibt man nicht auf.

Chloris war einst, ich erinnere gerne mich ihrer und freudig,
Chloris war einst eine Maid, wundersam reizvoll und lieb.
Einstmals erhob sich ein Streit, ob ein nackender Mann wohl
bezwingen
Könnte die nackende Maid, die sich zum Kampfe gestellt.
»Nachgeben wird sie«, sprach ich, »denn sein Stoß wird sie
plötzlich durchbohren,
Stets ist ein nackendes Kind leichteste Arbeit für uns.«
»Das ist gefehlt, es entschlüpft dir«, gab Chloris, die schlaue, zur
Antwort,
»Wendet es seitwärts den Leib, führst du vergeblich den Stoß.«
Ich nun, gereizt, sprach dagegen: »Der Mann hält es kräftig
umschlungen,
Lenkt unterdessen das Glied, zielt und vollendet den Stoß.«
»Abwehr gelingt auch dem Mädchen, denn nicht ist das Weib
ohne Kräfte.
Weniger schlaff, als du denkst, sind wir«, sagt' Chloris hierauf.
»Stark magst du sein«, sagte ich, »wo nur Worte zum Siege
vonnöten,
Sähest du aber mein Glied, wärst du so gut wie besiegt.«
Wütend sprach jene, es hatte mein Wort sie, das kecke, beleidigt:
»Hörst du, Verruchter, nicht auf, wagen wir gleich den Versuch!«
Sie nun enthüllte sich plötzlich, das Wort durch die Tat zu
erhärten,
Ohne Gewänder nun stand nackend das Mädchen jetzt da,
Zeigte mir Glieder wie Schnee und die herrlich gerundeten Brü-
ste,
Schenkel und pralles Gesäß, göttlich war alles geformt.
»Götter«, ich rief es entzückt, »die ihr solche Gebilde geschaffen,
Ihr seid die Kenner der Lust, Stümper der Liebe sind wir.
Ihr habt, ich zweifle nicht länger, ätherische Welten geschaffen,
Und die Gestirne dazu, feurig herab strahlt ihr Glanz.
Himmel und Erde, das Meer und die zahllosen schimmernden
Sterne,
Alles erschuft ihr, es zeugt nackend dies Mädchen für euch.«

Um nun die reizende Freundin durch Lässigkeit nicht zu erzür-
nen,
Warf ich die Kleider hinweg, nackend gleich ihr stand ich da.
Kampffeld uns wurde das Bett, und es schauten die treue Cli-
mene,
Lyris und Myrtala zu, mit dem geflochtenen Haar.
Daß wir im Liegen selbander den Streitfall zum Austrage bräch-
ten,
War ein vergoldetes Bett, weich, uns zur Wahlstatt bestimmt.
Aber wir schämten uns liegend im Bette die Schlacht zu begin-
nen,
Würdiger rüsteten wir, stehend, uns nunmehr zum Streit.
Wer wird mir helfen den wunderlich seltsamen Kampf zu be-
singen,
Und wer entflammt so mein Lied, daß es voll Kriegslust erklingt?
Saiten der Leier ertönet, du, lockeres Lied, nun erschalle,
Deine Posaune dazu, Phoebus, ich bitte sie aus.

Liebeskampf zwischen Lygdamus und Chloris

Aller Gewande entledigt, entblößet die herrlichen Glieder,
Grimmige Kampflust im Busen, so standen sich nun gegenüber
Beide, der Jüngling und Chloris, bereit zu dem heftigsten Nackt-
kampf.
Notwendig war er, den schwebenden Streitfall und Handel zu
schlichten,
Ob auf dem Kampfplatz der Lust sich das brünst'ge Verlangen
des Mannes
Stärker erweise und weiblichen Widerstand ruhmreich besiege.
Beide der Kämpfer sie waren sich gleich, wie an Kraft, so an
Jugend,
Beide sich ähnlich an jugendlich sehnigen, blühenden Gliedern.

212

Beide voll Kampflust und Mut und voll brünstigem Eifer zum Wettstreit;

Beide entbrannt in Geschlechtslust, entzündet vom Gifte der Geilheit.

Chloris entblößet die Brüste, ihr mehret der Grimm noch die Schönheit,

Jäh in die Mitte sie springt. Der verschlungene Knoten des Haares

Löst sich, und tief in die Stirn fällt, entfesselt, das reiche Gelock ihr.

Blitze entsenden die Augen. Den Ohrschmuck, Geschmeide des Halses,

Hat sie entfernt und sich seiner in Vorsorge gänzlich entledigt,

Daß es den Kampf nicht verzög're und ihr die Beweglichkeit störe.

Einzig die Wade noch trug sie geschmücket mit purpurnem Schuhe;

Sonst war sie gänzlich entblößet, und nichts mehr bedeckt' ihr die Glieder,

Nackt stand sie da mit den schneeweiß erglänzenden, kugligen Brüsten,

Leuchtend erstrahlt' das Gesäß und die Formen des üppigen Leibes;

Zwischen den Schenkeln erglänzt' mit den zierlich geschorenen Lipplein

Lieblich die spaltbare Scham. Wenn sie selbst sich beschaute und reckte,

Dann, ach, berauscht' sie sich selbst an der Pracht und der Kraft ihrer Glieder,

Keck steht sie da auf dem Kampfplatz, das Urbild des krieg'rischen Weibes,

Aufreizend alles, die Stirne, das Auge, der Bau ihres Leibes,

Zornig bereit, um dem Feinde gerüstet entgegenzutreten.

Kampfgemut, wie an den blutigen Wassern des Flusses Thermodon

Die Amazone sich stellte, den Scharen der Geten zu wehren,

Hindernd den Zutritt zum Ufer mit weit vorgehaltenem Schilde,
Schwingend die schreckliche Streitaxt dem Nacken des Feindes
entgegen.

Lygdamus, als er die nackende Schönheit des Mägdleins nun
schaute,
Kam er von Sinnen vor Gier. Ihn verdroß es, noch länger zu
warten,
Ihr gegenüber den Platz nahm er ein, voll Begierde zu kämpfen.
Eine gewaltige Masse, stand strotzend und barhaupt das Glied
ihm,
Steifstraffen Halses, ein Ungetüm, wütend, bewundernswert
schrecklich,
Drohend erhob es den Rachen, der schäumend vom Safte be-
deckt war.
Siehe, er späht, wie er eindringt und hindrückt und zielet und
stoßet,
Zeigend dabei, wie er kräftig an Lenden und Gliedern gebaut ist,
Dräuend mit Angriff zugleich und gefährlichem Vorstoß nicht
minder,
Wie auf dem lybischen Kampfplatz der Herkules schwinget die
Keule,
Schultern und Brust, die gewalt'ge, behindernder Kleider entle-
digt,
Mit seinen mächtigen Armen Antaeus, den Gegner, umschlin-
gend,
Daß ihm die Rippen zerbrachen, und tot er, zerschmettert, da-
hinsank.

Heftig entbrannte die Glut in den beiden. Es schwellten die
Herzen,
Wahnsinnig hitzige Triebe, sie drängten dem Kampfe entgegen.
Stürmend brach Lygdamus vor, er, der wilde, geschwinder als
Sturmwind,
Sie in der Mitte zu packen und blitzschnell von oben zu fassen,

Sie zu verwunden und gleich im Beginne den Sieg zu erzwingen.
Wütend, erglühend in Streitlust, dringt vor er, doch fest stehet
Chloris,
Weichend kein Haar breit vom Platze, es wurzelt der Fuß ihr am
Boden,
Streckt unerbittliche Hände dem stürmenden Feind sie entgegen,
Fährt mit den Nägeln der Finger ihm wütend ins lüsterne Ant-
litz.
Zornig beginnt er zu weichen, das listige Mägdelein schleudert
Jäh den Verwirrten zurück, und sie wirft ihn gar boshaft im
Zweikampf.
Laut hallt der Beifall der Mädchen, mit Händen und Füßen
gespendet,
Hoch auf der schwebenden Wolke, wie lachet und freut sich
Cupido.
Als dann der Rasende strebte, das Mägdlein beim Ohre zu fassen,
Stieß sie ihn hurtig zurück, und es tobte, blind wütend, der
Grimme.
Wiederum knirscht' er und brüllte noch lauter und sprang ihr
entgegen
Jählings, um blutig die Zähne ins blühende Fleisch ihr zu gra-
ben,
Furiengepeitscht ob der Schmach des so kläglich mißlungenen
Angriffs.
Zorn treibt den Jüngling von neuem und heftiger abermals vor-
wärts,
Hin auf den Feind. Aber jene verändert die Weise des Kampfes,
Ruhig dem erstmal'gen Ansturme weichend. Doch Lygdamus
setzet
Wieder ihr kräftiger zu, sie zu fassen, doch weicht sie vom Platz
nicht,
Schnaubend gelingt ihr, sich droh'nder Umklamm'rung ge-
schickt zu entziehen;
Hände und Füße, sie kämpfen, es knacken verschlung'ne Ge-
lenke.

Wer kann in Versen es schildern, wie oft sich die Gegner um-
schlangen,
Wie sie sich lösten, bemüht, sich einander mit List zu entwinden,
Wie sich das Kampfspiel nun oftmals erneute und oft wieder-
holte?
Nimmer vermöcht' ich's, und säße ich selbst auf der ragenden
Höhe,
Auf der thymbräischen Burg, und Apollo erfüllte das Herz mir,
Nicht, wenn erhabenen Flugs eines Pegasus Schwingen mich
trügen.
Endlich, mit siegender Kraft nun umfaßte der Jüngling das Mäd-
chen,
Drückt' es mit kräftigen Armen und preßte es heftig zusammen,
Körper an Körper gedränget, so drückt' er die Brust an die Brüste,
Und seinen grimmigen Dolch, der so wild und gefährlich ihr
drohte,
Stößt er ihr gegen die Scham, und so viel als die zornige Jugend
Mit der entfesselten Brunst im Vereine nur irgend vermögen,
Dränget er wuchtig nach vorn . . . ja, er tät' es, doch täuscht' ihn
die Richtung
Bei dem Versuch; denn er traf das gewaltig sich sträubende Mägdlein
Vorne zu hoch, ja zu hoch, wenn auch nur um die Breite des
Fingers;
Und das Geschoß weicht zurück, um ihr Ziel war betrogen die
Lanze;
Ob er auch Chloris noch hält, war des Lygdamus Stoß doch
vergebens.
Seht sie erfolglos sich mühen, die Fesseln der Arme zu sprengen;
Seht, wie sie raset und tobet und drohet mit Zähnen und Nägeln,
Weil er nicht löset die Arme und so die Umklammerte frei gibt.
»Wie«, sagt der Jüngling voll Zornes, »du Nichtsnutz, ich soll
dich jetzt lassen,
Lassen, nachdem ich dich halte, ich werde dich ewig so halten,
Fester umschließt dich mein Arm, bis ich gänzlich dich habe
durchbohret,

Dann, nach vollendeter Tat, mag Climene, die treue dich pfle-
gen.«
»Lasse, ach lasse mich los«, so schrie wütend das zappelnde
Mädchen,
Arbeitet heftig mit Zähnen und Nägeln; sie beißt und zerkratzt
ihm
Hals und Gesicht, und sie fährt ihm ins Haar, und sie zaust ihm
die Ohren,
Wild und vom Haß wie geblendet, zerfleischet sie grausam den
Jüngling.
Schon hängt zerraufet das Haar in die Stirn ihm, schon perlen die
Tropfen
Blutes, schon färben sich dunkler die Wangen, und blau unter-
laufen
Sind ihm der Hals und die Schultern, er seufzet und stöhnet
erbärmlich,
Schlimmer nur setzt sie ihm zu, mit den Nägeln die Augen zu
blenden,
Aber was macht nun der Arme? Er läßt die Umschlungene frei
jetzt,
Opfert den quälenden Schmerzen die ihn so beglückenden Wün-
sche.
Armer, vom Schicksal gepeinigter Jüngling, du bist zu beklagen,
Der du von Bissen zerfleischet, die Freude vernichteten Zähne,
Und dein Triumph wird durch feige und spitzige Nägel vereitelt,
Daß sie den Händen, den kräftigen Armen so glücklich entron-
nen,
Darüber jubelt nun Chloris. Es trocknet den triefenden Schweiß
ihr
Myrtala ab vom Gesicht und der Brust und dem Leibe der
Herrin.
Jener, ans Bette gelehnet, erseufzt in der Tiefe des Herzens;
Und die ermattete Kraft will sich keuchend und langsam erholen;
Chloris, sie hat ihn besiegt, doch sein Grimm ist nicht mit un-
terlegen;

Tastend befühlt er die Stirne, das Haar, die geschwollenen Arme,
Die sie ihm zornig zerbiß, und dann tastet er über die Füße.

Gleichwie der Leu, der im weglosen Dickicht der Wälder Hyr-
caniens
Mit einem Tiger gekämpft und nach schauerlich wütendem
Kampfe
Hin in den Schatten gestreckt nun, mit gräßlich zerrissener
Mähne
Kräfte zu sammeln versucht; er schleppt' sich erschöpft in die
Wildnis,
Seitlich geneiget das Haupt; denn ihn kränkt, daß im Kampf er
bezwungen,
Hier, in der Einsamkeit leckt er das struppige Haar und die
Wunden.
Also auch Lygdamus. Doch war die Ruh' ihm nicht lange
beschieden;
Denn ihn verhöhnet Chloris. Erfreut und wie trunken vom Siege
Kehrt sie den Rücken ihm zu, und in schmachvoll verwerflichem
Spiele
Tänzelt sie hierhin und dorthin und keck, voller Übermut, dreht
sie
Wackelnd ihr weißes Gesäß, bis zur Wut ihn der Anblick ent-
flammet.
Plötzlich, es hatte das Mädchen die Wendung von ihm nicht
erwartet,
Springt er von hinten heran, und er zielt mit dem furchtbaren
Glied ihr
Zwischen die Backen des Hinterns. Es schreit die so jäh Über-
raschte.
Mägde, sie eilen herbei, und es rufet die holde Climene:
»Jüngling, halt ein! Nicht gestattet ist dir die Besteigung des
Hügels;
Sei er dir heilig, der sanfte. Hinweg mit der ruchlosen Waffe,
Und nach den Regeln des Kampfes beende ihn in der Arena!«

So sprach Climene, doch Lygdamus wollte vom Angriff nicht lassen,

Aber die Mägde sie reißen ihn fort, und sie werfen ihn rückwärts.

»O du verderblicher Sproß von verächtlicher, schmachvoller Herkunft,

Galgenstrick, unwert des Kampfes mit uns bist du, gänzlich Verruchter«,

Schimpfet ihn laut und mit kreischender Stimme die wütende Chloris,

Streichelt dabei mit dem Händchen, dem sanften, die bebende Rundung.

Lygdamus aber verstummt nicht und lachet und spottet des Zankes.

Mächtig und dräuend, gewaltig, erregt durch den Duft ihrer Rundung,

Kräftigem Balken vergleichbar und schwellend zur Höh' eines Turmes,

Strecket den riesigen Speer seines Gliedes nun Lygdamus von sich.

Groß war es, nicht zu beschreiben, es schien so, als füllt' es den weiten

Rachen der schäumenden Thetis und ebenso Rhea, die alte,

Wie auch die Mutter Natur mit der Masse des mächtigen Schaftes;

Wuchs, wie die Zeugerin selbst, wenn sie riesige Welten gebieret,

Die den Gestirnen und Jupiters Dreizack entgegen sich wölben,

Trotzend dem Donner, der schallend die Weite der Erde erschüttert.

Größer nicht war, wie ich glaube, der Rüssel des Kriegselefanten,

Der so gefürchtet einst war und aus Schluchten der Alpen herabkam,

Hannibal trug er auf turmhohem Aufbau gen Latium, das alte,

Das er mit Krieg überzog, auch die zitternde Roma bedroht' er,

Als er heranzog, zu stürmen die kapitolinische Feste.

Lygdamos selbst war erstaunt, daß sein wuchtiger Speer so gewachsen,

Und auch die brünstige Chloris blickt' geil und entflammet das
Glied an,
Glücklich darob, daß gewachsen die ihr so erwünschte Gefahr
sei.
Leise ihm nahte das Mädchen; zu sehen, ob Täuschung nicht
walte,
Wagt sie das grimmige Glied zu berühren mit ängstlicher Vor-
sicht.
Schäumend erhebt es sein nasses Gesicht, und es bäumet sich
furchtbar.
So stand der Jüngling nun da, ein verwundeter Krieger im Felde,
Tapfer bereit, um die Kühnheit des Mädchens gebührend zu
strafen.
Wie er so stand, mit zerzausetem Haar und geschundener Stirne,
Wendet er aufwärts zum Himmel das Antlitz, das blutig zer-
kratzte,
Fleht mit erhobener Stimme und bittenden Worten nach oben:
»Die du dem Schaume entstiegen, o Mutter der Götter der Liebe,
Göttliche Venus, der Gnidus und Cypern als Heiligtum eigen,
Die du in Wäldern des Ida nicht minder und gläubig verehrt
wirst,
Wenn ich, o Göttin, nicht nutzlos die besten der Jahre dir diente,
Wenn du nicht grausam an Schmerzen dich weidest und Wonne
empfindest,
Und wenn dich Heiterkeit freuet und Lachen, das fern ist von
Roheit,
Blicke herab auf mein Haupt, meine Haare, die Wunden der
Bisse,
Sieh mit Entrüstung herab auf die Tat jenes treulosen Mädchens.
Grausamkeit kennest du nicht, und dein Herz ist der Bitte ge-
öffnet,
Hat nicht dein Biß auch des Dardanus Sohn, den Anchises,
verwundet,
Als er dich brünstig umfing an des Simois friedlichen Wassern,
Nieder dich werfend, Erhab'ne, ins Gras jener phrygischen Aue?

Gerne gewähret dein Herz, und du bist deinem Mars stets ge-
wogen,
Mag er als grimmiger Kämpfer beim schmetternden Schall der
Posaunen,
Sturmhelmgeschmückt, mit dem furchtbaren Dreispitz voll Lie-
be dir nahen,
Immer noch nimmst du ihn auf, trotz des dräuenden Anblicks
der Rüstung,
Und du erfreuest dich willig auch mit dem geharnischten Gatten,
Zwischen den Speerwürfen küssend, im Kampf mit gelonischer
Streitmacht.
Mich wirft das Mädchen zurück, mich, den Nackten, der Sanftes
erstrebt,
Stößt mich zerschunden zurück, mich verwundend mit Händen
und Zähnen,
Siehe, so wütet die Kecke. Schick' du deine heilige Glut ihr,
Spende mir Stärke und Mut, ihr die Brust, die so wilde, zu
schlagen,
Daß mein Geschoß es jetzt bänd'ge, das Mädchen, das zügellos
heft'ge.
Wenn du gewährst, daß die Spröde gefügig sich zeigt, wie ich
wünsche,
Will ich gern wandern als Pilger, zu dankbarer ew'ger Erinnrung
Dorthin, wo Eryx, Siziliens König, Altäre dir baute,
Lieblich mit Blumen des Aetna geschmückt; wo in himmli-
schem Glanze
Herrlich du strahlst am Gestade von Cos auf dem Bild des
Apelles,
Wo dein Geburtstag ein Fest ist Bewohnern der Höhen Cytheras.
Dann wird der schmiegsame lederne Mantel, geschmücket mit
Perlen,
Faltenreich weit mir, dem Pilger, die kräftigen Schultern um-
wallen,
Kenntlich am Bande, dem weißen, wird ruh'n in der Hand dann
der Speer mir,

Friedlich, dem friedlichen Manne. So will deinem Tempel ich nahen,
Will ich Geschenke dir bringen und Lilien, gehäuft in den Körben;
Und deine Blumen, die Rosen, dazu; ja, dann werden von meinen
Wolken geopferten Weihrauches duften die heiligen Höhen.
Dann an die Wände des Heiligtums werd' ich als Dankgeschenk hängen
Einen Priapus aus Wachs, zur Erinnerung an deine Hilfe.«
Sprach es und Chloris darauf: »Ach, wie könnte die Göttin erhören
Solch eines Toren Geschwätz, ihr Geschlecht und ihr treuestes Mägdlein
So seinem Spott übergeben? Sie lacht nur, o Narr, ja, sie lacht nur,
Auf dem gewölbten Olympus verspottet sie lustig den Unsinn,
Wenn sie nicht vorzieht, die rosigen Ohren mit Wachs zu verstopfen.
Will sich gnädig erhören, wohlan denn, vernimm meine Worte:
Venus auf Erden wird Chloris, die schöne, an Stelle der Göttin.«
Venus vernahm's in der Wolke, sie wendet sich ab von dem Hochmut,
Spendet dem Jünglinge Kraft und verheißt ihm Erfüllung der Bitte.
Neu nun beginnet der Kampf, und der Jüngling ist furchtbar zu schauen
Mit dem zersausten Haar und der wuchtigen, starrenden Lanze,
Chloris ist schön mit den schwellenden Brüsten des herrlichen Busens.
Gegeneinander nun rennen sie beide, die Arme verschlingend.
Klopfenden Herzens erzittern die Mägde, erbangt bei dem Anblick
Dieses so grimmigen Ansturms, von dem das erschütterte Haus bebt.

So, wie zwei Stiere erbittert und furchtbar die Hörner verhaken
– Kurz war die Pause im Kampf – in dem grünenden Tal
Macaoniens
Ganz unversöhnlich im Zorn, sind sie wütend zusammengera⸗
ten.
Nieder vom Felsen, dem nahen, blickt ängstlich der Hirte hin⸗
unter,
Fürchtend, die Kämpfer zu trennen; es brüllt die versammelte
Herde,
Und es erzittert der Hain von den wuchtigen Stößen der Hörner.
Lygdamus dringet behutsamer vor, denn er scheuet die Nägel,
Suchet jetzt Chloris zu fassen, mit nervigem Arm zu umschlin⸗
gen,
Wehrend den Waffen der Hände. Doch jene, die klug und be⸗
sonnen,
Meidet die drohenden Schlingen, entschlüpfet gewandt der Um⸗
klammrung.
Handgemein werden sie nun, und es tobet das Feuer des Kamp⸗
fes,
Rastlos und ruhelos kämpfen sie beide, entflammet von Streitlust,
Rennen zum Lager, sie fallen, erheben sich, stürzen von neuem,
Oben ist er bald, bald sie, jetzt entwischt sie, jetzt faßt er sie
wieder,
Und, daß die Arbeit des Kampfes, die grause, nicht Worte
verzögern,
Schweigen sie beide, es herrschet die Wut auf dem lautlosen
Kampfplatz,
Ruhe gebietend. Es dienen die Glieder stumm rasender Tollheit.
Feurige Flammen entsprühen den blitzenden Augen der Kämp⸗
fer,
Denen das Antlitz erglühet, es brennen die Wangen: die Kno⸗
chen
Krachen beim Anprall, es knirschen die krampfhaft ver⸗
flocht'nen Gelenke.

Wie der Trompete Geschmetter den Krieger zum Streite begei-
stert,
So stärkt das Krachen und Keuchen beim Ringen den beiden
den Mut noch.
Als nun der Jüngling bemerkte, er könnte bezwingen und
bänd'gen
Sie nicht durch Aufwand der Kraft, sucht er schlau sie durch
List zu verwirren,
Sucht er durch Schliche und mancherlei Wendungen sie zu
ermüden.
Wendet sich hierhin und eilet mit großer Behendigkeit dorthin,
Dreht sich im Kreise, springt rechts und springt links, scheint von
vorn sie zu packen;
Jetzt gar umfaßt er sie plötzlich und fesselt die jäh Überraschte.
Sehet, es nützen der Armen die Nägel nicht mehr, nicht Ge-
schosse,
Keine der dräuenden Waffen, die Zähne nicht länger. Zusam-
men
Liegen, gepreßt, ihr die Arme, doch spottet ihr Antlitz der Wun-
den.
Lygdamus sprach jetzt: »Du mußt es nun büßen, daß du mir die
Stirne
Blutig zerschunden, das Haar mir zerrauft hast. Es hat mir die
Bitte
Venus, die hehre, erhöret.« Und Chloris, er stößet sie knirschend
Vorwärts, dem Bette entgegen, obgleich sie sich sträubte und
wehrte.

Hierhin und dorthin nun wankten der Jüngling und Chloris,
sich drängend
Nebeneinander, wie herrlich zur Höhe gewachsne Zypressen
Hoch auf dem Gipfel des Ida sich nähern, bewegt bald vom
Südwind,
Bald von dem Nordwind entgegengebogen die mächtigen Wip-
fel,

Jetzt ihre Zweige verflechten und dann voneinander sie lösen.
Weichend muß Chloris dem stärkeren Drange doch schließlich
sich fügen,
Lygdamus ist unermüdlich. Er folgt ihr und lässet nicht locker,
Drängt sie ans Bette und drückt sie dort nieder mit all seinen
Kräften.
Tapferer Jüngling, wer soll dir die Palme des Sieges entreißen,
Die du dir wacker errungen? Der volle Erfolg, er gebührt dir.
Auf denn, ins Innerste stoße dem wankenden Feinde die Waffe,
Stürme im Laufe des Siegers den kapitolinischen Hügel.
Wahrlich, er würde ihn stürmen, erobern und gänzlich durch-
bohren,
Aber das schmiegsame, schlaue, an List unerschöpfliche Mäd-
chen
Kreuzte ganz heimlich die Schenkel, so daß er nicht gleich es
bemerkte,
Legt' auf das linke das rechte der Beinchen, daß gleich einem
Damme
So nun der Zugang gesperrt, und geschützt war die kostbare
Grotte.
Als er das Hindernis spürte, das neu sich entgegen ihm stellte,
Sucht' er durch Worte, er durfte die fesselnden Hände nicht
brauchen,
Sucht' er ihr Herz zu erweichen durch Worte beweglicher Klage:
»Was widerstehst du noch immer den süßesten Wünschen, o
Spröde?
Ach, warum kämpfest du noch? Gib doch nach, laß genug sein
des Zornes,
Laß nun des Blutes, des Kampfes genug sein; laß Lachen mich
sehen,
Der ich bisher nur den Biß deiner Zähne gefühlet, o siehe,
Sieh meine Wunden, du hast sie, zuerst mich besiegend, geschla-
gen;
Gönn' mir nach dir den Triumph und gewähre die zweite der
Palmen,

Da dir die erste gewiß bleibt, verwehr du den Sieg mir nicht
fürder
Nur zum Beweis für den deinen! Du aber verlierest die Freude,
Wenn du es leugnest, ich könnte dich nicht noch besiegen. Dich
bittet
Nicht ein Barbar, der erwachsen inmitten der Tiere des Waldes,
Und auch kein Scheusal. Ich biete ein Herz dir voll Liebe, o
Chloris,
In einem Körper voll Anmut. Ich könnte die Haare dir raufen,
Könnte mit wütenden Bissen die Brust dir, die weiße, zerflei-
schen;
So dir die Wunden vergelten und rächen die frühere Schande.
Aber ich schone dich, Chloris; ich wähle mir Leid statt Ver-
geltung,
Eh ich dein Antlitz zerkratzte und ritzte die rosigen Wangen,
Eh ich die leuchtenden Augen, die herrlichen Brüste bestrafte,
Die, von dem Kampfe erschüttert, dein Odem wild senket und
hebet.
Lieber doch will ich die Augen und schneeigen Brüste bedecken
Zahllos mit Küssen. Empfanget die Küsse, ihr reizenden Brüste,
Lasset euch küssen, ihr Augen, ihr holden, du liebliches Antlitz!
Nehmt diese Küsse für euch, o ihr Augen, und diese, ihr Brüste,
Diese sind einzig für euch, und für dich nun sind diese, o Antlitz.
Siehe, so beißt, so verwundet dein Feind das Gesicht dir, o
Chloris.«
So sprach der Jüngling. Den rosigen Wangen, den schneeweißen
Brüsten
Gibt er der Küsse so viele, als goldene Äpfel der Garten
Der Hesperiden getragen, als Rosen die Gärten von Paestum,
Und am Gestade des Ganges an edlen Gesteinen zu finden.
Aber sie wehret sich dennoch, beraubt des Gebrauchs ihrer Hände
Und noch von oben gedrückt, doch jetzt wendet sie seitwärts das
Antlitz,
Sträubet und windet und bäumet sich unter dem Angriff der
Liebe.

Als sich nach einiger Zeit nun der Ansturm der Liebe be-
schwichtigt,
Sagte das Mädchen: »Du schändlicher Lygdamus, sollst so nicht
siegen;
Nicht, wenn auch Venus, den törichten Bitten von dir zu Ge-
fallen
Stiege vom Himmel hernieder, berüchtigt als kämpfende Göttin,
Nicht, wenn die schamlose Venus dich lehrte die Künste der
Liebe,
Jene verborgenen Künste, womit sie den Gatten betöret.
Wohl ist dir Venus gewogen, ich weiß es. Du hältst mich um-
klammert.
Dir gab die Göttin die Kraft. Doch du wirst nicht das Ziel deiner
Wünsche
Jemals erreichen. Wenn Zähne und Nägel versagen, so stehen
Andere Waffen noch Chloris abscheulichem Feinde entgegen.
Schändlicher Tropf du, Verruchter, mit diesem Geschosse, mit
dem ich
Mehr noch, das meiste vermag, nun, es treffe dich sicher, du
Nichtsnutz.«
Sprach's und dem offenen Munde entschleudert die garstige
Schützin
Glücklichen Wurfs ins Gesicht nun dem Jüngling, dem armen,
den Speichel.
Jauchzend bejubelns die Mägde; doch grimmige Wut und Be-
schämung
Packen den Jüngling; er kochet, er wütet, er schäumet und dränget,
Heftig bemühet, die Schenkel, wie fest sie auch presset, zu lok-
kern,
Alles versuchend, vergebens die Kräfte zum Äußersten span-
nend.
Venus, voll Zorn ob der Schmähung, der wüsten, des streitbaren
Mädchens,
Steiget vom Himmel, dem hohen, vom Sitze der Götter hernie-
der,

Menschlichem Auge verborgen, umhüllet von dunkeler Wolke,
Tritt sie ins Haus, und sie nahet der Stätte des wütenden Kampfes.

Ein in die feuchte und göttliche Scheide taucht Venus den Finger,
Und sie bestreichet mit ihm dann ganz leise des Lygdamus Nase.
Ihm war jetzt Hilfe gebracht durch den Saft, denn er wirkte nun Wunder,
Mars selbst, wenn Venus damit ihn berührte, um bei ihm zu schlafen,
Hielt nicht mehr stand. Von der Wollust gepackt und ganz wild und von Sinnen,
Nerven und Sehnen gespannt von der brünstigen Glut des Verlangens,
Tritt er dann, stampfend voll Wut, in die Werkstatt des Schmiedes von Lemnos,
Fähig, die plumpen Cyklopen zu töten, die furchtsam entweichen.
Als nun die Göttin den Jüngling berührte, ergoß sich ihr Duft gleich
Über das Haus hin. Der Duft von dem Safte der göttlichen Muschel
Füllt' alle Räume; wie Weihrauch, entzündet vom Priester in Saba,
Wie wenn beim Säuseln des Winds des Orontes so üpp'ge Gefilde
Wohlgeruch spenden und Wälder Judäas balsamische Düfte.
Wohlig verspürten die Laren die heimliche Hilfe und sogen
Gierig den Duft und die Kraft; und schon brennen, durchdrungen von Wollust:
Bett und die Pfühle, das ganze Gemach und die Kleider nicht minder,
Teppiche, Giebel, Gebälk, die vergoldete Decke, die Schüsseln.
Chloris auch brennet und zittert in zügellos geiler Begierde.
Brunst plagt die Diener. Die Mägde, entflammet, sie reiben sich endlos.

Nichts hat — wer möchte es glauben — die Brunst, die geheime,
verschonet.
Völlig auch hatte dem Jüngling der göttliche Nektar durchdrun,
gen
Jeglichen Sinn, ihm gestählet die Nerven, die Muskeln, die Seh,
nen,
Grimmig, in wütendem Ansturm springt Lygdamus auf nun
zum Kampfe.
Fesseln aus klirrendem Stahle, nicht tausende, könnten ihn hal,
ten,
Auch nicht die trotz'gen Titanen und stemmten sie selbst ihm den
Ossa
Und mit den riesigen Felsen den hohen Olymp ihm entgegen.
Ach, wie der Jüngling jetzt schäumt, wie er knirschet und tobet
und keuchet,
Schleudert das Mädchen umher, treibt es rückwärts und foltert
und dränget,
Drücket und martert es, blind in der Wut, es erzittert die Kam,
mer.
Als nun das Mädchen vom Schreck sich erholt und den Rasen,
den wegdrängt,
Packt er mit Händen von Eisen die Liebliche fest an den Wei,
chen,
Hebt sie empor, und er wirbelt im Kreise das schutzlose Mägd,
lein.
Als sie nun dastand, das Bett ihr im Rücken, sprang hurtig er auf
sie,
Tief bog das Bett sich zurücke, und schnell trieb er zwischen die
Beine,
Zwischen den schattigen Eingang, vom köstlichen Nektare träu,
felnd,
Trieb er den furchtbaren Speer, den gewaltigen, nicht zu um,
spannen,
Drang dann, nachdem er gesprenget die Pforte, hinein in das
Innre.

Jenes Geschoß, das kein Ruf mehr zurücklenkt, ach siehe, es dringet
Vor durch das offene Tor und hinein in die haarige Spalte,
Dort faßt es Fuß in der Tiefe und wühlt im verborgensten Innern.
Heftig erbebte die Grotte und krachte in all ihren Fugen.
Während er vorstößt, knirscht Chloris, geschüttelt von maßlosem Grimme,
Sucht mit den Händen zu wehren, dreht seitwärts die Brust, nie besiegt noch,
Und, was die Kraft ihrer Glieder und Wildheit und Mut ihr erlauben,
Bietet sie auf, und sie dreht sich und bäumt sich dem Schicksal entgegen.
Aber nicht nützet dem Mädchen die Abwehr, zu bessern die Lage;
Denn es verhilft nur ihr Sträuben dem Feinde den Eingang zu ebnen,
Wähnend, dem Speere zu wehren, sie öffnet den blutigen Weg ihm.
Ihr gleich verspüret die Löwin, entdeckt von dem nubischen Jäger
In der zerklüfteten Grotte, von wuchtiger Lanze getroffen,
Furchtbar verwundet, in maßloser Wut nicht die Spitze der Lanze,
Und, wenn vom blutigen Stahle durchbohrt auf den Feind sie nun losgeht,
Knirschend, mit fletschenden Zähnen auf ihn sich zu stürzen versuchet,
Bohret sie selber nur tiefer den Stahl sich hinein in das Innre.
Von dem Erfolge beglücket, berauscht sich der Jüngling an Küssen,
Ganz in die Arbeit vertieft, wiederholt er das Spiel immer wieder,
Wieder und wieder durchbohret, süß seufzet und lächelt das Mädchen,
Garstige Chloris, besänftigt und günstig gestimmt durch das Spiel schon,

Glättet das Antlitz in Wonne, vom wuchtigen Speer ihr bereitet.
Ach, sie bereut jetzt ihr trotzig und hartnäckig heftiges Wesen,
Ja, sie bereut, daß sie grausam die Zähne und Nägel gebraucht
hat.
Da hält der Jüngling jetzt inne in fassungslos süßer Verzückung,
Lygdamus schaut in die leuchtenden Augen, auf rosige Lippen.
Bald doch beginnt er aufs neue mit kräftigen, wuchtigen Stößen.
Chloris läßt gern es geschehen, von heimlichem Glück strömt sie
über,
Ja, sie beglücken die Stöße mit inniger, wachsender Wonne.
Flimmernd schon flattern die Lider, und fast ist erschöpfet der
Jüngling
Von jener Arbeit, der langen und süßen, es fliegt ihm der Atem,
Körper und Antlitz sie zeigen, es gehe der Kampf nun zu Ende.
Als nun das Ende der Wonne, es mußte ja kommen, sich einstellt,
Fleht er: »Gib, Treulose, gib mir dein Zünglein schnell zwischen
die Lippen«,
Chloris nun reicht es dem Jüngling mit offenen Lippen entgegen,
Schlürfet die Klagen und stammelnden Worte des Bittenden in
sich.
Er hielt das Zünglein gefesselt, und fest ruhte Lippe an Lippe.
Liebesentflammt ließ der Jüngling von neuem die krieg'rische
Seele
Tief in das Innre dem Mädchen nun fließen und über dort
strömen.
Chloris, vom Speere, vom feuchten, getroffen, gibt selbst ihm die
Richtung,
Innig umschlungen, drückt brünstig, umfänget und presset den
Feind sie,
Bis ihm die Arme erschlaffen, und bis ihm das Feuer gedämpfet.
Lygdamus kann kaum die Lippen bewegen, er haucht: »Halt
ein nun,
Treulose, halte doch ein jetzt! Ich sterbe.« Erschöpfet umschlang er
Jener den Hals, und er sank an die Brust ihr in mattem Verstum⁄
men.

Auch nicht der leiseste Laut mehr entrang sich den Lippen des
Jünglings.
Dies war das Ende des Kampfs, der so grausig und schrecklich
begonnen,
Und die Entscheidung blieb offen, wer wirklich der Sieger ge-
wesen.
Zweifelhaft bleibt der Triumph, denn der Sieger liegt selber dar-
nieder.
Ihr, die ihr Völker regieret, und die ihr als mächtige Herrscher
Wandelt den Weg eures Daseins erhaben, auf Höhen der
Menschheit,
Welche Verirrung des Geists, welche Tollheit hetzt Völker zum
Kriege,
Treibt sie, der Brüder Geschlecht und die Städte und Länder mit
blut'gen
Waffen zum Kampfe zu peitschen, um Tod und Vernichtung zu
ernten?
Daß uns den Erdkreis das grause Gemetzel nicht gänzlich ent-
völkre,
Friede und Eintracht den Weg in verwüstete Länder noch finde,
Lasset doch ab von dem blutigen Morden, es mahne dies Lied
euch:
Kämpfe, wie hier sie besungen, die mögen die Herrscher erlernen.
Preiset die Jugend! Solange die Saiten der Leier ertönen,
Und noch der Lorbeer zum Kranz um begeisterte Schläfen sich
windet,
Rühmend in bleibender, ew'ger Erinn'rung soll ihrer gedacht
sein,
Niemals im Wandel der Zeiten und nicht von den Musen ver-
gessen.
Und solang Gallien siegreich beherrscht beide Meere, die Völker,
Und noch der Adler und Löwe dem Wappen der Lilien
huld'gen,
Lygdamus, Chloris, des Kampfs und des Sängers wird stets man
gedenken.

Penthesilea, die einstmals den Griechen Achilles bekämpfte,
Kann man besingen nicht besser und auch nicht den trotzigen
Tankred,
Der vor Jerusalem tapfere Taten des Schwertes vollbrachte
Und die erschlag'ne Clorinda mit blutigen Zähren beweinte.
Stets wird die staunende Nachwelt den Kampf mit Entzücken
bewundern,
Euren so rühmlichen Kampf und das Werk, das ihr brünstig
vollendet',
Weniger wird sie Vergil und noch wen'ger Lucanus dann lesen.

So, wie ich sagte, gelang mir im Kampfe der Liebe zu siegen,
Aber welch feindlicher Gott brachte mich elend zu Fall?
Mir ist beschädigt die Achse des Lebens, gebrochen die Lanze,
Waffe zwar heißet sie noch, Scham bringt und Schande ihr Stoß.
Als mich vor kurzem Trompeten und Fahnen zum Kampfplatze
riefen,
Sagt' ich mir: Bleibe zurück, kraftloser, müder Soldat.
Hin ist die Brunst, und ich selber bin fremd mir geworden. Der
Spiegel
Zeigt ein verändertes Bild, so sah ich früher nicht aus.
Oftmals nun suche ich mich, doch ich kann mich nicht wie-
dererkennen,
Lebe ich noch, oder bin ich eines Toten Gespenst?

Bibergeil Pedantische Liebeslieder

I

Wie liebt ich dich so wild und so korrekt
in jenem Wald der dunklen Pithyusen,
als irr dein Mund auf exaltiertem Busen
mich teils geküßt, teils gierig aufgeschleckt!

Wie wühlte ich in deinen Prachtkorsetten,
darauf Astartens Sinnfiguren glühn,
und wie beglitten unsre Zigaretten
die Probenacht honett und misogyn!

Nichts irdischer Kosmetik kann sich messen
mit deines Schenkels Vermouth-Cantilene.
Dein Hündlein selbst verlangt nichts mehr zu fressen,
seit es das Blut geschmeckt aus deiner Vene.

Ich möchte dich mit Himbeersaft begießen,
vermischt mit seidnem Pfeffer von Cayenne.
Ich möchte dich im Schlummerpunsch genießen
und schlürfen wie die Auster von Marennes.

An dich nur denk ich, wenn in meinem Bette
die kleine Singhalesin hold für mich entbrennt.
Von dir begehr ich eine künstliche Doublette
mit zarter Haut aus dünnem Pergament.

II

Mir träumte einst in sanften Frühlingswinden,
als ich mir jäh das Fußgelenk verstaucht,

ich müsse dich in jenen Lüften finden
exakt und zuverlässig hingehaucht.

Wir treten sehr diskret durch deine Zimmertüre;
dich kleidet zur Genüge schon dein linker Strumpf.
Der Küsse süß-pneumatische Geschwüre
verteilst du sorglich mir auf Bein und Rumpf.

In fahler Nacht geheimnisvollen Schauern
ertönt des Mondes dünner Meßgesang.
Ein seltsam Schluchzen dringt aus morschen Mauern.
Dein Hals wird grau und kilometerlang.

Du stahlst mir meine silberne Pistole
und schossest mich, parbleu!, in meinen Schlips.
Doch lagen schon bereit auf dem Console
dein Nachtgebetbuch und die Everrips.

Ein Faun schlich sich ertappt aus deiner Unterwäsche:
Ich zeigte mich darob gar sehr verletzt;
doch du, versöhnlich, batst um eine Lustkalesche
zum Lotospark, den du so sehr geschätzt.

III

Wie traulich hört ich deine Bauchaorta schlagen,
als ich an deiner Neugeburt nahm teil!
Du streicheltest mit meinen neuen Kragen
und parfümiertest dich mit Bibergeil.

Du lehrtest mich geheime Technizismen,
die Trommel und das große Alphabet,
als deiner Locken kühngeschwungne Prismen
in deinem Trance verschwanden vom Tapet.

Ich schickte klug dein Blut zur Analyse,
genoß es dann in Kaffee (so im Traum).
Du botest mir das stachlige Gemüse
und blaues Fleisch von einem Feigenbaum.

Dich interviewten sämtliche Gemeinden
in unsrer jüngst entdeckten Totenstadt.
Du warst so groß! selbst meinen ärgsten Feinden
gewährtest du erheblichen Rabatt.

IV

Du tanztest vor dem Großmetropoliten,
du tanztest vor dem Kaiser der Chinesen,
nachdem von deinem Körper ich die Parasiten
ernsthaft gesucht und hilfreich aufgelesen.

Voll Wehmut noch gedenk ich deiner Taille,
an der mein Mund das Köstlichste genoß;
derweilen du, geliebteste Canaille,
mit einem Satze saßest hoch zu Roß.

Du bliest den Teufel einst durch deine Lippen,
und fast geruchlos wuchs der Bauch ihm zu.
Du flüstertest, nah seinen gelben Rippen:
»O du! o du! nur du bist mein Bijou!«

Ich sah dich gestern tot in der Terrine,
aus der ich schweren Punsch mir eingeflößt.
Sehr brünstig schrie des Teufels Konkubine,
der schöngefleckten Haut zum Teil entblößt.

V

Du schläfst so sanft auf einem Stempelkissen.
Die Affen in der Konstruktion der Luft
erklettern den Zenith in morschem Duft,
bis diese Welt aus ihrem Leim gerissen.

In deinen Magen flieh'n betörte Motten
und weben dort obszöne Gobelins;
ein Ehebruchs-Detektiv, hartgesotten,
erlag dem Dolch des Kaufhaus-Mannequins.

Es starrt der Derwisch bleich und unablässig
auf seines Nabels hypnogenen Punkt;
und der Hoteldieb, complaisant-gehässig,
aus Nagasaki der Geliebten funkt.

Im siebten Stock erschien vorm Küchenfenster
das Luftreptil als dubiöses Omen.
Beim Two-step anatomischer Gespenster
starb man gelassen unter Hirnsymptomen.

Dient man als Fraß den feisten Botokuden?
Der gourmandise schöner Krokodile?
's ist einerlei. In alten Kirmeßbuden
steh lieber Kopf auf einem Billardstiele! —

VI

Dein Tanz entsproß noch jener Onyx-Schale,
die wir gekauft auf türkischem Bazar,
wo auch in einem separierten Saale
dein Schenkel (Gipsmodell) zu sehen war.

Dein Kniescheiblein war grenzenlos persönlich,
der Rest dazu fast nur ein Kommentar . . .;

es klang gespannt-vibrierend und versöhnlich,
wenn man es klopfte mit viel Geld in bar.

Ich hörte kompetente Kavaliere
hymnisch verstört lobsingen deinem Akt;
man hob hervor, daß deine Kniescharniere
sich anbequemten dem abnormsten Takt.

Du wolltest mich geheimnisvoll verlocken
dich zu begleiten (spät, nach Schluß der Bar);
mich dauerte der zarten Gonokokken
so grausam protargol-gehetzte Schar.

VII

Du liebtest einst den eckigen Assessor
mit Schmissen reich autoritätowiert,
hingegen ich, als alternder Professor,
zu glasig war, geschmeidig facettiert.

Ach, jener Herr erlag dem Schwarm Karduchen,
der ihn — Verirrung! — sträflich übermannt.
Ich bat das Sternenbild des Ophiuchen
dich herzuzaubern scheu und larmoyant.

Doch du erschienst in bläulicher Perücken,
ein Bändlein drin aus neckischem Velour
Mein Oheim fand auch dieses zum Entzücken
und streichelte dir Schenkel und Frisur.

Du wurdest mild, charmant, betörend, lauernd,
umwandest mich mit kühlendem Flanell.
Ich küßte dich vampyrophob erschauernd
auf deiner Wangen skeptisches Pastell.

VIII

Wir saßen im Café, im erz-bizarren,
umwallt von salzig zuckender Musik,
bei Cocain-Omelette und Paprika-Zigarren
und lila Palmenwein von Mozambique.

Du saßest da wie phrygische Keramik.
Dein holder Busen zierlich und konvex
verriet von der verhaltenen Dynamik
(oh!) deines Leibes nicht den kleinsten Klex.

Du glotztest mir berückend in die Augen,
dummschlau verblendet und voll Dämonie;
und Chrysoprase blitzten, mich zu saugen
bestrebt, voll zweifelsfreier Sympathie.

Wir seufzten herbstlich, ratlos, doch entschlossen. –
Dein Lächeln schien jetzt wie kopiert nach Rops. –
Wir sehnten uns nach starken Feuerrossen
und sausten heim daktylischen Galopps.

IX

Du bist mit großer Vorsicht zu genießen
und traumhaft kitzlig bis zur Apathie.
Aus deinem Zünglein nur mag noch entsprießen
natriumlicht-gedämpfte Frenesie.

Ich preßte dich behend mit meinen Muskeln.
– Andeutungsweise krachte dein Skelett. –
Derweilen du mit läppischen Minuskeln
auf Körperteile schriebst manch Etikett.

Ich liebte dich so gräßlich und so wild,
sogar bereit zu x-belieb'ger Tat.

Noch heute figuriert dein Röntgenbild
auf meinem Schreibtisch (Marke »Diplomat«).

X

In einer Bar wollt ich dich jüngstens rühren
mit buntem eis‑geheiztem Alkohol
zu spenden deiner Brüstlein‑Konfitüren
lukullisch‑herb verlockendes Idol.

Oft möcht ich Aal und blonde Käserinden
mit mancher Puppe gern soupieren geh'n.
Fast monogam jedoch könnt ich empfinden
bei dir allein, mein Weib κατ ἐξοχην.

Dich lieb ich nach bewährtester Schablone
mit anspruchslosem lyrischen Gebell.
Du flüsterst wirr in agaçantem Tone
und karessierst mein mürrisch Naturell.

Man regte an (uns schien das kannibalisch):
»Seid doch gescheidt! bedenkt: es naht der Lenz!«
Wir, brav, absichtlich (zwar banal —) moralisch,
entschieden uns für strenge Abstinenz.

XI

Du ißt Konfekt, behutsam und exakt
das Pseudo‑Göttliche in dir ertötend,
ingrimmig leer, null, innerlich zerhackt,
jedoch seraphisch‑seriös errötend.

Ich möchte beinah' jetzt von der Palette
dir bunte Zeichen auf den Körper tupfen,
beziehungsweise liebreich mit Pincette
und Bistouri dir deine Haut zerzupfen.

– – Du scheinst sehr strapaziert nach heft'gen Ritten.
Dein Näschen wird zum Hochfrequenzgebläse.
Und von Langustenschwänzen jäh durchglitten
gluckst froh dein Schlund voll eitel Mayonnaise.

XII

Man sieht dich gern im Halbprofil von hinten
als lehrhaft kallipygisches Gestell.
Dein Wunderhemd, bemerkenswert absinthen,
hüllt liederlich dein amüsantes Fell.

Meuchlings verliebt blinkt quer an deinen Knieen
des lispelnden Parfüms Theorbenton.
Ich suchte tief ihn in mich einzuziehen
und riet dasselbe meinem jüngsten Sohn.

Gleich großen leicht versalz'nen Spiegeleiern
stehn deine Äuglein fromm an deiner Stirn.
O Himmel, du begannst ein Lied zu leiern
und plättest stracks mein fas'riges Gehirn.

In meinem Hirne fristeten Narzissen
und Tulpenzwiebeln schlichte Existenz.
Wie Meerrettich hast du's brutal zerrissen,
geliebte Frau, in süßer Indolenz.

XIII

So liegst du da: herzinniglich ermordet,
noch hämisch zuckend mit dem linken Bein,
das Antlitz starr, abgründlich überbordet
durch wüste Locken, stilisiert. – – Sehr fein.

Dein Kehlkopf scheint (akustisch) mir zu strahlen,
schwachsinnig gurgelnd mit Madeira-Creme
in derb outrierten Wollustgutturalen. —
Ich überdacht ein gnostisch Theorem. —

Du rührtest mich mit deiner herzhaft kalten
leblosen Haut mit spöttischem Elan,
zerstörend mir die schönen Bügelfalten
meines Pyjama smart und bleu-mourant.

Dienstmädchen – eine Kindererinnerung

Einem großen Dienstmädchen, über das es noch manches zu erzählen gibt, galt meine besondere Aufmerksamkeit; auf ihr Zimmer ging sie meist dann, wenn meine Mutter nachmittags ein Schläfchen machte oder mit meinen Geschwistern ausging. Als ich krank zu Bett lag, brachte mir diese stattliche Frau oft eine Fleischbrühe; ich ließ mich von ihr küssen, liebte sie heiß und innig, umarmte sie und drückte sie an mich, preßte meine Lippen auf ihre und sagte ihr, wie gern ich ihre Brüste sähe – worauf sie mir stets im sanftesten Tone antwortete, so als spräche sie zu einem Kind. Heute frage ich mich, ob meine Huldigungen dieser statt⁄lichen Frau nur Vergnügen bereiteten oder ob mein Liebesdrän⁄gen sie irgendwann auch einmal scharf gemacht hat. Sie war verlobt, aber das erfuhr ich erst später von meiner Mutter; ihre Schwester war, wie gesagt, ebenfalls bei uns.

Die Schwester war nach meinen damaligen Begriffen hübsch (deutlich erinnere ich mich seit dieser Zeit auch an Gesichter); beide waren von heiterem, aufgewecktem Wesen. Ich küßte sie beide, und jede sagte: »Erzähle es nicht meiner Schwester«. Und dann die Frage: »Hast du auch meine Schwester geküßt?« Ich war natürlich so schlau, zu beteuern, ich hätte nichts dergleichen getan. Die beiden stritten ständig miteinander, und meine Mutter sagte, eine von ihnen müsse sie entlassen.

Die Jüngere tanzte oft mit meiner kleinen Schwester im Zimmer herum und drehte sich dabei so beschwingt im Kreis, daß ihre Röcke flogen. Als es mir nun wieder besser ging, legte ich mich manchmal mit einem Kopfkissen auf den Teppich, mit dem Rücken zum Fenster, um zu lesen; auf dem Boden, so sagte ich, läge ich besser – in Wirklichkeit aber hoffte ich, ihre Beine zu sehen, während ihre Unterröcke hochflogen. Oft war ich erfolg⁄

reich, und heute zweifle ich nicht daran, daß sie es absichtlich für mich tat, denn sie drehte sich ganz dicht neben mir, so daß ich ihr bis zu den Knien hinaufsehen konnte; und wenn sie sich hinhockte, tat sie es so, daß der Saum ihres Unterrockes gerade meinen Kopf bedeckte. Aber im nächsten Augenblick raffte sie ihn wieder um sich und sagte: »Oh, du siehst ja mehr, als dir guttut.«

Das erregte mich. Eines Tages, als sie es wieder so machte und sich hinhockte, streckte ich die Hand aus und hielt ihr Kleid fest; sie fiel nach hinten, streckte die Beine ziemlich hoch in die Luft, und eine Sekunde lang sah ich ihre Schenkel; lachend hüllte sie sich wieder ein. »Ich habe deine Schenkel gesehen«, sagte ich ihr. – »Hast du nicht«, erwiderte sie. Eines Tages ließ sie mich eine Hand in ihren Ausschnitt stecken; ich sog ihren Duft ein. »Was gibt's denn da zu schnuppern?« meinte sie. Es kommt mir so vor, als habe sie mich nicht aus den Augen gelassen, wenn ich in der Nähe ihrer Schwester war, denn ständig paßte sie auf, und bevor sie mich küßte, riß sie ganz plötzlich die Zimmertür auf oder ging kurz hinaus und kam dann zurück. Ich habe ihre Schwester auch tatsächlich vor der Tür des Zimmers stehen sehen, als sie sie einmal so unerwartet aufriß.

Die große Schwester muß ein Meter fünfundsiebzig gewesen sein, sie war breit gebaut; mir kommt es so vor, als sei sie zweiundzwanzig gewesen; dieses Alter ist mir in Erinnerung geblieben, und auch, daß meine Mutter es einmal erwähnte. Sie hatte braunes Haar und braune Augen – ich erinnere mich gut an die Züge dieser Frau. Ihre Unterlippe ähnelte einer Kirsche, mit einer deutlichen Kerbe in der Mitte; sie erzählte, daß diese Kerbe vom Biß eines Papageis herrührte, der ihr, als sie noch klein war, die Lippe beinahe durchtrennt hätte. An dieses Merkmal erinnere ich mich deutlicher als an alles andere. Meine Mutter meinte einmal, obwohl sie doch so groß sei, habe sie im Haus den leisesten Schritt von allen; ihre Stimme war sehr sanft, wie ein Flüstern oder der Ton einer Flöte; ich glaube, sie hieß Betsy.

Mut und Entschlossenheit gegenüber Frauen, wie ich sie im späteren Leben besaß, fehlten mir damals noch völlig; ich war schüchtern und hatte Angst, zurückgewiesen oder ertappt zu werden, aber den Frauen schmeicheln und sie beschwatzen, das konnte ich. Betsy kümmerte sich um meine beiden kleinen Schwestern und saß häufig mit ihnen in einem Zimmer neben unserem Eßzimmer (ein richtiges Kinderzimmer hatten wir damals nicht); es standen ein Kanapee und ein großes Sofa darin, und gewöhnlich frühstückten wir hier. Sie bediente auch bei Tisch und verrichtete noch verschiedene andere Arbeiten im Haus. Ich bin mir ziemlich sicher, daß wir damals keinen Mann im Haus hatten. Oft legte ich mich auf das Sofa in diesem Zimmer. Eines Tages sprach ich mit ihr über ihre Lippe, hob dann den Kopf und sagte: »Laß mich sie küssen.« Sie drückte ihre Lippen auf meine, und schon bald küßte ich sie (oder auch ihre Schwester) regelmäßig, wenn meine Mutter uns nicht im Wege war.

Eines Tages stieg sie in ihr Schlafzimmer hinauf, und ich ging ihr, wie ich es oft tat, leise nach, in der Hoffnung, ich könnte sie beim Pinkeln belauschen. Ihre Tür war nur angelehnt, eine meiner kleinen Schwestern war bei ihr, und ich glaube, damals begann sich zum erstenmal die Wollust in mir zu regen. Sie übte mit dem Kind das Treppensteigen, ließ es vor sich hergehen und stützte es, und wenn sie sich dabei nach vorn beugte, bekam ich einen Augenblick lang ihre dicken Waden zu Gesicht. Von der Tür aus konnte ich nicht sehen, wie sie sich wusch, sie tat es in einem anderen Teil des Raumes, aber ich hörte Wasser plätschern und zu meinem Entzücken auch, wie der Nachttopf hervorgeholt wurde und ihr Pipi hineinklimperte. Der Spiegel befand sich in der Nähe des Fensters. Sie stellte sich davor und kämmte ihr Haar, das Kleid hatte sie ausgezogen, und jetzt sah ich ihre Beine und das meiste von ihrer Brust, die mir riesengroß erschien.

Dann entdeckte ich das Haar in ihren Achselhöhlen; es muß das erste Mal gewesen sein, daß ich dergleichen bewußt wahrnahm, denn nachher erzählte ich einem anderen Jungen, dunkelhaarige Frauen hätten Haare in der Achselhöhle; er entgegnete bloß, das wisse doch jeder Dummkopf. Als sie mit Kämmen fertig war, drehte sie sich um und machte im Vorübergehen die Tür zu: sie hatte mich nicht gesehen.

Ich verliebte mich in diese Frau, ein unbestimmtes Verlangen ergriff Besitz von mir, immerzu küßte ich sie, und sie erwiderte meine Küsse ohne Zögern. »Pst! Deine Mama kommt« – und schon wendete sie sich wieder einer Handarbeit oder, wenn sie da waren, den Kindern zu, so beflissen wie nur möglich. Ich bin davon überzeugt und möchte es hier ausdrücklich festhalten, daß ich dieser Frau einen sinnlichen Genuß bereitete, indem ich Küsse mit ihr tauschte: ihre Küsse waren genauso wie die, die mir in späteren Jahren Frauen gaben, die ich vögelte – genauso lang und weich und innig.

Eines Tages lag ich im Wohnzimmer auf dem Sofa und las; sie saß mit einer Handarbeit neben mir; wo die Kinder waren, wo meine Mutter war, vermag ich nicht zu sagen; vielleicht spazierengegangen; warum dieses Dienstmädchen mit mir allein im Zimmer war, weiß ich nicht. Auf dem Tisch stand etwas, das mir der Doktor verordnet hatte, und ab und zu mußte ich ein Schlückchen davon einnehmen. »Komm, setz dich zu mir, ich möchte dich anfassen, Liebling.« (Ich sagte immer »Liebling« zu ihr.) Sie rückte ihren Sessel an das Sofa, sodaß ihre Schenkel meinem Kopf ganz nahe waren, sie reichte mir die Arznei, ich legte mich auf die Seite, bettete meinen Kopf auf ihren Schoß und legte eine Hand auf ihr Knie. »Küß mich!« – »Ich kann nicht.« Ich hob den Kopf, sie beugte sich nach vorn und küßte mich. »Komm ein bißchen näher, ich möchte dir etwas sagen.« Und dann erzählte ich ihr, daß ich sie beim Kämmen beobachtet, ihre Brüste und ihre Achselhöhlen gesehen hatte. »Oh, du hinterhältiger, ungezogener Junge! Du darfst es nicht wieder tun, versprichst du mir das?« – – »Aber wenn sich wieder eine solche Gelegenheit bietet? Komm noch ein bißchen näher, ich muß dir noch etwas erzählen.« – »Wie bitte?« – »Ich kann nicht, wenn du mich dabei ansiehst, ich muß es dir ins Ohr sagen.« Ich sehnte mich danach, ihr mein Geständnis zu machen, aber ich konnte nicht, solange

sie mich ansah. Sehr genau erinnere ich mich an meine Schüchternheit, mehr noch: an meine Furcht, das auszusprechen, was ich
doch loswerden wollte.

Sie beugte sich zu mir hinab und hielt ihr Ohr an meinen Mund:
»Ich habe dich pinkeln gehört.« – »Du ungezogener Kerl, du!« –
aber dann brach sie in ein verhaltenes Lachen aus. »Demnächst
werde ich aufpassen und die Tür immer schließen.« Ich ließ
meine Hand vom Sofa herabgleiten und faßte nach ihrem Fuß-
knöchel, dann nach ihrer Wade (ohne auf Widerstand zu
stoßen); ich schob sie behutsam weiter, immer höher, bis zu ihrem
Strumpfband und noch weiter und spürte nun ihre Haut; sie
fädelte gerade eine Nadel ein. Als ich ihren Schenkel berührte,
stemmte sie beide Hände auf ihre Oberschenkel und unterband
damit alle weiteren Nachforschungen. »Walter, also jetzt nimmst
du dir wirklich zuviel heraus, bloß weil ich dich meine Knöchel
habe anfassen lassen.« Ich jammerte und seufzte. »Ach Liebling,
laß doch, gib mir einen Kuß, Liebling; nur eine Minute.« Ganz
behutsam versuchte ich noch einmal, meine Hand (es war die
linke) weiter hinaufzuschieben. »Was hast du vor?« – »Ich möchte es fühlen, ach, küß mich – laß mich doch – los, Betsy, komm«,
und ich hob den Kopf.

Sie beugte sich noch tiefer über mich, bis sie ganz verkrümmt
dasaß, legte ihre Lippen auf meine, gab mir einen Kuß und sagte:
»Was bist du doch für ein Bengel, was erwartest du denn eigentlich zu finden?« – »Ich weiß, wie man es nennt, und es sind Haare
drauf, nicht wahr Liebling?« Ihre Hände lockerten sich, sie lachte, meine Linke glitt hinauf, bis ich die Unterseite ihres Bauches
spürte. Ich konnte mit meinen Fingern nur in dem Haar her-
umspielen, eine Spalte oder ein Loch konnte ich nicht ertasten,
war zu erregt, um einen klaren Gedanken zu fassen, und wußte
zu wenig über die Beschaffenheit der weiblichen Teile; aber an das
heftige Entzücken, das ich empfand, als ich die heißen Schenkel
und das Haar berührte, das sich, wie ich inzwischen wußte,
irgendwo vor der Möse befand, kann ich mich noch genau erinnern.

Sie hörte nicht auf, mich zu küssen, und flüsterte: »Was bist du doch für ein Bengel!« Schüchtern und in flüsterndem Ton berichtete ich ihr nun von dem, was ich gelesen hatte, erzählte von dem Aristoteles, den ich in meinem Schrank versteckt hielt; sie bat mich, ich möge ihr das Buch leihen. Ich berührte nur Haare, sie hatte ihre Schenkel wohl ziemlich fest geschlossen, und eine große Korsettstange bohrte sich in meine Hand und tat mir weh, als ich meine Finger dort unten herumwandern ließ. Auf dieses Hindernis, das meiner Unternehmungslust Einhalt tat, bin ich in späteren Jahren auch bei anderen Frauen gestoßen.

Dann überkam mich eine wollüstige Empfindung; ich wurde schier ohnmächtig vor Wonne, und wie in einem Traum vereinigten sich ihre Lippen mit meinen, sie sagte: »Oh, schäme dich«, und meine Fingerspitzen wühlten in ihrem Haar, dann die Glut ihrer Schenkel an meiner Hand, ein Gefühl von Feuchtigkeit daran, aber deutlicher erinnere ich mich nicht.

Nachher habe ich mich anscheinend nur noch mit ihr beschäftigt. Ich hörte auf, mit ihrer Schwester zu sprechen, konnte an nichts anderes denken als an ihren Ausschnitt, ihre Beine und das Haar unter ihrem Bauch. Manches Mal war ich allein mit ihr im Zimmer, und sie gewährte mir die gleichen Freiheiten, aber keine anderen. Ich gab ihr den Aristoteles, den ich selbst ausgeliehen hatte, und ich erinnere mich an einen Tag, da wurde mein Schwanz steif, und ein eigentümliches, überwältigendes, ganz und gar unbeschreibliches Gefühl überkam mich, dann auch der Wunsch, vor ihr das Wort »Möse« auszusprechen und sie zu veranlassen, mich zu streicheln, zugleich aber auch Angst und Grauen davor, daß mein Schwanz nicht so war wie andere Schwänze und daß sie mich vielleicht auslachen würde. Danach schob ich die Vorhaut jeden Tag mit Gewalt zurück, es blutete, aber ich hatte Erfolg; es ging nun etwas leichter, und doch erinnere ich mich nicht, daß ich ein Verlangen gehabt hätte, diese Frau zu vögeln – ich kann mich nur an die Empfindungen erinnern, die ich hier beschrieben habe.

Ich war immer noch krank, denn abends bekam ich eine Tasse

Pfeilwurzaufguß ans Bett gebracht. Meistens besorgte das meine Mutter, manchmal aber auch das große Dienstmädchen; ich war sehr froh, wenn nicht meine Mutter kam. Dann küßte ich Betsy, als ob ich mich nie mehr von ihr trennen wollte, streckte eine Hand aus dem Bett und ließ sie unter ihren Kleidern hinauf⁄ wandern, bis ich das Haar fühlen konnte. Aber mit einem Ruck schob sie ihren Hintern zurück, so daß ich nichts mehr zu fassen bekam. Eines Abends stand mir der Schwanz. »Nimm das Licht mit hinaus«, sagte ich, »ich habe dir etwas zu sagen.« Die Tür war halb geöffnet, als sie meinem Wunsch nachgekommen war; der Schein der Kerze erhellte noch das Zimmer, aber mein Bett lag im Schatten. »Laß mich dich noch mehr streicheln, Liebling, und küß mich.« – »Du ungezogener Junge!« Aber wir küßten uns. Wieder fühlte ich ihre Schenkel, den Bauch und das Haar. »Was hast du denn davon, wenn du es tust?« fragte sie mich. Ich nahm ihre Hand und zog sie unter die Bettdecke zu meinem Schwanz. Sie beugte sich über mich, gab mir einen Kuß und flüsterte: »Du ungezogener Junge«, aber sie streichelte den Schwanz und die ganze Gegend drum herum, wie lange, vermag ich nicht zu sagen. »Oh, ich würde gerne dein Loch fühlen«, sagte ich. Sie machte nur »Pst« und ging, die Tür hinter sich schließend, hin⁄ aus.

Nachher streichelte sie mich noch mehrere Male. Wenn meine Mutter mir den Pfeilwurzaufguß brachte – sie glaubte, ich hätte es gern, wenn sie das tat –, dann nahm ich ihn nicht und erklärte, er sei mir zu heiß. Sie darauf: »Wattie, ich kann nicht so lange warten, bis er abgekühlt ist.« – »Macht nichts, Mama, ich will ihn gar nicht.« – »Aber du mußt ihn trinken.« – »Dann stell ihn doch dorthin.« – »Also, jetzt schlaf noch nicht, in ein paar Minuten schicke ich Betsy nach oben, die gibt ihn dir.« Bald war Betsy da, und während wir voller Hast wollüstige Küsse tausch⁄ ten und sie zwei oder drei Minuten lang ihre Lippen auf meine preßte, glitt ihre Hand hinab und streichelte meinen Schwanz, während meine Finger auf ihrem Hügel lagen, wobei sie die Schenkel geschlossen hielt. Dann glitt sie wieder aus dem Zim⁄

mer. Nie brachte ich meine Hand zwischen ihre Schenkel, dessen bin ich sicher.

Immer sehnte ich mich danach, mit ihr über all das, was ich aufgeschnappt hatte, zu sprechen, aber ich glaube nicht, daß ich jemals über mehr mit ihr gesprochen habe, als ich hier berichte, denn ich hatte Angst davor, mich gegenüber einer Frau obszöner Wörter zu bedienen, obwohl ich sie unter Jungen schon ohne viel Scheu benutzte. Ich sprach immer nur von ihrem Loch, meinem Ding und davon, »es« zu tun; zum Lachen brachte ich sie, als ich einmal das Wort »Pudendum« gebrauchte, ich hatte es aus dem Aristoteles und aus meinem lateinischen Wörterbuch. Trotz alledem und trotz der wollüstigen Empfindungen, die mich immer wieder durchrieselten, hatte ich, soweit ich mich entsinnen kann, nie den Wunsch, sie zu vögeln, und nie sagte ich ihr irgend etwas Schmutziges ins Gesicht.

Ich erholte mich. Aber nun weigerte sie sich, mich zu streicheln, und ließ sich auch von mir nicht mehr streicheln – wegen meiner Dreistigkeit. Eines Tages, bei Einbruch der Dunkelheit, als sie gerade dabei war, die Fensterläden im Eßzimmer zu schließen, trat ich hinter sie, und nachdem ich ihren Kopf nach hinten gezogen hatte, um sie zu küssen, bückte ich mich und schlug ihr die Kleider bis über die Taille hoch; ihr ganzer Hintern war sichtbar. Oh, wie weiß und riesengroß kam er mir vor! Sie schrie nicht auf, sondern drehte sich rasch um und sagte ganz ruhig: »Was tust du da? Jetzt ist aber Schluß!« Ich hatte mich mit ihr gedreht und starrte noch immer auf ihren Hintern, dann legte ich beide Hände darauf, ließ meine Hände um ihre Schenkel gleiten, kniete mich rasch hin und berührte ihre Haut mit den Lippen. Die Unterröcke fielen mir über den Kopf. Sie stieß mich weg, sagte, sie würde nie mehr ein Wort mit mir sprechen. Nachher hat sie mich nie mehr gestreichelt oder mir irgendwelche Freiheiten gestattet, und kurze Zeit später verließ sie uns. Ein oder zwei Jahre danach machte sie mit ihrem Baby meiner Mutter einen Besuch. Sie lächelte mir zu. Was aus ihrer Schwester geworden ist, weiß ich nicht mehr; ich glaube, auch sie verließ uns bald.

Mit meinen körperlichen Kräften kann es damals noch nicht weit her gewesen sein, und auch meine Geschlechtsorgane waren noch nicht bis zur völligen Reife gediehen, denn ich bin sicher, daß ich bis zu diesem Zeitpunkt nie einen Erguß hatte; vielleicht hing das auch mit meinem schnellen Wachstum und dem Fieber zusammen. Mein Vater kam nach Hause, als gebrochener Mann, wie ich später erfuhr, und krank. Wenig später behielten wir nur zwei Dienstmädchen, einen Mann, der nicht im Hause wohnte, und einen Gärtner. Der Arzt verordnete meinem Vater die Küste, meine Mutter begleitete ihn und nahm die Kinder und ein Dienstmädchen mit (alle fuhren damals in einer Kutsche). Eine von Vaters Schwestern, meine Tante, kam zu uns, um das neue Haus in ihre Obhut zu nehmen; sie war verwitwet und brachte ihre Tochter mit, ein hübsches, schlankes Mädchen von ungefähr sechzehn Jahren.

Ich blieb daheim, denn ich mußte ja zur Schule gehen; das Dienstmädchen, das im Haus blieb, war ein freundliches, molliges Fräulein, dunkelhaarig und immerfort lachend; sie mußte die ganze Arbeit tun. Mein Patenonkel, der ein oder zwei Meilen entfernt wohnte und dessen unverheiratete Schwester ihm den Haushalt führte, kam mich häufig besuchen, so oft, daß ich seiner überdrüssig wurde. Jeden freien Nachmittag mußte ich wandernd oder reitend mit ihm verbringen; er bestand darauf, daß ich ruderte, Kricket spielte und allerlei athletische Sportarten trieb, wenn ich nicht über den Schularbeiten saß. Der Arzt in ihm ahnte wohl etwas von meinem Temperament und glaubte, indem er mich ständig beschäftigte und ermüdete, könne er mich von erotischen Gedanken abhalten. Er wollte, daß ich bei ihm wohnte, aber ich weigerte mich, und weil sich mein Schulweg dadurch verlängert hätte, bestand er nicht darauf.

Meine Tante nächtigte im Schlafzimmer meiner Eltern, meine Cousine in einem Zimmer gleich daneben. Ich wurde während der Abwesenheit meiner Eltern aus dem oberen Stockwerk heruntergeholt und schlief auf der gleichen Etage wie meine Tante. Sie waren noch keine Woche im Haus, da hatte ich meine Cousine schon beim Pinkeln belauscht und stand Abend für Abend im Nachthemd horchend an ihrer Schlafzimmertür und versuchte durch das Schlüsselloch einen flüchtigen Blick auf ihre Reize zu erhaschen, aber ohne Erfolg.

Ich machte mich nun an das Dienstmädchen heran und begann damit, daß ich mich rittlings auf ihren Rücken setzte, als sie einmal am Boden kniete. Sie lachte, bockte wie ein Pferd und warf mich ab; dann küßte ich sie, und sie küßte mich. Sie und meine Tante zankten miteinander, meine Tante war sehr arm und eingebildet, und wollte ein warmes Essen um sieben Uhr, ich dagegen wollte mein Essen um die Mittagszeit. Das Mädchen meinte, sie könne es nicht allen recht machen. Mir sagte sie heimlich: »Ich koche was für dich, sollst mir nicht ohne rumlaufen – die kann auch ohne was Warmes abends auskommen.« Sie mochte meine Tante nicht. Diese wiederum nannte das Dienstmädchen ein naseweises Ding und erklärte, sie werde meiner Mutter schreiben und sich darüber beschweren, daß das Mädchen seine Zeit mit dem Gärtner vertändle. Wieder machte mir mein Patenonkel das Angebot, ich könne bei ihm wohnen, aber ich wollte nicht, denn ich kam bei dem Dienstmädchen mit der Küsserei sehr gut voran, und irgendwie renkte sich alles wieder ein. Nach und nach lernte ich die Lebensgewohnheiten meiner Tante kennen und bemühte mich, nach Hause zu kommen, wenn sie ausgegangen war, um mit dem Dienstmädchen allein zu sein; aber meiner Tante und dann auch noch dem Patenonkel zu entkommen, erwies sich als schwierig. Manchmal versuchte ich es und sagte, ich würde an meinen freien Nachmittagen mit anderen Jungen unterwegs sein, oder etwas Ähnliches, aber es gelang mir nur selten.

Eines Nachmittags ging das Dienstmädchen in sein Schlafzimmer; mit klopfendem Herzen folgte ich und drängte sie auf das Bett. Sie war ein gewitztes, neckisches Weibsbild und wußte vermutlich besser als ich, worum es mir ging. Ich erinnere mich, wie sie nach hinten auf das Bett fiel und wie ihre Beine bis zu den Knien sichtbar wurden. »Oh, was für Beine!« sagte ich. »Nichts, wofür man sich zu schämen braucht«, gab sie zurück. Was auch immer ich gewollt oder beabsichtigt hatte, weiter ging ich nicht. Meine Verwandten waren natürlich nicht daheim.

An einem anderen Tag tollten wir herum und bewarfen einander mit den Kissen aus ihrem Bett. Sie hielt den Treppenabsatz, ich stand ein paar Stufen tiefer und versuchte, mit dem Kopf möglichst auf der Höhe des Treppenabsatzes zu bleiben, so daß ich, wenn sie nach hinten oder nach vorn huschte, um die Kissen aufzuheben und nach mir zu werfen, bis zu ihren Knien hinaufsehen konnte. Sie wußte, was ich im Sinne hatte, obwohl ich mir damals sehr gerissen vorkam, wenn es mir gelang, auf diese Weise einen Blick zu erhaschen. Auf dem Absatz der Treppe balgten wir um ein Kissen und wälzten uns dabei auf dem Boden. Ich fuhr mit der Hand unter ihre Kleider, an ihren Schenkeln hoch, und fühlte das Haar. »Das ist dein Ding«, stieß ich in einem plötzlichen Anfall von Mut hervor. »Oho«, lachte sie, »was sagst du da?« − »Dein Ding!« − »Mein Ding! Was ist denn das?« − »Das Loch unten an deinem Bauch«, sagte ich, und schämte mich sogleich wegen dem, was ich gesagt hatte. »Wie bitte? Wer hat dir denn das erzählt? Ich habe kein Loch.« Es ist seltsam, aber wahr, ich hatte nicht den Mut, noch etwas zu sagen, sondern brach das Spiel ab und ging nach unten.

Zuweilen spielte ich nachher mit ihr noch wildere Spiele und streichelte ihre Schenkel; aber die Furcht hielt mich ab, weiter nach oben vorzudringen. Sie bot mir viele Chancen, aber meine Schüchternheit hinderte mich, sie zu ergreifen. Eines Tages sagte sie: »Mit dir ist nicht viel los, obwohl du so groß bist« und gab mir einen langen, wilden Kuß, aber weder verstand ich ihre Wünsche, noch erkannte ich meine Chancen, obgleich es für mich heute offenkundig ist, daß sie von mir, der ich noch ein Knabe war, bestiegen werden wollte.

Wie es in meinen Besitz gelangt war, weiß ich nicht, aber etwa zu dieser Zeit hatte ich ein Buch, das die Krankheiten beschrieb, die durch den Venusdienst verursacht werden. Die Abbildungen in diesem Buch, von Gesichtern, die mit Schorf, Pickeln und Aus-

schlag bedeckt waren, prägten sich mir so tief ein, daß die Angst davor noch nach zwanzig Jahren nicht völlig verblaßt war. Ich zeigte sie einigen Freunden, und uns allen jagten sie einen heftigen Schrecken ein. Ich hatte keine feste Vorstellung davon, was Syphilis und Tripper war, aber wir alle gelangten zu dem Schluß, daß es etwas Furchtbares sein mußte. Auch mein Patenonkel kam jetzt des öfteren auf die Leiden zu sprechen, die sich Männer durch den Umgang mit liederlichen, schlechten Frauenzimmern zuziehen konnten; vielleicht hat er selbst mir dieses Buch in die Hände gespielt. Auch vom Wichsen war darin die Rede, und die grauenhaften Berichte über Leute, die daran gestorben waren oder die man deswegen in eine Zwangsjacke gesteckt hatte, waren mir ohne Zweifel sehr nützlich. Wir Jungen brachten ganze Tage damit zu, herauszufinden, was unter Masturbation oder Onanie oder wie immer das Buch sich ausdrückte, zu verstehen war. Wir schlugen in Wörterbüchern und anderen Werken nach, und schließlich erklärte uns einer der größten Jungen die Bedeutung. Eines Abends – meine Tante war nicht daheim (ich glaube aber nicht, daß ich mir einen bestimmten Plan zurechtgelegt hatte) – ging ich, nachdem ich etwas zu mir genommen hatte, in die Küche, wo das Küchenmädchen beim Licht einer Kerze über einer Näharbeit saß. Ich unterhielt mich mit ihr, küßte sie, schmeichelte ihr, fing an, ihre Kleider hochzuziehen, und es endete damit, daß sie in der Küche herumlief und ich hinter ihr her; wir lachten beide, von Zeit zu Zeit hielten wir inne und lauschten, ob meine Tante klopfte. »Ich gehe hinaus und schließe das Außentor ab«, sagte sie, «dann muß deine Tante klingeln; wenn sie gleich an die Tür kommt, wird sie uns hören, du machst solchen Lärm.« Sie schloß ab und kam dann zurück.
Die Küche lag im Erdgeschoß, vom Hauptteil des Hauses war sie durch einen kurzen Gang getrennt. Ich setzte sie mir auf die Knie, ich war jetzt ein großer Kerl und befand mich, obwohl noch recht jung, im Stimmbruch; sie hänselte mich deswegen; dann wanderte meine Hand unter ihren Unterröcken nach oben, und sie zwickte mich so heftig in meinen Schwanz (von außen, durch

den Kleiderstoff), daß ich aufschrie. Immer wenn ich in unserem Liebesgeplänkel die Oberhand gewann, sagte sie: »Pst, da klopft deine Tante«, und verscheuchte mich damit, aber schließlich saß sie doch wieder auf meinen Knien; meine Hand strich über ihre Schenkel, und sie streichelte meinen Schwanz, die ganze Gegend drum herum und darunter. »Du hast kein Haar da«, meinte sie. Das ärgerte mich, denn gerade begann es ein wenig zu sprießen. Wie es dazu kam, weiß ich nicht mehr, aber nachdem wir eine Weile dagesessen und uns gegenseitig gestreichelt hatten, falls man das, was ich tat, streicheln nennen kann, denn meine Finger berührten nur den obersten Teil ihrer Spalte, willigte sie ein, mit mir in den Salon zu gehen. Ich griff nach der Kerze. »Wenn du ein Licht mitnimmst, komme ich nicht«, sagte sie, also stellte ich die Kerze zurück, legte meinen Arm um sie und ging so mit ihr durch den Gang und die kleine Diele zum vorderen Salon; sie schloß die Tür, und wir standen im Dunkeln. An das, was jetzt geschah, erinnere ich mich nur in groben Zügen, es kommt mir so vor, als hätte alles nur ein oder zwei Minuten in Anspruch genommen, wenngleich die Erfahrung mir sagt, daß es länger gewesen sein muß.

Wir setzten uns auf ein Kanapee oder ein Sofa, sie faßte nach meinem Schwanz und ich nach ihrer Möse, denn jetzt hatte sie ihre Schenkel ziemlich weit geöffnet. Es war das erste Mal, daß ich eine Frau wirklich befühlte, und sie wollte, daß ich es gründ⁄ lich tat. Wie groß und behaart und feucht mir diese Fotze vorkam; ihre Größe versetzte mich in Staunen, ich fand das Loch nicht, erinnere mich auch nicht, danach getastet zu haben, und bin mir sicher, daß ich nie meinen Finger hineinsteckte; alles unter ihrem Bauch schien Möse zu sein, feucht, warm und schlüpfrig. »Beeil dich, deine Tante wird bald kommen«, sagte sie mit sanfter Stimme, aber ich war ganz gebannt von dieser Möse, spielte an ihr herum und streichelte sie, entzückt und erstaunt über ihre Ausmaße und ihre sonstige Beschaffenheit. »Deine Tante kommt gleich«, mit diesen Worten hörte sie auf, meinen Schwanz zu streicheln, und ließ sich nach hinten auf das Kanapee sinken.

»Nein, nein, so nicht« – an diese Worte erinnere ich mich, aber was ich währenddessen tat, weiß ich nicht mehr; dann stand ich mit steifem Schwanz neben ihr und streichelte in meiner Verwirrung noch immer ihre Fotze. »Ich kann nicht . . . hör auf . . . komm aufs Sofa.« Ich legte mich halb auf sie, mein Schwanz stieß an etwas – natürlich an ihre Möse. Ob er eindrang oder nicht, weiß der Himmel, ich drückte, um meinen Schwanz herum fühlte es sich weich an, da überkam mich plötzlich die Angst vor einer fürchterlichen Krankheit, und was immer ich gerade tat – ich ließ davon ab. »Weiter, mach weiter«, stieß sie hervor und hob ihren Bauch. Ich konnte nicht, sagte nichts, setzte mich statt dessen neben sie, sie richtete sich auf: »Du bist nicht Manns genug«, meinte sie und griff nach meinem Schwanz. Er war nicht steif, ich ließ eine Hand zwischen ihre Schenkel sinken, und wieder versetzten mich die – wie es mir schien – gewaltigen Ausmaße ihrer Möse in Erstaunen.

Was sie dann tat, weiß ich nicht mehr, vielleicht hat sie mich gewichst; ich glaube, das tat sie, aber sicher bin ich nicht, ein Gefühl der Schmach hatte mich überfallen, als sie sagte, ich sei nicht Manns genug, Schmach vermischt mit Angst vor einer Krankheit. »Laß mich nochmal versuchen«, sagte ich; wieder lehnte sie sich zurück, ich habe eine verschwommene Erinnerung daran, daß mein Finger irgendwo tief eindrang, daß mein Schwanz wieder ihre Schenkel berührte und sich in etwas Weichem rieb, aber mehr weiß ich nicht. »Du bist nicht Manns genug«, sagte sie noch einmal. Ein Klingeln . . . »Horch, deine Tante! Verschwinde!« Sie war es.

Ich ging ins Zimmer nebenan, wo meine Bücher lagen und eine Lampe stand, während das Mädchen zur Straßentür eilte. Meine Tante und meine Cousine kamen herein und begaben sich dann hinauf in ihre Schlafzimmer, während ich dasaß und an meinen Fingern schnupperte: den kräftigen Geruch einer Möse, den ich zum ersten Mal wahrnahm. Ich schnupperte und schnupperte, wie von Sinnen, ich beugte mich über meine Bücher und tat, als würde ich lesen, aber ich hielt mir die Finger vor die Nase und dachte nur an die Möse, an ihre erstaunliche Größe und ihren Duft. Meine Tante kam herunter. »Hast du dich erkältet, Wattie?« – »Nein, Tante.« – »Deine Augen sehen ganz entzündet aus, Kind.« Und wenig später fing sie von neuem an: »Hast du eine Erkältung?« – »Nein, Tante.« – »Warum schnüffelst du denn so und hältst dir die Hand vor den Mund?« Plötzlich überfiel mich die Angst vor der Lustseuche, ich stürzte hinauf in mein Schlafzimmer, seifte meinen Schwanz ein und wusch ihn und hatte furchtbare Angst.

Widerstreitende Gefühle bestürmten mich, eine Mischung aus Stolz darüber, daß mein Schwanz eine Möse berührt hatte oder gar in sie eingedrungen war, aus Angst, daß ich mir eine Krankheit geholt haben könnte, und aus Scham darüber, daß ich nicht Manns genug gewesen war. Mein Instinkt sagte mir, daß ich in den Augen dieser Frau versagt hatte, und das verletzte meinen Stolz auf eine höchst schmerzliche Weise. Ich versuchte ihr aus dem Weg zu gehen, während ich mich vorher ungeduldig in jedes Zimmer gedrängt hatte, in dem ich eine Minute lang mit ihr allein zu sein hoffte. So ging es drei Tage, dann schwand die Furcht vor einer Krankheit, und die Hoffnung, noch einmal ihre Möse zu streicheln oder zu vögeln – ich weiß nicht, was – trieb mich von neuem in ihre Nähe.

Während dieser drei Tage wusch ich meinen Schwanz bei jeder sich bietenden Gelegenheit und dachte an nichts anderes als das, was ich erlebt hatte; alles kam mir jetzt überstürzt, verwirrend, unmöglich vor; ich fragte mich und frage mich noch heute, ob mein Schwanz in ihr war oder nicht; aber vor allem erfüllte mich die Größe der Möse mit Staunen; denn obwohl ich, wie gesagt, schon den einen oder anderen flüchtigen Blick auf eine Möse geworfen hatte und inzwischen auch ein paar Bilder von der langen Spalte gesehen hatte, konnte ich nicht begreifen, daß dies nur die Außenseite der Möse war, bevor ich eine Frau besessen hatte. Meine Finger waren zweifellos über die Oberfläche der ihren geglitten, von der Klitoris bis zum Arschloch; die Ausdehnung des Gebiets, in dem sich meine Hand erging, versetzte mich in Verwunderung, ebenso der Geruch, der an meinen Fingern zurückblieb; an ihn dachte ich mehr als an alles andere. Heute erscheint mir das lächerlich, aber damals war es für mich ein Wunder.

Als ich mich wieder in die Küche stahl, schämte ich mich, sie anzusehen, und ging gleich wieder hinaus, aber eines Tages streichelte ich sie von neuem. Lachend griff sie mir von außen an die Hose, zwickte leicht meinen Stengel und küßte mich. »Komm, wir machen es!« sagte ich. – »Herrje, du bist nicht Manns genug« – und wieder schlich ich beschämt davon.

HONORÉ GABRIEL
■ GRAF VON MIRABEAU ■
Der käufliche Liebhaber

Bis heute war ich ein Taugenichts. Ich lief hinter allen möglichen
Schönheiten her und spielte den arroganten Feinschmecker. Nun
aber ist die Tugend in mein Herz eingekehrt, und ich will mich
nur noch für Geld mit den Frauen abgeben. Ich werde mich den
Weibern im Alter des zur Neige gehenden Sommers als vielfach
prämierter Zuchthengst präsentieren und ihnen einmal im Monat
einen Lehrgang in Sachen Liebe erteilen.
Neulich hat noch eine mollige Schwangere, die noch sechs Monate einer recht unbequemen Quarantäne vor sich hat, mir ihre
wohlgefüllte Futterkrippe geboten. Sie sieht in den ersten Mona-
ten ihrer Schwangerschaft recht hübsch aus. Ihre Brüste, die von
ihrem Überfluß rosig und üppig sind, stimmen mit ihren Augen
im Ausdruck eines Gefühls überein, das alles eher als Schamhaftigkeit zu sein scheint. Sie überhäuft mich mit Wohltaten. Ich
erröte. Da kannst du sehen, wie es mir ergeht: meine Augen
werden lebhaft, aber meine Schüchternheit macht mir zu schaffen. Ich will entfliehen. Man bietet mir mehr, als ich haben will.
Zum Teufel mit diesen Koketterien! Das sind ja die reinsten
Orgien. Pfui doch, ich bin nicht neugierig darauf. Ich bin unglücklich, mein Mißgeschick macht mir zu schaffen, meine
Gläubiger bedrängen mich.
Währenddessen bleibt meine Hand nicht müßig. Ah, welche
Lebhaftigkeit, was für reizende Kadenzen! Meine Stimme be-
schwört ein höchst eindrucksvolles Adagio. Schau nur, mein
Freund, wie sich das Hinterteil meiner Hübschen bewegt. Ihre
Brust hebt sich stürmisch, ihre Kehle ist wie zugeschnürt, sie gerät
in Hitze und will mich mit ihrer Leidenschaft förmlich verschlin-
gen. Da, da . . . wie süß!
Mein Kummer übermannt mich wieder. Man macht mir An-

gebote. Ah, wie könnte ich mich dazu verstehen, sie von einer Frau anzunehmen, der ich die aufrichtigsten Gefühle bezeugen möchte. Man verdoppelt. Ich breche in Tränen aus. Das Gold wird gebracht. Das Gold? – Tausend Teufel! Ich gebe mich zufrieden und vögle sie aufs neue. Doch mein keuscher Liebling hat noch mehr für mich getan.

Bald nach diesem leichten Sieg werde ich Madame Honesta vorgestellt. (Ihre Familie ist beinahe ausgestorben!) Alles atmet dort den Hauch der Schamhaftigkeit und des Anstands. Alles zeugt von Abstinenz mit Ausnahme ihres Gesichts, das allerdings keine zärtlichen Gefühle zu erwecken vermag. Zwar hat sie hübsche Augen und eine beachtliche Physiognomie. Aber ihre Taille wäre entschieden zu hager, wenn sich die Proportionen ihres Körpers dem nicht anpaßten. Ihre Brüste sind nicht gerade lobenswert, wie mir ein Blick unter ihr derangiertes Busentuch verrät. Ihre Arme sind ein bißchen zu lang, aber recht beweglich. Man ahnt ebenmäßige Beine unter dem verhüllenden Gewand, und tatsächlich hat sie sehr hübsche Füße. Und dazu Launen, Launen, sage ich! Madame fühlt sich nicht wohl, sie hat Nervenanfälle, Migräne, einen Gatten, der sich nur zu den Mahlzeiten sehen läßt, dazu eine diskrete Dienerschaft und bizarre Einfälle. Man ist kapriziös und lebhaft, und manchmal scheint sie ganz außer sich zu sein.

»Guter Gott«, höre ich dich voll Entsetzen fragen, »willst du mir vielleicht erzählen, daß sie nicht bezahlt?«

Pfui, mein Freund, wie kannst du so etwas annehmen, wo sie sich doch so gern ihrer Großzügigkeit rühmt, die man prämieren sollte. Im übrigen kannst du dir wohl vorstellen, wie ich vor Respekt platze, wie ich meinen Geist, meine Pointen, meine Einfälle brillieren lasse. Wie Madame immer recht hat, wie alles an ihr aufs beste bestellt ist.

Ich leiste ihr bei ihrer Toilette Gesellschaft. Natürlich, warum auch nicht? Ich bringe da ein Schönheitspflästerchen an, zupfe dort eine Schleife zurecht. Ein Hut wird gebracht. Gerechter Himmel! Die Grazien selbst müssen ihn erfunden haben, der

Gott des guten Geschmacks hat ihn mit Blüten geschmückt, und die Zephyre spielen mit den Schleiern, die ihn bedecken. Wie herrlich paßt dieses Pflaumenblau zu dem Englischgrün ihrer Toilette!

Aber wer hat ihn bloß geschickt? Du errätst wohl, daß ich der Schuldige bin. Und warum sollte ich da nicht erröten? Ich habe mich also verraten, und Madame schmollt.

Victoire, ihre Kammerzofe, die ich mit etlichen leidenschaftlichen Küssen und sonstigen kleinen Gefälligkeiten für meine Zwecke einzuspannen weiß, legt sich für mich ins Zeug. »Ah, Madame, wenn Sie nur wüßten, wie dieser Herr von Ihnen schwärmt. Wie liebenswürdig er ist. Er scheint viel besser als Ihr anderer Freund, und ich bin sicher, daß er Sie viel weniger kostet. Er spielt nicht, das weiß ich von seinen Lakaien. Wirklich, er ist noch ein Neuling.«

»Ah, und du glaubst also, daß er mich liebenswürdig findet?«

»Guter Gott, Madame! Wie dieser Hut Sie kleidet! Sie sehen wie eine Zwanzigjährige aus.«

»Hör auf damit, du Närrchen! Weißt du nicht, daß ich die Dreißig schon überschritten habe?« (Da hat sie recht, und es ist schon mindestens zehn Jahre, seit sich das herumgesprochen hat.) Ich erscheine am Nachmittag. Man ist allein und empfängt mich nicht ungnädig. Warum auch? Ich flehe um Vergebung. Man ziert sich, und ich gerate in Hitze. Potz Blitz! So wartet doch! Diese Frau hat es eilig, mich den Preis meines Hutes verlieren zu lassen. Aber du ahnst wohl, daß mein Lakai nicht bösartig genug ist, mir nicht zeitgerecht mitzuteilen, daß mich der Herr Minister erwartet. Zumindest der Herr Minister! Ich werfe dem Störenfried einen mörderischen Blick zu und liebkose die Hand, die in meiner zittert, ehe ich verschwinde.

Bei dieser Gelegenheit habe ich die Begierden einer dieser Frauen kennengelernt, die um jeden Preis ihr Vergnügen suchen. Sie macht mir Avancen, aber ihre Ehre, ihre Reputation, ihr guter Ruf . . . alles das ist längst ebenso zum Teufel wie ihre Jugend. Wir haben uns schließlich ganz gut arrangiert. Sie bezahlt mich,

ich feile sie. Schließlich will ich mich nicht um meine Verpflichtungen drücken. Mein Kleiner weiß das. Wir beginnen zu
schäkern – aber o süßes Gold, ich empfinde ohne deine strahlende
Gegenwart nicht das geringste!

Endlich, nach vierzehn mühsamen Tagen entschließt man sich.
Ich bringe bescheidentlich zu Gehör, daß es gewisse Schwierig-
keiten gibt, gewisse Verpflichtungen . . .

Man verdoppelt ein höchst erfreuliches Angebot, und ich beeile
mich, meiner Messalina nichts schuldig zu bleiben. Ich fliege in
die Arme, die mich mit so vielen Wohltaten überhäuften, und ich
koste zwar nicht das erwartete Vergnügen, aber immerhin die
Befriedigung zu beweisen, daß ich kein Undankbarer bin.

Aber was willst du? Wenn man das Huhn gemästet hat, legt es
keine Eier mehr. Die Honorare fließen spärlich, und ich schlafe.

Wie, du schläfst?

Ja, natürlich, die ganze Nacht hindurch, und was noch schlimmer ist, auch am Morgen. In diesen süßen Morgenstunden, die
der zärtlichen Hoffnung gehören, den leidenschaftlichen Liebes-
kämpfen. Man beklagt sich über meine Nachlässigkeit, und ich
stelle mich verärgert. Man spricht von Gleichgültigkeit, Undank,
und ich gebe ihr darin recht.

Guter Gott Plutus, einen Einfall! Ein Gott erscheint mir allerdings, ich erkenne seine glückbringenden Attribute. Es ist der
Gott des Rates, der listige Merkur. Er tröstet mich, und ich begebe
mich eilends zu M. Doucet. Du hast ihn noch nicht kennengelernt. Also höre zu: Er erscheint in seiner Soutane und dem
langen Mantel beinahe zierlich. Sein Gesicht zeigt die Abge-
klärtheit des Alters, doch sieht er gut genährt und frisch aus. Er
hat die Augen eines Luchses und eine bewundernswerte Perücke.
Sein Geist hat deutliche Spuren in seine Stirn gezeichnet. Seine
offene und bescheidene Miene scheint das Glück innerer Zufrie-
denheit widerzuspiegeln. Er erlaubt sich nur ein Lächeln, doch
dieses Lächeln läßt die hübschesten Zähne sehen. Wahrhaftig ein
Beichtvater à la mode. Die frommen Schönheiten laufen scha-
renweise zu ihm, alle Welt sucht bei ihm Trost und Rat.

Unter seiner scheinheiligen Miene freilich verbirgt dieser ehrwür-
dige Mann einen brennenden Geist und beachtliche okkulte
Fähigkeiten. Du errätst mit Recht, daß diese bei den Frauen, mit
denen er zu tun hat, den größten Eindruck erwecken. Es gelingt
mir, mich in das Vertrauen dieses guten Mannes zu schmeicheln,
ich eröffne ihm, daß ich beinahe ein ebenso großer Tartuffe bin
wie er selbst. Er stellt mich auf die Probe, und nachdem er sich
von meinen Qualitäten überzeugt hat, führt er mich bei Madame
ein.

Dort duftet alles nach Heiligkeit; der zur Schau gestellte Luxus ist
solide und unaufdringlich. Das Haus ist auf das beste und be-
quemste eingerichtet.

Doch wie? Ein junger Mann wie ich bei einer Frau von solch
hoher Tugend? Natürlich, gerade dort! Um so weniger laufe ich
Gefahr, die meine zu verlieren. Du errätst natürlich, daß ich mir
keine meiner üblichen Ungezogenheiten leisten darf. Ich gebe
mich bescheiden und habe damit Erfolg. Meine Besuche werden
häufiger, der Ton wird familiärer, und die Gespräche, die wir
führen, werden immer vertraulicher.

Nach einer Predigt, die wir gemeinsam besuchten – das heißt, ich
bin nicht mit ihr hingegangen, befand mich aber trotzdem in
ihrer Nähe und warf Blicke zum Himmel, die ganz und gar nicht
für diesen bestimmt waren –, nach dieser Predigt entdeckte sie
mich und nahm mich mit zu sich. Sie fragte mich, wie mir die
Predigt gefallen habe, und ich begann sofort, alle Frauen, die in
unserer Umgebung gesessen hatten, zu kritisieren. Madame zeigte
sich angesichts dieses Themas sehr interessiert.

»Wie fanden Sie Madame Soundso?« erkundigte sie sich mit
großer Spannung.

»Du lieber Himmel! Sie muß in einen Rougetopf gefallen sein.«

»Wie kommen Sie darauf? Sie ist doch recht reizend!«

»Sie wäre es, wenn sie sich nicht entstellte. Aber dieses Rouge!
Immerhin ist sie zu entschuldigen. Sie hat weder Ihren Teint noch
Ihre Farben.« Worte, die, wie du mir glauben kannst, in den
Ohren meiner schönen Betschwester Musik waren.

»Aber wie gefiel Ihnen die Gräfin de . . .?« will Madame wissen.
Ich stelle mich streng.
»Sie scheint mir recht ungebührlich angezogen.«
Ein lächerlicher Einwand angesichts dieses Dekolletés. Ich kenne
keine Frau, die das Recht hätte, ähnliche Enthüllungen vorzu-
nehmen. Ich betrachte Madames Schönheitspflästerchen mit
einem gewissen Vorwitz und werde mit einem gewissen Blick
dafür bestraft. Alsbald werde ich die Schüchternheit in Person.
»Wie hat Ihnen die Predigt gefallen?« will Madame wissen.
»Die Predigt? Nun, ich muß gestehen, ich war einigermaßen
unaufmerksam.«
»Aber die Moral war doch ausgezeichnet!«
»Das schon. Aber diese kalte Art des Vortrags! Um wieviel
beredsamer ist doch der Mund der Schönheit! Welch tiefen Eindruck hinterlassen zum Beispiel Ihre Ermahnungen bei mir. Ich
fühle mich durch sie so ermutigt, so stark. Ah, wahrhaftig, Sie
bringen es fertig, daß ich die Tugend liebe, während mein Herz
doch allein Ihnen gehört.«
»Ach, mein Freund«, unterbricht sie mich, »Sie sehen mich
erbleichen . . .«
Ich flehe um Verzeihung. Man gewährt sie mir. Ich gebe mich
allerdings nicht damit zufrieden, sondern übertreibe meinen Fehler, damit man mich nicht zur Hälfte schuldig befinden möge.
Meine reizende Betschwester erholt sich übrigens rasch. Doch
weil sie sich noch etwas schwach fühlt, macht sie mir den Vorschlag, ich möchte ihr aus einem Buch vorlesen, das sie besonders
schätzt. Es ist ein Traktat über die Gottesliebe. Ich setze mich ihr
also gehorsam gegenüber und beginne zu lesen, während ich
meine Augen von Zeit zu Zeit feurig auf sie richte. Meine Phantasie schweift ab, ich erfinde gewisse Ausschmückungen des
Textes. Nicht mehr eine Predigt biete ich ihr, sondern vielmehr
einen Rousseau. Ich nütze den Augenblick, aus einem Oratori-
um wird ein Boudoir, ah . . . ich bin glücklich.
Aber das Geld, das Geld! Zum Teufel, laßt mich für einen
Augenblick damit in Ruhe! Laß uns genießen! Wirklich, ich

kenne keinen größeren Genuß als den dieser Frömmlerin! Welch
bezauberndes Lächeln! Welche Seufzer, welches Stöhnen der
Lust! Ah – meine süße, heilige Jungfrau! Mein süßester Jesus!
Freund, kannst du mir mein Vergnügen nicht nachfühlen?
Aber das Geld?!

Zur Hölle, hältst du mich etwa für ein so dummes Tier, daß ich
meinen Vorteil nicht zu wahren weiß? Ich suche meinen scheinheiligen Abbé auf und beichte ihm alles. Er ist diskret, vor allem
weil er viel zu viel verlieren würde, wenn er es nicht wäre. Er
verspricht mir zu helfen, gegen eine angemessene Provision natürlich.

Nach drei Tagen völliger Abstinenz bleibt meiner frommen
Schönen nur die Zuflucht zu ihrem Godemiché. Zum Glück
erscheint der gute Abbé, mit betrübter Miene allerdings, wie es
sich für diesen Fall schickt. »O dieser unglückselige junge Mann!
Da ist er nun wieder in seine Laster zurückgefallen. Diese
schlechten Weiber werden ihn noch ruinieren!« Das ist ein Tief-
schlag für meine Schöne.

»Ah, mon père, wie betrüblich. Er scheint doch einen guten
Kern zu haben.«

»Den hat er, Madame, den hat er! Wirklich, es ist nicht seine Schuld.
Er berechtigt zu den schönsten Hoffnungen, weil er aufrichtig ist.
›Monsieur‹, hat er mir noch neulich gesagt, ›ich habe Ehrenschulden,
mein Gewissen quält mich. Ich bin vielleicht verloren, das Opfer
meiner eigenen Fehler. Was mich dabei am meisten schmerzt, ist, daß
ich Madame . . . verlieren muß.‹ (Sie schlägt die Augen nieder!)
›Diese Frau ist bewunderungswürdig‹, sagte er mir noch. ›Mein Herz
gehört ihr. Doch zu spät, ich muß ihre Gegenwart fliehen. Unseliges
Schicksal! Beklagenswerter Unstern!‹ Ja, gerade dies sagte er mir
unter Tränen. Der Arme dauert mich.«

Geschickt wechselt der Abbé das Thema. Er weiß, man wird
darauf zurückkommen.

»Aber wie hoch sind seine Schulden denn?« erkundigt sich Madame vorsichtig.

»Dreihundert Louis!«

Und da glaubst du wirklich noch, daß eine Frau, die meine Zärtlichkeiten und Liebkosungen kennengelernt hat, die meiner Diskretion sicher sein kann und der ich mich niemals als Flegel gezeigt habe, mir diese dreihundert nicht schon am nächsten Tag gegeben haben würde?

Aber, höre ich den Moralisten in dir, das ist ja abscheulich. Die Liebe ist großzügig, aber du bist ein Gauner!

Zum Teufel, du machst schlechte Witze. Sie ist schließlich sechs-unddreißig, und ich kaum vierundzwanzig. Sie ist noch gut, aber ich bin besser. Sie setzt Temperament und Dukaten für diese gute Sache ein, während ich ihr meine Kraft und meine Verschwie-genheit gebe. Ist das etwa ein schlechter Handel?

Im übrigen – welcher Missetaten wolltest du mich beschuldigen? Ich habe das Vergnügen, sie in die Gesellschaft zurückzuführen; sie vergißt ihre übertriebene Frömmigkeit, und ihre Triumphe im Kreis derer, die sie einst verlassen hat, werden beachtlich sein. Sie scheint ganz verändert. Doch nein, in diesem Punkt täusche ich mich. Nur ihre Toiletten und ihre Frisuren sind verändert.

Schön, meine reizende Betschwester ist also dank meiner Fürsorge in die Welt zurückgekehrt, der sie angehört.

Aber, höre ich dich einwenden, vielleicht wäre es besser, wenn du sie ihrer Zurückgezogenheit überlassen hättest. Schließlich wirst du sie eines Tages verlassen.

Da hast du allerdings recht. Ich werde vielleicht andere Pläne haben. Ihr Gold wird verbraucht sein, ihre Dukaten verkauft, meine verliebte Laune ist verweht. Sie wird beteuern, wie treu sie mir ist, und ich werde Mühe haben, einen Vorwand für einen Streit zu finden.

Da hast du nur zu recht, mein Freund.

Aber nein, ich werde das gar nicht erst versuchen. Vielmehr werde ich ihr folgendes sagen: »Madame, ich werde mich immer Ihrer Güte erinnern, sie ist mir teuer. Mein Herz fühlt sich Ihnen mehr verpflichtet, als ich dies sagen kann. Wie bin ich zu be-klagen! Meine Erkenntnis zerstört mein Leben, der Glanz ihrer Tugend vernichtet mein Glück. Ich bin es Ihnen schuldig, diese

Besuche zu unterlassen, die Sie kompromittieren. Wie soll ich diese schreckliche Trennung nur ertragen?«

Gerechter Himmel, was hast du erwartet? Ich zwinge mich zu einer Komödie, und indem ich vorgebe, bleiben zu wollen, wage ich die Flucht. Meine Dulcinea wechselt von den Tränen der Lust zu jenen des Schmerzes, und ich ziehe mich in Etappen zurück, indem ich sämtliche Diwans ihrer Wohnung als Zwischenstationen unserer Abschiedszeremonie benütze. Mit einigem Geschick entkomme ich ihrer letzten Ekstase.

Parbleu! Du bist recht geschickt!

Ja, nicht wahr, mein Freund. Aber habe ich dir schon gesagt, daß diese Frau meinen Ruf in alle Ewigkeit gefestigt hat? Ich habe es nicht mehr nötig, mich meiner Qualitäten zu rühmen. Ich brauche sie nur zum Vorschein kommen zu lassen, und schon bin ich der Phönix unter allen Vögeln in diesem Wunderwald.

Wie viele Frauen habe ich verführt!

Wie viele Frauen habe ich verführt! Es waren darunter welche,
die waren schwanger. Andere stillten. Andere wieder ließen für
mich ihr kleines Kind, das ganz mit Amuletten behangen war.
Und wenn das Kind weinend kam, wandte seine Mutter die
obere Hälfte ihres Leibes ihm zu, aber die andere Hälfte blieb
unbewegt unter mir.

CAELIUS CALCAGNINUS
Die Tapferkeit des Priapus

Ich ziehe meine Arbeit vor den Arbeiten, den großen
Des Herkules, ich glaube nicht gen Wahrheit zu verstoßen,
Denn während der Gewaltige bezwang der Löwen einen,
Besiegte viele Löwen ich, die andern furchtbar scheinen,
Ich meine Fotzen, schauerlich, die ganz abscheulich rochen,
Sie schlangen meine Keule ein, so oft mir stand der Knochen.
Auch einen Eber, wie man weiß, hat Herkules bezwungen,
Ich habe mit viel schrecklichern in größ'rer Zahl gerungen,
Mit Greisen, die voll Geilheit und voll hitz'ger Brünste waren,
Gleichsam wie wilde Schweine mit gesträubten, borst'gen
Haaren.
Die flücht'ge Hirschkuh eingeholt hat Herkules, der Recke,
Trotz Fuß aus Erz und Goldgeweih bracht' er sie doch zur
Strecke.
Er sah's als Heldenleistung an, ich stelle sie in Frage,
Ich tu' die gleiche Arbeit doch an jedem meiner Tage,
Ich hole täglich neu sie ein, der Mägdlein schnelle Scharen,
Die mit den weißen Füßen und die mit den goldnen Haaren;
Die hurtiger im Laufe sich als Afrikaner regen,
Doch fehlen wilde Buben nicht, die lüstern und verwegen,
Dem Cacus gleich, die Herde mir durch Raub vermindern
wollen,
Zu schleppen die Geraubten in geheimer Höhlen Stollen,
Ich werde sie ergreifen bald und würgen, jene Tollen.

PIETRO BEMBO

Priapus

Unter allen den Kräutern, die dieser mein Garten hervorbringt,
Ist es sonderlich eins, das jede Mädchenhand reizt,
Gierig pflücken sie es, nicht um sich Kränze zu winden,
Nicht um die blumige Zier schmückend sich flechten ins Haar,
Nicht um Blüten zu streun vor die Schwellen der Tempel, wie sonst wohl
Pflegt das Volk den Gebrauch, ehrend der Himmlischen Schar,
Nicht um einige Handvoll zu sammeln und über dem Feuer
Langsam daraus zu ziehen tropfenden lieblichen Duft,
Nicht Amarant heißt das Kraut, nicht Kohl, nicht Mangold, nicht ist's die
Ringelblume, die in goldenem Glanze erstrahlt,
Nicht Sauerampfer, nicht Mohn, der, im Korne wachsend, als Heilkraut
Fördert die kundige Hand, die um die Kranken sich müht.
Auch die Artischocke ist's nicht, die Pflanze des Bacchus.
Nicht das Akanthusblatt, Vorwurf der bildenden Kunst.
Nicht die Blume, die ihren Namen nimmt von den Knaben,
Noch auch die, die sich jäh dreht nach den Strahlen Apolls.
Ganz ein anderes Kräutchen ist es und nützet ganz anders, die Wurzel
Doppelt gespalten, treibt kräftig den Stempel hervor.
Knorrenlos ist der Schößling. Noch liegt er, doch baldigst erhebt er
Seinen im rötlichen Schein rötlich schimmernden Kopf. Und er ist
Immer der gleiche, ob der Himmel glüht im Hundsstern,
Oder ob glitzernder Reif decket das Wintergefild.
Nie verwelket es jemals, da ihm das Wetter nichts anhat,
Und es gibt keinen Ort, wo man vergebens ihn pflanzt.

Keineswegs gibt es nur eine Art, die Triebe zu pflegen,
Schüttle den Stamm, und du hast reichlichen Samen von ihm.
Ob den Samen aufnimmt die Furche, oder ob du den fruchtbarn
Stempel senkest ins Loch, jeglicher Weg führt zum Ziel.
Wenn sich zuerst der Wald mit frischen Blättern belaubet,
Sich in strotzender Kraft herrlicher Üppigkeit freut,
Träufeln aus seinem Haupte die ersten Tränen, der Honig
Von dem Hyblagebirg schmecket nicht süßer als sie.
Über alles tut wohl ihm das Streicheln geschäftiger Finger,
Von der Betastung selbst wächst er dir schon in der Hand.
Nicht geringere Freud' — so bezeug ich's, der ich es sehe,
Weil kein Weib daran denkt, daß ich zu sprechen vermag —
Macht die Berührung den ehrbaren Mädchen, wenn sie ihn um⟋
fangen
Und ihn in pressender Hand halten in zartem Verschluß.
Ja, sie neigen sich zu ihm und mit zärtlichem Munde ihn küssen,
Und, weil die Wärme ihn letzt, ihn gar fürsorglich betreun.
Glücklich lächelt sie dann, wenn sich endlich der Schmächtige
aufbläht,
Und behend durch die Hand schlüpfet ihr nun das Gewand.
Gar nicht schüchtern bewundert die Maid sein verändertes Aus⟋
sehn,
Den gekräftigten Stamm und die so plötzliche Pracht.
»Dich verehr ich, du Hälmchen, du Bild des erhabenen Gottes,
Du sollst mein Leitstern sein, Zepter, dem ich mich ergieb«,
Also spricht sie; es fallen auch schon vom Körper die Hüllen,
Und den Durstigen labt sie an dem schattigen Born.
Gierig trinkt er an der vom Gesträuch beschatteten Quelle,
Wieviel er aber auch trinkt, reichlicher gibt er's zurück,
Und er spendet seiner Verehrerin liebliche Freuden,
Der er fürs Übel der Welt einziger Tröster oft ist.
Wenn der Gatte ihr fern ist auf weit ihn tragender Woge
Und in der Einsamkeit sie sich in Sehnsucht verzehrt,
Und die Gesundheit ihr schwindet im öden ehlichen Bette,
Findet Heilung sie drin, daß seinen Samen sie schlürft.

Wird ihr das Antlitz blaß, sie greift nach dem strotzenden Sten-
gel,
Und von der süßen Kost kehrt ihr die Farbe zurück.
Hat sie die strahlenden Augen von strömenden Tränen
verschwollen,
Wie ja das Weinen stets Frauenart war und sein wird,
Und besprengt sie der Tau, der aus dem Kräutlein hervorquillt,
Wird das Auge ihr klar, Freundlichkeit zieht ihr ins Herz,
Scheuchen ihr dunkle Träume den Schlaf von den Lidern, vom
Schößling
Koste sie wenig, und schon stellt sich der Schlaf wieder ein.
Wenn eine mannbare Maid den Namen der Mutter ersehnet,
Und ihr Tag für Tag ungenutzt schwindet dahin,
Wend't sie die Wurzel zur richtigen Zeit an, und sichtlich klagt
sie
Dann im Alter nicht ob ihrer Unfruchtbarkeit.
Ebenso rat ich's dem Weib, vernachlässigt schnöde vom Gatten,
Daß ihr bei seinem Tod nichts von der Erbschaft entgeht.
Und je mehr die ihn fassende Hand den Stengel erfüllet
Und den saugenden Mund, desto willkommner ist er.
Anderswo blüht er in reichem Schatten, bei mir ist er offen:
Denn ein so trefflich Gewächs heischet nicht wucherndes Gras. –
Willst einen Namen du wissen? Der kleine Sch . . . . ist's. Du
lächelst?
Also nennt jedermann ihn im zungenfertigen Rom.
Wenn auch, wie die Gelehrten behaupten, sein Umfang nur
klein ist,
Mir, der ich ungelehrt bin, bäumt er sich mächtig empor.
Römer, gewährt mir Verzeihung! *Ein* Wörtlein nur ist mir ent-
schlüpfet,
Kann denn darin ein Zuviel irgendwie reizen den Zorn? –

APHRA BEHN
Die Enttäuschung

I

Eines Tages der verliebte *Lysander*,
Von ungeduldiger Leidenschaft übermannt,
Überraschte die holde *Cloris*, die geliebte Maid,
Die konnte sich wehren nicht länger.
Alles hatte der Liebe sich verschworen;
Des Tages güldenes Gestirn
Auf leuchtendem Wagen, von Feuer gezogen,
Neigte die Bahn schon hinab ins Meer
Und ließ kein ander Licht, die Welt zu leiten,
Als was von Cloris' strahlenden Augen fällt.

II

In einsamem Dickicht, zum Lieben geschaffen,
Still wie eines Mädchens willige Hingabe,
Ergab sie sich mit reizendem Ermatten
Seiner Kraft, doch in sanftem Sträuben;
Zärtlich die Hände an seinen Busen sie legte,
Doch nicht ihm zu wehren war ihr im Sinn,
Vielmehr ihn zu sich zu ziehen:
Derweil er zitternd ihr zu Füßen lag,
Vergeblich wär es, zu widerstehn,
Sie wünscht sich die Kraft, zu sagen: »Oh, was tust du?«

III

Ihre strahlenden Augen, süß und doch ernst,
Darin Liebe und Scham miteinander ringen,
Geben *Lysander* frische Kraft;
Und zaghaft haucht sie ihm ins Ohr
Und ruft: »Laß ab, laß ab von deinem vergeblichen Verlangen,

Oder ich schreie — Was würdest du tun?
Meine kostbare Ehre selbst dir
Kann ich, darf ich nicht opfern. Laß ab,
Oder nimm dies Leben, dessen wertvollsten Teil
Ich dir gegeben, als du mein Herz erobert.«

IV

Doch er, dem Angst so ungewohnt,
Wie er zur Liebe fähig war,
Die gesegneten Minuten zu nutzen,
Küßt ihr den Mund, den Hals, das Haar;
Jede Berührung ihr Begehren aufs neue weckt,
Seine zitternde, brennende Hand er preßt
Ihr auf die schwellende schneeweiße Brust,
Da atemlos sie in den Armen ihm lag.
Ungeschützt nun all ihre Schönheit liegt
Dem Feind zur Beute, zum Siegespreis.

V

Und nun ohne Achtung oder Furcht
Sucht er den Gegenstand seiner Schwüre
(Seine Liebe keine Zurückhaltung kennt)
Und tastet sich vor in hastigen Zügen,
Bis seine dreiste Hand jenen Altar nun faßt,
Wo Liebesgötter ihre Opfer bringen:
Den erhabenen Thron, dies Paradies,
Wo alle Wut und Raserei sich legen,
Diesen Quell, wo die Wonne fließt
Und alle Welt zur Ruhe findet.

VI

Ihre duftenden Lippen treffen die seinen,
Ihre Körper wie ihre Seele sich einen;
Und beide dann in unendlichem Entzücken
Strecken sich aus auf der Decke von Moos.

Cloris halbtot und atemlos lag;
In ihren sanften Augen ein feuchter Glanz,
Wie er die Nacht vom Tage scheidet,
Oder wie von fallenden Sternen, deren Feuer verlischt:
Nun zeigt sie kein Zeichen von Leben mehr,
Nur kurze Seufzer, die kommen und gehn.

VII

Er sah, wie sie dort ausgestreckt lag;
Er sah, wie ihr bloßer Busen sich hebt;
Ihr lockeres dünnes Gewand, unter dem nun sich zeigt
Eine Gestalt, die für Liebe und Spiel bestimmt
Und frei von Stolz nun wie von Scham.
Ihre zartesten Freuden spendet sie
Und bietet ihre jungfräuliche Unschuld
Der heiligen Flamme der Liebe zum Opfer dar,
Doch der überreizte Hirte liegt
Unfähig, das Opfer zu vollziehn.

VIII

Bereit, von tausend Freuden zu kosten,
Sah der allzu entzückte unglückliche Schäfer,
Wie übergroße Lust in Pein sich verkehrte;
Lust, die von allzuviel Liebe zerstört.
Das willig Gewand ganz nah bei ihm
Und der Himmel weit offen seinem Blick,
Warf er sich, verrückt nach ihrem Besitz,
Auf die wehrlos liebliche Maid.
Aber ach, welch neidischer Gott hat sich verschworen,
Ihm die Kraft zu rauben, doch das Verlangen zu lassen!

IX

Der *Pfeiler der Natur* (ohne den sie
Nicht einem Menschen Leben geben kann),
Ihm fehlt nun selbst die Kunst des Lebens;

Und Schwäche seinen schlaffen Nerv befällt.
Der junge Mann, in Zorn entbrannt, versucht umsonst,
Zurückzuholen die entschwundene Kraft,
Keine Bewegung teilt hier Bewegung mit;
Ein Übermaß an Liebe hat seine Liebe verraten:
Vergebens müht er sich, vergebens befiehlt er,
Der Fühllose fällt schlaff in seine Hand.

X

In diesem grausamen Liebeskampf,
Wo Lieb und Schicksal allzu hart,
Der arme *Lysander* in seiner Verzweiflung
Dem Verstande mitsamt seinem Leben entsagt:
All das belebende, sprühende Feuer,
Bestimmt, das edlere Teil zu entflammen,
Es steigerte nur die Wut und die Scham
Und ließ keinen Funken für neues Verlangen:
All ihre entblößten Reize vermochten nicht zu wandeln
Noch zu beruhigen die Wut, die seine Liebe verdorben.

XI

Cloris, aus der Verzückung erwacht,
Die Liebe und sanftes Verlangen gezeugt,
Legt zärtlich ihre furchtsame Hand
(Vom Zufall geleitet oder mit Bedacht)
Auf den fabelhaften *Priapus*,
Diesen kraftvollen Gott, wie die Dichter sagen;
Doch nie eine junge *Schäferin*,
Die Farnkraut auf der Ebene pflückt,
Zog rascher ihre Finger zurück,
Weil eine Schlange sie findet unterm grünen Laub,

XII

Als *Cloris* ihre schöne Hand,
Da sie fand den Gott ihres Verlangens

All seines hehren Feuers beraubt
Und kalt wie Blumen im Morgentau.
Wer kann der *Nymphe* Verwirrung erraten?
Das Blut verließ den unteren Ort,
Überzog mit Röte ihr ganzes Gesicht
Zum Zeichen von Scham und von Verachtung:
Und aus *Lysanders* Armen sie floh
Und ließ ihn kraftlos auf dem traurigen Lager.

XIII

Wie ein Blitz durch den Hain sie eilt
Oder wie *Daphne* fort vom *Delphischen Gott.*
Keine Spur auf dem grasigen Pfad
Läßt sie dem verfolgenden Auge zur Lehre.
Der Wind, der in ihren Haaren tollt
Und mit den flatternden Kleidern spielt,
Entdeckt in dem flüchtigen Mädchen,
Was immer die Götter an Schönem geschaffen.
So floh *Venus*, als ihre *Liebe* gemordet,
In Angst und Hast über die unheilvolle Ebene.

XIV

Der *Nymphe* Gefühle nur ich
Kann recht empfinden und nachvollziehn:
Doch niemand schaut in Lysanders Herz,
Als die sein Schicksal vorangetrieben.
Sein stilles Seufzen schwoll zum Sturm,
Und keinen Gott verschont sein Zorn;
Er verflucht seine Geburt, sein Los, seine Sterne,
Doch mehr noch die Reize der *Schäferin*,
Deren sanft betörende Verführung
Verdammt ihn hatte zur Hölle der Impotenz.

JOHN WILMOT EARL OF ROCHESTER
Das unvollkommene Vergnügen

Nackt lag sie da in meinen starken Armen,
Ich voll von Liebe und sie voller Liebreiz.
Nun liegt er müd, zu dieser bösen Stund,
Geschrumpft und saftlos, eine welke Blume.
Du falscher, schlimmer Herzensdeserteur
Verließest mich, du Mörder meines Rufs.
Welch irrigen Zauber brauchst du, dich zu zeigen.
So treu der Unzucht, so untreu der Liebe?
Die Trine zeige mir, die letzte Hure,
Die jemals du bisher im Stich gelassen.
Wenn Laster, Krankheit und Skandal dich riefen,
Wie schnell warst du bereit, mir zu gehorchen?
Ein brüllend-wilder Hektor in den Straßen
Sich raufend, balgend, alle und jeden zausend;
Jedoch wenn König, Vaterland ihn brauchen,
Dann schrumpft der Kerl und ist nicht mehr zu sehen.
Und doch zeigt sich gerade deine Kraft
Im Freudenhaus, wo jede Ritze klafft.
Wenn aber Liebe deine Hilfe braucht,
Du niedriger Verräter, stehst du nicht.
Schlechtester meiner Teile, meist gehaßter,
Ein Wetzpfahl, stadtbekannt, im Dienst von allen,
An dem jedwede Hur die Fotze reibt
Wie Säue sich an Gattern grunzend wetzen;
Sei du ein Opfer nimmersatter Schwären,
Verzehre dich im Tripper ohne Rast;
Laß Harnzwang, Blasenstein dein späteres Los sein;
Mögst du nicht pissen, der nicht spenden wollte,
Als alle meine Lust von dir abhing.
Mögen zehntausend bessere Kerls bereit sein,
Dein Unrecht an Corinna wettzumachen.

■■ OVID ■■
Schwache Stunde

Ist sie etwa nicht schön, ein gepflegtes, ein sauberes Mädchen,
hat sie nicht oft genug, mein ich, mein Wünschen umspielt?
Dennoch, endlich am Ziel, mußten bös mir die Kräfte versagen,
auf dem Faulbett ich lag, bittere Schmach nur und Last!
Ach, so sehr ichs ersehnte, und gleiches ersehnte das Mädchen,
lendenlahm konnte ich nicht kosten der köstlichen Frucht.
O wie sie mich so zärtlich mit ihren Armen umhalste –
Armen, wie Elfenbein weiß, weißer als nordischer Schnee –
mich überschüttet' mit Küssen, mit lüstern sich mühendem
Zünglein,
enger, lockend an mich schmiegte den reizenden Leib,
schmeichelnd mir flüsternd ins Ohr, gar ihren Gebieter mich
nennend,
und was es solcher Art mehr Worte gibt, uns zu erfreun!
Aber als ob meine Glieder ein kältender Umschlag umhüllte,
ließen sie träge und schlaff all meinen Vorsatz im Stich.
Steif lag ich da wie ein Klotz, ein totes Gewicht, wie ein Schein-
bild,
wußte nicht, war ich noch Leib, ward ich zum Schatten bereits?
Was für ein Alter steht mir bevor – sofern mirs bevorsteht –
wenn meine Jugend schon jetzt sich ihren Pflichten versagt?
Muß meiner Jahre mich schämen, wozu bin ich Mann und ein
junger,
und meine Liebste merkt nichts, gar nichts von Jugend und
Mann?
So immer mag die Vestalin, die heilige Flamme zu schüren,
aufstehn, das Schwesterlein keusch von ihrem Brüderlein fein!
Zweimal noch jüngst ward die rötliche Chlide, dreimal die helle
Pitho und Libas dreimal pausenlos von mir bedient.
Ja, ich weiß noch genau, als Corinna von mir es gefordert,

hab ich, war knapp auch die Nacht, neunmal sogar es geschafft.
Hat mich verwünscht eine Hexe, geschwächt mir mit Gift meine
Glieder,
hat es mir Armem ein Spruch oder ein Kraut angetan?
Hat im rötlichen Wachs eine Zaubrin gebannt meinen Namen,
spitzige Nadeln sodann mir durch die Leber gespießt?
Zaubergesang läßt fruchtlos welken die Halme des Kornes,
Wasser versiegt, dessen Quell Zaubergesang hat versehrt.
Auch von den Eichen die Eichel, besprochene Traube vom
Weinstock
löst sich, der Apfel fällt faul ohn' alles Schütteln vom Baum.
Konnt' nicht genau so die Spannkraft durch magische Künste
erschlaffen?
Daher mochte vielleicht rühren die Schwäche bei mir.
Dazu kam noch die Scham; ich schäm' mich, und das wirkte
schädlich,
für mein Versagen war dies wohl noch ein weiterer Grund.
Ach, welch ein Mädchen erblickt' ich – und habe nur eben
berührt sie,
wie ihr Dessous ihren Leib leise umzärtelt, nicht mehr!
Dabei könnt' ihre Berührung selbst Nestor, den alten, verjüngen
und in Tithonos, dem Greis, wecken vergessene Kraft.
Solch eine Frau fiel mir zu – doch ihr fiel leider kein Mann zu!
Was soll ich bitten, wenn ich neu nun Gelübde will tun?
Ach, ich glaube, wo ich sie so schändlich nutzte, die Gabe,
ists auch den Göttern leid, daß sie mir solche gewährt.
War es mein Wunsch doch, sie zu besuchen – ich wurde emp-
fangen!
Mit ihr zu küssen – ich durfts, nah ihr zu sein – und ich wars!
Wozu mir so viel Glück? ein Königreich ganz ohne Nutzen?
Schätze besaß ich, doch nur, wie sie ein Geizhals besitzt.
Tantalus schmachtet so, der Schwätzer, mitten im Wasser,
sieht stets die Äpfel vor sich, die er doch niemals erreicht.
Wer erhebt in der Früh von der Seit' eines zärtlichen Mädchens
sich so rein, daß er gleich dürft' in ein Heiligtum gehn?

Hat nicht so lieblich verschwendet die Holde an mich ihre schönsten
Küsse, und bot sie mir nicht Hilfe, so viel sie nur konnt'?
Oh, sie könnte wohl klobige Eichen und stahlhartes Eisen
rühren und taubes Gestein mit ihrem zärtlichen Tun.
Wahrlich, sie wäre es wert, zu entflammen, was lebt und was
männlich,
aber ich lebt' nicht bei ihr, war auch kein Mann, wie bisher.
Wer hätte Freude, wenn tauben Ohren sänge ein Sänger,
und einen Armen, der blind, kann ein Gemälde ihn freun?
Ach, was malt' ich nicht aus mir an Freuden heimlich im Geiste,
hat meine Phantasie nicht alle Arten umspielt?
Und dann lagen, als traf vor der Zeit sie der Tod, meine Glieder
welker als Rosen, o Schmach, hängen vom gestrigen Tag.
Welche jetzt, siehe da! zur Unzeit so kräftig sich regen,
jetzo verlangen nach Tat, Kriegsdienst nach ihrem Geschmack.
Lieg lieber stille und schäm dich, du häßlichster Teil meines
Ganzen! So hast du eben doch erst mich mit Versprechen genarrt.
Du betrügst deinen Herrn, durch dich getäuscht ohne Waffen
mußte ich tödliche Schmach tragen und trauriges Leid.
Und dabei ließ doch das liebe Mädchen sichs nimmer verdrießen,
leise mit schmeichelnder Hand ihn zu erwecken zum Werk.
Doch wie sie sieht, bei dem sind sämtliche Künste vergebens,
der steht nicht auf, der liegt da und vergißt aller Pflicht —
›Willst du mich foppen‹, ruft sie, ›du kläglicher Schwächling,
wer hieß dich,
wenn du nicht magst, hier bei mir strecken die Glieder zur Ruh?
Hat eine Zauberin dich verwünscht mit durchstochener Wolle,
oder kommst du gar müd von einer anderen Frau?‹
Gleich darauf hüpft sie hinunter, umflattert vom fliegenden
Hemdchen;
niedlich sahs aus, wie sie nackt streckt' ihre Füßchen hervor.
Und daß die Mägde nicht merkten, daß nichts ihr geschehn —
diese Schande
hat sie, sich tummelnd im Bad, sorglich vor ihnen vertuscht.

POGGIO BRACCIOLINI

Von einem Mönche,
der sein Glied durch das Loch
eines Brettchens einführte

Im Picener Gebiete liegt eine Stadt namens Jesi. Dort lebte ein Mönch, der Lupo genannt wurde und in ein junges Mädchen verliebt war, das noch Jungfrau war. Nachdem er es oftmals zu gemeinsamer Lust aufgefordert hatte, gab es endlich nach. Da es aber aus Furcht vor zu großen Schmerzen etwas Widerstreben zeigte, sagte der Mönch, er wolle ein Holzbrettchen mit einem Loche suchen, durch das die Lanze gestochen werden solle, und es zwischen sie beide legen. Er suchte also ein ganz dünnes Tan-nenbrettchen und durchlöcherte es ein wenig, dann kam er in aller Heimlichkeit zu dem jungen Mädchen, steckte das Glied, das noch ruhig war, durch die Öffnung, streifte der Kleinen die Röcke empor und trachtete, während er anfing sie abzuküssen, nach dem ersehnten Leckerbissen. Aber, aufgeweckt durch die Wonne des geküßten Mundes und die Berührung der unteren Teile, fing sein Glied an, schnell und über das Maß des Loches im Brett hinaus zu schwellen, so daß es schmerzhaft festsaß. Es war nun derart eingeklemmt, daß es ohne heftige Schmerzen weder vorwärts noch rückwärts konnte. Als die Wollust sich so in Pein verwandelt hatte, fing der Mönch, für den diese Folter zu stark war, an zu ächzen und zu schreien. Das erschrockene Mäd-chen versuchte, ihn durch Küsse zu trösten und das Ersehnte zu vollenden, vergrößerte aber nur seine Qual, anstatt ihm Linde-rung zu schaffen; denn da das Glied dadurch noch stärker anschwoll, wurde es noch mehr eingezwängt. Der unglückliche Mönch, der die größten Qualen litt, bat nun um Wasser, um sein Glied damit zu besprengen und zu beruhigen. Die Jungfrau aber hatte Furcht vor den Leuten im Hause und wagte nicht, Wasser zu holen. Endlich jedoch brachte sie, erschüttert durch den Schmerz und das Stöhnen des Mannes, etwas herbei, goß es ihm auf den Unterleib und den in die Tafel eingeschlossenen Teil, und allmählich wich die Schwellung. Der Mönch zog, da er schon einiges Geräusch im Hause hörte und nur noch den Wunsch hatte fortzukommen, sein stark zerschundenes Glied aus dem Brettchen und machte sich davon. Und da er einen Arzt zu Rate ziehen mußte, wurde die Geschichte ruchbar. – Wenn jedem seine Begierden so teuer zu stehen kämen, würden viele enthaltsamer sein.

ANONYM
Die Nencia von Prato oder die Feile

Geweihtester Apollo, o helles Licht, o lebendiges Beispiel der
heiligen Dreieinigkeit; heller warmer Glanz, welcher auf Erden
Früchte aller Art hervorbringt, bitte, sei du mein Führer und
Leiter nicht auf meine Bitten hin, sondern durch deine Güte, und
nähre mich so mit deinem Lichte, dass ich diesem erlauchten
Publikum einen Spass erzählen kann.

Nicht viele Jahre sind es her, da war in Prato eine Frau, die vor
kurzem Witwe geworden war, und wie es das Missgeschick
wollte, überfielen die Geburtswehen ihre Nachbarin, die nebenan
wohnte, und niemand war dort, der ihr hätte beistehen können,
und so eilte die Nachbarin zu Hülfe, wobei sie ihr Töchterlein
allein liess. Und kaum war sie dort angekommen, als die Wöch-
nerin unter grossem Geschrei eines schönen Knäbleins genas, das
die Witwe aufhob, wusch und salbte. Unterdessen kam der ganze
Schwarm der Weiber an, und die Witwe kehrte in ihr Haus
zurück, wo sie ihr Töchterchen in Tränen aufgelöst fand. Das
Mädchen hatte die Schreie gehört und weinte und zitterte vor
Angst, und es war ganz bleich geworden, wie ein einfältig und
unerfahrenes Ding, das es war. Die Mutter sagte: »Mein süsses
Leben, was hast du, dass du so traurig bist?« Die Tochter sprach
mit verständigen Worten: »Wer war die, welche so schrie?«

Die Mutter antwortete ihr: »Die Frau Soundso schrie so beim
Gebären.« Die Tochter sprach: »Wer hat ihr denn so weh getan?«
Die Mutter erwiderte: »Der Schweif ihres Gatten.« »Ach«, sagte
das einfältige Mädchen, »was für ein viehisches Ding! Nie soll
mich ein Gelüste darnach ankommen! Mutter, wer hören will,
der höre! Einen Mann, der einen Schweif hat, werd ich nie zum
Gatten nehmen.«

Die Frau lachte über diese Worte und im Frieden lebten sie so
manches Jahr dahin, und die Tochter glich, wohl mit Kleidern

284

angetan, einer Sonne. Die Mutter wollte sie durchaus verheiraten, damit Welt und Zeit ihr keine Täuschung bereiteten, und vielen Ehevermittlern teilte sie ihre Absicht mit für den Fall, daß sich eine gute Partie darböte.

Es vergingen nicht viele Tage, und einer der Vermittler fand viele geeignete Partien für sie, unter andern einen jungen Mann der einem Engel ohne Flügel glich, von dem sie mit der Tochter viel sprach. Die Frau, die nicht auf den Kopf gefallen war, sagte: »Ich nähme ihn«, und sie fragte die Tochter, ob sie ihn wolle. Die antwortete kurz: »Sagt mir, Mamma, hat dieser einen Schweif?« Die Mutter sprach: »Gott mag dir Uebles schicken! Mach, dass ich nicht mehr solche Worte höre. Nimmt man einen Mann, der keinen Schweif hat?« Das Mädchen sprach: »Merk dir für alle Fälle, dass ich mit den Schwänzen nichts zu tun haben will!« So findet sie keinen Gatten, der ihr gefällt, und die Mutter weiss nicht, was sie machen soll.

Die Geschichte sprach sich im Lande herum, Nencia wolle bloss einen zum Gatten, der keinen Schwanz habe, und dieses Gerücht wird immer hartnäckiger. Die Mutter sucht ihr die Grillen zu vertreiben und haut sie auf Stellen, die wenig empfindlich sind. Ein geriebener junger Bursche hörte von dem Fall; vernehmt nun, was er anstellte! Der junge Mann lebte eher in dürftigen Verhält-nissen, stammte aber aus guter Familie und war als Kaufmann geschätzt. Die Not machte ihn erfinderisch und er bedachte, er würde einiges Geld bekommen, wenn er der Gatte der Nencia würde, denn ein paar hundert Dukaten besitzt sie als Mitgift und ausserdem ist sie gut gekleidet. Der Kaufmann sagte sich also: Ich werde kein schlechtes Leben führen. Und der besagte kaufte sich ein Eselein und schnitt ihm den Schwanz ab; dann schaffte er sich allerhand Waren an, mit denen man Handel treibt. Der gute Kaufmann, der Kopf und Hirn hat, zog nun durch jene Strasse, und rief mit lauter Stimme, dass die Nencia es hörte: »Wer will von uns Ware ohne den Schwanz kaufen? Kommt heraus, ihr schönen Mägdlein, wenn ihr etwas kaufen wollt; ich will euch gern befriedigen.« Die Nencia, die ihn so reden hörte, sagte zu der

Mutter: »Nun kannst du deinen Zweck erreichen, wenn du mich mit diesem verheiraten willst, denn er hat keinen Schweif und der Esel, wie du siehst, ebenso wenig.« Die Mutter antwortete: »Wenn du ihn willst, will ich ihn dir geben«, und so tat sie wirklich. Als die Hochzeit im Hause der Mutter stattgefunden hatte, führte der Gatte sein Weib nach Hause, in freundlicher Weise und mit fröhlichen Worten, um ihr das Gefäss mit gutem Trank zu füllen. Und wie es Gott, unserm gütigen Vater, gefiel, blieb die Gattin mit dem Gatten allein dort zurück, und sie legte sich mit ihm, der mit einem guten Werkzeug versehen war, ins Bett. Der Gatte, der Lapo hiess, fuhr ihr mit der Hand über den weissen Busen und berührte ihr die Brüste, die zwei Äpfeln glichen, die man gerne betastet. Nun hört, o Publikum, wie Herr Pimpel sich hochmütig, zornig und stolz zum Schleifen erhob, kräftig und fest wie er war. Als der Gatte fühlte, dass er aufge-weckt war, nahm er seine teure Gattin bei der Hand, die er sachte über seine Brust führt und streichelt, um ihre Lust zu entzünden. Sie fand den Schwanz, der einem Wickelkinde glich, und zog sofort die Hand zurück, indem sie sagte: »Was ist denn das, Lapo, was du hier ohne Mütze auf dem Kopfe hast?« Der gute Gatte antwortete ihr in wohlgesetzten Worten: »Meine liebe Nen-cia, fürchte dich nicht, denn das, was du gefunden, ist eine Feile, welche mir mein Gevatter geliehen hat; sie ist fruchtbringend, süss, wertvoll und geschätzt, und besser als sie scheint.« Da packte die Frau sie beim Schopfe und sagte: »Lapo, was macht man damit?« Lapo antwortete: »Man feilt damit.« Die Nencia spricht: »Nimm sie und feile ein wenig.« Da nähert sich der Gatte der Gattin und fängt frisch und froh zu feilen an mit der Feile, die ganz in Ordnung war und die durch das Werg fuhr, das hart neben dem Feuer lag. Mächtig feilte er das erste Mal, wie die Esel im Wonnemonat tun. Und so gut gefiel den beiden das Feilen, dass die Mühle in vollem Laufe war. Die Nencia sagte: »So wahr dir Gott den heiligen Frieden geben mag, mein süsser Lapo, feile noch ein Mal! Sicherlich ist diese Feile echt. Ach, mach doch, dass sie niemand nimmt!« Und so scherzte sie mit dem Gatten und liess ihn zum dritten Male feilen. Und mit dem dritten Male war sie nicht zufrieden, denn von neuem hiess sie ihn die Feile anwenden. Und Lapo hilft sich mit Ausflüchten: »Ich möchte nicht, dass sie in Stücke ginge. Du glaubst wohl, sie sei dreissig Soldi wert. Was meinst du wohl, Nencia, was sie kostete? Die Feilen zu durchlochen wurde mit Gold aufgewogen!« Die Nen‹cia sprach: »Mein teurer Gatte, das soll dich nicht am Feilen hindern; denn ich künde und verspreche dir, meiner Mutter will ich die nötigen Dukaten stehlen und für alles ein Mittel finden. Sag, wem gehört sie?« »Einem meiner Gevatter, dem ich sie zurückgeben will, denn das ist die Pflicht eines ehrlichen Mannes, und er leiht sie mir immer, wenn ich sie nötig habe.« »Tu das ja nicht, gib sie ihm um keinen Preis zurück. Morgen gehe ich zu meiner Mutter; sie hat eine Kassette in einer Wiege, in dem die Dukaten liegen, die ich nehmen werde. Männchen, spiele noch ein Mal mit mir, denn was ich dir verspreche, halte ich. Hab keine Angst, mein Gatte, feile, feile; es scheint mir, sie hat oben guten Stahl.« Die ganze Nacht bis zum hellen Morgen erquickte sie sich an der Feile. Mit Worten und Taten drängte sie Lapo zur Arbeit mit der Feile. Als die Sonne schon hoch am Himmel stand, zögerte die Nencia nicht länger; nach dem Hause ihrer Mutter begab sie sich, um ihr mit irgend einer Lüge ihr Geld zu entlocken.

Als sie beim Hause der Mutter war, erschien diese auf ihr Klopfen hin. Sie ging die Stufen hinauf und ging der Mutter entgegen, nachdem sie im Wohnzimmer stand. Die Mutter sagte: »Jesus, steh uns bei! Was soll das heissen?« und fast fiel sie in Ohnmacht. »Was willst du hier, liebe Tochter? Bist du verrückt, dass du so allein hierher kommst?«

Die junge Frau antwortete der Mutter: »Ich bin gekommen, dir einen kleinen Besuch zu machen; es scheint mir eine Ewigkeit her, dass ich dich nicht gesehen habe; ich will dir einen Kuss geben. Bitte, erschrick nicht, Gott steh dir bei; gleich geh ich weg, erhol dich doch; hör mit dem Weinen auf, denn ich kehre zu meinem lieben Manne zurück.«

Als die gute Mutter sie reden hörte, fasste sie sich schnell und es schien, als freue sie sich nicht wenig; sie lobte es sehr und ermahnte sie auch, dass sie zu Lapo zurückkehren wolle, und sagte zu dieser, sie wolle mit ihr kommen, denn sie war immer noch besorgt wegen des Schwanzes; aber da die junge Frau davon nicht sprach, wollte sie sie begleiten.

Da sprach die Nencia: »O meine Mutter, holt doch eine Flasche Tribiano, wascht zwei Gläser mit klarem Wasser, denn wir wollen zusammen fröhlich eins trinken.« Die wackere Mutter war darin nicht geizig und holte Wein, die Nencia aber öffnete ganz sachte den kleinen Geldschrank und nahm die Gulden, um sie irgendwo zu verbergen. Als die Mutter mit dem Wein zurückgekehrt war, frühstückte sie mit der Tochter und führte sie dann ins Haus ihres Gatten, um dann sofort zurückzukehren. Die Nencia zeigte fröhlich und zufrieden ihrem Manne die Dukaten; Lapo war des auch froh und mit zärtlichen Worten küsste er sie wohl hundert Mal.

Nencia sprach: »Geh, mein Gatte, und bring deinen Gevatter zum Frühstück mit. Lass nur mich machen, denn ich weiss, was ich zu sagen habe, wenn er mit mir redet. Ich habe feste Hoffnung und volles Vertrauen – an Verstand bin ich nämlich nicht blind –, dass er uns nur die Feile abtritt, so dass wir in aller Gemütlichkeit feilen können.«

Da verliess der Gatte das Haus und begab sich zu einem Freunde, der in dürftigen Verhältnissen war, und bald hatte er ihm die ganze Angelegenheit auseinandergesetzt. Der Freund sagte: »O liebevoller Gevatter, wenn du nur mit den Dukaten herausrückst und mit mir armen Kerl Mitleid haben willst, kannst du ruhig und sicher sein, dass ich die Feile schon verkaufe.« Wie sie es abgemacht haben, so taten sie; der Gevatter kam mit ihm zum Mittagessen. Nach dem Essen brachten sie den Handel in Ordnung und die Nencia stand nicht an, die Summe sofort zu bezahlen, um nach Belieben feilen zu können. Lapo nahm die Gulden, die abgezählt wurden, und gab davon seinem Gevatter zehn Dukaten.

Der Gevatter ging seinen Geschäften nach, froh über das Essen und die Dukaten und der Gatte und die Gattin blieben gar froh zu Hause. Lapo sagte: »Nencia, die Feile ist nun dein. Lass aber gegenüber Niemanden ein Wort davon über die Lippen kommen, damit man nichts von dem erfährt, was zwischen uns vorgeht.« Sie sprach: »Behalte du sie, zeig sie aber niemand.« Und während sie so redeten, wurde es Abend, und als sie gut zu Nacht gespeist hatten, gingen sie zu Bette. Die Nencia sprach gar liebenswürdig: »Männchen, feilen wir jetzt ohne Furcht, denn die Dukaten meiner Mutter bewirken, dass wir in aller Gemächlichkeit feilen können, und wir brauchen jetzt keine Angst mehr zu haben, sie könne in Stücke gehen, denn sie scheint mir recht hart.« Lapo sagte: »Lass die Hände davon, liebe Nencia und bringen wir sie irgendwo unter; es wird schwer halten, sie bis morgen aufzubewahren; beeilen wir uns also damit.« Lapo versank in gar sonderbare Gedanken und machte einen guten und anständigen Plan. Um der Unannehmlichkeit zu entgehen und sein Leben zu fristen, dachte er, seine Frau noch ein Mal zu betrügen. Und er sprach: »Mein Weib, morgen ist Festtag und in der Ebene von Bisencio findet ein hübscher Tanz statt. Rüste und schmücke dich, denn das ist nur anständig. Dann werden wir zu Fuss oder mit einem Wagen zurückkehren.« »Ich habe dort recht viele achtbare Verwandte«, sagte die Nencia; »nimm nur die Feile mit. Gehen wir also schnell, denn ich weiss, es wird uns grosse Ehre erwiesen werden, und Mädchen werden dort genug sein und wir werden bis um acht Uhr tanzen.« Und so taten sie und dann kehrte Lapo mit seiner Frau mit fröhlichem Herzen zurück, und um sich die Füsse zu waschen, gingen sie durch den Fluss. Nun hört den Betrug Lapos. Als sie das erste Mal den Fluss durchschritten, ging die Nencia voraus und Lapo hinterdrein, denn so ist es Gewohnheit und Sitte. Die Nencia zieht frohen Gemütes voraus; da schreit Lapo laut: »Ich habe ein Auge verloren«, und schloss dabei ein Auge und stand still. Die Nencia sagte: »Mach dir nichts daraus, du hast ja noch ein anderes; pass nur auf die Feile auf«; Lapo setzte sich wieder in Bewegung, die Nencia immer voraus; Lapo sprach nichts und tat ganz verwirrt; es scheint, er habe einen schweren Kummer. Und als er wie gewohnt wieder durch den Fluss schritt, schloss er auch das andere Auge und schrie noch lauter als vorher. – Die Nencia sprach: »Was hast du, du Dickkopf?« Lapo antwortete: »Ich sehe auch auf dem andern Auge nichts mehr.« »Mein armer unglückseliger Gatte«, sagte die Nencia, »was willst du jetzt anfangen? Halte dich an meinen Kleidern und tritt mir zur Seite, ich werde dich überall hinführen. Aber gib auf die Feile acht, du Sorgloser, denn wenn du sie verlörest, wäre das gar schlimm, da du ja nichts siehst, und ich würde dich in diesem Fluss ersäufen.« Der Gatte antwortete dem Weibe: »Führe mich nur ganz sachte, dass ich nicht anstosse.« Die Nencia schickte sich an, durch den Fluss zu waten, denn das Wasser war klar und von Fischen war nichts zu sehen. Als sie in der Mitte waren, fing Lapo zu schreien an, indem er sich mit der Hand auf die Backe schlug, und zwar noch viel stärker, als er das erste Mal geschrieen, und weinend sagte er, er habe die Feile verloren. Als die Nencia hörte, dass ihm die Feile ins Wasser gefallen sei, stiess sie ihn voller Zorn an und gab ihm Fusstritte bis an den Scheitel hinauf und zerriss sich die Haut, die Arme, und sprach: »Da das Leben für mich keinen Wert mehr hat, will ich mich in diesem Flüsschen ersäufen. Weh mir, dass ich geboren bin, da die Feile mir abhanden gekommen ist.« Und weinend klagte und jammerte sie lauter, als man je ein Weib klagen hörte. Und die Tränen rieselten ihr über die Backen hinunter und nichts konnte sie trösten. Lapo bleibt ruhig und denkt an seine Angelegenheit. Da kommen zwei Brüder des glorreichen Franciscus daher mit aufgeschürzten Kleidern, um es kühler zu haben. Als die beiden ehrbaren und heiligen Mönche die junge Frau mit so viel Betrübnis und so viel Klagen jammern hörten, trösteten sie sie mit guter Lehre und fragten sie mit liebreicher Miene, weswegen sie so traurig sei. Das Weib antwortete ganz wütend: »Dieser schlechte Kerl hat die Feile verloren.« Die Mönche sagten: »Man muss danach suchen; das Wasser ist hier nicht tief und wir werden sie schon finden. Wegen so wenig soll man nicht verzweifeln. Sucht, und wir werden euch dabei helfen. Das hat nichts zu bedeuten: weinet nicht. Du tust ja, als ob du Matthäi am letzten wärest.« Und das junge Weib sagte zu den beiden Brüdern: »Sie hat mich fünfhundert Dukaten gekostet.«

Als die Brüder hören, dass sie so viel wert ist, sprachen sie unter einander: »Das muss ein Juwel sein oder ein Stück aus feinem Golde oder eine Arbeit der Goldschmiedekunst, oder eine Halskette oder eine Spange sein. Helfen wir ihr die Sache suchen, wenn sie so wertvoll ist«, und so machten sich die beiden Brüder daran, mit aufgeschürzten Kleidern zu suchen. Und wie es ihr Missgeschick wollte, senkten sie den Kopf und streckten den untern Teil des Rückens in die Höhe. Die Nencia sah einen unten aufmerksam an und sah die Teile des Bruders, tat einen Sprung und packte sie übermässig fest bis zum harten Teil. Der arme Bruder heulte mit Donnergeschrei: »Zerr doch nicht so, du tötest mich ja.«

»Ha, Schuft, verruchter Mönch, ich soll nicht zerren? Zerren werde ich recht«, und wohl fünfzig Mal zerrte sie an ihm, bis ihm der Saft aus dem Rückgrat lief. Drum, ihr Zuhörer, lernt auf fremder Leute Kosten und steckt die Nase nicht in Dinge, die euch nichts angehen. Der andere Bruder hörte den Schreienden und wandte sich um und sah die, welche aus Leibeskräften riss, und der Fall schien ihm gar sonderbar; er wollte ihm zu Hülfe eilen und fiel dabei so, daß er der Länge nach auf dem Rücken lag, und an der Stelle war er abgedeckt, wo er dem Esel glich. Und so stark und heftig war der Stoss, dass er nicht merkte, dass er dort abgedeckt war. Die Nencia sprang auf bei diesem Schrei, wandte sich und bemerkte den Sperber mit dem dicken Kopf und mit den zwei Schellen, und sie vergass den, den sie in der Hand hatte, und lief weg um ihn mit dem Rufe zu packen: »Das ist meine Feile.« Und so fest packte sie ihn, dass sich der Bruder nicht mehr um den Stoss kümmert, denn das Zerren dieser Ungebändigten bringt ihn dem Tode nahe. »Tu das nicht«, schreit er, »diese Prüfung ist zu scharf.« »Ah! verdammter Mönch«, schreit sie, und reisst nur noch mehr an ihm; »das ist meine Feile!« Der

Bruder keucht, um der bitteren Pein zu entrinnen: »So halt doch ein; wenn sie dir gehört, will ich sie dir geben.«

»Um Gottes willen, zerr doch nicht mehr so! Gib mir das Messer, ich will die Feile abhauen.« »Ha, verfluchter Mönch, gib sie her, sonst will ich sie dir selbst abschneiden.« Als die Nencia im Begriff ist, das Messer zu zücken, erhebt sich der Bruder und will fliehen. Die Nencia läuft ihm nach und ruft: »Ich bin tot! Lapo, der Mönch rennt mit der Feile fort.« Die Nencia sagt: »O ich Elende, Unglückselige!« Lapo setzt sich lachend allein nieder, und der andere Bruder macht sich ebenfalls in aller Eile davon. Nie hat ein Weib, das das Kind verloren hat, so stark geweint und ihren Leib misshandelt wie die Nencia, der am Leben nichts mehr liegt, da sie ihre Feile verloren hat. Sie spricht, als der Mönch entflohen ist: »Was hilft es mir jetzt, zu Fest und Tanz zu gehen, da dieser elende Gatte den Mönchen gestattet hat, die Feile zu entwenden? Dem soll jetzt jede Liebesbegierde vergehen: bei Gott, in diesem Flusse will ich ihn ersäufen.« Zu Lapo kehrte sie an den Rand des Flusses zurück, wo sie sah, dass er das Au⁄genlicht wieder erlangt hat. »Die Augen wieder zu bekommen, hast du wohl verstanden; kümmerts dich denn gar nicht, von den Mönchen die Feile wieder zu erhalten? Natürlich, weil dich das nichts angeht! Und doch hab ich, um sie zu bekommen, meiner Mutter die Dukaten gestohlen. Mit meiner Mutter muss ich noch diesen Abend über die Sache sprechen:« Lapo antwortete: »Hab doch Geduld; Mönche sind in Gewissenssachen nicht so leicht⁄fertig.

Sie werden sie nach Hause tragen; ich habe sehr Angst, der Stahl sei beschädigt. Wenn sie schwächer geworden ist, ist der Schade dein. Wir müssen die Zeit abwarten, wie die Wassermühlen, wenn der Fluss sozusagen ausgetrocknet ist, warten, bis das Was⁄ser wieder in gewohnter Menge sich eingestellt hat. So müssen, Nencia, auch wir verfahren und warten, bis das Öl sie wieder in Ordnung bringt. So können wir die Feile erhalten und dürfen sie eben anstatt zehn bloss ein Mal brauchen, denn sie fiel mir in den Fluss, weil ich sie zu oft anwandte.« Die Nencia weint vor grossem Schmerz und sagt: »Lapo, wenn die Brüder sie uns wiedergeben, soll es mir genügen, vier Mal im Jahre zu feilen.« »Wenn du dieses Versprechen halten willst, werden die Mönche sie uns gerne zurückgeben.« »Mein Gatte, dazu will ich mich gerne verpflichten, unter der Bedingung, dass du heute Abend wieder anfängst, denn ich spüre, dass ich es so nicht lange aushalte und aus dem Leben scheiden müsste, wenn du diesen Abend nicht ein wenig feiltest.« So kehrten sie einträchtig nach Hause zurück. Die Nencia sprach: »Willst du nicht zu den Mönchen gehen, um dir die Feile zurückgeben zu lassen? Wegen der Verzögerung könnten sie sie versetzen; unterlass es nicht um Geld oder Gut.« Lapo macht sich mit schnellen Schritten auf, tut dergleichen, als ob er zu den Mönchen ginge und kehrt mit Erfolg zurück; nachts gehen sie wieder ins Bett. Lapo verhält sich ruhig und spricht nichts. Als er aber sein Weib in der Nähe fühlt und die Bettwärme ihn durchdringt, zeigte sich Bruder Zebedäus, der im Verborgenen geblieben war. Die Nencia packte ihn am Kopf: »Ich habe beschlossen, dir den Hochmut abzugewöhnen und dich etwas demütig zu machen. Die Kirche will ich auf den Kirchturm setzen.« So stieg die Nencia auf ihn und setzte ihm die Mütze auf den Kopf. Ob sie gut arbeitete, braucht ihr nicht zu fragen, und wie sie sich anschickt zu mahlen. »Eher werde ich dich zerbrechen, als du dich abdeckst«, und damit bedrängte sie ihn so oft und führte ihn hin und her, dass Bruder Zebedäus zu weinen anfing. Von dem Honig, der sich aus dem Fässchen ergoss und dem Weinen, das er angehoben, wird sie ganz nass, so dass Lapo anderer Ansicht wird, denn das Mark fliesst ihm aus den Knochen. Und Bruder Zebedäus verpflasterte sich die Haare, so dass es aussah wie eine Leimmischung, und sich, sei es im Ernst oder im Spass, die Bäuchlein nicht mehr einander nähern wollten, es sei denn, wenn es notwendig wäre. So sprach er zu der Frau, und so verging ein Monat und mehr. Die Nencia empfindet bittern Schmerz darüber: »Nicht befohlene Fasten lässt er mich einhalten.« Lapo will sie mit Scherzen hinhalten, aber dieser Mund lässt sich nicht mit Stroh abfüttern, denn je mehr er isst, desto mehr hat er Hunger. Die Nencia ist verzweifelt und kann sich nicht mehr auf den Füssen halten. »Der macht das bloss, um mich zu ärgern. Diese Nacht, wenn er eingeschlafen ist, will ich ihm die Feile abschneiden, das verspreche ich dir.« Lapo geht ohne Sorge zu Bette, die Nencia aber will ihren Vorsatz in die Tat umsetzen; Lapo schläft und sie wacht, und schneidet ihm schliesslich die Feile ab, und will sie in die Tasche stecken. O weh, bei lebendigem Leibe klappt sie zusammen. Lapo starb tatsächlich und schweigt für immer; die Nencia ist voller Angst. In ganz Prato verbreitet sich die Nachricht davon, so dass auch der Podestá davon hörte; sie wurde verhört und verbrannt.

GAUTIER LE LEU
Der dumme Ritter

Da ich mich auf das Erzählen und Fabulieren verlegen will, muß ich euch – wenn Le Leu so viel weiß, daß es geboten ist, seine Ausführungen ernstzunehmen – unbedingt Kenntnis von einer Begebenheit geben, die sich einst in der Ardennengegend zutrug, vier Meilen von Andenne-sur-Meuse entfernt. Ich will euch gleich kurz und bündig das Ende und den Anfang der Geschichte mitteilen.

In dem alten Wald lebte ein Edelmann, der ein sehr schönes Anwesen hatte: Auf der einen Seite lag sein Obstgarten, der ganz voll mit ausgesuchten Bäumen war. Der Platz war Gold wert, wenn es Frühling wurde. Auf der anderen Seite befand sich der Teich, wo es viele Fische und Wasservögel gab; der Edelmann besaß das Jagdrecht, er hatte seine Hundemeute und seine Vögel; alle Güter, die die Erde trägt, standen ihm in Fülle zu Gebote. Auch seine Mühle stand vor seiner Tür; wäre er klug und vernünftig gewesen, dann hätte er große Ehre erlangt, aber er war von Natur aus so dumm, daß er kein lebendes Wesen etwas sagen hörte, ohne das sogleich mehr als sieben Mal hintereinander zu wiederholen; seine Einfalt hatte ihn so getäuscht, daß er noch nie mit einer Frau geschlafen hatte und nicht wußte, was eine Möse war; und dabei besaß er doch einen Schwanz. Weil er von vornehmer Abstammung war und viel lauteres Gold und Silber sein eigen nannte, suchten seine Freunde eine Frau für ihn. Als er sie geheiratet und zu sich genommen hatte, ließ er ihr mehr als ein Jahr ihre Jungfräulichkeit. Das war dem Mädchen gar nicht recht, denn sie wollte ihren Spaß haben; er aber war nicht so erfahren, daß er ihr Loch zu bestürmen und die Jungfernhaut zu durchbohren gewußt hätte; nichtsdestoweniger hatte er sie viele Male nackt in seinen Armen gehalten. Sie war um so weniger befriedigt, als sie die Stange möhrenähnliches Gemüse auf ihren

Schenkeln und Hüften spürte, die sehr zart und weiß waren. Als sie es nicht mehr aushielt, so etwas zu fühlen, schickte sie nach ihrer Mutter, und die kam dorthin. Hört jetzt, was geschah: Die junge Frau erzählte ihr alles, was ihr Mann mit ihr zu tun pflegte. Die Mutter begriff sehr wohl, daß seine Narrheit ihm einen Streich spielte. Sie nahm den Ritter bei der Hand – ich weiß nicht, ob am Abend oder am folgenden Tag – und führte ihn in ihr Zimmer, das ganz mit Holz getäfelt war. Dann entblößte sie ihre Schenkel, spreizte die Beine und zeigte ihm Herrn *Conebert*; schließlich fragte sie ihn: »Herr Robert, seht Ihr in diesem Tal irgend etwas, nach oben oder nach unten zu?« – »Ja, Herrin, zwei Löcher«, versetzte er. – »Herr, wie ist das obere beschaffen?« – »Es ist länger, als es breit ist.« – »Und wie ist das daneben?« – »Kürzer, Herrin, so scheint mir.« – »Gebt acht, daß Euer Schwanz nicht dort hineingerät, denn es ist nicht dafür gemacht. Es ist ein schlimmes Vergehen, wenn einer da einen Schwanz hineinsteckt, man muß ihn vielmehr in das längere stoßen, dann heißt es den Hintern bewegen, und wenn es aufs Ende zugeht, muß man die Lenden fest dagegenpressen.« – »Herrin«, fragt er, »wollt Ihr, ich stoße mein' Schwanz in'n Mund von das Loch?« – »Nein, nein, mein Freund, diesmal ist Euch das verboten, aber meine Tochter hat zwei schönere, zartere und weniger abgenutzte Löcher. Fickt heute nacht das längere, wie beschwerlich oder lästig Euch das auch sein mag.« – »Sehr gern, Herrin«, versetzt er. »Das Loch soll nicht heil davonkommen, denn ich will meinen Kolben dort hineinstecken. Und was mache ich mit meinen Eiern?« – »Freund, schlagt das kürzere Loch damit, wenn Ihr Euch mit dem längeren auseinandersetzt.« Dann bedeckt sich die Dame wieder, und der Ritter öffnet die Tür; dann geht er nach Art der Unwissenden hin und droht dem kurzen und dem langen.

In der Nacht erhob sich ein schwerer Sturm, es war so, wie ihr es mich sagen hört, daß die Bäume im Wald entwurzelt wurden und die Türme aus Marmor einstürzten. Zu dieser Zeit befanden sich sieben höfische und kluge Ritter im Wald, gegen das Gebiet von

Looz hin; sie hatten eine Botschaft überbracht, wegen der sie dann Kummer und Sorge hatten; sie verirrten sich im Wald. Ganz zufällig erreichten sie auf ihrer Flucht vor dem Unwetter das Haus des Ritters. Einer ist vorausgeritten; der war aus Saint⁄Trond gebürtig. Er passierte die Brücke und das Tor, das keines⁄wegs ärmlich und niedrig war, sondern hoch und gut befestigt, und das Haus stand offen. Dorthin strebte er in aller Eile durch die Tür, die nicht verschlossen war. Er grüßte die Dame und ihren Gatten, dann trug er sein Anliegen vor: Er bat und suchte um Quartier nach, zusammen mit jenen, die draußen auf der Heide waren. Der Herr antwortete gleich, als er das vernommen hatte: »Der Eintritt in mein Haus soll euch nicht verwehrt sein. Seid alle zehn willkommen, Ihr zuerst und die anderen danach. Sind Eure Gefährten einigermaßen in der Nähe? Geht und treibt sie zur Eile an.« Dann fängt er wieder an zu murmeln, das längere solle gefickt und das kürzere geschlagen werden. Als der junge Mann das hört und versteht, verweilt und wartet er nicht länger, sondern eilt, es seinen Gefährten wiederzusagen, sehr entrüstet und voller Zorn. »Ihr Herren«, spricht er, »ich habe da oben ohne jeden Zweifel einen Sünder wider die Natur angetroffen. Er sagt, er wolle uns Unterkunft geben und uns danach Schmach antun, denn er will den längsten ficken und außerdem den kürzesten schlagen.«

Bei ihnen war ein sehr hoch gewachsener Ritter, der hieß Walon aus Dinant. »Ihr Herren«, sprach der, »ich weiß genau, daß ich euch überrage. Ich werde keineswegs zu diesem Ketzer gehen, der an so etwas Spaß hat, lieber würde ich mich kahlscheren lassen, als von einem Mann gefickt zu werden.« Dort war auch ein Ritter aus Tongern, der hieß Pierre der Verschnittene. »Ihr Herren«, meinte der, »auch ich werde unter keinen Umständen aus bloßer Streitlust dort hinaufreiten. Ich weiß wohl, daß ich der Kleinste bin, ihr könntet es nicht verhindern, daß mir dort Schmach zugefügt würde, ehe man mich rächen könnte. Bleiben wir beide jetzt hier draußen, wenn der Sturm auch stark ist.« Die anderen aber rufen laut: »Ihr Herren, dieser Ausweg ist keinen Hosen⁄

knopf wert. Wir machen es ganz anders. Verhalten wir uns jetzt gescheit: Sobald wir abgestiegen sind, gehen die Kleinen hoch aufgereckt und die Großen gebückt und kauern sich beim Hin- setzen zusammen.« So haben sie es unter sich ausgemacht; dann sind sie in den Hof geritten und gelangten ins Haus, wo das Feuer gerade gelegen kam, denn der Winter war sehr kalt. Dann steigen sie von den Zeltern ab. Ehe jeder seinen Mantel auszieht, begrüßt er mit lauter Stimme seinen Gastgeber. Der antwortet: »Ihr Her- ren, Gott möge euch erlösen!« Bei diesen Worten eilt das Gesinde herbei; sie laufen, ihnen die Steigbügel zu halten, dann nehmen sie ihre Rösser. Und die Ankömmlinge näherten sich dem Feuer. Der lange Walon machte sich klein, Pierre dagegen ging auf Zehenspitzen und setzte sich auf zwei aufeinandergestellte Sche- mel. Das hielten sie mit äußerster Mühe bis zur Essenszeit durch, bis die Speisen bereitet waren und aufgetragen wurden. Die Die- ner, die von den Ställen zurückkamen, eilten, die Tische aufzu- stellen, und die Herren setzten sich hin. Der lange Walon war sehr nachdenklich. Zuerst gab es Erbsen mit Speck, dann für jeden eine Wildente, sie hatten auch Fleischspieße, gespickten Braten und fette Pasteten; dazu tranken sie gierig von einem sehr starken, schweren Wein aus dem Elsaß, einen ganzen Schlauch von fast vierzig Litern; es blieb aber noch ein ganzer Schlauch übrig, den die Gäste mitgebracht hatten, welche sehr verzagt waren. Als sie mit großem Genuß gegessen hatten, wurden gegenüber dem Feu- er die Betten hergerichtet. Dort legten sich die Herren schlafen. Die Dame und ihr Gatte gingen ins Schlafgemach. Bevor sie die Schwelle überschreiten, ruft der Ritter laut aus: »Bei der christ- lichen Nächstenliebe, Frau Mahaut, ich will mich jetzt in den Kampf stürzen, das längere ficken und das kürzere schlagen, wenn ich das fertigbringe.« Walon verliert die Fassung, denn er glaubt, er würde in dieser Nacht gefickt werden, und Pierre, der zur Linken liegt, meint gewißlich, daß er ihm droht und ihm auflauern wolle, weil er ihn hasse. Und der Tor kommt nicht zur Ruhe, sondern geht, sich neben seine Freundin zu legen, dann entblößt er sie und läßt sie die Beine spreizen; er nimmt eine brennende Kerze und schaut ihr zwischen die Schenkel, die sehr zart und unversehrt waren. Als er die beiden Löcher gefunden hat, spricht er wie einer, dessen Narrheit offensichtlich ist: »Meine Teuerste, meine liebe Freundin, dieses große Loch machte Euch ein Wüstling, um die dicken Schwänze zu verschlingen. Ich glaube, es will sich vollstopfen. Die Löcher sind sehr schön gemacht; es sieht aus wie Maurerarbeit. Als Eure Mutter sie Euch anfertigen ließ, nahm sie da ihre eigenen zum Vorbild? Ihre scheinen mir zottiger, schwärzer und dichter behaart. Diese hier sind schöner, glaube ich; sie gehen fast ineinander über.« Darauf antwortete das schöne Geschöpf: »Herr, ich wurde gerade so geboren.«

Inzwischen hat der Tor die Kerze an der Mauer ausgelöscht, wo er sie weggenommen hatte; dann hat er die beiden Löcher vermessen. Er machte keine Umwege, sondern hat sich so aufgerichtet, daß er das längere Loch erreichte; das hat er so gebumst und gestoßen, daß die Sache zum Höhepunkt kam und daß der Dummkopf mehr als zweimal hintereinander seine Pflicht tat, wie das Fabliau uns bezeugt; denn alles stand ihm zur Verfügung, seine Ausrüstung und die Werkbank, die sehr willig war. Schließlich bittet ihn die Dame um Gnade: »Herr, der Durst bringt mich um«, klagt sie, »Wenn Ihr mir nichts zu trinken bringt, werdet Ihr mich auf der Stelle sterben sehen. Da drüben hat gestern abend jemand einen Schlauch liegen lassen, ich weiß nicht, ob er voll oder halb voll ist, aber Wein ist drin, da bin ich sicher, vielleicht aus Lezac oder aus dem Elsaß. Um Gottes willen, lieber Herr, bringt mir davon, und zwar schnell.« Dann fängt sie wieder an, ein bißchen zu stöhnen. Der Dummkopf fürchtet, seine Frau stirbt; er war sehr besorgt, nahm einen Humpen in die Hand und ging zum Feuer, ganz ausgezogen und nackt. Dann hat er sich mit einer kurzen Ahle bewaffnet, mit der sonst die Ochsentreiber auf dem Hof das Lederzeug ausbesserten; das muß man hervorheben. Er legte die Glut an einer Stelle frei, da sah er Walons Hintern entblößt, weil der sehr unruhig schlief. Der Hintern war schwarz und dreckig, und genauso groß wie ein

Schwein. Der Dumme meint, das sei der Weinschlauch, der ihm da mitten im Weg liegt; aber etwas verwirrt ihn, nämlich, daß er nicht weiß, wie man ihn öffnen und den Wein herausholen oder ausgießen kann. Hört jetzt von dem leibhaftigen Teufel: Er hat die Ahle im Feuer erhitzt, wie es die Ochsentreiber machten, wenn sie ihr Geschirr flickten. Dann hat er sich dem Gefäß genähert, das weder Wein noch Met enthielt; so grob stößt er mit dem Eisen hinein, daß der Humpen von dem Blut, das aus der Wunde schießt, bespritzt wird. Walon erzittert und fährt auf und schreit mit lauter Stimme: »Auf jetzt! Auf! Denn ich ziehe ab! Dieser Ketzer hat mich angefallen!« Daraufhin sind auch seine Gefähr-ten aufgesprungen, als sie den Lärm hörten. Und der Dummkopf schüttelte die Hand, in der er die Ahle hielt. Die wirft er hinunter ins Haus, und sie trifft Pierre an der Seite, so daß sie ein Stück Fleisch herausreißt und auf der anderen Seite gegen die Wand prallt. Die beiden haben den kürzeren gezogen; sie ziehen ohne Abschied weiter, aber sie hätten sich gründlich gerächt und viel Kummer und Schaden verursacht, wäre nicht die Mutter der jungen Frau gewesen, die ihnen die ganze Sache erzählte und den Grafen um Nachsicht bitten ließ; der wiederum ließ seine Leute wissen und gab ihnen zu verstehen, daß kein Mensch auf einen Dummkopf achtgeben soll, denn daraus erwächst oft großes Un-heil. Walons Hinterteil war davon dunkelrot, und Pierre behielt ein Mal, das stets blutunterlaufen blieb.

Und der Dummkopf hatte das Bumsen gelernt. Damit ist das Fabliau vorbei.

■ MITTELALTERLICHES SAUFLIED ■
Bruder Conrat

1

Deus in auditorium meum intende!
sprach ein hupsches nunnelein, das was behende,
venite et venite!
es ist bruder Conrat, sie sprach: silete!

2

Miserere mei deus zu aller zit!
wer ist der an minem bette lit?
venite, exultemus!
liebe swester, stemus et oremus!

3

Inclinate capita vestra!
es geschah in der fasten. flectamus genua!
do sprach bruder Conrat: levate!
wir wollen rügen, sie sprach: non cessate!

4

Do sungen si die metten bis man die prime hubet an,
Er las ihr quicunque vult bis man die tercie began.
Er las ihr den de profundis,
liebe swester, habe dir das cum iocundis!

5

Domine probasti me! wie gefall ich dir?
An cognovisti me in sieben stunden zwir.
do sprach sich die schöne us nöten:
dilaceratio tua, domine, die wil mich töten.

6

Do sungen sie die messe teribilis
la re fa ut in excelsis
bis an das graduale
liebe swester, habe dir das zu diesem male!

7

Mirabilia testimonia tua, domine,
lieber bruder Conrat, singe mir der nonen me!
gressus meos dirige!
nach dinem willen volo vivere.

8

Sede a dextris meis, bruder Conrat,
er greif sie da mitten zu dem bette drat,
lectatus-sum in te
dinem willen semper intelligere.

9

Recordare mei dum steteris!
ich han dir dicke vil dienst getan in der tenebris,
In sinspectu tuo bi der trüwe din,
Ich bit dich daß du gedenkest min!

10

Pater me confiteor, nechtent was ich fro
mit unserem bruder Conrat, der orden stunt also,
iuventutem meam
hat er wol befunden, eum diligam.

11

Misereatur mei, liebes swesterlin,
Ich enkan nümme gehelfen, das bringet mir große pin,
parce servo tuo,
suche ein andern jungen, der dich mach froh.

Propter Reverentiam

Ein jung schön Bauerndirn ritt einst gen Gray, ist eine aus den
vornehmsten Städten in der Grafschaft Burgund an der Saone gar
lustig gelegen. Unterwegs begegnete ihr vor einem Wald ein
dicker Pfaff, den hieß sie propter reverentiam et securitatis causa
hinter sich aufs Maultier sitzen. Dessen freute sich der Pfaffe.
Nicht lange dauerte es, da spürt der Pfaff – zu rechnen, es sei auch
einer der Bäuchpfaff statt Beichtpfaff gewesen – die Lindigkeit des
wohlgestalteten Mägdlein. In primis die posteriosa atque der volle
Busen hatte es ihm angetan. Plötzlich greift er der Dirn durch die
Arme nach den Brüsten. Die Maid verwundert sich dessen, sagt
aber nix, propter reverentiam. ›Ich muß mich festhalten, sonst fall
ich‹, meinte der Pfaffe. Nit lang dauerts, da wurd dem Pfaff die
Sach unbequem, und er bat, vor die Dirn sitzen zu dürfen. Das
verwilligte ihm die Dirn. Wie er nun den Busen und den Bauch
der Dirn in seinem Rücken verspürt, begann sich sein Baculus
zwischen den Beinen zu heben. ›Heb mich, heb mich‹, schrie er
mit niederer Stimme und hieß die Dirn, ihm von hinten her den
Baculus zu halten. Die Dirn verwundert sich aber, griff dem
Pfaffen an den blößigen Leib und hielt den Baculus propter
reverentiam. Nit lang dauert's, bat der unruhige Pfaff wieder
hinten sitzen zu dürfen. Die Dirn verwilligt es propter reverentiam. Dem Pfaffen wurde sein Bakel warm und lang, und er bat,
um nicht hinunterzufallen, sich wieder halten zu dürfen. Die
Dirn war nicht dagegen propter reverentiam. Da fuhr ihr der Pfaff
zwischen den Posteriosa durch und hielt sich an dem goldenen
Vließ, das die Bauerndirn an sich trug, als unveräußerliche pos-
sessio. Der Pfaff griff wacker drein, so daß der guten Dirn Hören
und Sehen verging sicut aures habent et non audiunt oculos
habent et non videbunt. Man sah die Leute nit, so von Gray
kamen. ›He da, was macht ihr denn da‹, schrien plötzlich die den

beiden begegnenden Leute. Der Pfaff tat, als ob er nit hört, schlug sich mit der einen Hand an die Brust und mit der andern streichelt er verstohlen das goldene Vließ des Mägdlein. Dieses ein Weib wie andere, faßt sich schnell und sagt den schon weitergehenden Leuten: ›Ich such ihm die Schönheit der Welt begreiflich zu machen.‹ Darüber lachten alle sehr, denn man glaubt', das Mägdlein wollt den Pfaff vexieren. ›Gratias ago tibi‹ sagte der Pfaff nach einer Weile, als man wieder allein im Wald war und weiter: ›Weil du mir die Schönheiten der Welt wirklich begreiflich gemacht hast, so laß sie mich auch sehen.‹ Die Bauerndirn bedenkt sich nit lang, treibt das Maultier in das Gebüsch, steigt von dem Tier und verschwindet mit dem Pfaffen. Was sie gemacht, nit weiß ich zu berichten, aber laut hat man lachen gehört, und als die beiden wieder zum ledigen Maultier kamen, hatte die Dirn ihr blondes Haar ganz wirr unter der Schäubenhaube, auch atmete sie gleich dem bleichgewordenen Pfaffen in schnellen Zügen.

Von dem Jüngling,
der sein Geschlecht nicht kannte

Im Bulahviertel von Kairo lebte ein junger Mensch von achtzehn
Jahren, schön wie der Mond, aber so dumm, dass man ihm auch
alles weismachen konnte. Er wohnte bei seinen Eltern, wo unter
den andern Bediensteten auch eine kleine Syrierin war, ebenso
reizend wie durchtrieben. Die Eltern hatten diesen jungen Menschen in solcher Schüchternheit und Unwissenheit erzogen, dass
er nicht einmal ein Geschlecht vom andern zu unterscheiden
wusste. Eines Tages nun will sich die Syrierin einen Spass machen
und sagt zu ihm: »Wenn du ganz verschwiegen bist, will ich dir
ein Geheimnis anvertraun; aber du darfst deinen Eltern kein Wort
davon verraten, denn die wollen, dass du gar nichts weisst, und
wenn du ihnen was wieder erzählst, würden sie sehr zornig auf
mich werden.« Der junge Dummkopf versprach, dass er den
Mund nicht auftun werde. »Es ist nämlich dieses,« sagte das
Mädchen; »du täuschest dich über dein wahres Geschlecht, denn
du bist ein Mädchen gerade so wie ich. Deine Eltern lassen dich
in dem Glauben, du wärst ein Junge und liessen dich auch wie
einen Jungen anziehn, nur damit du leichter mit den jungen
Leuten verkehren und dir eine Braut aussuchen könntest. So wie
sie merken werden, dass du zu einem der jungen Männer eine
stärkere Zuneigung zeigst, so werden sie dir diesen zum Mann
geben und dich am Tage deiner Hochzeit über dein wahres Geschlecht aufklären.« »Ach!« rief der dumme Kerl, »ich hab mir
schon so was gedacht, denn in der letzten Nacht bin ich mit
Entsetzen erwacht, und da war mein Hemd voll Milch.« Die
kleine Syrierin musste das Lachen verhalten, und weil ihr der
junge Herr gefiel und sie Lust hatte, ihn ein bisschen aufzuklären,
erwiderte sie ihm: »Ja das kommt davon, weil du schon heirats-
fähig bist. Zeig mir doch mal deine Brust, ich will dir sagen, ob

du eine gute Amme abgeben wirst.« Der junge Herr öffnete seine Beinkleider, und die kühne kleine Person nahm die »Brust« mit leuchtenden Augen in die Hand und begann so damit zu spielen. »Ah!« rief der Jüngling, »ich fühle ein Vergnügen, das sich nicht sagen lässt, ich fühle, wie die Milch in meine Brust strömt und – ausläuft.« Die unvorsichtige Kleine hatte nicht bedacht, dass die schöne Unschuld das Streicheln nicht lange aushalten würde; sie wollte die »Brust« zu was ganz anderem, als sich auch schon die »Milch« ihr über Gesicht und Hände ergoss. Im selben Augenblick hörten sie wen kommen. »Versteck dich schnell«, seufzte sie, »damit man nicht merkt, dass ich dir das Geheimnis verraten habe.« Sie lief nach der einen, der junge Herr nach der andern Seite.

Nächsten Tages ging der junge Herr spazieren. Er wurde ganz schüchtern, so oft ein junger Mann an ihm vorbeikam und richtete es immer so ein, dass er unter den Frauen ging, denen er begegnete. In einem abgelegenen Boskett des Ezbeyekgartens stiess er auf eine elegante Dame, die sein jugendfrisches Aussehen mit grossem Vergnügen betrachtete; sie hob ihren Schleier, damit er besser sehen könnte, was sie ihm für Blicke zuwarf. Als der junge Herr das sah, war er überzeugt, dass jedermann sein Geschlecht errate und begann sich seiner »Verkleidung als Mann« sehr zu schämen. »Ah, gnädigste Frau«, sagte er, »ich sehe wohl, dass meine Kleidung Sie nicht täuscht und dass Sie in mir das junge Mädchen erkennen, das ich bin. Aber Sie werden meinen Eltern verzeihen, wenn Sie hören, was sie zu dieser Laune veranlasst hat.« Darauf erzählte er, was ihm die kleine Syrierin aufgebunden hatte, auch die Geschichte von seiner »Brust«. Die Dame musste sehr viel lachen und dachte, dass es doch schade wäre, wenn der hübsche Junge so dumm bliebe. Sie beschloss also, ihn vernünftiger zu machen und winkte ihm, ihr zu folgen. Er trat also hinter ihr in ein schönes Haus, wo ihn die Dame in einem eleganten Salon warten liess, bis sie ihr Hauskleid angezogen habe. Darauf liess sie ihm eine gute Mahlzeit servieren, und nachdem sie beide gut gegessen hatten, sprach die Dame: »Ich bin sehr zufrieden damit, dass ich Sie gefunden habe. Denn ich suchte mir gerade ein junges Mädchen zur Freundin. Gefalle ich Ihnen?« »Oh! Oh!« sagte der junge Herr. Da küsste ihn die Dame auf den Mund und er sprach: »Es ist doch komisch, wie man die Leute anzieht. So oft ich einer Frau, wie ich eine bin, näher komme, fühle ich, wie mir meine Brust voll Milch anschwillt.« Da küsste sie ihn noch heftiger und sagte: »Meine junge Freundin, Sie müssen wissen, dass ich vor kurzem an einer kranken Brust litt und die Ärzte sie mir abschneiden mussten; damit die Wunde schneller heile, haben sie mir verordnet, sie häufig mit der Milch einer anderen Frau zu benetzen. Da Sie nun, wie Sie sagen, viel Milch haben, so bitte ich Sie, mir die Liebe zu tun, mir von Ihrer Milch an meine wunde Stelle zu geben.« Der unschuldige Junge gab voll Mitleid der schönen Kranken seine »Brust«, die diese zärtlich streichelte und ihm sagte, dass sie sehr schön wäre. Als- bald zeigte sie ihm ihre »Wunde«, die er aber ganz und gar nicht schrecklich fand. Kaum hatte er seine Brust der Wunde nahe gebracht, als er sie auch schon mit einem mächtigen Strahle Milch begoss, und dabei seufzte er und küsste der Kranken die Lippen und die Zunge. Die Dame liess ihn viermal ihre Wunde be- feuchten, wobei sie jedesmal die Stellung wechselte und ihm riet, sich hin und herzubewegen, damit die Milch besser fliessen kön- ne. Darauf musste er ihr versprechen, der Syrierin kein Wort von dem allen zu sagen und am andern Tage wiederzukommen, was er gerne tat. »Wie geht es Ihrer Wunde?« fragte er gleich. »Und Ihre Brust, ist sie gut gefüllt?« sagte die Dame und fing an zu lachen und erklärte ihm seine Dummheit. Er verstand sofort alles, aber war darüber gar nicht traurig, im Gegenteil. Er freute sich so darüber, ein Mann zu sein, dass er ganz erschöpft war, als er die Dame nach einer Stunde verliess.

Acht Tage dauerte Spiel und Unterricht, und der ehemals so dumme junge Mann wusste bald mehr als die Dame, seine Leh- rerin. Eines Tages fand er sich zu Hause allein mit der Syrierin, die wieder einmal ihren Spass machen wollte. Er tat, als wäre er noch genau so dumm wie zuvor und sprach: »Liebe Freundin, sag, ist die Frauenmilch gut zu trinken?« »Gewiss«, antwortete die Klei‍ne. »Oh, dann versuch einmal die meine, ich bitte dich darum«, sagte der junge Herr und gab ihr seinen harten Speer in den Mund. Die Syrierin empfing ihn, spielte daran mit Lippen und Zunge, und bevor sie sich retten konnte, hatte sie »Milch« im Halse und musste sie schlucken. Sie war sehr erstaunt, aber da warf sie der junge Herr schon auf das Sopha, gab seiner »Brust« den richtigen Ort und liess sie durch seine Bewegungen verstehen, dass er jetzt genau wüsste, welchen Geschlechtes er sei. Und später hat er sie geheiratet, denn sie war sehr hübsch.

WALTER SERNER
Las Tortilleras

Ljungdahl umwickelte seine blutende Hand mit dem Spitzentaschentuch, das Ramona ihm auf den Tisch geworfen hatte,
bevor sie Cristina gefolgt war. Als er die Zipfel verknüpfte, kam
Ramona wieder an den Tisch. Sie schlug, etwa fünfzehnmal und
überaus schnell, die Zähne auf einander: »Sie sind nicht mein
Typ. Außerdem habe ich mich schon mehr verteilt, als mir
zuträglich ist. Aber Cristina gefallen Sie doch so sehr. Kann man
es deutlicher beweisen?« Sie schnellte den kleinen Finger vorsichtig auf seine verbundene Hand. »Übrigens ist sie schöner als ich.«
Ljungdahl hob ablehnend die Hand, die sofort schmerzte. »Ihr
Hut, Ramona, paßt nicht zu Ihrer Stimme.«
Ramona setzte kurz ihre perlweißen Zähne auf die Unterlippe.
»Es freut mich, daß Sie sich bekehren.«
»Fast alle Frauen bekommen ohne Hut einen blöden Ausdruck.
Sie würden gewinnen.« Ljungdahl umkrallte mit der unverletzten Linken ihren Schenkel oberhalb des Knies.
Ramona zischte: »Wiederholen Sie diesen Griff nicht!« Ljungdahl rieb seine brennenden Finger, die ein heftiger Fächerschlag
getroffen hatte. »Ich glaube Ihnen die kalte Schulter nicht. Sie
verbergen mir etwas.«
Ramona spie sich achselzuckend auf den Unterarm, schmierte
eine trockene gelbe Crême darauf, rieb sie mit dem Zeigefinger zu
Brei und mit einer geschickten Wendung auf Kinn, Nasenspitze
und Stirn, wodurch sie Lichter erzielte, welche ihr ganzes Gesicht gleichsam nach innen zu verkürzten und jenen scharfen
Ausdruck, in den Ljungdahl wie vernarrt war, noch verstärkten.
»Ist Cristina überhaupt Spanierin?«
»Sobald Sie wollen, führe ich Sie zu ihr.« Ramona überpuderte
ihre Arbeit mit staunenerregender Geschwindigkeit.
Ljungdahl stupste ihr den Mittelfinger auf den Oberarm. »Cri

stina ist ja vielleicht schöner. Aber im Ernstfall zählt das Detail mehr. Ich liebe Ihr grausames Gesicht.«

»Gerede!« Ramona parfümierte sich den berührten Oberarm.

»Jede Gier ist unbegreiflich.« Ljungdahl mußte miteins lachen, da er Ramonas Geste verstand. Dabei lockerte sich das Taschentuch, so daß das Blut wieder zu fließen begann.

Ramona schob ihm das Taschentuch von der Hand, zerriß es zwischen den Zähnen und verband die Wunde. »Cristina hatte schon wilde Jahre gehabt, bevor sie nach Cordoba kam. Sie heißt allerdings Ferretti. Ihre Mutter war Italienerin. Aber ihr Vater Spanier. Torero.« Sie neigte den Mund über seine Hand, um die Zipfel des Taschentuches, deren einen sie zwischen die Zähne klemmte, fest zuzuziehen zu können. »Sie ist ein uneheliches Kind. Noch heute trägt sie um den Hals ein kleines Medaillon mit der Miniature ihres Vaters. Damit hat es eine eigene Bewandtnis. Wollen Sie nicht danach fragen?« Sie stieß, da er nicht antwortete, seine eben noch mit größter Behutsamkeit behandelte Hand brutal von sich, pfiff aber sofort, als bereue sie es. »Es war ein Wunder, daß niemand sah, wie sie Sie gestochen hat. Und es kam doch sofort Blut. Das ist ihr erster Gunstbeweis. Und ich kann Ihnen versichern, daß Sie ihr imponiert haben, als Sie das Glas auf den Tisch schlugen und dem Kellner ruhig sagten, Sie hätten sich geschnitten.«

Ljungdahls Zunge leckte flau: es war Ramona nun doch gelungen, seine Begehrlichkeit abzulenken und seiner Eitelkeit zu schmeicheln.

Ramona speichelte, als hätte sie es ihm vom Gesicht gelesen, sich den Zeigefinger ein und strich mit ihm über seine Lippen. »Wie kann man ein Weib wie Cristina auslassen? Andere müssen schwer zahlen.«

Ljungdahl schnappte nach ihrem Finger.

Aber Ramona, mit dem Blick bei der Sache, war schneller. »Sie wollen also? Sie wollen, nicht wahr? Sie wollen!«

»Als würde sie dafür bezahlt«, dachte Ljungdahl, aber er hütete sich, es auszusprechen; und er hörte sogar auf, es anzunehmen, als er die herrische Geste sah, mit der sie ihren Busen arrangierte. »Der Stolz ist hier fast ein Laster.«

Ramona nahm es als Zustimmung. Ihr pralles Posterieur zog sich ein. Plötzlich stand sie steil und mit hochgezogenen Schultern. Ihre Unterlippe rollte ein bißchen.

Sie verließen die Terrasse des Circulo Mercantil und gingen den Paseo Gran Capitan hinunter. Vor ihnen flammten die Bogenlampen auf, eine nach der andern. An der Ecke der Calle de Burgos begann Ramona vorauszugehen und eigentümlich die Arme zu bewegen. Flüchtig war es Ljungdahl, als gebe sie damit irgendein Zeichen. Da der schweigsam zurückgelegte Weg ihn zudem ernüchtert hatte, entschloß er sich, so rasch wie möglich sich zurückzuziehen. Es sofort zu tun, wagte er nicht, die spanische Empfindlichkeit kennend.

Ramona trat nach wenigen Schritten in ein Haus und durch eine niedrige eiserne Gittertür in einen atriumähnlichen, mit einigen halb zerbrochenen Petunientöpfen kärglich geschmückten Vorraum, in dessen einer Ecke hinter gelblichem Milchglas ein Talglicht brannte. Es roch nach Weihrauch und Urin.

Zum ersten Mal lächelnd, ergriff Ramona Ljungdahls Hand und zog ihn schnell durch eine Seitentür in einen schmalen Gang, wo sie viermal an eine Tür pochte, durch deren Ritzen Licht drang. Ein Riegel wurde zurückgestoßen. Im Rahmen der Tür erschien Cristina in einem zu langen und fast grotesk geschnittenen Hemd, über das ihr aufgelöstes langes schwarzes Haar hinabwallte. Sie preßte sogleich ihren Körper an den Ljungdahls und machte eine rasche Drehung, so daß dieser ins Zimmer zu stehen kam. Ramona schloß von draußen die Tür.

Ljungdahl hatte ihr Gesicht noch gesehen: sie hatte immer noch gelächelt. »Sie hat vielleicht gar nicht aufgehört, zu lächeln«, ging es ihm kurz durch den Kopf.

Cristina warf ein bereits sehr schadhaftes Seidentuch sich übers Hemd, schlüpfte in einen kurzen Unterrock von rotem Flanell, den sie über das Tuch band, und stieß die nackten Füße in dunkelgrüne Pantöffelchen. »Schau mich an!«

Ljungdahl tat es ohnedies. Aber er sah nicht viel, da sie vor dem Licht stand; nur, daß sie den rechten Fuß hob, mit dem sie seine verbundene Hand beinahe berührte.

»Das war meine Visitkarte.«

Ljungdahl lächelte wirr. Und während er einen auf dem Kachelsims liegenden eigenartigen Gegenstand zu erkennen sich bemühte, wurde sein Kopf nach hinten gestoßen. Erst Sekunden später wußte er, daß sie ihn geküßt hatte und in die Oberlippe gebissen. Er schmeckte Blut.

Cristina hing sich an seinen Hals, ihm etwas vor die Augen haltend. Immer wieder. Und immer näher. Er nahm es ihr schließlich aus der Hand und senkte es, so weit die Halskette, an der es hing, es zuließ: es war eine Miniatur, darstellend einen Espada, dem ein Stier in der Arena den Bauch aufschlitzt. »Ist das alles?«

»Du bist enttäuscht?« Cristina riß ihm mit einem ärgerlichen Ruck des Halses das Medaillon aus der Hand und wirbelte sich auf einem Absatz zur Seite. Dann setzte sie sich, schlug ein Bein über, zündete sich eine kleine Zigarre an und sang zwischendurch leise die Canzonetta von Filipucci.

Ljungdahl, der längst vergessen hatte, daß er sich hatte zurückziehen wollen, sah mit einem Mal, daß sie in der Rechten eine Reitpeitsche hielt, mit deren dünner Lederschleife sie einem großen schwarzen Kater den Kopf kraulte. Vergeblich versuchte er, den Geruch, der von ihr ausging, zu präzisieren.

»Weißt du, was die Amore ist?« Cristina machte einige pfitschende Lufthiebe.

»Ein Wort, das so gut wie kein anderes jede Gier erleichtert.«

Cristina stemmte eine Hand gegen den Bettpfosten, der knackte.

»Weil du es nicht weißt. Weil du ein Turnó bist.«

Ljungdahl fühlte sich beengt: da er nicht annehmen konnte, eine Neo-Sentimentale vor sich zu haben, vermutete er, nicht verstanden worden zu sein. Mit einem Blick auf ihren Leib, der in feinen Spiralen sich bewegte, zog er es vor, zu lächeln.

Während Cristinas schlanke Linke die Hüften entlang strich,

knallte ihre Rechte die Schleife der Reitpeitsche vor der Schnauze des Katers auf die Kacheln. »Ich werde dir erzählen, wie es bei mir war.« Sie holte aus und traf den Kater mit solcher Wucht auf die Nase, daß er mit fauchendem Gurgeln auf sie zuschoß. Aber noch bevor er sie erreicht hatte, trafen ihn drei, vier, fünf Hiebe, so daß er sich winselnd verkroch. »Es hat sehr frühzeitig angefangen. Vida. Interessiert es dich überhaupt? Du stehst ja da wie ein Regenwurm.« Sie wies mit der Reitpeitsche auf einen Baststuhl mit außerordentlich niedrigem Sitz. »Wenn du nicht willst, darfst du auch die Wand verdrecken.« Sie ließ mit einem rapiden La‚ chen die Zigarre über die Finger laufen, so daß die Schatten an der Mauer tanzten. »Vida. Meine Mutter nahm mich schon mit sechs Jahren in die Arena.« Und nun begann sie mit auffälliger Geläufigkeit und fast geschmackloser Häufung blutrünstiger De‚ tails das Erlebnis ihrer ersten Corrida zu schildern, die einem Amateur‚Matador das Leben gekostet hatte und in der Folge ihr die Unschuld. Da der Stier, bevor er die tödliche Cogida gerannt hatte, drei Espadas außer Gefecht gesetzt hatte, wäre die Aufre‚ gung des Publikums so gestiegen, daß es, als die Fortsetzung der Corrida untersagt wurde, zu einer blutigen Schlägerei gekommen wäre. Dies alles hätte sie so erregt, daß sie nicht einschlafen konn‚ te, ihre Mutter, die im selben Zimmer schlief, mit ihrem Lieb‚ haber im Bett beobachtet hätte und durch diesen Anblick zum ersten Mal in jenen Zustand geraten wäre, der schließlich in die Arme eines Mannes führt. An dieser Stelle schwieg sie, um Atem zu holen, und bog, aufs Äußerste von ihren Worten erregt, die Reitpeitsche zwischen den Händen. Ihre Zähne zerrieben die Zigarre.

Ljungdahl, den es zwang, an das Erzählte zu denken, ärgerte sich unklar ein wenig. Er wollte sich zurechtfinden, ihre Absicht erkennen. Aber alles war wie von dieser Frau verlegt, von ihrem herben Geruch, ihrer harten Stimme, ihrer aufregenden Erre‚ gung.

Cristina warf die Zigarre an die Zimmerdecke und traf sie noch in der Luft mit der Reitpeitsche, von der sie knallend auf einen

Spiegel flog. »Jeden Sonntag ging ich nun mit meiner Mutter zu den Corridas. Denn ich plärrte so, daß sie mich mitnehmen mußte. Die Plätze kosteten sie nichts, da sie mit allen Banderil-leros und Espadas, die damals in Madrid berühmt waren, geschlafen hat. Mein Vater war Valencia II. Ein großer Espada. Der vielleicht einer der größten geworden wäre, wenn ihm nicht mit vierundzwanzig Jahren in Sevilla ein Stier . . .« Sie schwang das Medaillon kurz vor sich her. »Meine Mutter hat es ihr ganzes Leben lang bedauert, daß sie damals nicht nach Sevilla gefahren war. Aber sie war im siebenten Monat schwanger mit mir und fühlte sich schlecht. Das Medaillon habe ich von ihr geerbt. Sie hat es sich eigens von Aguero machen lassen, der den Tod meines Vaters mitangesehen hatte. Ich trage es immer. Ebenso wie meine Mutter.« Sie küßte es langsam, schwang es mit einer jähen Be-wegung auf den Rücken und sprang vor Ljungdahl hin, ihm die Hand auf den Magen pressend. »Siehst du, Catelo, so hat es bei mir angefangen. Mit zwölf Jahren *war* es dann. Ein Mono. Die sind schlimmer als die Ärgsten. Ich trieb es mit ihm auf dem Abattoir zwischen den toten Stieren. Unter Fleischgestank und Blutdunst. Einmal lagen wir halb auf dem Bauch eines Stieres, der noch zuckte. Ein anderes Mal brach einem, neben dem wir lagen, plötzlich noch ein Blutstrahl aus dem Maul und floß uns über die Beine. Und wieder einmal, da . . .«

Ljungdahl wußte nicht, ob er nicht mehr zuhören oder bloß das heiser Keuchende ihrer Stimme nicht mehr ertragen konnte oder ob es seine nicht mehr niederzuzwingende Gier war: er warf sich auf Cristina und seine Lippen auf die ihren. Doch er berührte sie nicht: Cristina hatte ihn durch einen Fauststoß an die Wand geworfen. Gleichzeitig sauste ein Peitschenhieb durch die Luft und ihm brennend über Stirn und Wange.

Cristina stand mit gespreizten Beinen vor ihm. Die Zunge hing ihr aus dem Mund. Ihre Augen leuchteten tückisch. Mit einem bestialischen Schrei holte sie bis über die Schulter aus. Und nun klatschte Hieb auf Hieb nieder.

Ljungdahl war dermaßen überrumpelt, daß er weder den

Schmerz voll spürte, noch sich zu wehren wußte. Als jedoch die Hiebe immer schneller und fester fielen, löste er sich knirschend von der Mauer und hob die Fäuste. Aber Cristina bückte sich, nach etwas greifend. Und schon traf ihn ein vierfacher Knutenhieb, quer über Brust und Arme. Er brüllte auf. Ein zweiter Knutenhieb schnitt auf seinem Rücken. Krächzend stürzte er vor. Sie entwich ihm geschmeidig und versetzte ihm einen furchtbaren Hieb auf den Hintern. Er bäumte sich. Seine Stimme pfiff vor Schmerz. Aber die Hiebe prasselten unbarmherzig auf ihn nieder. Wieder schmeckte er Blut. Es rann aus der Nase, auf den Wangen, an den Ohren, die Brust hinunter. Überall brannte es ihn schier unerträglich und wurde immer unerträglicher. Er fiel in die Knie. Es war wie ein Feuerregen um ihn, naß und leuchtend. Schließlich schwand ihm das Bewußtsein . . .

Als er zu sich kam, hörte er das Geräusch von plätscherndem Wasser, das Gehen nackter Füße. Obwohl jede Bewegung ihn schmerzte, stand er stöhnend auf. Schräg hinter ihm flackerte in einem offenen Zimmer eine kleine Kerze. Gegenüber sah er eine Tür. Gedankenlos rüttelte er an ihr. Verschlossen. Da hörte er schwaches Ächzen. Dann einen kleinen Schrei. Er näherte sein Auge einer Ritze und erblickte auf einem Bett Ramona und Cristina in wollüstiger Verschlingung. Eine Weile sah er ihnen zu. Dann wischte er mit einem Strumpf das Blut sich vom Gesicht. Dabei fühlte er, wie übel er zugerichtet war, und trat vor einen matten Wandspiegel. Bei seinem Anblick fluchte er laut auf. Als er gehen wollte, hörte er Ramona lachen. Wütend trat er ins Zimmer zurück, zerschnitt vier Röcke und zwei Seidenkleider und spuckte unzählige Male in einen gefüllten Weinkrug.

Zwei Tage später begegnete er in Madrid auf der Gran Via Mario Tosato, einem amüsanten Florentiner, und berichtete ihm von seinem Mißgeschick. Ohne seine Zigarette auch nur einige Sekunden zu vernachlässigen, erklärte Tosato, liebenswürdig lächelnd: »Las tortilleras di Cordoba . . . conosco tutte . . . conosco anche dal profumo a occhi chiusi. La Ferretti a un odore differente. Odora di Kater. Vous comprenez. Verstehn Sie . . .«

Ljungdahl verstand. »Ma ... Sie haben ... Excusez ...«
Tosato krümmte verdeutlichend die Hand, den Spazierstock un‹
ter die Achsel klemmend: »Si capisce. Sono due tortilleras molto
sadistiche. La Ferretti, erzählt sie grande Romanen. L'altra è la
più fina. Fa il trucco. Ma avevate de la chance. Branco Freixas,
Sie kennen, aus Lisboa, er hinkt noch heute, ecco.«

CLAUDE HENRI ABBÉ DE VOISENON
Von dem Glück der Auserwählten

»Der menschliche Geist ist zu schwach, um das Entzücken zu fassen, das in einem glücklichen Menschen der Besitz Gottes hervorrufen wird. Die menschlichen Freuden sind nicht mit den himmlischen zu vergleichen, es sind nur Tropfen dieses Ozeans, in den man versenkt wird, leichte Funken dieses verzehrenden Feuers, an dem man entzündet wird. Indem Gott sich einem Glücklichen mitteilt, wird er ihn derart mit seinem Wesen vereinigen, daß er seiner Größe und seiner vollkommenen Freude teilhaftig werden wird. Sein Besitz wird in der Seele der Auserwählten göttliche Entzündungen, Freuden einer heiligen Wollust hervorrufen. Wie ein wilder Gießbach wird er sie erfüllen, sättigen, entzünden und mit Liebe und Freude trunken machen: *Saturabuntur, inebriabuntur.*«

»Halten Sie einen Augenblick ein, mein Herr!« sagte zu ihm die Frau Herzogin. »Wir wollen darüber einige fromme Betrachtungen anstellen. Das Paradies muß etwas sehr Schönes sein. Die Freuden der Heiligen müssen über alle Maßen groß sein. Was denken Sie davon? Haben Sie niemals Lust empfunden, diese Freuden zu kosten?«

»O Madame, hoffentlich ist mir Zeit genug gewährt, mich an ihnen zu berauschen.«

»Aber mein Herr, was können denn nach Ihrer Ansicht diese Freuden, diese heilige Lust, dieses göttliche Entzücken, diese himmlische Erregung sein? Können Sie sich irgend etwas vorstellen, was man damit vergleichen könnte?«

»Ich habe sagen hören«, entgegnete Herr Heinrich Koch, während er seine Augen und die Stimme senkte, »daß diese Freuden denen gleichen, die eine junge sehr verliebte Frau in den Armen eines jungen frischen und kräftigen Mannes finden kann. Madame weiß wohl darüber etwas?«

»Ich?« entgegnete sie. »Nein. Ich weiß wahrhaftig nichts von alledem. Ich war niemals in meinen Mann verliebt. Ich zähle zwanzig Jahre und heiratete ihn schon mit sechzehn Jahren. Er war damals achtundfünfzig Jahre alt. Ich habe niemals ein gro-ßes Vergnügen an ihm empfunden. Fahren Sie mit dem Lesen fort! Diese Freuden der Erwählten bereiten mir großes Vergnü-gen.«

Herr Heinrich Koch nimmt wieder das Buch, verliert aber wäh-rend des Lesens nicht die fromme Frau aus den Augen. Er sieht ihr Gesicht sich färben und unmerklich entflammen. Ihre halb geschlossenen Augen sind ihm zugewendet und fest auf ihn ge-richtet. Halb unterdrückte Seufzer entschlüpfen von Zeit zu Zeit ihren Lippen.

»O Herr Koch«, ruft sie aus, »halten Sie ein, ich kann nicht mehr. Diese Freuden des Paradieses verursachen mir hysterische Anfälle. Wie wird mir! Ich ersticke beinahe. Nehmen Sie mir um Gottes willen mein Halstuch fort! Nehmen Sie aber keinen An-stoß an den Schrecken, die Sie sehen werden.«

Herr Heinrich Koch zieht das Halstuch fort; die Schrecken, die sie ihm zu zeigen fürchtete, sind zwei Kugeln aus Alabaster. Sie sind so weiß wie Lilien und so weich wie Seide. Angesichts dieser Wunder entzünden sich die Sinne des Herrn Heinrich Koch, und die Augen von Madame mit den hysterischen An-fällen sind ganz geschlossen. Sie bemerkt nichts. Vielleicht meint sie in dem Zustand der Erregung und Ohnmacht, in dem sie ist, schon die Freuden der Erwählten zu kosten.

»Herr Heinrich Koch«, sagt sie mit schwacher und ersterbender Stimme, »ich bitte Sie um Verzeihung für die großen Umstände, aber ich leide schrecklich. Haben Sie die Freundlichkeit und helfen Sie mir beim Auskleiden. Nur auf meinem Bett kann ich Linderung finden.«

Die Bereitwilligkeit und Geschicklichkeit, mit denen Herr Hein-rich Koch dem Wunsch nachkam, schienen der Frau Herzogin zu sagen, daß sie nicht die erste Frau war, die er ins Bett legte. Doch auch jetzt mehrten sich nur ihre hysterischen Anfälle.

»O mein Mann«, rief sie, »mein guter Mann! Wenn du hier wärst, würdest du mir große Hilfe leisten.«

»Sagen Sie mir, Madame«, versetzte Herr Heinrich Koch, »was er tun würde, damit ich es zu Ihrer Heilung machen kann. Ich sterbe vor Schmerzen, Sie in diesem Zustande zu sehen.«

»Ich wage es Ihnen nicht zu sagen.«

»Sprechen Sie, Madame, sprechen Sie, ich beschwöre Sie, und wenn Ihre Heilung von mir abhängt, können Sie über mich vollkommen gebieten.«

»Sie werden vielleicht fürchten, Gott zu beleidigen.«

»In dem traurigen Zustande, in dem Madame sich befindet, handelt es sich nicht darum, Gott zu beleidigen, sondern von Ihnen den Tod abzuwenden.«

»Wenn ich hysterische Anfälle habe, verrichtet mein Gatte das Werk Gottes in meinem Garten. Wenn es keine Sünde wäre, seine Stelle einzunehmen ...«

»O Madame, die Sünde ist schrecklich.«

»Hören Sie, Herr Koch! Damit es keine Sünde ist, bringen Sie es Gott wie einen Akt der Liebe und Demut dar. Tun Sie es mir zuliebe. Ziehen Sie Ihre Unterhosen aus, mein Lieber, damit Sie nicht gehindert werden. Es ist ein Kreuz, das Ihnen Gott schickt. Umfassen Sie es freudigen Herzens. Es wird Sie heiligen. Sie wissen es, mein Lieber, denn Sie sind ein frommer Mann, daß man nur durch Pein und Kreuz zu den Freuden des Himmels kommt.«

Es ist nicht nötig, glaube ich, von dem Feuer zu sprechen, mit dem Herr Heinrich Koch sein Kreuz umarmt.

»Gott sei Dank, Herr Koch«, sagte zu ihm die Frau Herzogin, »Ihr Mittel hilft ausgezeichnet gegen hysterische Anfälle, und Gott wird einen frommen Mann, der mit solchem Feuer wie Sie arbeitet, nicht unbelohnt lassen. Gehen Sie aber noch nicht fort, denn meine Anfälle können sich wiederholen. Ohne Sie wäre ich vielleicht tot und verdammt, denn seit acht Tagen habe ich nicht gebeichtet. Wenn diese häßlichen Anfälle über mich kommen, dauern sie mehrere Stunden lang und wiederholen sich öfter. Dank Ihres Mittels habe ich niemals eine so kurze Krise wie heute durchgemacht. Ich gestehe Ihnen, mein Herr, daß ich heute früh, als ich Sie empfing, nicht erwartete, Ihnen so große Umstände zu machen. Ich bin deshalb ganz verwirrt; doch Sie, der Sie ein frommer Mann sind, wissen, daß Gott nach seinem Willen Gesundheit und Krankheit schickt. Er hat die Krankheit in mich und das Mittel in Sie gelegt. Die Krankheit ist ein Kreuz, das mir Gott schickt. Dieses Kreuz ist ein Baum des Lebens für den, der es mit Freuden umfaßt. Glücklich ist der, der sich an diesen Baum des Lebens fest klammert!«

Herr Heinrich Koch ergab sich dieser erhabenen Moral und antwortete nichts. Da er aber eine Verdoppelung seiner Andacht spürte, vereinigte er sich abermals und stärker als früher mit dem Baum des Lebens.

»Ihre Andacht ist groß, mein Herr«, sagte ihm Madame, als sie sprechen konnte. »Ich habe wegen meiner Genesung vier neuntägige Gebete in der Kirche der Karmeliter und ebensoviele in der Kapelle der Mutter Gottes von der unbefleckten Empfängnis verrichtet, die bei den Franziskanern steht. Ein Jahr lang trug ich das Skapulier der heiligen Jungfrau und den Strick des heiligen Franziskus. Ich habe zweitausend Messen bei den Mönchen der Empfängnis lesen lassen. Ich habe zweiundzwanzigmal den ehrwürdigen Kapuzinerpatern das Mittagessen und während einer ganzen Fastenzeit das Frühstück den Franziskanern geschickt. Es hat mir nichts genutzt. Meine Anfälle haben mich nicht verlassen und sind heftiger als je. Mein Mann tut wohl, was er kann, aber der Arme vermag nicht viel. Er ist alt, und sein Mittel nutzt mir fast gar nichts. Ich fürchte, Herr Koch, meine Anfälle kommen wieder. Wir wollen noch einmal aus Liebe zu Gott dem Übel zuvorzukommen, aber nicht sündigen, ich möchte lieber sterben. Wir wollen, während wir das Mittel gebrauchen, einen Akt der Gottesliebe verrichten. Wir wollen Gott alle beide sagen, daß wir ihn von ganzem Herzen, von ganzer Seele und vor allem mit all unseren Kräften lieben. So verdient er geliebt zu werden.«

Als diese Liebesakte verrichtet waren, sagte sie: »Sehen Sie, Herr Koch, welcher Gefahr eine junge Frau ausgesetzt ist. Geben Sie

zu, daß ich beklagenswert bin. Wenn man auch fromm ist, hat man doch seine Gefühle und man spürt seine Bedürfnisse wie die, die es nicht sind. Mein Mann ist ein sehr ehrbarer Mensch, aber ich mußte ihn heiraten, als ich das Kloster verließ. Er ist ein Mann Gottes, ein ehrbarer frommer Mann. Mein Vater und meine Mutter sind ebenfalls fromm. Sie haben mich in der Frömmigkeit aufgezogen. Mit einem jungen Mann wollten sie mich nicht verheiraten, sie fürchteten das Heil meiner Seele zu gefährden. Sie haben sicher in bester Absicht gehandelt. Was sie taten, geschah für mein Glück, aber sie täuschten sich. Wenn ich meine Anfälle habe, bin ich erst recht zu beklagen und ohne Ihre Barmherzigkeit wäre ich allein und ohne Sakramente gestorben. Gott selbst hat mich angetrieben, Sie darum zu bitten, mir heute bei meinen Andachtsübungen zu helfen. Er hat mich nicht ohne Beichte sterben lassen wollen. Ich danke ihm und Ihnen ebenfalls dafür. Kann ich, Herr Koch, Sie um einen Dienst bitten? Hören Sie: Diese Anfälle packen mich sechs- bis siebenmal, und die letzten sind immer stärker als die ersten. Könnte man nicht, um ihnen zuvorzukommen . . . Ich bin gewiß, daß ich ihrer dann ledig würde . . . wenn es Ihnen nicht zu viel Mühe macht, würde ich Sie zum drittenmal um das Mittel bitten. Um jeden Gedanken an Sünde und unerlaubtes Vergnügen fernzuhalten, will ich folgendes machen: Ich stelle mir vor, daß mein Gatte zu meiner Heilung das Werk Gottes in meinem Garten verrichtet. Wenn Sie meine Heilung vollendet haben, werden wir unsere Andachtsübungen wieder aufnehmen, wir werden eine zweite geistliche Lektüre veranstalten und im stillen ein wenig beten.«
Während die Frau so sprach, umfaßte Heinrich Koch sie und begann das Werk Gottes. Kaum war das Werk vollendet, da kam Madame wieder zum Leben und fragte: »Ohne neugierig zu sein, Herr Koch, wie nennen Sie das, was mich heilt?«
»Das heißt mein Herz.«
»Wie, das ist Ihr Herz? Ich hätte es nie geglaubt. O mein Herr, wie ist doch Ihr Herz für das meine geschaffen! Ich versichere Ihnen, daß ich, wenn unsere Herzen stets beieinander wären,

niemals krank werden würde. Ohne Schmeichelei, dieses Herz ist für meinen Zustand ein vollkommenes Heilmittel. Ich befinde mich jetzt weit besser, und wir wollen uns jetzt erheben, um unsere geistigen Übungen fortzusetzen!«

Nachdem Sie das Bett verlassen hatten, traten sie in das Boudoir, um die Lektüre wieder aufzunehmen.

»Nichts mehr vom Paradies!« sagte Madame. »Seine Entzückungen haben mir diese schrecklichen Anfälle zugezogen, die, wenn Sie nicht gewesen wären, mich vielleicht erstickt hätten. Anstatt der Lektüre wollen wir einen Augenblick Gebete verrichten. Doch was soll der Gegenstand sein?«

»Das höllische Feuer«, erwiderte Herr Heinrich Koch.

»Nichts von diesem Feuer, ich bitte Sie!« entgegnete sie. »Das ist ein allzu warmer Gegenstand für das Wetter heute. Wir wollen vielmehr über die eitlen Vergnügungen der Welt Betrachtungen anstellen.«

Jeder kniet auf seinem Betstuhl, und das Gebet hebt an. Herr Heinrich Koch lächelte leise über sein Abenteuer und dachte sich: Ein Vergnügen, das wir suchen, flieht uns ganze Jahre lang. Ein Augenblick kommt und ohne es zu erwarten, finden wir, was wir so oft heiß gewünscht haben.

Er ärgerte sich nur darüber, daß ihm dieses Vergnügen so wenig gekostet hatte. Während dieser Gedanken sah er längs des Vorhanges eine Geißel oder Peitsche, deren Strähnen aus violetter Seide und Silberfäden gewunden und voller dicker Knoten waren. Jetzt kam ihm der Gedanke, der schönen Frömmlerin mit den hysterischen Anfällen die Geißel zu geben oder sich geben zu lassen. »O ich Sünder«, rief er aus, »ich werde vielleicht verdammt werden.«

»Wie?« rief Madame. »Verdammt? Sie? Wie? Warum? Sie haben ein verdienstvolles Werk verrichtet. Sie riefen eine junge Frau, die ohne Sie gestorben wäre, ins Leben zurück. Sie haben sogar das Verdienst, es freudigen Herzens und ohne sich bitten zu lassen getan zu haben. Dabei gibt es nichts Verdammenswertes, besonders nach den klugen Vorsichtsmaßregeln, die wir ergriffen haben. Wissen Sie, mein lieber Herr Koch, daß ich sehr betrübt wäre, wenn Sie verdammt würden, besonders in dieser Zeit, wo eine übermäßige Hitze herrscht, aber ich glaube nichts davon. Haben Sie nicht aus Liebe zu Gott mich von meinem Anfall geheilt? Haben Sie nicht Gott das Vergnügen, das Sie genossen haben, mitgeteilt? Wenn Sie überhaupt eines genossen haben!«

»Ach ja, Madame! Ich habe ein großes, ein himmlisches und unvergleichliches Vergnügen gekostet, das nicht für einen armen und elenden Sünder wie mich geschaffen war. Ich fürchte, es nicht ganz Gott mitgeteilt zu haben und ein wenig verdammt zu werden, wenn Sie mich in Ihre Arme schlossen, wenn meine Hand Ihren Busen drückte, den schönsten Busen, den der Himmel vielleicht je schuf. Ich bin nicht ganz sicher, doch ich fürchte mich in gewissen Augenblicken der Entzückung vergessen und wenigstens einige Todsünden begangen zu haben. Wenn ich eine Geißel hätte, würde ich mir die Schultern zerfleischen, um die Fehler zu sühnen, die ich bei der Arbeit an Ihrer Heilung beging.«

»Dort ist«, versetzte Madame, »eine Geißel, aber ich bedaure, daß Sie sich für eine Sünde strafen wollen, deren Sie vielleicht nicht schuldig sind. Während Sie diese Buße vollziehen, will ich, damit Ihnen Gott verzeihe, das Tedeum sagen. Wenn ich glaubte, daß es ihm angenehmer wäre, wenn ich es sänge, würde ich es freudigen Herzens tun. Ich verstehe mich nicht auf Musik, doch ich habe eine ziemlich gute und hübsche Stimme.«

»O Madame«, entgegnete Herr Heinrich Koch, »der Gesang hat eine andere Wirkung als das einfache Gebet, und aus diesem Grunde singt man, um Gott zu beschwichtigen, stets in der Kirche und in der Oper.«

Herr Heinrich Koch nahm die Geißel, und die Frau Herzogin begann das Tedeum anzustimmen. Doch nach dem ersten Verse rief sie aus: »Halten Sie inne, mein Herr, Ihre Gewissensbisse rufen die meinen wach. Wenn Sie gesündigt haben, so bin ich die Ursache, und ich bin der Strafe wert. Wenn das Vergnügen verurteilt, muß ich fürchten, verurteilt zu sein, denn ich habe ein kostbares genossen. Ich fürchte wie Sie, es nicht ganz Gott mit/

geteilt zu haben. Ich gestehe, daß ich bei Ihren Schmeicheleien, besonders als unsere Herzen vereinigt waren, gewisse Augenblikke der Zerstreuung hatte, wo ich nicht an Gott dachte. Durch Sie wurde mir das Vergnügen und die Heilung. Von Ihnen muß mir auch die Züchtigung kommen. Nehmen Sie diese Geißel, schlagen Sie mich!«

Während dieser Worte legte sich die Frau Herzogin auf eine Ottomane und rief: »Strafen Sie mich, mein Herr. Strafen Sie eine Sünderin!«

Angesichts solch großer Schönheit fiel Herr Heinrich Koch auf die Knie und sagte: »Ich sammle mich einen Augenblick, um meine Gedanken auf Gott zu richten und ihn zu bitten, die heiligen Handlungen, die ich vornehmen will, wohlgefällig anzunehmen.«

In dieser Stellung vermag er im einzelnen Reize zu sehen, deren geringster, wie man sagt, den Papst und seine siebzig Kardinäle der Ohnmacht nahebringen würde. Der Vollmond hat weniger Glanz, der Marmor ist nicht fester, und die Seide ist weniger angenehm zu berühren. Ein zarter Fleischton scheint sie zu beleben. Zwei kleine Grübchen, eines auf jeder Wange sind für ihn Gegenstand des höchsten Entzückens. Um diese reizenden Grübchen laufen zwanzig kleine blaue Adern, die sich in verschiedener Richtung kreuzen und längs der beiden Säulen herablaufen – zu deren Rundung und Vollendung die Natur alle ihre Hilfsmittel erschöpft zu haben scheint. Die Kunst brachte niemals etwas ebenso Schönes hervor.

»Verzeihung, Madame«, sagte Herr Heinrich Koch, »meine Augen sind geblendet. Ist er es?«

»Ja«, rief sie, »er ist es, schlagen Sie ihn und schlagen sie kräftig.«

»Ich empfinde«, erklärte nun Herr Heinrich Koch, »einen Gewissensbiß. Er ist nicht schuldig, und ich fürchte, einen Unschuldigen zu schlagen. Nein, ich werde es wahrhaftig nicht tun, ich werde ihn nicht schlagen. Ich muß mich schlagen und nicht Sie, die Sie eine Heilige sind und außerdem noch krank. Ja, ich will mir die Schulter zerfleischen.«

»Halten Sie ein!« rief jetzt die Frau Herzogin und erhob sich plötzlich. »Gnade, mäßigen Sie Ihren Kummer! Die Gewissens biss, von denen Sie gefoltert werden, erregen mein Mitleid. Wenn Sie sich strafen wollen, muß ich mit diesem frommen Werke betraut werden, denn ich wünsche nicht, daß Sie in Ihrer Ver zweiflung sich mehr als nötig bestrafen.«

Darauf legte er sich seinerseits hin und bot der schönen Frommen einen festen und nervigen Rücken: es war der des Herkules.

Beim Anblick dieses Gesichts und seiner schönen Anhängsel sagte zu ihm Madame: »Wissen Sie, daß ich denselben Gewis sensbiß wie Sie habe? Ich fürchte ebenfalls, Gott zu beleidigen, indem ich einen Unschuldigen strafe. Warum soll man ihn denn für ein Vergnügen mißhandeln, das er nicht genossen hat! Erhe ben Sie sich, und wenn es notwendig ist, daß Gerechtigkeit in dieser Welt geübt wird, um Strafe in der andern Welt zu ver meiden, wollen wir zusammen über das Mittel nachdenken, die schuldigen Teile zu strafen. Wissen Sie«, fuhr sie fort, »daß das hintere Gesicht eines Mannes etwas Schreckliches ist und daß das Aussehen des Ihrigen auf mich dieselbe Wirkung hervorbringt wie die Entzückungen der Auserwählten, daß es meine Anfälle heraufbeschwört. Es ist keine Lüge. Doch ich fühle in mir ein, ich weiß nicht was, das mir ein Unglück ankündigt, wenn wir ihm nicht früh genug entgegentreten. Könnte man nicht, mein teurer Herr, dies Mittel anwenden, bevor das Übel kommt? Das ist gerade so, wie wenn man Abführmittel einnimmt, um dem Fieber zu begegnen. Gott, der gut ist, findet es nicht schlecht. Wir wollen nur darauf acht geben, daß wir uns nicht zerstreuen, und aus diesem Grunde wollen wir während der ganzen Zeit, in der wir das Mittel gebrauchen, zusammen und ohne jede Unterbre chung Liebeshandlungen Gottes vollziehen. Ich will sagen aus Liebe, und Sie sollen antworten zu Gott. Das ist gerade so, als wenn man zusammen betet. Das ist auch Gott weit angenehmer. Es soll auch das Mittel sein, uns, wenn wir ein gutes Werk tun, nicht zu verurteilen.«

Während die Frau Herzogin diese schönen Worte sagte, ließ sie sich auf die Ottomane fallen, und ohne Zeit zu verlieren, begann sie zu sagen: »Aus Liebe« – und Herr Heinrich Koch seinerseits zu antworten: »Zu Gott.« Wer Zeuge gewesen wäre, hätte während einer halben Stunde dies fromme Konzert vernommen: »Aus Liebe – zu Gott, – aus Liebe – zu Gott, – aus Liebe – zu Gott, – aus Liebe, aus Liebe – zu Gott, zu Gott.«

Diese Liebesübungen endigten in einem tiefen Schweigen, das die Herzogin unterbrach, um anzukündigen, daß sie nicht abgelenkt worden wäre.

»Ich fühle mich besser«, erklärte sie, »ich glaube, ich bin gänzlich geheilt, wenn ich mich nicht täusche, was mir manchmal begegnet, und ich danke Herrn Heinrich Koch tausendmal für alle Mühe, deren er sich bei meiner Heilung und um meines Seelenheils willen unterzogen hat.«

»Ich bin entzückt, Madame«, versetzte er, »dazu beigetragen zu haben. Wenn es Ihnen recht ist, werde ich jetzt einen Augenblick mich in Ihr Bad begeben.«

»Ich bin entzückt«, versetzte Madame, »daß Ihnen diese Idee gekommen ist. Ich wollte mich ebenfalls dorthin begeben, aber mir ist es lieber, wenn Sie es tun. Indes, wenn wir, ohne Gott zu beleidigen, alle beide zusammen darin sein könnten . . . wäre dabei eine Sünde? Ich denke doch nein. Denn das muß man als notwendige Folge einer vollkommenen Genesung betrachten.«

Diese Erwägung blieb ohne Widerspruch, und als Herr Heinrich Koch im Bad war, setzte sich die Frau Herzogin auf ihn.

»Wir haben nicht allzuviel Platz«, erklärte sie, »aber man muß um eines guten Werkes willen sich Zwang aufzulegen wissen. Man lebt nicht in dieser Welt, um alle seine Bequemlichkeiten zu haben. Jetzt, wo wir ruhig sind, wollen wir die Freuden oder die sieben Vergnügungen der heiligen Jungfrau hersagen. Das ist eins meiner Morgengebete. Ich weiß es auswendig, und Sie können es ganz leise sagen, während ich es ganz laut sprechen will.«

Kaum hatte unsere fromme Herzogin das Gebet begonnen, als sie unter sich das Herz des Herrn Heinrich Koch sich bewegen fühlte. Sie fürchtete es zu verletzen, und um diesem Unglück zuvorzukommen und auch den Zerstreuungen, die sich daraus ergeben könnten, zu begegnen, nahm sie, als ob es nichts wäre, während sie die Freuden der Jungfrau weitersagte, dies Herz und vereinigte es mit dem ihrigen. Die Freuden waren noch nicht beendigt, da rief sie: »O Herr Koch, was ist denn aus Ihrem Herz geworden? Es ist nicht mehr bei dem meinen.«

»Madam«, entgegnete er, »es steht in Jesaias geschrieben: Die Kräfte der Jugend haben ihre Schwächen. Jeremias seinerseits hat gesagt: Und die Sonne geht manchmal unter, wenn es noch Tag ist. Was die Propheten angekündigt haben, muß eintreffen.«

»Es ärgert mich«, versetzte Madame, »daß die Propheten dergleichen Dinge angekündigt haben.«

»Man muß sich bescheiden, Madame, und über nichts ärgern. Welcher Mensch hat das Recht, Gott zu fragen, warum er dies und warum er das gemacht hat? Gott ist Herr und läßt seinen Propheten sagen was ihm beliebt. Überdies weiß mein Herz, daß Sie geheilt sind.«

»Versteht es sich darauf?«

»Ohne Zweifel, Madame, versteht es sich darauf. Glauben Sie etwa, es handelt blind? Halten Sie es für ein Tier?«

»Gewiß nicht!«

»Sie halten es dann vielleicht für einen Leichtfuß, der nicht weiß, was er tut.«

»Ganz und gar nicht, aber ich bin betrübt, es so traurig zu wissen. Es ist mir lieber, wenn es ein wenig zornig ist.«

»Es ist nicht traurig«, antwortete Herr Heinrich Koch, »aber es schläft, und das pflegt es zu tun, wenn es sieben Stunden hintereinander gearbeitet hat.«

»Wie? Sieben Stunden sind wir also schon beisammen? Wie doch die Zeit schnell vergeht, wenn man gute Werke tut. Wir wollen schnell aufstehen, denn meine Frauen, die am Kalvarienberg ihre Andacht verrichtet haben, müssen schon zurück sein.«

Kaum waren sie angekleidet, da kamen die Frauen. Man sprach zu ihnen nicht von den Anfällen, die man gehabt hatte, aber man schalt sie kräftig, daß sie auf sich hätten warten lassen, obwohl man sie nicht erwartet hatte. Darauf ward das Diner bestellt.

◼ CHANG TIEN-YI ◼
Die Brüste eines Mädchens

Neuerdings redeten die Einwohner des Dorfes nur noch davon,
daß Jen Sans Frau in Chuang-hsi sei.
»Ist dort ihr Liebhaber?«
»O ja! Sie haben auch ein kleines Töchterchen«, flüsterte einer so
leise, als mache er sich übler Nachrede schuldig, wenn er lauter
spreche. In Wirklichkeit jedoch konnte man ihn noch in zehn
Meter Entfernung hören.
»Ich fürchte, daß auch der Sohn, den sie Jen San schenkte, ein
Bastard ist.«
Alle blickten überrascht auf den jungen Mann, dem diese Be-
merkung entschlüpft war. Erregtes Gemurmel. Einer bemerkte,
man solle solche Vermutungen wohl besser für sich behalten.
Aber der junge Mann fuhr fort:
»Ich werde euch etwas verraten, aber sie darf es nicht erfahren: Jen
Sans Leute wollen sie zurückholen!«
»Und wie steht der alte Chang dazu? Stellt euch vor, ausgerech-
net zu unserer Sippe gehört eine solche – hm – Frau!« riefen die
Leute.
Das Oberhaupt der Sippe, der alte Chang jedoch hatte seine
eigenen Pläne.
Er kratzte sich am Bein und stocherte mit dem kleinen Finger der
rechten Hand in seinen Zähnen herum. Sein Gesicht glänzte
fettig, wie mit Wachs beschmiert, und der Strahl der unterge-
henden Sonne ließ es wie eine Flasche aus Glas erscheinen. Ein
Gefühl geheimer Genugtuung überkam ihn. Seine gekreuzten
Beine zitterten unwillkürlich, während ein paar zerbissene Was-
sermelonenkerne wie kleine Boote auf einem vom Sturm zerwühl-
ten Ozean auf und ab sprangen.
Er konnte wirklich nicht einsehen, wozu es gut sein sollte, daß
sich Jen Sans Frau mit diesem ungehobelten Burschen aus

Chuang-hsi davongemacht hatte. Wie gern hätte er den Kerl
bestraft, doch seine Macht reichte nicht über die Grenzen seiner
Sippe hinaus. Er stocherte noch wütender in seinen Zähnen, so,
als wolle er allen zeigen, daß das Gesetz in seinen Händen liege.
Er hörte das Kratzen des Nagels an den Zähnen und fühlte, wie
ihm der Speichel die Handfläche herunterlief.

Pfui! Dieser Lin, der Kerl aus Chuang-hsi, war nur ein einfacher
Bauer. Seltsam, daß Jen Sans Frau sich ausgerechnet in ihn
verliebt hatte! Ekel überkam ihn, seine Beine schlotterten heftiger.
Die Schalen der Melonenkerne fielen auf den Boden.

Natürlich würde er sie auspeitschen lassen, bis ihr Rücken in
Fetzen herunterhing, sobald man sie gefunden hatte.

Ein Schauder durchzog seinen Körper.

Der Leib von Jen Sans Frau würde das Auspeitschen nicht
überstehen. Ihre Haut war so weich – nein, es war falsch von einer
Haut zu sprechen, denn ihre Haut war wie Sülze, sie war wie
Butter; die kleinste Berührung mit einem Stock würde sie zerstören.

Der alte Chang seufzte. Ihre Haut würde das Auspeitschen wirklich nicht überstehen. Man brauchte nur an ihre Wangen zu
denken, er wußte schon, wie ihre Wangen waren, denn er hat sie
bereits getätschelt. Ja, ihr Gesicht, der Sonne, dem Regen und
dem Wind ausgesetzt, hatte immer noch seinen zarten Teint. Er
stellte sich vor, wie erst ihr Körper sein mochte.

Er dachte an ihre letzte Begegnung. Mit Komplimenten wollte er
der Frau von Jen San schmeicheln. Aber es war nicht leicht, sie
zufriedenzustellen. Sie schaute ihn nur mit ihren schwarzen glän-
zenden Augen an und rief: »Was soll das?«

»Spiel bloß nicht die Tugendhafte!« sagte er. »Ich weiß ganz
genau, daß Jen San dich im Bett nicht befriedigt.«

Er streckte seine rechte Hand mit den langen Nägeln aus und
berührte ihre hochstehenden Brüste, doch sie schob die Hand
beiseite.

»Wie kannst du es wagen – und noch dazu am hellichten Tag?«
beschimpfte sie ihn.

»Dann eben nicht am hellichten Tag, sondern nachts! Jen San ist ein solcher Dummkopf, er wird nichts merken. Jetzt laß mich aber . . .«

»Weg mit dir! Weg mit dir, auf der Stelle!«

Er wurde zornig.

»Was hast du gesagt?«

»Ich wollte sagen, du solltest deine Stellung in der Sippe nicht so ausnutzen.«

Als sie weggehen wollte, lief er ihr nach. Zuvor hat er sich allerdings vorsichtig umgesehen – doch niemand war weit und breit in Sicht. Nur ein Hund lief am Flußufer entlang und hinterließ auf der schlammigen Erde Spuren, die wie Pflaumen-blüten aussahen. Der alte Chang war fest davon überzeugt, daß dieser Hund nicht sprechen konnte. Er verspürte das Verlangen, Jen Sans Frau, die wie die Verkörperung der Weiblichkeit vor ihm stand, mit den Armen an sich zu pressen. In ihre Lippen zu beißen, das würde bedeuten, das Leben selbst zu genießen. Er wollte sie ganz verzehren . . . ihre rosaroten Wangen. Seine Au-gen waren ein Netz, aus blutigen Venen geflochten, und die blauen Arterien auf seiner Stirn traten hervor. Aber sie wandte sich ab und beschimpfte ihn dabei mit Worten, die er zum Glück nicht hören konnte.

»Aber meine liebe Base, sei doch nicht so . . . Ich würde dir alles geben, wenn ich nur mit dir . . .«

»Verschwinde, du Ungetüm! Bist du nicht das Oberhaupt der Sippe? Wie kannst du Ordnung in der Sippe halten, wenn du dich so benimmst? Du solltest dich schämen!«

Sein Zorn war stärker denn je.

»Sei nicht so stolz, meine Schöne! Ich hebe dich zu mir auf. Und ich habe die ehrlichsten Absichten.«

»Mir gefallen deine Absichten aber nicht. Nur weil du Geld und deine Stellung in der Sippe hast, glaubst du, jede Frau am hel-lichten Tage nehmen zu können.«

»Sag das nicht noch mal!«

»Ich habe keine Angst vor dir. Du bist immer ein mieser Kerl gewesen und hast die Jens betrogen. Für die Sippe bist du die reinste Pest!«

»Was?« murmelte er, und seine Finger zitterten. »Paß lieber auf, was du sagst!«

»Warum sollte ich Angst vor dir haben? Ich werde jedem in der Sippe erzählen, daß du mich verführen wolltest.«

»O Götter, sie ist einfach nur ein zänkisches Weib«, sagte der alte Chang leise zu sich.

Doch wenn er auf ihre Wangen, nur auf ihre Wangen blickte – sie waren zärtlicher als Sülze, weicher als Butter –, dann war das eine ganz andere Sache. Und ihre flatternden Augenlider, ihre roten Lippen, die zwei Reihen makelloser Zähne entblößten, und alles erst, was sich unter ihrer Hose und ihrer Bluse verbarg . . .

Er überlegte, was als Nächstes zu tun sei. Vergewaltigen konnte er sie nicht. Sie würde es jedermann erzählen. Er durfte nicht ungeduldig sein. Alles war nur eine Frage der Frauenpsychologie: Die Frauen sagten das eine und meinten das andere. Man brauchte nur an ihren jungen Liebhaber zu denken. Hatte sie sich nicht unter ihn gelegt? Frauen waren immer so. Auch ihm gegenüber würde Jen Sans Frau nicht immer so reagieren.

Am nächsten Tag kaufte er ein Armband aus Jade und ging damit zum Fluß hinunter. Es war gerade die Zeit des Sonnenuntergangs. Die Frau von Jen San schälte den Reis für das Abendessen.

»Einen schönen guten Abend!«

Sie antwortete nicht.

»Bist du immer noch böse auf mich?« sagte er lächelnd. »Spielst du noch immer die keusche Jungfrau? Da, schau dir das mal an!«

Sie wandte nicht einmal ihren Kopf und fuhr fort, den Reis zu schälen.

»Na, wieso drehst du dich nicht um?« sagte er im Tonfall eines Schauspielers, und auch seine Kopfbewegung war die eines Schauspielers. Seine Hand, die das Armband hielt, beschrieb einen Kreis im purpurroten abendlichen Licht. Aber sie antwortete immer noch nicht.

Er war gereizt. Schließlich konnte die Angelegenheit nicht immer so bleiben, wie sie war. Abgesehen davon bebte seine rechte Hand, die einst ihre Wange getätschelt hatte, so merkwürdig – es war kein Jucken, es war etwas vollkommen anderes, er konnte selber nicht sagen, was es war. Ja, er erinnerte sich ganz genau, wie er sie gezwickt hatte. Seine Finger hatten einen weißen Fleck auf ihrer Wange hinterlassen, die nur allmählich wieder ihre normale, blaßrote Farbe annahm.

All das war eine Zeitlang her. Er hatte sie nicht vögeln können, denn bald darauf war sie in die Arme ihres Liebhabers geflohen. Ein paar Tage später war ihre alte Schwiegermutter, Frau Hsiang, erschienen und hatte berichtet, die Frau von Jen San sei nach Chuang-hsi gegangen. Die alte Frau zitterte förmlich vor Angst, denn ihr Sohn hatte immer noch nicht das Geld zurückgezahlt, das er vom Oberhaupt der Sippe geliehen hatte.

»Was soll ich denn tun?« jammerte sie.

»Geh und hol sie zurück!« rief der alte Chang und schlug so kräftig auf den Tisch, daß seine Hand hellrot wurde. »Mit einem Liebhaber weglaufen! Ausschweifungen frönen! Hörst du? Sie hat Schande über die ganze Sippe gebracht. Geh und hol sie zurück – ich werde ihr das Gesetz der Sippe schon beibringen!«

Einige Tage später wurde Jen Sans Frau zurückgebracht, und Frau Hsian rief die Sippenältesten, ihre eigenen Familienangehörigen und die Eltern von Jen Sans Frau im Tempel der Sippe zusammen. Auch der alte Chang war da – er stocherte wie gewöhnlich in seinen Zähnen, schimpfte und sagte sich immer wieder: »Am besten treibt man sie nicht weg. Man muß sie hierbehalten – das ist besser. Aber sie muß bestraft werden, ja, bestraft muß sie werden!«

Als Oberhaupt der Sippe hatte er das Recht, Jen San vortreten zu lassen.

»Willst du diese Frau trotz allem behalten?« fragte er, und fuhr, ohne eine Antwort abzuwarten, fort: »Wir müssen sie bestrafen. Das wird ihr eine Lehre sein. Wenn wir sie fortjagen . . . na ja, ich habe guten Grund anzunehmen, daß man das überall erfahren und der Ruf der Jens dann schweren Schaden nehmen wird. Schließlich ist sie die Frau eines Jen – oder?«

Jen San wußte nicht, was er sagen sollte. Er sah völlig verwirrt aus, dennoch wußte er, daß er dem Oberhaupt der Sippe gehorchen müsse, weil der alte Chang ihn immer gut behandelt und ihm sogar hundertfünfzig Juan geliehen hatte.

Also wurde beschlossen, sie zu bestrafen. Sie sollte im Ahnentempel vor das Gericht der Sippenältesten gestellt werden. Alle Türen zu den Gebäuden, in denen die Stäbchen mit den Namen der Ahnen standen, wurden geöffnet; denn es war von großer Bedeutung, daß die Ahnen erfuhren, welche Greuel der ganzen Sippe widerfahren waren. Auf dem Tisch stand ein Tablett und darauf lag ein Fetzen Seide, der vom Wind, der durchs Fenster kam, hin und her bewegt wurde. Unter dem Tisch lagen Ketten, Stricke und gespaltene Bambusstöcke wild durcheinander.

Der alte Chang verspürte mehrmals den Drang, in den Zähnen zu stochern, konnte sich aber immer wieder beherrschen. Mit verkniffenen Augen beobachtete er die Sippenältesten, doch dann wanderte sein Blick zu den Verwandten von Jen San, die in einer Reihe saßen, jeder mit einem anderen Ausdruck im Gesicht. Und dann schaute er *sie* an. Sie stand hinter Frau Hsiang, und ihr Schatten an der Wand dahinter zerbrach in zwei Teile.

Chang sah sie an, dann die anderen und dann wieder sie. Unwillkürlich hob sich seine rechte Hand zu den Zähnen, doch als er merkte, was er gerade tun wollte, versteckte er die Hand in den langen Ärmel seines Gewandes. Nun blickten alle verstohlen auf die Frau von Jen San und dann auf die Verwandten, allerdings nicht zu lange, denn sie hatten Angst, vom alten Chang erwischt zu werden.

Ihr Gesicht war ausdruckslos, sie biß sich nur immer wieder auf die Lippen. Sie war blasser und magerer als zuvor, doch immer noch üppig und kräftig. Plötzlich schlug sie ihre Augen nieder, so als habe sie einen Entschluß gefaßt und wisse nun, was zu tun sei.

Frau Hsiang erhob sich und schilderte alle Verbrechen ihrer

Schwiegertochter von Anfang an bis zu dem Zeitpunkt, als man sie zurückgebracht hatte. Anschließend verlangte sie von der Sippe, im Angesicht der Ahnen das Urteil zu sprechen.

Alle Augen wanderten erwartungsvoll zum alten Chang, nur die Augen des Mädchens zeigten keine Regung.

»Frau Hsiang hat die Angelegenheit sehr genau beschrieben«, sagte er. »Auch die Eltern der Angeklagten sind anwesend. Alles hängt selbstverständlich davon ab, ob die Ying sie bestrafen wollen.«

Ying hießen die Eltern des Mädchens.

»Mir wäre es nicht recht, wenn meine Tochter nach allem, was sie getan hat, unbestraft bliebe«, sagte Frau Ying Fu-lai.

»Also gut. Ich weiß, daß ihr vernünftige Leute seid. Nun laßt mich eure Tochter befragen. Laßt mich . . .«

Seine Hände hoben sich nervös zu den Zähnen. »Rede jetzt!« schrie er Jen Sans Frau an. »Was hast du zu deiner Verteidigung vorzubringen?«

Sie schwieg! »Rede! Beantworte meine Frage!«

Da sie weiter schwieg, rief er: »Warum sagst du nichts?«

»Ich habe nichts zu sagen«, murmelte sie, reglos wie ein Stein. Ihre Antwort überraschte alle.

»Es spielt keine Rolle, ob du etwas zugibst oder nicht! Ich weiß alles«, brüllte der alte Chang. »Alle wissen es, alle. Und wir haben die Erlaubnis deiner Eltern, dich zu bestrafen.«

Er beugte sich vor und flüsterte dem Zweitältesten der Sippe etwas ins Ohr.

Alle saßen aufrecht und hielten den Atem an. Ihre Aufmerksamkeit richtete sich nun auf die beiden Sippenältesten, die eine geheime Besprechung abhielten.

»Ich glaube, die Sache ist jetzt für jeden von euch klar«, sagte schließlich der alte Chang, zog seine Hände aus dem Gewand und setzte sich aufrecht. »Selbstverständlich hat sie eine unverzeihliche Schandtat begangen. Sie hat das Andenken unserer Ahnen besudelt. Als Oberhaupt der Sippe halte ich es für meine Pflicht, gegen die verderblichen Sitten der modernen Zeit vorzugehen und an dieser jungen Frau ein Exempel zu statuieren. Neuerdings werden die Gesetze der Sippe nicht mehr geachtet, es fehlt an Liebe, Loyalität, Ehrlichkeit, Rechtschaffenheit und Schamgefühl. Die größte aller Sünden aber ist die Liederlichkeit! In diesem Sinne ist der Ruf der Jen-Sippe ruiniert. Ja, die Frau des Jen San muß eine Strafe bekommen, die auf alle abschrek-kend wirkt. Auf die Knie!« schrie er und schlug mit der Faust auf den Tisch, daß der Seidenfetzen zitterte. Dann fuhr er fort: »Jen San, zieh sie aus! Gib ihr hundert Schläge!«

Er sah zu, wie Jen San ihr die Oberkleider auszog und dachte dabei, daß ihr Liebhaber in Chuang-hsi sie so ausgezogen und alle ihre Reize genossen hatte. Bei diesem Gedanken wurde er blaß. Er hoffte nur, Jen San werde nicht den Fehler begehen, ihr auch die Unterwäsche auszuziehen.

Nun hatte sie nur noch die Hose und eine Bluse aus Kattun an, und ihre Brüste zeichneten sich spitz unter der Bluse ab. Obwohl ihre Brustwarzen verdeckt waren, konnte man sie durch den dünnen Stoff ahnen. Wie oft mag ihr Liebhaber diese Brüste liebkost haben? Als Jen San seiner Frau die Jacke auszog, konnte man das Klirren von Silbermünzen hören . . .

Sie kniete auf dem Boden, das Gesicht zum Ehrenplatz gewandt, Mutter und Schwiegermutter hielten ihre Arme fest.

Jen San spuckte in die Hände und holte unter dem Tisch einen gespaltenen Bambusstock hervor. Er hob den Stock und ließ ihn auf den Rücken seiner Frau niedersausen. Unmittelbar darauf folgte der zweite Schlag. Jen San biß die Zähne zusammen. Die Muskeln auf seinem Arm schwollen an. Der dritte, der vierte und der fünfte Schlag sausten auf den Rücken seiner jungen Frau. Immer härter und schneller schlug Jen San zu. Das gespaltene Ende des Bambusstockes zersplitterte und brach ab, nur der feste Stiel blieb übrig.

Wie die federweiche Haut des Mädchens unter der Bluse aussah, wußte keiner. Man konnte es sich aber ungefähr vorstellen, wenn man an die stählerne Kraft des Bambusstocks dachte, Jen Sans Raserei sah und sein Stöhnen, das jeden Schlag begleitete, hörte.

An den unbedeckten Stellen schwoll die weiße Haut an, verfärbte sich purpurrot und blau. Nach weiteren Schlägen sickerte
das Blut durch die weiße Bluse.

Aber immer noch gab Jen Sans Frau keinen Laut von sich. Sie
wehrte sich nicht, zuckte aber bei jedem Schlag unwillkürlich
zusammen. Sie ertrug den Schmerz mit geschlossenen Augen.
Ihr Peiniger zog weiter lange Striemen über die Haut, da, wo sie
noch unberührt war, und ließ sie unter neuen Schlägen platzen.
Die weiße Kattunbluse war nun ganz vom Blut durchtränkt,
und auch der grüne Bambusstock färbte sich rot.

Einhundert!

Jen San atmete schwer und wischte sich die von Schweiß bedeckte Stirn mit dem Ärmel seines Hemdes ab.

Die Kiefer des alten Chang mahlten krampfhaft.

»Willst du immer noch nach Chuanghsi gehen?« fragte er mit
unnatürlich klingender Stimme. Alle blickten Jen Sans Frau an.
Sie schnappte nach Luft und hielt die Augen geschlossen.

»Warum antwortest du nicht?« fragte ihre Mutter.

»Wenn du nur bereuen würdest, was du getan hast?« sagte der alte
Chang und lächelte.

»Ich . . . ich . . .«

»Weiter, weiter!«

»Ich gehe trotzdem nach Chuanghsi.«

Ihre Stimme war schwach, dennoch wirkten ihre Worte wie die
Explosion einer Mine. Alle Versammelten blickten einander an –
die Augen weit aufgerissen, den Mund offen.

Die blauen Adern auf der Stirn des alten Chang waren sichtlich
angeschwollen, sein Gesicht aschgrau. Hure! Sie nimmt sich
diesen gemeinen Bauernlümmel zum Liebhaber und schenkt ihm
alle Köstlichkeiten ihres Leibes! Chang schlug mit aller Kraft auf
den Tisch und schrie, was die Lungen hergaben:

»Schlag sie! Wieder schlagen!«

Sie ließ den Kopf sinken und ihr Leib zitterte unter jedem neuen
Schlag. Plötzlich verlor sie das Bewußtsein. Die Verwandten
bespritzten sie mit kaltem Wasser.

»Wenn sie zu sich kommt, schlag weiter!« schrie der alte Chang.
Ihre Bluse und ihre Hose waren rot von Blut. Die Hände ihrer
Mutter zitterten und ihre Augen schwammen in Tränen.
»Beantworte meine Frage! Gehst du wieder nach Chuang-hsi?«
Sie antwortete nicht.
Ihre Mutter, der die Tränen in den Mund flossen, bat:
»Bitte sag, daß du es nicht tust. Bitte sag es.«
Die Tochter blickte zu ihr auf und stammelte:
»Hab keine Angst, Mutter . . . Ich werde . . . ich werde gehen.«
Der alte Chang hatte das Gefühl, er könnte jeden Augenblick
explodieren.
»Schlag sie weiter!« schrie er.
Und wieder fiel das Mädchen in Ohnmacht. Aber sie klagte
nicht, ließ das Blut die Bluse hinunterlaufen und gab nicht nach.
Sie hoffte, man werde sie als hoffnungslosen Fall aufgeben und
aus der Sippe ausstoßen. Da der alte Chang genau wußte, was in
ihrem Kopf vorging, sagte er nichts in diesem Sinne. Er wollte
alle Verliebtheit aus ihr herausprügeln lassen.
»Willst du immer noch nach Chuang-hsi gehen?« schrie er, und
Speichel spritzte aus seinem Mund. »Schlag sie, bis sie bereut!«
Sie hatte keine Haut mehr auf dem Rücken, Hose und Bluse waren
dunkelrot. Noch sechsmal wurde sie geschlagen und sechsmal fiel
sie in Ohnmacht. Die Versammelten schlossen die Augen und
wagten nicht mehr, sie anzublicken. Einige wischten sich verstohlen die Tränen weg. Ihr Vater versteckte das Gesicht in seinen hoh-
len Händen. Ihre Mutter weinte herzzerreißend. Frau Hsiang hatte
die Augen voller Tränen und schüttelte den Kopf. Jen Sans Hände
zitterten so, daß er den Bambusstock kaum noch halten konnte.
»Und jetzt?« fragte der alte Chang mit einer Stimme, die er selbst
nicht mehr als seine eigene erkannte.
Halb öffnete sie die Augen:
»Ja . . . ja . . . Ich gehe nach Chuang-hsi . . .«
Chang war so wütend, daß er die ganze Welt in Schutt und
Asche hätte legen können. Er sprang auf und schlug mit der
Faust mehrmals auf den Tisch.

»Schlagen! Schlagen!« schrie er außer sich. »Jen San, warum schlägst du sie nicht?«

Jen San hatte seine Hände nicht mehr in der Gewalt, er konnte den Bambusstab einfach nicht mehr heben.

»Schlagen!«

Ihre Mutter schluchzte laut auf und warf sich vor dem Oberhaupt der Sippe auf die Knie.

»Hab Mitleid mit dem armen Kind . . .«

Da stand der Zweitälteste der Sippe auf und erklärte, nun sei Schluß mit der Prügelei.

»Sperrt sie ein!« befahl darauf der alte Chang.

Die Versammelten atmeten erleichtert auf.

Die Bäume auf den Feldern waren kahl, die Hügel sahen wie Dämme aus, der Wind wehte kalt und durchdringend.

All die Monate hatte sich der alte Chang um die Frau von Jen San besorgt gezeigt und jedesmal, wenn er Jen San traf, gefragt:

»Wie geht es deiner Frau?«

»Sie gehorcht, sagt aber kein Wort.«

»Sei vorsichtig. Laß sie nicht weglaufen.«

»Jawohl, Herr Chang. Es sieht aber nicht so aus, als habe sie das vor.«

»Und wie ist es mit dem Bastard?«

»Meine Schwiegermutter hat ihn zu seinem Vater nach Chuang-hsi gebracht.«

Jen Sans Frau aber sprach mit keinem Menschen. Oft begegnete ihr der alte Chang am Ufer des Flusses, wo sie Reis oder Gemüse wusch. Doch es fiel ihm schwer, sie anzusprechen, denn obwohl er das Recht gehabt hatte, sie zu bestrafen, zeigte sie ihm doch ganz offen ihren Haß. Aber er tröstete sich mit dem Sprichwort: Wer zu ungeduldig ist, wird seine Wünsche nie verwirklichen. Jen San ist nur ein Schwächling, dachte er. Wenn sie bloß ihren Liebhaber in Chuang-hsi vergessen könnte, dann wäre alles in Ordnung.

Der Wendepunkt kam zehn Tage später. Nur war es eben nicht der, den sich der alte Chang wünschte.

Auf einmal brach nämlich Jen Sans Frau ihr langes Schweigen. Sie redete und lachte plötzlich genauso wie früher und war besonders freundlich zu Frau Hsiang. Sie bemalte ihr Gesicht mit flüssiger Schminke und ordnete ihr Haar zu einem glatten Knoten. Wann immer Jen San Zeit hatte, setzte sie sich ganz nah zu ihm, zwickte seine Schenkel und flüsterte zärtliche Worte in sein Ohr. Dann sah sie Jen San mit zusammengekniffenen Augen an, kicherte und lächelte, und Jen San lachte spöttisch und schimpfte laut.

Frau Hsiang, die fühlte, daß etwas im Gange war, zeigte sich argwöhnisch. Und sobald Jen San und seine Frau sich abends zu Bett legten, verriegelte sie die Tür ihres Zimmers.

Das alles wurde dem alten Chang zugetragen, dem die Sache ganz und gar nicht gefiel.

»Warum zum Teufel sollte der mit einer so schönen Frau schlafen? Dieser Narr! Dieser Ochsenmist, auf den durch ein Versehen eine Blume gepflanzt wurde«, sagte er leise zu sich und hoffte sich nun, da sie wieder zugänglich wurde, allmählich in ihre Gunst einschleichen zu können.

Er lächelte, seine Augenlider verzogen sich zu einer dünnen Linie, er ließ das Armband aus Jade durch die Finger gleiten, und mit einemmal kam ihm die Erleuchtung: »Vielleicht gefallen ihr die Silbermünzen besser.«

Bei Sonnenuntergang machte er einen Spaziergang zum Flußufer. In seiner Tasche klimperten fünf Silbermünzen.

Sie hatte ihren Reis gewaschen und schickte sich an, heimzukehren.

»Wie ich sehe, bist du beschäftigt«, sagte er.

»O das Oberhaupt der Sippe!« Sie erwiderte sein Lächeln. Er trat näher. Plötzlich versagte ihm die Stimme. Er wußte einfach nicht, wie er sich verhalten sollte. Sollte er eine würdevolle Pose einnehmen oder ein bißchen schäkern? Eine Zeitlang stand er sprachlos da, dann stammelte er:

»Ist . . . hm . . . ist . . . ich meine, ist Jen San zu Hause?«

»Wollen Sie ihn sehen?«

»Nein, nicht unbedingt . . . Nein, eigentlich will ich ihn überhaupt nicht sehen. Sage mir . . .«
Die Frau blickte ihn lächelnd an. Er hatte ein unwiderstehliches
Verlangen, sie zu kneifen. Wie sollte er es in Worte kleiden? Aber
sie schien ihn schon verstanden zu haben, denn sie flüsterte:
»Jen San wird mich verprügeln, wenn er davon erfährt.«
Da konnte der alte Chang kaum noch den Wunsch unterdrük-
ken, sie in die Arme zu pressen, sie ins Haus zu schleifen und sich
mit ihr hinzulegen. Er verspürte den Drang, sie sanft zu beißen
und zu liebkosen. Seine Phantasie quälte ihn: Jetzt zieht er ihr die
Hosen herunter, dann . . . Der Gedanke, daß Jen San sie verprügeln könnte, war ihm unerträglich.
»Laß mich dich beschützen, wenn du Angst vor ihm hast . . .«
Er stellte sich so neben sie, daß ihre Brüste sein Gewand berührten. Er packte sie bei der Schulter und drückte sie an sich, dann
wanderte seine Hand tiefer, zu ihrer Brust. Sie leistete keinen
Widerstand. Es war das zweite Mal, daß er sie berührte. Diesmal
tat er es mit der linken Hand, weil seine rechte immer noch die
fünf Silbermünzen hielt.
Er wollte sie ihr in die Hand drücken.
Doch dann überlegte er bei sich: Nein, fünf sind zuviel. Er steckte
zwei Münzen wieder in den Geldbeutel und gab ihr die drei
übrigen. Sie lächelte, nahm die Münzen aber nicht an.
Er dachte, sie sei nur ängstlich und ließ deshalb die Münzen in
ihre Tasche gleiten. Dabei berührte er ihre hochstehenden, aber
ach so weichen Brüste. Es war das dritte Mal, daß er sie berührte,
diesmal wieder mit der rechten Hand. Doch da fuhr sie ihn an:
»Benimm dich doch endlich! Man wird uns noch sehen.«
Er aber brach in Gelächter aus und entblößte dabei eine Reihe
unregelmäßiger, verfärbter Zähne.
»Hab keine Angst vor Jen San, Liebling! Überlege es dir gut.
Wir könnten es an jedem Tag tun, der dir paßt . . .«
»Ja.«
»Du wirst es mich doch in einigen Tagen wissen lassen?«
Sie nickte und lief eilig weg.

Der alte Chang seufzte zufrieden und beschrieb dann mit dem Kopf ein paar Kreise in der Luft – wie ein Kenner, der ein Bild bewundert. Er war etwas enttäuscht, daß er sie nicht schon diese Nacht besitzen konnte, und erneut überfielen ihn seine Phantasien: Der Flaum zwischen ihren Schenkeln, ihr Stöhnen auf einem buntbestickten Kissen . . . Nein, er durfte nicht darüber nachdenken – es war zum Wahnsinnigwerden. Er verbannte die Bilder seiner Einbildung und murmelte nur: »Die Götter mögen mir helfen, so schnell wie möglich zum Ziel zu kommen!«
Der Himmel war orangefarben und die Wolken wie eine zerrissene Decke.
Immer wenn er mit seinem Bevollmächtigten sprach, stocherte er in den Zähnen.
»Geh und sage Jen San, daß er das Geld bis Ende des Monats zurückzahlen müsse. Mit Zinsen. Und sage ihm, daß ich das Darlehen um keinen Tag verlängern werde.« Das Stochern in den Zähnen war wie eine Manie. »Sage ihm, daß ich die Rückzahlung zweimal verlängert habe, und daß ich das Geld jetzt dringend brauche. Ich muß es haben! Hörst du überhaupt zu?«
»Ja, Herr.«
Er überlegte, ob er dem Bevollmächtigten von dem Mädchen erzählen sollte. Er wußte nur allzugut, daß Jen San seine Schuld nicht zurückzahlen konnte, und genau das wollte er, um von Jen San ein Pfand verlangen zu können. Doch bevor er dazu kam, dem Bevollmächtigten die ganze Sache zu erklären, beugte sich dieser vor und flüsterte ihm ins Ohr:
»Soll ich ihm sagen, er möge seine Frau als Unterpfand schicken? Wenn das Geld bezahlt ist, kann er sie zurückholen.«
Der Sippenälteste, dem dieser Vorschlag insgeheim sehr wohl gefiel, spielte den Entsetzten.
»Halt den Mund, du Dummkopf! So kann man Menschen nicht behandeln.«
»Dann soll er sie eben als Dienerin herüberschicken.«
Der Sippenälteste überlegte eine Weile.
»Ich will nur mein Geld zurückhaben!« sagte er und schlug mit

der Faust auf den Tisch. Der Bevollmächtigte zog sich zurück, doch als er bereits an der Tür war, rief ihn das Oberhaupt der Sippe zurück. »Einen Augenblick, ich muß noch etwas mit dir besprechen, aber – du verstehst – keine Seele darf etwas davon erfahren.«

Unter immer tieferen Verbeugungen kehrte der Bevollmächtigte zurück.

»Selbstverständlich«, sagte er. »Alles, was ich besitze und bin, verdanke ich Ihnen, Herr. Sie haben mehr für mich getan als meine Eltern, die mich in die Welt gesetzt haben. Fragen Sie die Leute – alle werden sagen, daß meine Dankbarkeit keine Gren- zen kennt. Wenn nötig, würde ich für Sie sogar den Tod auf mich nehmen, Herr.«

»Ja, ich vertraue dir.« Und sie flüsterten miteinander.

Einige Tage vergingen. Der Bevollmächtigte erschien bei Jen San und erklärte ihm, die Schuld müsse sofort zurückgezahlt werden. Jen San war völlig erschlagen.

»Nun ist alles aus!« sagte er.

Der Bevollmächtigte lächelte und flüsterte:

»Keineswegs ist alles aus. Es gibt so viele Auswege.«

»Er könnte die Zinsen erhöhen«, sagte Jen San hoffnungsvoll.

»Nein, so wird es nicht klappen«, sagte der Bevollmächtigte und grinste boshaft. »Er ist entschlossen, sein Geld zurückzubekom- men.«

»Ich werde selbst zu ihm gehen und um Aufschub bitten«, sagte Jen San verzweifelt.

»Auch das ist unmöglich!« rief der Bevollmächtigte mit gespiel- tem Entsetzen. »Du kennst ihn doch. Wenn er sich etwas in den Kopf gesetzt hat, ist er unerbittlich. Doch ich habe eine Idee – aber wohl gemerkt, es ist nur eine Idee von mir –, die für ihn annehmbar sein könnte.«

Den Tränen nahe, fragte Jen San: »Worum handelt es sich?«

»Schicke ihm ein Unterpfand.«

»Ich habe nichts.«

»Schicke ihm ein menschliches Unterpfand.«

Jen San atmete auf. Ja, er hatte sehr wohl ein menschliches Unterpfand in seinem Haus. Aber . . .

»Wird der Sippenälteste sie auch annehmen? . . .«

»Dummer Kerl! Geh selber hin und rede mit dem Sippenälte͜sten.«

»Würdest du mit mir kommen?«

»Natürlich.«

Und so verabredeten sie, in einigen Tagen gemeinsam zum Sip͜penältesten zu gehen.

Neue Gerüchte gingen im Dorf um.

Ein Bettler aus dem Dorf Chuang͜hsi brachte einen Fetzen Papier mit und übergab ihn der Frau von Jen San. Da sie lesen und schreiben konnte, schrieb sie selber ein paar Worte auf ein Stück Papier, und der Bettler nahm es wieder mit zurück nach Chuang͜hsi.

»Und sie hat dem Bettler zwei Silbermünzen gegeben . . .«

Als Frau Hsiang davon erfuhr, hatte der Bettler das Dorf bereits verlassen.

Diese Nachricht erreichte auch den alten Chang. Er war maßlos enttäuscht. Noch immer war seine Begierde unbefriedigt, obwohl er ihr doch drei Silbermünzen gegeben hatte. Anstatt sich nun nachgiebig zu zeigen und ihn ihre jungen steilen Brüste befühlen zu lassen, gab sie dem Bettler zwei von seinen − seinen! − Sil͜bermünzen. Doch dann tröstete er sich. Schließlich war sie nur eine Frau, also ein Mensch mit Stimmungen und Launen. Nein, die Sache mit dem Bettler hatte nichts zu bedeuten. Sie würde sich ihm bestimmt hingeben, sobald er sie allein erwischte. Er durfte sie nur nicht weglaufen lassen.

Auch Jen San hatte Angst, seine Frau könne ihn verlassen und er seine Schuld nicht zurückzahlen. Dann könnte er sich nur noch aufhängen. Er verging vor Ungeduld, mit dem alten Chang zu sprechen. Wenn der erst seinen Schuldschein zerrissen hatte, dann konnte sie ruhig fortlaufen.

»Es geht um meine Schuld, Herr Chang«, stammelte er, als er endlich vor dem Sippenältesten stand. Und indem er verstohlen auf den Bevollmächtigten blickte, der ihn begleitete, fuhr er mit schwacher Stimme fort: »Wenn Euer Ehren Gefallen an ihr finden, schicke ich sie gleich hierher.«

»Schweig, du Idiot!« schrie der alte Chang. »Ich stelle keine Verworfene als Dienerin ein. Ich verlange mein Geld zurück, weiter nichts, und zwar sofort!«

Jen San war es, als habe man seinen ganzen Körper in eiskaltes Wasser getaucht. Hatte der Bevollmächtigte nicht gesagt, der Sippenälteste würde mit seinem Vorschlag einverstanden sein? Jen Sans Frau war weich wie Butter, ja, und die Brüste, die der alte Chang gesehen hatte, ließen auf die Reize des übrigen Körpers schließen – das alles war schon richtig. Doch der dachte nicht eine Sekunde daran, dafür hundertfünfzig Juan zu verlieren. Er wollte die Frau nur so lange als Unterpfand bei sich behalten, bis Jen San sie auslösen konnte. Unter keinen Umständen dürfte sie unter seinem Dach wohnen, denn das würde Anlaß zu Klatsch geben.

Er fing an, in den Zähnen zu stochern.

»Ich würde den Zins um drei Prozent erhöhen«, sagte Jen San hastig und hoffnungsvoll. »Gewähren Sie mir einen Aufschub von einem Jahr.«

»Nein!« Der Sippenälteste zog sich in sein Innenzimmer zurück.

»Was soll ich nur tun?« fragte Jen San den Bevollmächtigten.

»Laß mich ein Wort für dich einlegen«, antwortete dieser und verschwand ebenfalls im Innenraum.

Zehn Minuten später kehrte er zurück.

»Alles in Ordnung«, sagte der Bevollmächtigte.

»Wie?«

»Gehen wir und reden wir draußen darüber.«

Jen San war so erleichtert, daß ihm die Beine schlotterten.

»Ist wahrhaftig alles in Ordnung?«

»So ist es«, antwortete der Bevollmächtigte und fummelte mit den Händen herum. »Es ist alles bestens, solange deine Frau dem Sippenältesten dient. Sie muß aber in deinem Haus bleiben. Wenn das Oberhaupt der Sippe sie braucht, wird er nach ihr

schicken.« Und warnend fuhr er fort: »Aber sag niemandem ein
Sterbenswörtchen von deiner Abmachung.«

»Kein Wort«, erwiderte rasch Jen San. »Doch wie steht es mit der
Schuld?«

»Sie wird bis zum Fest der Drachenboote im nächsten Jahr
verlängert, und der Zins bleibt bei vier Prozent – wenn du
schweigst.«

Am gleichen Abend schickte der Sippenälteste seinen Boten zum
Haus von Jen San mit der Nachricht, Jen Sans Frau werde
benötigt. Jen San sollte sie bis zur Brücke begleiten, damit sie
nicht weglaufe.

Die Mondsichel stieg im Osten wie eine Orangenscheibe auf. Der
alte Chang schlenderte zur Brücke. Seine hervorstehenden Bak-
kenknochen schimmerten im Mondlicht. Er sah, wie überwälti-
gend schön die Landschaft war. Die toten Zweige tanzten, die
grauen Berge vor ihm lächelten, und die Grabhügel erinnerten an
die runden Brüste der Frau von Jen San.

Aber die Grabhügel waren hart . . . Er blickte nach Westen, sah
aber keine Spur von ihr. Er fragte sich, ob sie wohl immer noch
Groll gegen ihn hege. »Jen San verprügelt mich, wenn er das
erfährt.« Das waren ihre Worte gewesen, und ihre Lippen hatten
sich dabei vorgewölbt. Sie hatte ihm erlaubt, sie anzufassen und
ihren Unmut ihrem Mann gegenüber gezeigt – ja, ihm sogar ein
liebliches Lächeln geschenkt.

Er schlenderte umher und stocherte in den Zähnen. Von Zeit zu
Zeit rieb er sein Gesicht mit den Händen und schmierte den
Speichel von seinen Fingern darauf. Er spazierte zehn Meter in die
eine und zehn Meter in die andere Richtung und erschrak bei
jedem Geräusch. Endlich sah er zwei Gestalten näherkommen.
Ja, das war sie – er hätte sie aus dreißig Li Entfernung erkannt.
Als beide direkt vor ihm standen, zitterte er am ganzen Leib.

Jen San machte sich, wie verabredet, auf den Heimweg, und im
gleichen Augenblick streckte der alte Chang die Hand aus und
berührte ihre Brüste.

»Hast du es denn so eilig?« kicherte sie.

»Ich habe eine Ewigkeit warten müssen. Jetzt kann ich nicht mehr warten. Gehen wir auf eine Wiese!«

»Nur einen Augenblick noch! Laß mich erst einmal ausruhen. Der Abend ist so schön.«

Sie lächelte ihm freundlich zu und schien ganz außer Atem zu sein.

Sie blickte die Straße hinunter, von der sie gekommen waren. Jen San war verschwunden. Langsam breitete sich die nächtliche Stille aus. Der Mond schien auf ihre schönen Augen. Der Sip-penälteste sah sie gierig an und tätschelte von Zeit zu Zeit ihre rosaroten Wangen, ihre Brüste und ihre Beine. Seine Augen trübten sich und seine Knie wurden schwach. Er wünschte, er hätte mit ihr in das Ningpoo-Bett fliehen können, das zu Hause wartete.

»Also gehen wir!«

Er faßte sie um die Hüften und hob sie hoch. Mit einer Hand hielt er sie an seine Brust gepreßt, seine andere Hand wanderte über ihren Körper. Sie berührte erst die Brüste, dann ging sie tiefer und nistete sich zwischen ihren Oberschenkeln ein. Plötzlich ertönte ein Geräusch wie von einer Explosion. Sie hatte ihn mit zusam-mengeballten Fäusten ins Gesicht geschlagen. Seine Nase blutete, er taumelte zurück.

»Warum hast du das getan?«

»Weil ich nach Chuang-hsi gehe.«

Sie wollte weglaufen, doch er hielt sie an den Armen fest.

»Schwein! Bestie! Wandelnde Pest!« schimpfte sie und ohrfeigte ihn abermals. »Jetzt bist *du* mir in die Falle gegangen!« Sie schub-ste ihn so heftig, daß er in den Schlamm fiel. Dann rannte sie fort, überquerte die Brücke, lief nordwärts und ließ Felder, Fluß und Hügel hinter sich. Ihr Weg führte direkt nach Chuang-hsi.

»Jen Sans Frau ist weggelaufen!«

Man sandte Leute aus, doch sie war nicht aufzufinden. Sogar in Chuang-hsi fand sich keine Spur von der Frau und ihrem Lieb-haber. Die Einwohner des Dorfes erzählten, sie sei vor Sonnenaufgang angekommen und ihr Liebhaber habe sie bereits erwartet. Sie hätten ein paar Sachen zusammengepackt und seien mit ihrem Kind verschwunden. Niemand wußte, wohin sie gegangen waren.

GUILLAUME APOLLINAIRE
Die Geißelung

MADEMOISELLE, ich bemerkte Sie erst, als ich, verrückt vor
Liebe, fühlte, wie sich Ihrer unvergleichlichen Schönheit meine
Geschlechtsteile entgegenstreckten, und mir wurde heißer, als
hätte ich ein Glas Raki getrunken.

»Wen meinen Sie eigentlich?«

»Ich lege Ihnen mein Vermögen und meine Liebe zu Füßen.
Hätte ich Sie im Bett, würde ich Ihnen zwanzigmal hinterein‚
ander meine Liebe beweisen. Sollen die elftausend Jungfrauen
oder auch elftausend Ruten mich strafen, wenn ich lüge!«

»Und wie!«

»Meine Gefühle trügen nicht. Ich spreche nicht zu jeder Frau so.
Ich bin kein Schürzenjäger.«

»Was du nicht sagst!«

Dieses Gespräch wurde eines sonnigen Morgens auf dem Bou‚
levard Malesherbes geführt. Der schöne Monat Mai kirrte die
Natur zu neuem Leben und die Pariser Spatzen piepten auf den
wieder grün gewordenen Bäumen von Liebe. Galant begann
Fürst Mony Vibescu diese Tändelei mit einem schlanken und
elegant gekleideten jungen Mädchen, das zur Madeleine hinun‚
tertrippelte. Er hatte Mühe ihr zu folgen, so schnell ging sie.
Plötzlich wandte sie sich kurz um und lachte laut auf:

»Sind Sie bald fertig; ich habe jetzt keine Zeit. Ich gehe in der
Rue Duphot eine Freundin besuchen, doch wenn Sie sich darauf
verstehen, zwei Frauen zu unterhalten, die auf Luxus und Liebe
versessen sind, mit einem Wort, wenn Sie ein Mann sind, dank
Ihres Vermögens und Ihrer Potenz, kommen Sie mit.«

Er warf sich in die Brust und rief aus:

»Ich bin ein rumänischer Fürst, Erbhospodar.«

»Und ich«, sagte sie, »ich bin Culculine d'Ancône, neunzehn
Jahre alt, ich habe, was die Liebe angeht, schon die Hoden von

zehn starken Männern geleert, und die Börsen von fünfzehn Millionären.«

Und vertraulich über verschiedene schlüpfrige und aufregende Dinge miteinander plaudernd, erreichten der Fürst und Culculine die Rue Duphot. Mit dem Aufzug gelangten sie in den ersten Stock.

»Fürst Mony Vibescu . . . meine Freundin Alexine Mangetout.« Die Vorstellung durch Culculine in einem prachtvollen, mit obszönen japanischen Stichen geschmückten Boudoir ging sehr würdevoll vor sich.

Die Freundinnen begrüßten sich mit einem Zungenkuß. Beide waren recht groß, aber auch wiederum nicht zu groß.

Culculine war brünett, ihre Augen glitzerten vor Schalkhaftigkeit, und ihre linke Wange zierte ein behaartes Schönheitsmal. Ihr Teint war matt, unter der Haut pulsierte ihr Blut und ihre Stirn, die sich leicht in Falten legte, verriet, daß es ihr nur um Geld und Liebe zutun war.

Alexine war blond, von jenem Blond, das ins Aschfarbene spielt, wie man es nur in Paris sieht. Ihre helle Haut schien durchsichtig. Und dieses hübsche Mädchen in seinem entzückenden rosa Negligé war so köstlich und keck wie eine kokette Marquise des vorletzten Jahrhunderts.

Man lernte sich schon bald näher kennen, und Alexine, die einen rumänischen Geliebten gehabt hatte, ging in ihr Schlafzimmer, um seine Photographie zu holen. Der Fürst und Culculine folgten ihr dorthin. Sie stürzten sich beide auf sie und zogen sie lachend aus. Ihr Negligé fiel zu Boden und sie stand da in einem Batisthemd, durch das man einen bezaubernden Körper sehen konnte, mollig, und an den rechten Stellen mit Grübchen versehen.

Mony und Culculine warfen sich rücklings auf das Bett und brachten ihre schönen, großen und festen rosa Brüste zutage, an deren Titzen Mony zu saugen begann. Culculine bückte sich und entblößte, indem sie das Hemd hochhob, runde und volle Schenkel, die sich unter der Pussy, von demselben Aschblond wie das

Haar, aneinanderschmiegten. Alexine stieß vor Wollust kleine Schreie aus und zog ihre winzigen Füße auf das Bett, so daß die Pantoffeln mit einem dumpfen Laut zu Boden fielen. Die Beine weit gespreizt, hob sie unter der Leckerei ihrer Freundin den Hintern, wobei sie ihre Hände um Monys Hals schlang.

Der Erfolg blieb nicht aus, ihre Hinterbacken spannten sich, ihr Strampeln mit den Beinen wurde heftiger und sie ergoß sich. Aber sie nörgelte:

»Ihr seid gemein, wenn ihr mich schon erregt, müßt ihr mich auch befriedigen.«

»Er hat versprochen, es zwanzigmal zu machen!« sagte Culculine und zog sich aus.

Der Fürst tat wie sie. Sie waren zur gleichen Zeit nackt, und während Alexine japsend auf dem Bett lag, konnten sie gegenseitig ihre Körper bewundern. Unter einer sehr schlanken Taille wiegte sich wollüstig Culculines praller Hintern, und die großen Hoden Monys schwollen an unter einem riesigen Gewächs, das Culculines Bewunderung erregte.

»Steck’ es ihr rein«, sagte sie, »du machst es mir hinterher.«

Der Fürst näherte sein Glied der halboffenen Fotz Alexines, die bei dieser Annäherung erbebte:

»Du wirst mich töten!« schrie sie.

Aber der Schwanz drang ein bis zu den Hoden, kam wieder hervor und fuhr wie ein Kolben erneut hinein. Culculine stieg auf das Bett und legte ihre schwarzgelockte Pussy Alexine auf den Mund, während Mony ihr den Popo leckte. Alexine bewegte ihr Hinterteil wie eine Besessene; sie steckte einen Finger in Monys Anus, der unter dieser Liebkosung noch mehr spannte. Er schob seine Hände unter Alexines Hinterbacken, die sich mit unglaublicher Kraft zusammenpreßten und so in der heißen Fotz das stramme Glied einklemmten, das sich dort kaum noch bewegen konnte.

Bald erreichte die Erregung der drei ihren Höhepunkt, sie konnten nur noch keuchen. Alexine kam dreimal, dann war die Reihe an Culculine, die sogleich vom Bett herunterstieg, um Mony an den Hoden zu kauen. Alexine fing wie eine Irre zu schreien an und wand sich wie eine Schlange, als Mony ihr seinen rumäni‐ schen Samen in den Bauch schoß. Culculine riß ihn sogleich aus dem Loch und preßte ihren Mund auf die Fotz, um das hervor‐ quellende Sperma aufzulecken. Alexine hatte währenddessen Monys Schwanz in den Mund genommen, den die geschickt wusch und damit erneut zum Spannen brachte.

Eine Minute später stürzte sich der Fürst auf Culculine, doch seine Rute blieb vor der Tür und kitzelte die Klitoris. Zwischen den Lippen hielt er eine der Titzen der jungen Frau. Alexine streichelte die beiden.

»Steck' ihn rein«, schrie Culculine, »ich kann nicht mehr.«

Aber der Schwanz blieb draußen. Sie ergoß sich zweimal und war ganz verzweifelt, als der Prügel plötzlich bis zur Gebärmutter in sie hineinfuhr; da biß sie vor Erregung und Wollust Mony so fest ins Ohr, daß ihr das Stück im Munde blieb. Sie schluckte es hinunter, während sie aus Leibeskräften schrie und meisterhaft den Hintern bewegte. Diese Wunde, aus der das Blut in Strömen floß, schien Mony anzustacheln, denn er begann nun kräftiger zu stoßen und verließ Culculines Fotz erst, nachdem er sich darin dreimal entladen hatte, während sie selbst zehnmal kam.

Als sie sich voneinander lösten, stellten beide erstaunt fest, daß Alexine verschwunden war. Sie kam bald darauf zurück mit Verbandszeug vom Apotheker und mit einer riesigen Drosch‐ kenkutscherpeitsche.

»Ich habe sie für fünfzig Francs«, sagte sie strahlend, »dem Stadt‐ kutscher Nummer 3269 abgekauft. Sie wird uns dazu dienen, den Rumänen wieder aufzurichten. Laß ihn sich sein Ohr ver‐ binden, meine Culculine, wir wollen, um uns zu erregen, 69 machen.«

Während er sein Blut stillte, sah sich Mony dieses köstliche Schauspiel mit an: Kopf bei Fuß liegend, trieben es Culculine und Alexine recht munter. Alexines großer Hintern, weiß und fleischig wackelte auf Culculines Gesicht hin und her; die Zun‐ gen, so lang wie Knabenschwänze, bewegten sich unentwegt,

Speichel und Seim mischten sich, die feuchten Haare klebten zusammen, und Seufzer, daß einem das Herz brechen möchte, wären es nicht Seufzer der Wollust gewesen, erhoben sich von dem Bett, das unter der angenehmen Last der wonnigen Mädchen knarrte und ächzte.

»Komm und mach's mir von hinten!« rief Alexine.

Aber Mony verlor soviel Blut, daß ihm nicht der Sinn danach stand, zu erigieren. Alexine erhob sich, griff nach der Peitsche des Droschkenkutschers 3269, eine wunderschöne ganz neue Peitsche, schwang sie und schlug Mony auf Rücken und Hinterteil, der über diesen neuen Schmerz sein blutendes Ohr vergaß und zu heulen anfing. Aber Alexine, nackt und einer rasenden Bacchantin gleich, peitschte immer weiter.

»Schlag mich auch!« forderte sie Culculine auf, deren Augen flammten und die nun anfing, kräftig auf den großen ruhelosen Hintern Alexines zu schlagen. Schon bald war auch Culculine erregt.

»Schlag mich, Mony!« flehte sie.

Und dieser, der sich an die Geißelung gewöhnte, obgleich sein Körper blutete, begann ihr auf die schönen braunen Hinterbakken zu schlagen, die sich im Rhythmus öffneten und schlossen. Als er zu spannen anfing, floß das Blut nicht nur aus seinem Ohr, sondern auch aus allen Striemen, die die Peitsche hinterlassen hatte.

Alexine drehte sich nun um und bot ihren schön geröteten Podex dem enormen Glied dar, das sich sofort in das Röschen bohrte, während die Gepfählte jauchzte und Hintern und Brüste lustig hüpften. Aber lachend trennte Culculine sie. Die beiden Frauen begannen wieder mit ihrem lesbischen Liebesspiel, während Mony, über und über blutend und erneut bis zum Heft zwischen Alexines Hinterbacken, sich mit einer Heftigkeit bewegte, die seine Partnerin schrecklich genoß. Seine Hoden schwangen hin und her wie die Glocken von NotreDame und stießen gegen Culculines Nase. Auf einmal umschloß Alexines Hintern Monys Eichel mit aller Kraft, und er konnte nicht mehr stoßen. So ergoß er sich in langen Strahlen, die Alexine Mangetouts After gierig einsog.

Unterdessen scharten sich die Leute auf der Straße um die Droschke Nummer 3269, dessen Kutscher keine Peitsche hatte. Ein Schutzmann fragte ihn, was er damit gemacht hätte.

»Ich habe sie an eine Dame aus der Rue Duphot verkauft.«

»Machen Sie und kaufen Sie sie zurück oder ich stecke Ihnen einen Strafzettel.«

»Ich geh' ja schon«, sagte der Schwager, ein ungewöhnlich stäm‑miger Normanne, und nachdem er bei der Concierge nachgefragt hatte, läutete er im ersten Stock.

Alexine kam ihm splitternackt öffnen; dem Kutscher gingen die Augen über, und da sie ins Schlafzimmer flüchtete, lief er ihr dorthin nach, packte sie und steckte ihr von hinten einen Prügel von beachtlicher Größe rein. Schon bald entlud er sich, wobei er ausrief: »Potz Blitz, Bordell Gottes, Schlampe von Hure!«

Alexine bewegte schön ihren Hintern und kam gleichzeitig mit ihm, während Mony und Culculine sich vor Lachen krümmten. Der Kutscher, der annahm, man mache sich hier über ihn lustig, wurde furchtbar wütend.

»Ha! Huren, Zuhälter, Luder, Gesocks, Pest und Cholera, ihr wollt mich zum besten haben! Meine Peitsche, wo ist meine Peitsche?«

Und sie entdeckend, griff er nach ihr und schlug mit aller Kraft auf Mony, Alexine und Culculine ein, deren nackte Körper sich unter den Peitschenhieben, die blutige Striemen hinterließen, auf‑bäumten. Dann spannte er erneut, stürzte sich auf Mony und begann ihn in den Hintern zu ficken.

Die Eingangstür war offen geblieben und der Schupo, der, als er den Kutscher nicht wiederkommen sah, heraufgekommen war, drang in diesem Augenblick in das Schlafzimmer ein; es dauerte nicht lange und sein vorschriftsmäßiges Glied kam zum Vor‑schein. Er bohrte es Culculine in den Hintern, die wie eine Henne gluckste und bei der Berührung mit den kalten Uniform‑knöpfen erschauerte.

Alexine, die unbeschäftigt war, ergriff den weißen Knüppel, der dem Schutzmann an der Seite baumelte, und führte ihn sich in die Fotz ein. Schon bald begannen die fünf Personen, es schreck- lich zu genießen, während das Blut der Wunden auf Teppiche, Bettdecken und Möbel rann und man auf der Straße die verlas- sene Droschke Nummer 3269 zum Pfandstall wegführte und das Pferd den ganzen Weg lang furzte, ihn auf ekelhafte Weise par- fümierend.

GEORGES BATAILLE
Der Tote

Als Édouard tot zurückfiel, wurde es leer in ihr, ein langer
Schauer durchlief sie und hob sie empor wie einen Engel. Ihre
nackten Brüste richteten sich auf in einer imaginären Kirche, in
der das Gefühl des Unwiderruflichen sie erschöpfte. Aufrecht
stand sie neben dem Toten, abwesend, über ihrem Selbst, in
schwerfälliger Ekstase befangen, überwältigt. Sie wußte, daß
sie verzweifelt war, aber sie wollte mit ihrer Verzweiflung spielen. Im Sterben hatte Édouard sie angefleht, sich nackt auszuziehen. Sie hatte es nicht mehr rechtzeitig tun können! Da stand
sie, mit zerzaustem Haar: nur ihre Brust war aus dem aufge-
rissenen Kleid hervorgetreten.

MARIE BLEIBT ALLEIN
MIT DEM TOTEN ÉDOUARD

Die Zeit hatte die Gesetze verleugnet, denen zu gehorchen die Furcht uns zwingt. Sie zog ihr Kleid aus und legte ihren Mantel über den Arm. Sie war toll, und sie war nackt. Sie stürzte hinaus und lief durch die Nacht. Es goß. Ihre Schuhe klatschten im Schlamm, und der Regen rann an ihr herunter. Sie spürte ein starkes Bedürfnis, Wasser zu lassen, hielt es aber zurück. In der Süße des Waldes legte Marie sich auf die Erde. Sie pißte lange, der Urin überschwemmte ihre Beine. Am Boden sang sie mit unmöglicher, wahnsinniger Stimme:

> . . . denn die Nacktheit
> und die Grausamkeit . . .

Dann stand sie auf, zog den Regenmantel über und lief nach Quilly bis vor die Tür der Dorfschenke.

MARIE VERLÄSST
NACKT DAS HAUS

Bestürzt hielt sie vor der Tür inne, ohne Mut, hineinzugehen. Von drinnen hörte sie Schreie, Singen von Mädchen und Betrunkenen. Sie fühlte, wie sie zitterte, aber sie genoß ihr Zittern. Sie dachte: »Wenn ich hineingehe, sehen sie mich nackt.« Sie mußte sich an die Mauer lehnen. Sie öffnete ihren Mantel und legte ihre langen Finger in die Spalte. Sie lauschte, erstarrt vor Angst, sie roch auf ihren Fingern den Geruch von ungewaschenem Geschlecht. Man schrie und kreischte in der Schenke, und doch wurde es wieder still. Es regnete: in der Dunkelheit, die wie eine Gruft war, schob lauer Wind den Regen vor sich her. Eine Mädchenstimme sang ein melancholisches Straßenlied. Hier draußen in der Nacht vernommen, klang die ernste, durch die Mauern gedämpfte Stimme herzzerreißend. Sie verstummte. Und es folgten ihr Händeklatschen und Getrampel, dann ein Wirbel von Beifall.

Marie schluchzte im Schatten. Sie weinte vor Wut und ohne Tränen, die eine Hand im Mund.

MARIE ZÖGERT
VOR DER SCHENKE

Marie wußte, daß sie hineingehen würde, und zitterte.

Sie öffnete die Tür, machte drei Schritte in die Wirtsstube: ein Luftzug schlug hinter ihr die Tür zu.

Sie erinnerte sich, sie hatte geträumt von dieser Tür, die für immer hinter ihr zuschlug. Bauernknechte, die Wirtin und einige Mädchen starrten sie an.

Regungslos blieb sie am Eingang stehen; schmutzig, mit tropfenden Haaren und trotzigem Blick. Es war, als wäre sie aus den nächtlichen Regenböen aufgetaucht (man hörte, wie draußen der Wind fegte). Ihr Mantel bedeckte sie, aber sie schlug den Kragen zurück.

MARIE BETRITT
DIE SCHENKE

Sie fragte mit leiser Stimme:

– Kann ich etwas zu trinken haben?

Die Wirtin an der Theke fragte zurück:

– Einen Calva?

Sie stellte ein kleines Glas auf die Theke.

Marie schüttelte den Kopf. – Ich möchte eine Flasche und große Gläser, sagte sie. Ihre Stimme, noch immer leise, klang entschieden. Sie fügte hinzu: – Ich will mit den anderen trinken. Sie bezahlte. Ein Bauernknecht mit schlammigen Stiefeln fragte schüchtern: – Sind Sie hergekommen, um mit uns zu lachen?

– Ja, sagte Marie.

Sie versuchte zu lächeln: das Lächeln zersägte sie. Sie setzte sich neben den Knecht, preßte ihr Bein an seines, nahm seine Hand und legte sie zwischen ihre Schenkel. Als der Knecht die Spalte berührte, stöhnte sie: – Gott!

Die anderen, denen das Blut zu Kopfe gestiegen war, schwiegen. Eines der Mädchen stand auf und schlug die eine Seite des Mantels zurück.

– Schaut her, sagte sie, sie ist ganz nackt!

Marie ließ es geschehen und leerte schnell ihr Glas.

– Sie mag das Zeug, sagte die Wirtin.

Marie mußte bitter aufstoßen.

MARIE TRINKT
MIT DEN KNECHTEN VOM HOF

Marie sagte traurig:

– Stimmt.

Ihr nasses schwarzes Haar klebte ihr in Strähnen im Gesicht. Sie schüttelte ihren hübschen Kopf, erhob sich, zog den Mantel aus. Ein Flegel, der im Saal etwas getrunken hatte, kam auf sie zu. Er taumelte, wirbelte die Arme in der Luft herum. Er grölte:

– Her mit den nackten Weibern!

Die Wirtin ermahnte ihn:

– Ich zieh dir die Nase lang . . .

Sie faßte nach seiner Nase und drehte sie. Er jaulte.

– Nein, sagte Marie, da mußt du ihn packen, das ist besser.

Sie nahm sich den Betrunkenen vor und knöpfte ihm die Hose auf: sie zog einen Schwanz hervor, der nicht stehen wollte.

Der Schwanz rief großes Gelächter hervor. Auf einen Zug leerte Marie, kühn wie ein wildes Tier, ein zweites Glas.

Die Wirtin, sanft, die Augen wie zwei Scheinwerfer, strich ihr über die Furche ihres Hinterns: – Zum Fressen, sagte sie.

Marie füllte nochmals ihr Glas. Der Alkohol fuhr ihr glucksend durch die Kehle.

Sie soff, als ob sie sterben wollte. Das Glas fiel ihr aus der Hand. Die Spalte ihres Hinterns erleuchtete den Raum.

MARIE ZIEHT DEN SCHWANZ
EINES BETRUNKENEN HERVOR

Einer der Knechte hielt sich abseits, mit haßerfüllter Miene. Ein zu schöner Mann in seinen langen, zu neuen Gummistiefeln. Marie ging mit der Flasche in der Hand auf ihn zu. Sie war groß und ihr Gesicht erhitzt. Ihre Beine schwankten in den schlotternden Strümpfen. Der Knecht nahm einen langen Zug aus der Flasche.

Mit harter unstatthafter Stimme schrie er:

– Genug!

Er setzte die leere Flasche mit einem Knall auf den Tisch.

Marie fragte ihn:

– Willst du noch eine?

Er antwortete mit einem Lächeln: er behandelte sie wie eine Eroberung.

Er setzte das automatische Klavier wieder in Gang. Als er zurückkam, deutete er einen Tanzschritt an und hob die Arme zum Halbkreis.

Mit der einen Hand ergriff er Marie, sie tanzten einen obszönen Java.

Marie überließ sich ihm ganz, angeekelt, den Kopf nach hinten geworfen.

MARIE TANZT
MIT PIERROT

Plötzlich erhob sich die Wirtin und schrie:
– Pierrot!
Marie taumelte: sie entglitt den Armen des schönen Knechts, der stolperte.
Der schmale Körper, der ausgeglitten war, schlug mit dem Geräusch eines toten Tieres zu Boden.
– Die Dirne! sagte Pierrot.
Er wischte sich mit dem Aufschlag seines Ärmels über den Mund.
Die Wirtin stürzte herbei. Sie kniete sich hin und hob vorsichtig Maries Kopf hoch: Speichel oder vielmehr Geifer troff ihr von den Lippen.
Ein Mädchen brachte ein feuchtes Tuch.
Marie kam schnell wieder zu sich. Schwach bat sie:
– Schnaps!
– Hol ein Glas, sagte die Wirtin zu einem der Mädchen.
Man gab ihr ein Glas. Marie trank und sagte:
– Mehr!
Das Mädchen füllte das Glas. Marie riß es ihr aus den Händen. Sie trank, als ob sie keine Zeit hätte.
In den Armen eines Mädchens und der Wirtin liegend, hob sie den Kopf:
– Mehr! sagte sie.

MARIE STÜRZT
VÖLLIG BETRUNKEN ZU BODEN

Die Knechte, die Mädchen und die Wirtin, die im Kreis um
Marie herumstanden, warteten, was sie sagen würde.
Marie murmelte nur ein Wort:
— ... Morgengrauen, sagte sie.
Dann fiel ihr Kopf zurück, schwer. Krank, krank ...
Die Wirtin fragte:
— Was hat sie gesagt?
Niemand konnte ihr Antwort geben.

MARIE MÖCHTE
SPRECHEN

Hierauf sagte die Wirtin zu dem schönen Pierrot:
– Leck sie!
– Wollen wir sie auf einen Stuhl legen? fragte eines der Mäd-
chen.
Sie ergriffen den Körper zu mehreren und ließen Marie mit dem
Hintern auf den Stuhl nieder.
Pierrot hatte sich hingekniet und zog ihre Beine über seine
Schultern.
Mit einem Erobererlächeln stieß der schöne Bursche ihr die
Zunge zwischen die Haare.
Krank, erleuchtet, schien Marie glücklich, sie lächelte, ohne die
Augen zu öffnen.

MARIE WIRD VON
PIERROT GELECKT

Sie fühlte sich erleuchtet, eisig, aber sie spürte, wie sie leer wurde, wie sie rückhaltlos ihr Leben in die Gosse leerte.

Ein ohnmächtiges Verlangen hielt sie in höchster Anspannung: sie hätte gern ihren Leib erleichtert. Sie stellte sich das Entsetzen der anderen vor. Von Édouard trennte sie nichts mehr.

Mit nackter Möse und nacktem Arsch: der Geruch des feuch‐ ten Arsches und der feuchten Möse befreite ihr Herz, und Pierrots Zunge, die sie näßte, schien ihr kalt wie der Tod.

Trunken von Alkohol und Tränen, und ohne zu weinen, sog sie diese Kälte mit offenem Munde ein: sie zog den Kopf der Wirtin an sich und öffnete der Zahnfäule den wollüstigen Abgrund ihrer Lippen.

MARIE KÜSST
DIE WIRTIN AUF DEN MUND

Marie stieß die Wirtin zurück, und sie erblickte den zerzausten, im Überschwang der Lust aus der Bahn geratenen Kopf. Das Gesicht des alten Drachens strahlte in trunkener Sanftmut. Auch die Wirtin war betrunken, betrunken bis zum Singen: fromme Tränen traten ihr in die Augen.

Marie, die diese Tränen betrachtete und doch nichts sah, badete sich im Licht des Toten. Sie sagte:

– Ich habe Durst.

Pierrot leckte, daß ihm der Atem ausging. Die beflissene Wirtin gab ihr eine Flasche. Marie trank sie in langen Zügen leer.

MARIE TRINKT
AUS DER FLASCHE

... Gedränge, ein Schreckensschrei, das Klirren zerbrochener Flaschen, Maries Schenkel zuckten wie Frösche. Die kreischenden jungen Männer schubsten einander. Die Wirtin stand Marie bei, legte sie auf die Sitzbank.

Ihre Augen blieben leer, in Ekstase gefangen.

Der Wind, die Böen draußen tobten. Die Fensterläden schlugen in der Nacht.

– Hört, sagte die Wirtin.

Man hörte, wie der Wind in den Bäumen heulte, lang und klagend, wie der Ruf einer Wahnsinnigen.

In diesem Augenblick flog die Tür weit auf, und ein heftiger Windstoß drang in den Raum.

Im gleichen Moment war Marie aufgesprungen, nackt.

Sie schrie:

– *Édouard!*

Und in der Angst ihrer Stimme heulte der Wind weiter.

MARIE ZUCKT
VOR LUST

Aus dem nächtlichen Unwetter tauchte ein Mann auf, der mühsam versuchte, seinen Regenschirm zu schließen: die Silhouette einer Ratte zeichnete sich in der offenen Tür ab.

– Schnell, Monsieur le Comte! Kommen Sie herein, sagte die Wirtin. Sie torkelte.

Der Zwerg näherte sich, ohne zu antworten.

– Sie sind durchnäßt, fuhr die Wirtin fort, während sie die Tür schloß.

Der kleine Mann war von erstaunlicher Würde. Er war breit und bucklig, der große Kopf saß ihm in Höhe der Schultern. Er begrüßte Marie, wandte sich dann den Knechten zu.

– Tag, Pierrot, sagte er und reichte ihm die Hand, bitte nimm mir den Mantel ab.

Pierrot half dem Grafen aus dem Mantel. Der Graf kniff ihn ins Bein.

Pierrot lächelte. Der Graf schüttelte freundlich rundum die Hände.

– Gestatten Sie? fragte er und verbeugte sich. Er setzte sich zu Marie an den Tisch, ihr gegenüber.

– Bringen Sie Flaschen, sagte der Graf.

– Ich habe getrunken, sagte ein Mädchen, bis ich auf den Stuhl pissen mußte.

– Trinken Sie, bis Sie scheißen, mein Kind . . . Plötzlich hielt er inne und rieb sich die Hände. Nicht ohne Charme.

MARIE LERNT DEN
ZWERG KENNEN

Marie verharrte regungslos, während sie sich den Grafen ansah, und ihr drehte sich der Kopf. – Schenk ein, sagte sie.

Der Graf schenkte die Gläser voll.

Sie sagte noch, ganz artig:

– Im Morgengrauen werde ich sterben . . .

Der stahlblaue Blick des Grafen musterte sie.

Die blonden Augenbrauen hoben sich, betonten die Falten auf der zu breiten Stirn.

Marie hob ihr Glas und sagte: – Trink!

Der Graf hob auch sein Glas und trank: sie leerten ihre Gläser beide auf einen Zug.

Die Wirtin hatte sich neben Marie gesetzt.

– Ich habe Angst, sagte Marie zu ihr.

Sie ließ den Grafen nicht aus den Augen.

Sie bekam eine Art Schluckauf: mit der Stimme einer Irren flüsterte sie der Alten ins Ohr:

– Das ist der Geist von Édouard.

– Von welchem Édouard? fragte die Wirtin mit leiser Stimme.

– Er ist tot, sagte Marie mit der gleichen leisen Stimme. Sie nahm die Hand der anderen und biß hinein.

– Hure, schrie die gebissene Frau. Aber während sie ihre Hand befreite, streichelte sie Marie, küßte sie auf die Schulter und sagte zu dem Grafen:

– Sie ist trotzdem sehr lieb.

MARIE SIEHT DEN
GEIST ÉDOUARDS

Der Graf fragte seinerseits:

– Wer ist Édouard?

– Du weißt nicht mehr, wer du bist? sagte Marie.

Diesmal war ihre Stimme gebrochen:

– Bring ihn dazu, daß er trinkt, bat sie die Wirtin. Sie schien am Ende.

Der Graf goß sein Glas hinunter, aber dann gestand er:

– Alkohol hat wenig Wirkung auf mich.

Der kleine breite Mann mit dem zu großen Kopf sah Marie stumpfen Blickes an, so als wollte er sie in Verlegenheit bringen. Den steifen Kopf zwischen den Schultern, starrte er alles auf die gleiche Weise an.

Er rief: – Pierrot!

Der Knecht kam herbei.

– Dieses junge Kind, sagte der Zwerg, macht mich geil. Magst du dich zu uns setzen?

Und als der Knecht saß, fügte er munter hinzu: – Sei lieb, Pierrot, reib mir den Schwanz. Ich wage nicht, dieses Kind darum zu bitten . . .

Er lächelte.

– Sie ist nicht, wie du, an Monstren gewöhnt.

In diesem Augenblick stieg Marie auf die Bank.

MARIE STEIGT
AUF DIE BANK

– Ich fürchte mich, sagte Marie. Du siehst aus wie ein Meilenstein und rührst dich nicht.

Er antwortete nicht. Pierrot nahm den Schwanz des Grafen in die Hand.

Der Graf bleib so ungerührt wie ein Meilenstein.

– Geh weg, sagte Marie zu ihm, oder ich pisse auf dich herunter . . .

Sie stieg auf den Tisch und hockte sich hin.

– Sie werden sehen, ich bin entzückt, antwortete das Monstrum. Sein Hals hatte keinerlei Bewegungsfreiheit: wenn er sprach, bewegte sich nur das Kinn.

Marie pißte.

Kräftig wichste Pierrot den Grafen, dem der Urin ins Gesicht schlug.

Der Graf errötete, und der Urin überschwemmte ihn. Pierrot rieb auf und ab wie beim Vögeln, und der Schwanz spuckte den Samen über die Weste. Der Zwerg röchelte unter kleinen Zuckungen, die ihn vom Kopf bis zu den Füßen durchfuhren.

MARIE PISST
AUF DEN GRAFEN

Marie pißte immer noch.

Auf dem Tisch, inmitten der Flaschen und der Gläser, goß sie den Urin mit beiden Händen über sich.

Sie näßte sich die Beine, den Arsch und das Gesicht.

– Schau her, sagte sie zu dem Monstrum, ich bin schön.

Hockend, die Möse in Höhe seines Kopfes, öffnete sie schau⁄derhaft die Schamlippen.

MARIE BEGIESST SICH
MIT URIN

Marie lächelte gallig.

Die Vision eines bösen Schreckens . . .

Sie rutschte mit dem einen Fuß aus: ihre Möse prallte gegen den Kopf des Grafen. Er verlor das Gleichgewicht und stürzte. Schreiend schlugen beide in einem unerhörten Getöse zu Boden.

MARIE FÄLLT
AUF DAS MONSTRUM

Auf dem Boden gab es ein abscheuliches Handgemenge.
Marie machte sich los, biß den Zwerg in den Schwanz, so daß
er laut aufkreischte.
Pierrot warf sie zu Boden. Er bog ihre Arme auseinander, zum
Kreuz: die anderen hielten ihre Beine.
Marie stöhnte:
– Laß mich los!
Dann verstummte sie.
Schließlich fing sie an, mit geschlossenen Augen zu keuchen.
Sie öffnete die Augen. Pierrot, rot, schwitzend, war über ihr.
– Stoß mich, sagte sie.

MARIE BEISST DEM ZWERG
IN DEN SCHWANZ

– Stoß sie, Pierrot, sagte die Wirtin.

Sie machten sich rings um das Opfer zu schaffen.

Marie, der diese Vorbereitungen lästig waren, ließ den Kopf nach hinten sinken. Die anderen streckten sie aus, öffneten ihre Beine. Sie atmete schnell, sie röchelte.

Die Szene erinnerte in ihrer Gemächlichkeit an das Abstechen eines Schweins oder an die Grablegung eines Gottes.

Als Pierrot seine Hose heruntergestreift hatte, verlangte der Graf, daß er sich nackt auszöge.

Der Ephebe wütete wie ein Stier: der Graf erleichterte ihm das Eindringen des Gliedes. Das Opfer erbebte und schlug um sich: Körper an Körper in unerhörtem Haß.

Die anderen schauten zu, mit trockenen Lippen, überwältigt von dieser Raserei. Die Körper, durch Pierrots Riemen aneinandergefesselt, wälzten sich kämpfend auf dem Boden. Am Ende bäumte sich der Knecht auf, um sich zu entladen. Atemlos schreiend verlor er seinen Geifer. Marie antwortete mit einem Todeskrampf.

MARIE WIRD VON PIERROT
GESTOSSEN

. . . Marie kam wieder zu sich.

Sie vernahm das Singen der Vögel in den Zweigen eines Gehölzes.

Das Singen, von unendlicher Zartheit, floh pfeifend von Baum zu Baum. Ausgestreckt im feuchten Laub, sah sie die Klarheit des Himmels: in diesem Augenblick brach der Tag an.

Sie fröstelte, von einem eisigen Glück ergriffen, das über ihr in undurchschaubarer Leere schwebte. Wie gern hätte sie dennoch sanft den Kopf gehoben, und wenn sie auch erschöpft auf den Boden zurücksänke, sie würde dem Licht, dem Laubwerk, den Vögeln, die den Wald bevölkerten, treu bleiben. Einen Augenblick lang streifte die Erinnerung an kindliche Ängste ihr Bewußtsein. Da bemerkte sie den breiten und festen Kopf des Grafen, der sich über sie beugte.

MARIE LAUSCHT
DEN VÖGELN DES WALDES

In den Augen des Zwerges las Marie die Beharrlichkeit des Todes: dieses Gesicht drückte nichts als unendliche Ernüchterung aus, die eine furchtbare Besessenheit zynisch machte. Haß flackerte in ihr auf, und als der Tod näher kam, hatte sie Angst. Zähneknirschend erhob sie sich vor dem knienden Monstrum. Als sie stand, schwankte sie.

Sie schrak zurück, blickte den Grafen an und erbrach sich.

— Siehst du, sagte sie.

— Erleichtert? fragte der Graf.

— Nein, sagte sie.

Sie sah das Erbrochene vor sich. Ihr zerrissener Mantel bedeckte sie nur halb.

— Wohin gehen wir? fragte sie.

— Zu Ihnen, antwortete der Graf.

MARIE
ERBRICHT SICH

– Zu mir, stöhnte Marie. Wieder drehte sich ihr der Kopf.

– Bist du der Teufel, daß du zu mir nach Hause willst? fragte sie.

– Ja, gab der Zwerg zurück, das hat man mir schon manchmal gesagt, daß ich der Teufel sei.

– Der Teufel, sagte Marie, ich scheiße vor dem Teufel!

– Sie haben sich gerade erbrochen.

– Ich werde scheißen.

Sie hockte sich hin und schiß auf das Erbrochene.

Das Monstrum kniete noch immer.

Marie lehnte sich an eine Eiche. Sie war in Schweiß gebadet, schwebte in Todesangst.

Sie sagte:

– Das alles ist gar nichts. Aber *bei mir zu Hause*, da wird dir angst werden . . . Zu spät . . .

Sie schüttelte den Kopf, und wie eine Wilde trat sie plötzlich nach dem Zwerg, packte ihn beim Kragen und schrie:

– Kommst du mit?

– Gern, sagte der Graf.

Und mit fast unhörbarer Stimme fügte er hinzu:

– Sie ist mir böse.

MARIE SCHEISST
AUF DAS ERBROCHENE

Marie, die seine Worte gehört hatte, blickte ihn nur an.

Der Graf erhob sich:

– Noch nie, murmelte er, hat jemand so zu mir gesprochen.

– Du kannst gehen, sagte sie. Aber wenn du mitkommst . . .

Der Graf unterbrach sie trocken:

– Ich folge Ihnen. Sie werden sich mir ergeben.

Sie blieb heftig:

– Es wird Zeit, sagte sie. Komm!

MARIE NIMMT DEN GRAFEN
MIT NACH HAUSE

Sie gingen schnell.

Es war Tag geworden, als sie ankamen. Marie stieß das Tor auf.

Sie gingen eine von alten Bäumen gesäumte Allee entlang: die Sonne vergoldete die Wipfel.

Marie wußte sich in ihrer Gehässigkeit einig mit der Sonne. Sie führte den Grafen in ihr Schlafzimmer.

– Es ist zu Ende, sagte sie sich. Sie war müde, haßerfüllt, gleichgültig, alles auf einmal.

– Zieh dich aus, sagte sie, ich erwarte dich im Zimmer nebenan.

Der Graf zog sich ohne Eile aus.

Die Sonne, die durch das Blattwerk sickerte, fleckte die Wand, und die Lichtflecken tanzten.

MARIE UND DER GNOM
BETRETEN DAS HAUS

Der Graf bekam einen steifen Schwanz.

Sein Schwanz war lang und rötlich.

Sein nackter Körper und dieser Schwanz hatten etwas Teufli-
sches in ihrer Unförmigkeit. Der Kopf zwischen den eckigen
und zu hohen Schultern war leichenblaß und spöttisch.

Er verlangte nach Marie und begrenzte sein Denken auf dieses
Verlangen.

Er stieß die Tür auf. In trauriger Nacktheit, vor einem Bett,
erwartete sie ihn, herausfordernd und häßlich: zerschlagen von
Trunkenheit und Erschöpfung.

– Was haben Sie? sagte Marie.

Der Tote in seiner Unordnung erfüllte den Raum . . .

Der Graf stammelte leise:

– . . . ich wußte nicht . . .

Er mußte sich auf ein Möbel stützen: sein Schwanz *entspannte
sich.*

Marie hatte ein grauenvolles Lächeln aufgesetzt:

– UNMÖGLICH! schrie sie.

Sie hielt eine Ampulle in der Hand.

MARIE
STIRBT

. . . Schließlich erblickte der Graf die beiden aufeinanderfolgenden Lei-
chenwagen, die im Schritt zum Friedhof fuhren.
Der Zwerg zischte zwischen den Zähnen:
– Sie hat mich gehabt . . .
Er ging wieder zum Kanal und ließ sich hinabgleiten.
Ein dumpfes Geräusch unterbrach für einen Augenblick die Stille des
Wassers.
Zurück blieb die Sonne.

MARIE FOLGT DEM TOTEN
IN DIE ERDE

LUCIUS ANNAEUS SENECA
Der Wüstling Hostius

Hier will ich dir ein Geschichtchen erzählen, woraus du erkennen magst, wie die Genußsucht kein Mittel zur Reizung der Lust
verachtet, und erfinderisch ist, ihren Wahnsinn noch mehr an-
zufachen. Ein gewisser Hostius war ein solcher Wüstling, daß
man ihn sogar auf der Bühne bloßstellte. Diesen reichen Geizhals,
den Sklaven von hundert Millionen Sestertien, als er von seinen
Sklaven ermordet worden war, hielt der vergötterte Augustus
keiner Rache wert, und sprach es beinahe aus, es sei ihm eigentlich Recht geschehen. Dieser Mensch war nicht nur mit einem
Geschlecht unzüchtig, sondern nach Männern ebenso lüstern als
nach Weibern. Und er machte Spiegel von der Art, die ich
soeben erwähnte, welche die Bilder bedeutend vergrößert wiedergeben, und in welchen ein Finger, sowohl der Länge als der
Dicke nach, größer als ein Arm wurde. Diese stellte er so auf,
daß, wenn er mit einem Manne zu tun hatte, er, denselben im
Rücken habend, alle Bewegungen seines geilen Buhlen im Spiegel sah, und sodann an der vorgespiegelten Größe des Gliedes, als
wäre es wirklich so, seine Lust hatte. In allen Bädern zwar hielt er
seine Auswahl, und las sich Männer von gehörigem Maße aus,
aber nichtsdestoweniger gab er dem unersättlichen Laster noch
durch Täuschung höheren Reiz. Und nun sage man mir noch
einmal, der Spiegel sei um der Reinlichkeit willen erfunden! Es ist
ekelhaft zu erzählen, was jenes Scheusal, das sich nur mit eigenem
Munde hätte zerfleischen sollen, gesagt und getan hat, da der Kerl
von allen Seiten Spiegel aufstellte, um seinen eigenen Schänd-
lichkeiten selbst zuzusehen, und was, auch geheimgehalten, auf
dem Bewußtsein lastet, ja was jeder, wenn er dessen beschuldigt
wird, wegleugnet, nicht nur in den Mund zu nehmen, sondern
seinen eigenen Augen vorzuhalten. Wahrlich, Schandtaten beben doch sonst vor ihrem eigenen Anblick zurück! Auch bei

Verworfenen und zu jeder Schändlichkeit sich Hergebenden ist doch noch eine zarte Scheu vor dem Anblick vorhanden. Jener aber, als ob es nicht genug wäre, Unerhörtes und Unbemerktes mit sich anfangen zu lassen, hat auch noch seine Augen dabei haben wollen, und, nicht zufrieden mit dem, was er von seinen Sünden sehen konnte, hat er sich noch mit Spiegeln umstellt, in denen seine Schandtaten verteilt und geordnet sein mußten, und weil er es nicht genau sehen konnte, weil er zusammengedrückt war und den Kopf gesenkt hatte, und an den Schamgliedern eines andern hing, so hielt er sich sein Tun durch Abbilder vor. Er studierte solch wollüstigen Anblick und beschaute sich die Männer, die er zu allem auf einmal zuließ. Bisweilen zwischen einem Manne und einem Weibe geteilt und den ganzen Körper preisgebend, schaute er auch diese Abscheulichkeiten mit an. Blieb denn für diesen unflätigen Menschen noch etwas im Dunkeln zu tun übrig? Er scheute den Tag nicht, sondern hielt sich die unnatürlichen Begattungen selbst vor und machte sie sich zurecht. Wie? sollte man glauben, er habe in diesem Zustande gemalt sein wollen! Auch die Verworfensten haben noch eine Art von Züchtigkeit, und Leute, die ihre Person der Entehrung für jedermann preisgeben, halten noch etwas vor, um die heillose Hingebung zu verdecken: so ist auch im Bordell noch einigermaßen Sittlichkeit zu Hause. Aber jenes Ungeheuer hatte sein wüstes Treiben zum Spektakel gemacht, und ließ sich selbst dasjenige sehen, was zu verbergen keine Nacht dunkel genug ist. Mit einem Manne und mit einem Weibe sagte er, habe ich zugleich zu tun; nichtsdestoweniger will ich mit dem Teile an mir, der noch nichts zu tun hat, noch auf andere Art die Schändlichkeit vergrößern. Alle Glieder sind im Dienste der Unzucht; auch die Augen sollen an der Wollust teilnehmen und ihre Zeugen und Förderer sein! Auch das, was vermöge des Baues unseres Körpers den Blicken entzogen ist, soll auf künstliche Art sichtbar werden, damit niemand meine, ich wisse nicht was ich tue. Die Natur hat es schlecht eingerichtet, daß sie der menschlichen Lust so geringen Vorschub geleistet, daß sie die Begattung anderer Tiere besser bedacht hat.

So will ich denn erfinderisch genug sein, wie ich meiner Leidenschaft zugleich abhelfe und genugtue. Wohin käme meine Verworfenheit, wenn ich naturgemäß sündige? Ich will mich mit einer Art von Spiegeln umstellen, die mir die Gestalten unglaublich vergrößert zurückwerfen. Wäre es mir möglich, so würde ich sie in der Wirklichkeit so machen; weil das nicht angeht, so will ich meine Lust an der Täuschung haben. Meine Unzüchtigkeit soll mehr schauen, als sie tun kann und soll ihr eigenes Treiben bewundern. – Oh, des empörenden Greuels! Dieser Mensch ist vielleicht schnell, und ehe er es merkte, getötet worden. Vor seinem Spiegel hätte er geschlachtet werden sollen.

DONATIEN ALPHONSE FRANÇOIS
■ MARQUIS DE SADE ■
Gartenfest beim Fürsten von
Francavilla von Neapel

Alle Gärten waren erleuchtet. Die Orangen-, Pfirsich-, Apriko-
sen- und Feigenbäume boten uns ihre Früchte ganz glasiert an,
und wir pflückten sie von den Bäumen, während wir die köstlichen Alleen durchschritten, die diese Bäume bildeten und die
uns zum Tempel des Ganymed führten. Das wenige Licht, das
diesen Tempel erhellte, war in einer Wölbung versteckt und
strahlte genug Helligkeit für das Vergnügen aus, ohne ermüdend
für das Auge zu sein. Grüne und rosa Säulen stützten das Ge-
bäude, Myrten- und Fliedergirlanden verbanden sie miteinander
und bildeten angenehme Blumengehänge von einer Säule zur
anderen.
Kaum waren wir dort angelangt, als man eine liebliche Musik
hörte. Charlotte, trunken vor Geilheit und sehr erhitzt durch die
Weine und Liköre, ging auf das Sofa zu. Wir taten es ihr nach.
»Sie sind an der Reihe«, sagte Francavilla zum König, »man muß
sie hier gewähren lassen, allerdings mit der notwendigen Emp-
fehlung, nur ihre Ärsche anzubieten. Nur den Hintern bietet man
an diesem Ort an. Jegliche Abschweifung von diesen Gesetzen
würde zu einem Verbrechen, das sie aus dem Tempel vertreibt,
und die Partner, die man ihnen zur Verfügung stellen wird,
würden übrigens diese Untreue gar nicht genehmigen.«
»Was macht es uns schon aus«, sagte Clairwil, indem sie sich als
Beispiel für uns nackt auszog. »Wir lieben es viel mehr, unsere
Hintern als unsere Votzen herzugeben, und vorausgesetzt, daß
man uns während der Zeit streichelt, sichern wir fest zu, daß wir
es nicht bedauern werden.«
Nun nahm Francavilla ein Übertuch aus rosa Satin fort, das das
Sofa bedeckt hatte. Oh, was für ein Sitz befand sich unter diesem

Schleier. Jeder Platz, es gab deren vier, zeichnete sich auf dieselbe Art aus. Die Frau, während sie sich auf die Kante des Platzes, der für sie bestimmt war, mit erhobenen Hüften und gespreizten Schenkeln niederkniete, ruhte auf den Lehnen, die mit Watte gepolstert und mit schwarzem Satin — wie alle Möbel — überzogen waren. Ihre Hände, die sich auf diesen Lehnen ausstreckten, lagen auf dem Unterleib von zwei Männern, so daß in jede Hand der Frau ein riesengroßer Apparat gelegt wurde; nur allein ihn sah man; der Rest des Körpers, der unter den schwarzen Tüchern versteckt war, blieb unsichtbar. Geschickt angebrachte Klappen hielten diese Körper, und zwar so, daß die Schwänze sofort nach dem Entleeren verschwanden und durch andere sogleich ersetzt wurden.

Ein neuer, noch außergewöhnlicherer Mechanismus arbeitete unter dem Bauch der Frau. Indem sie sich auf den für sie bestimmten Teil des Sitzes hockte, sank diese Frau, sozusagen ohne es zu wollen, auf ein weiches und flexibles Instrument, das wie ein Glied aussah, und das sich mittels einer Feder ständig in ihr hin- und herbewegte, wobei es jede Viertelstunde in ihre Scheide eine warme und klebrige Flüssigkeit spritzte, deren Geruch und Klebrigkeit man für den reinsten und frischesten Samen hätte halten können. Ein sehr hübscher Mädchenkopf, ohne daß man irgend etwas anderes als diesen Kopf sah, das Kinn an das Instrument gelehnt, leckte mit seiner Zunge die Klitoris der gebeugten Frau und wurde auch mittels einer Falltür abgelöst, sobald er ermüdet war. Vor dem Kopf jeder Frau sah man auf runden Schemeln, die je nach den Wünschen der Frau wechselten, entweder Votzen oder Schwänze, so daß diese Frau in Höhe ihres Mundes eine Maschine oder eine Klitoris hatte, die sie ganz gemächlich saugen konnte. Aus diesem ganzen Mechanismus ergab es sich, daß die Frau auf dem Sofa, das durch die entsprechenden Federn in Bewegung gesetzt wurde, dort zuerst einmal weich auf dem Bauche lag . . . von einem Instrument bearbeitet, durch ein Mädchen geleckt wurde, selbst ein Glied in jeder Hand hin- und herbewegte, ihren Hintern einem wirklichen Glied darbot, das ihn sodomieren würde, und abwechselnd, je nach Geschmack, bald ein Glied, bald eine Scheide und selbst einen Hintern saugte.

»Ich glaube nicht«, sagte Clairwil, indem sie sich ganz nackt auf diesen Sitz begab, daß es möglich ist, etwas noch Geileres zu erfinden. Schon die Stellung erregt mich . . . ich ergieße mich schon, wenn ich mich dort hinsetze.«

Wir begaben uns alle an unseren Platz. Vier junge Mädchen im Alter von sechzehn Jahren, nackt und schön wie Engel, halfen uns dabei. Sie befeuchteten die Instrumente mit einer Essenz, damit sie leichter eindringen würden. Sie arrangierten die Stellungen. Dann, nachdem sie unsere Hintern auseinandergezogen hatten, bestrichen sie auch unser Afterloch mit Öl und blieben, um uns während der Handlung zu umsorgen.

Nun gab Francavilla das Zeichen. Vier Jungfrauen im Alter von fünfzehn Jahren zogen eine gleiche Anzahl außerordentlicher Jünglinge am Schwanz heran, der uns sogleich in den Hintern gesteckt wurde. Nachdem diese Quadrille erschöpft war, wurde sie sogleich durch eine andere ersetzt. Es umsorgten uns immer dieselben Mädchen, aber die Schwänze wurden jeweils durch vier neue herangebracht, die, nachdem sie den Platzmädchen die Schwänze, die sie gebracht hatten, übergeben hatten, einen wollüstigen Tanz um uns herum aufführten, begleitet von bezaubernder Musik, die wir nur von weitem hörten. Während dieses Tanzes besprengten sie unsere Körper mit einer uns unbekannten Flüssigkeit, die uns bei jedem Tropfen einen erregenden Stich empfinden ließ und unglaublich dazu beitrug, unsere Leidenschaften anzuregen. Sie roch nach Jasmin. Wir wurden damit überschwemmt.

Man kann sich übrigens nicht vorstellen, mit welcher Leichtigkeit, welcher Schnelligkeit alle die Variationen dieser Szene ausgeführt wurden; wir warteten keine Minute. Unter unserem Mund folgten die Scheiden, Glieder und Hintern ebenso schnell aufeinander wie das Verlangen. Und kaum hatten sich andererseits die Apparate, die wir hin- und herbewegten, entleert, wurden sie durch neue ersetzt. Unsere Streichlerinnen lösten sich mit

derselben Schnelligkeit ab. Und nie waren unsere Hintern un-
besetzt. In weniger als drei Stunden, während unsere Ekstase
nicht unterbrochen wurde, kamen bei jeder hundert Männer in
den Hintern, und während der gleichen Zeit wurden wir unablässig durch den Godmiché geschändet, der unsere Scheiden
erforschte. Ich war fertig! Olympe war schlecht geworden, und
man war gezwungen, sie wegzunehmen. Clairwil und Charlotte
hatten allein den Angriff mit beispiellosem Mut ausgehalten. Der
Samen, die Flüssigkeiten, die aus den Instrumenten gespritzt wurden, und das Blut überschwemmten uns von allen Seiten. Wir
schwammen in ihren Fluten. Ferdinand und Francavilla, die uns
während des Schauspiels gegenübersaßen, hatten sich mit ungefähr dreißig charmanten Wüstlingen amüsiert und baten uns,
ihnen zu folgen. Vier hübsche Mädchen stützten uns, und wir
traten in ein großes Lusthaus, das wie folgt dekoriert war.
In dem hinteren rechten Teil befand sich ein halbrundes Amphitheater, das sich drei Fuß über den Boden erhob, der mit
dicken roten Satinmatratzen bedeckt war, auf die man sich ge-
mütlich hinlegen konnte. Gegenüber befand sich eine Bank von
mehr als einem Fuß Höhe, die dieselbe Form hatte und mit einem
großen roten Veloursteppich ganz ausgelegt war.
»Ergeben wir uns hier dem Laster«, sagte der Prinz, während er
uns zum Amphitheater führte, »wir werden sehen, was passieren
wird.«
Nachdem wir alle sechs gefickt worden waren, wurden den zwölf
Frauen, die einen Halbkreis um uns bildeten, durch eine gleiche
Anzahl kleiner, wie Tartaren gekleideter Mädchen die Röcke
hochgezogen. Die kleinen Mädchen knieten dabei vor den Frau-
en nieder und zeigten uns durch eine angenehm sichtbare
Haltung die herrlichste Kollektion Hintern, die man überhaupt
sehen kann.
»Das sind herrliche Ärsche«, sagte Francavilla, während ihn ein
ungestümes Glied sodomierte. »Aber sie bleiben uns unglückli-
cherweise vorenthalten, und ich würde böse sein, meine Damen,
wenn ich sehen würde, daß Sie ein großes Interesse an ihnen

nehmen . . . Sehen Sie doch wie dieses schöne Ensemble von Hinterbacken geformt und wie weiß es ist! Wie schade, sie so zu behandeln, wie wir es in wenigen Augenblicken tun werden.« Die kleinen Mädchen verschwanden. Zwölf Männer im Alter von fünfunddreißig Jahren, von tierisch männlicher und abscheulicher Physiognomie, als Satyre gekleidet, mit nackten Armen und alle mit einem Auspeitschungs-Instrument von verschiedener Form bewaffnet, bemächtigten sich der Kinder, die von den Frauen getragen wurden, warfen sie durcheinander, ergriffen ihre Mütter, zogen sie an den Haaren auf die Estrade, die sich uns gegenüber befand, rissen ihnen mitleidslos die Hemden vom Leib, mit denen sie bedeckt waren, hielten sie mit einer Hand fest und fingen mit der anderen an, sie zu peitschen, und zwar auf so grausame Art und Weise und so lange, daß Blutspritzer und Fleischstücke durch die ganze Länge des Lusthauses bis zu uns gelangten.

Ich hatte noch nie in meinem Leben eine ähnliche Auspeitschung gesehen . . . eine so blutige, denn die Schläge durchliefen unterschiedlos alle hinteren Teile, vom Nacken bis zur Fußsohle. Das Jammergeschrei dieser Unglücklichen konnte man eine Meile weit hören, und das Verbrechen wurde hier unverhüllt zur Schau getragen, keine Vorkehrungen wurden getroffen, um die Schreie zu ersticken. Vier dieser Frauen fielen in Ohnmacht . . . fielen hin und wurden nur durch Peitschenschläge wieder hochgerissen. Als alle gepeitschten Stellen nur noch eine einzige Wunde bildeten, ließ man sie in Ruhe.

Liebe für $ 17.50

Roberts erste Wunschvorstellung – als er an solche Dinge zu denken begann – war ein nächtlicher Einbruch ins Wachsfigurenkabinett, um es dort mit den wächsernen Damen zu treiben. Nur, das erschien ihm zu riskant. Deshalb beschränkte er sich darauf, es in seinen sexuellen Fantasien mit Statuen und Schaufensterpuppen zu machen und in seiner Fantasiewelt zu leben. Eines Tages, als er an einer Ampel warten mußte, sah er in einen Ladeneingang hinein. Es war einer von diesen Läden, die alles mögliche verkaufen – Schallplatten, Sofas, Bücher, Nippes und sonstigen Kram. Da sah er sie stehen, in einem langen roten Kleid. Sie trug eine randlose Brille, war gut gebaut; vornehm und sexy, so wie sie früher mal waren. Ein richtiges Klasseweib. Dann wurde es Grün und er mußte weiterfahren.

Robert parkte in der nächsten Seitenstraße und ging zum Laden zurück. Er stellte sich draußen vor den Zeitschriftenständer und sah zu ihr hinein. Sogar ihre Augen wirkten echt, und der Mund war sehr impulsiv, ein bißchen schmollend.

Robert ging hinein und sah die Platten durch. Er war jetzt ganz in ihrer Nähe und warf ihr verstohlene Blicke zu. Nein, sowas wie die war längst zu einer Rarität geworden. Sogar hochhackige Schuhe hatte sie an.

Die Verkäuferin kam zu ihm her. »Was darf es sein, Sir?«

»Ich seh mich nur ein bißchen um.«

»Wenn ich Ihnen etwas zeigen kann, lassen Sie michs nur wissen.«

»Mach ich.«

Robert ging zu der Schaufensterpuppe hin. Es hing kein Preisschild dran. Er fragte sich, ob man sie wohl kaufen konnte. Er ging wieder zu den Schallplatten zurück, griff sich ein billiges Album heraus und bezahlte bei der Verkäuferin.

Als er das nächste Mal in den Laden kam, stand die Schaufensterpuppe immer noch da. Robert ging ein bißchen herum, kaufte sich schließlich einen Aschenbecher in Form einer zusammengerollten Schlange und ging wieder.

Beim dritten Mal fragte er das Girl im Laden: »Ist die Schaufensterpuppe zu verkaufen?«

»Die Schaufensterpuppe?«

»Ja, die Schaufensterpuppe.«

»Sie wollen sie kaufen?«

»Ja. Sie verkaufen hier doch Sachen, nicht? Ist die Schaufensterpuppe zu verkaufen?«

»Kleinen Augenblick, Sir.«

Das Girl ging in den hinteren Teil des Ladens. Ein Vorhang teilte sich und ein alter Jude trat heraus. An seinem Hemd fehlten die beiden unteren Knöpfe, man konnte seinen haarigen Bauch sehen. Er schien ein ganz netter Mensch zu sein.

»Sie möchten die Schaufensterpuppe, Sir?«

»Ja. Ist sie zu verkaufen?«

»Nun ja, eigentlich nicht. Sehen Sie, es ist sozusagen ein Dekorationsstück, ein Scherz.«

»Ich möchte sie kaufen.«

»Tja, lassen Sie mich mal sehen . . .« Der alte Jude ging hinüber und begann die Puppe zu betasten, das Kleid, die Arme. »Lassen Sie mich mal sehen . . . ich denke, für $ 17.50 kann ich ihnen dieses . . . Stück . . . überlassen.«

»Ich nehme sie.« Robert zückte einen Zwanziger. Der Ladeninhaber zählte ihm das Wechselgeld hin.

»Sie wird mir fehlen«, sagte er. »Manchmal könnte man fast meinen, sie sei lebendig. Soll ich sie Ihnen einpacken?«

»Nein danke, ich nehme sie so wie sie ist.«

Robert nahm die Puppe und trug sie hinaus zu seinem Wagen. Er legte sie auf den Rücksitz. Dann stieg er ein und fuhr zu seiner Wohnung. Als er ankam, schien glücklicherweise niemand in der Nähe zu sein, und er kam ungesehen mit ihr durch die Tür. Er stellte sie mitten ins Zimmer und sah sie an.

»Stella«, sagte er, »Stella, du Flittchen!«

Er ging hin und schlug sie ins Gesicht. Dann packte er ihren Kopf und küßte sie. Sie ließ sich gut küssen. Sein Penis begann gerade hart zu werden, als das Telefon klingelte. »Hallo«, meldete er sich.

»Robert?«

»Yeah. Klar.«

»Hier ist Harry.«

»Wie gehts, Harry?«

»Gut, und was machst du?«

»Nichts.«

»Ich hab mir gedacht, ich komm mal vorbei und bring ein paar Dosen Bier mit.«

»Okay.«

Robert legte auf, nahm die Schaufensterpuppe und verwahrte sie im Schrank. Er steckte sie ganz hinten rein und schloß die Schranktür ab.

Harry wußte nicht viel zu sagen. Er saß nur da mit seiner Dose Bier. »Wie gehts Laura«, fragte er.

»Oh«, sagte Robert, »zwischen Laura und mir ist es aus.«

»Was war denn?«

»Hat mir zuviel den Vamp rausgekehrt. Immer auf der Bühne. Sie konnte nicht genug kriegen. Überall hat sie sich an Kerle rangeschmissen – beim Kaufmann, auf der Straße, im Cafe, überall. Jeder war ihr recht. Egal wer er war, Hauptsache es war ein Mann. Sie flog sogar auf einen Typ, der bloß die falsche Nummer gewählt hatte. Ich konnte es nicht mehr ausstehen.«

»Bist du jetzt solo?«

»Nee, ich hab ne andere. Brenda. Du kennst sie.«

»O ja, Brenda. Die ist ganz in Ordnung.«

Harry saß da und trank Bier. Harry hatte nie etwas mit Frauen gehabt, aber er redete ständig darüber. Harry hatte etwas Abstoßendes an sich. Robert gab sich keine Mühe, die Unterhaltung in Gang zu halten, und Harry ging bald wieder. Robert ging zum Schrank und nahm Stella heraus.

»Du gottverdammte Hure!«, sagte er. »Du hast mich betrogen, stimmts?«

Stella gab keine Antwort. Sie stand da und gab sich ganz kühl und etepetete. Er verpaßte ihr eine saftige Ohrfeige. Da mußte schon viel passieren, ehe eine Frau einen Bob Wilkenson ungestraft betrügen konnte. Er verpaßte ihr noch eine saftige Ohrfeige. »Fotze! Du würdest einen vierjährigen Jungen ficken, wenn er seinen Pimmel hochkriegen könnte, stimmts?«

Er ohrfeigte sie nochmal, packte sie dann und küßte sie. Er küßte sie wieder und wieder. Dann griff er ihr mit beiden Händen unters Kleid und betastete sie. Sie war gut gebaut, sehr gut gebaut. Sie erinnerte ihn an eine Lehrerin, die er einmal an der Highschool in Mathematik gehabt hatte.

Stella hatte keine Schlüpfer an.

»Du Hure«, sagte er, »wer hat dir deine Schlüpfer ausgezogen?« Dann stand sein Penis und drückte vorne gegen sie. Sie hatte keine Öffnung da unten. Doch Robert war enorm in Hitze. Er steckte ihn zwischen ihre Schenkel. Es war glatt und eng dort. Er machte drauflos. Für einen kurzen Augenblick kam er sich dabei äußerst blöde vor, doch dann übermannte ihn seine Leidenschaft, und er begann sie am Hals zu küssen, während er sie unten bearbeitete.

Robert putzte Stella mit einem Spüllappen ab, stellte sie hinter einen Mantel im Schrank, schloß die Schranktür ab und erwischte gerade noch das letzte Drittel der Fernsehübertragung vom Spiel der Detroit Lions gegen die L. A. Rams.

Mit der Zeit ließ es sich für Robert ganz gut an. Er nahm einige Verbesserungen vor. Er kaufte Stella mehrere Schlüpfer, einen Strumpfgürtel, hauchdünne Nylons, ein Kettchen fürs Fußgelenk.

Er kaufte ihr auch Ohrringe, war aber ziemlich schockiert, als er feststellte, daß sie überhaupt keine Ohren hatte. Eine Menge Haar, aber keine Ohren darunter. Er machte die Ohrringe trotzdem an, mit Klebestreifen. Doch es gab auch Vorteile – er mußte mit ihr nicht essen gehen, auf keine Parties, in keine langweiligen Filme; all diese platten Dinge, die einer Frau im allgemeinen so viel bedeuteten. Es gab auch Streit. Es mußte immer Streit geben, selbst mit einer Schaufensterpuppe. Sie war nicht gerade redselig, aber er war sich sicher, daß sie einmal zu ihm sagte: »Du bist der größte Liebhaber von allen. Dieser alte Jude, das war ein Langweiler. Du liebst mit Seele, Robert.«

Ja, sie hatte ihre Vorteile. Sie war nicht wie all die anderen Frauen, die er gekannt hatte. Sie wollte nicht mit ihm ins Bett, wenn er gerade keine Lust dazu hatte. Er konnte sich die Zeit aussuchen. Und sie kriegte keine Periode. Das kam ihm besonders gelegen, denn er machte es ihr ausgiebig mit dem Mund. Er schnitt ihr ein Büschel Kopfhaare ab und klebte es ihr zwischen die Schenkel.

Es war von Anfang an ein intimes Verhältnis, aber mit der Zeit spürte er, daß er sie zu lieben begann. Er dachte daran, einen Psychiater aufzusuchen, ließ das Vorhaben aber wieder fallen. Schließlich mußte man ja nicht unbedingt einen richtigen Menschen lieben, oder? Das dauerte nie lange. Es gab zuviele unterschiedliche Sorten von Menschen, und was als Liebe begann, endete allzu oft in einem Krieg.

Außerdem mußte er nicht mit Stella im Bett liegen und sich anhören, was sie von ihren verflossenen Liebhabern zu erzählen hatte. Daß Karl so ein großes Ding dähängen hatte, ihr aber nie die Möse lutschen wollte. Und daß Louie so gut tanzen konnte; Louie hätte als Ballett-Tänzer groß rauskommen können, anstatt Versicherungspolicen zu verkaufen. Und daß Marty richtig gut küssen konnte; er brachte es fertig, daß sich ihre Zungen umeinanderwickelten. Undsoweiter undsofort. Öde Scheiße. Natürlich, Stella hatte den alten Juden erwähnt. Aber auch nur dieses eine Mal.

Robert war mit Stella seit ungefähr zwei Wochen zusammen, als Brenda anrief.

»Ja, Brenda?«, antwortete er.

»Robert, du hast mich nicht angerufen.«

»Ich hatte schrecklich viel zu tun, Brenda. Ich bin zum Bezirks⸗ leiter befördert worden, und da mußte im Büro vieles umorga⸗ nisiert werden.«

»Ach wirklich?«

»Ja.«

»Robert, da stimmt doch was nicht . . .«

»Wie meinst du das?«

»Ich hör es an deiner Stimme. Da stimmt irgendwas nicht. Was zum Teufel ist los, Robert? Ist es eine andere Frau?«

»Nicht direkt.«

»Was soll das heißen ›nicht direkt‹?«

»Ach Gott nee!«

»Was ist es? Was ist es? Robert, da stimmt doch was nicht. Ich komm auf der Stelle zu dir rüber.«

»Es ist doch garnichts los, Brenda.«

»Du Mistkerl, du verheimlichst mir was! Irgendwas geht da vor. Ich komm zu dir rüber! Sofort!«

Brenda legte auf, und Robert ging zu Stella hinüber, hob sie hoch und verstaute sie im Schrank, ziemlich weit hinten. Er nahm den Mantel vom Kleiderbügel und hängte ihn über sie. Dann kam er zurück, setzte sich hin und wartete.

Brenda riß die Tür auf und kam hereingerauscht. »Also, was zum Teufel ist los? Was ist es?«

»Hör zu, Kid«, sagte er, »ist alles okay. Beruhige dich.«

Brenda war recht ordentlich gebaut. Sie hatte leichte Hängetitten, aber prima Beine und einen herrlichen Arsch. In ihren Augen lag immer so ein gehetzter, verlorener Blick. Davon würde er sie nie kurieren können. Manchmal, wenn sie sich geliebt hatten, kam so etwas wie Ruhe in ihre Augen, aber es hielt nie lange an.

»Du hast mich noch nichtmal geküßt?«

Robert erhob sich von seinem Stuhl und küßte Brenda.

»Meine Güte, das war doch kein Kuß! Was ist es?«, fragte sie.

»Was ist los!«

»Nichts, überhaupt nichts . . .«

»Wenn du mirs nicht sagst, schrei ich!«

»Ich sag dir doch, es ist garnichts.«

Brenda schrie. Sie ging ans Fenster und schrie. Man konnte sie in der ganzen Nachbarschaft hören. Dann hörte sie auf.

»Mein Gott, Brenda, mach das nicht nochmal! Ich bitte dich!«

»Ich mach es wieder! Ich mach es wieder! Sag mir, was los ist, Robert, oder ich mach es wieder!«

»Also gut«, sagte er, »warte mal.«

Robert ging an den Kleiderschrank, nahm den Mantel von Stella herunter und holte sie aus ihrem Versteck.

»Was ist denn das?« fragte Brenda. »Was ist das?«

»Eine Schaufensterpuppe.«

»Eine Schaufensterpuppe? Soll das etwa heißen . . .?«

»Ja, soll es. Ich liebe sie.«

»O mein Gott! Du meinst . . . dieses Ding? Dieses *Ding*?«

»Ja.«

»Du liebst dieses *Ding* mehr als mich? Diesen Klumpen Zelluloid, oder was weiß ich, was für 'n Zeug das ist . . .? Du meinst, du liebst dieses *Ding* mehr als mich?«

»Ja.«

»Ich nehme an, du gehst auch ins Bett mit ihr, hm? Ich nehme an, du machst so einiges . . mit diesem *Ding*?«

»Ja.«

»Oh . . .«

Dann schrie Brenda erst richtig. Sie stand einfach da und schrie. Robert dachte, sie würde nie mehr aufhören. Dann sprang sie die Schaufensterpuppe an und begann an ihr herumzureißen und auf sie einzuschlagen. Die Puppe kippte um und fiel gegen die Wand. Brenda rannte zur Tür hinaus, stieg in ihren Wagen und raste in wilder Fahrt davon. Sie nahm die halbe Seite eines geparkten Autos mit, fing ihren Wagen ab und raste weiter.

Robert ging hinüber zu Stella. Der Kopf war abgegangen und unter einen Stuhl gerollt. Mehliges Zeug lag hier und da am Boden verstreut. Ein Arm hing lose, gebrochen, zwei Drähte standen heraus. Robert setzte sich auf einen Stuhl. Er saß einfach da. Dann stand er auf und ging ins Badezimmer, blieb dort eine Minute stehen, kam wieder heraus. Vom Flur aus konnte er den Kopf unter dem Stuhl liegen sehen. Er begann zu schluchzen. Es war schrecklich. Er wußte nicht ein noch aus. Er erinnerte sich, wie er seine Mutter und seinen Vater begraben hatte. Doch das hier war anders. Das hier war anders. Er stand da im Flur, schluchzte, wartete. Stellas Augen, groß, cool und schön, starrten ihn an.

Bibliographische Angaben und Kommentar

Kamasutra Die Frau in der Rolle des Mannes. Aus: Kamasutra. Die indische Liebeskunst, München 1965. Das berühmte Werk des Vatsyana wurde zum Grundbuch der indischen ars amatoria. Es entstand nach Buddha, zwischen dem 2. vorchristlichen und dem 8. nachchristlichen Jahrhundert, besteht aber im wesentlichen aus Kompilationen älterer Autoren.

Die Bibel · Hesekiel Über die Hurerei Jerusalems*. Hesekiel 16, Vers 4-42, in der Übersetzung Martin Luthers.

Anonyme Londoner Prostituierte Die Anschaffe. Aus: Wayland Young. Der verleugnete Eros. München 1966.
Young gibt keine Jahreszahl an, Zusammenhang und poetische Form aber legen nahe, daß das Gedicht in der ersten Hälfte dieses Jahrhunderts entstand.

Antonio Beccadelli Grabschrift der Nichina aus Flandern. Aus: Antonii Panormitae Hermaphroditus. Lateinisch nach der Ausgabe von Carl Friedrich Forberg. Coburg 1824. Dieses 1426 unter dem Namen Hermaphroditus erschienene Werk wurde zu seiner Zeit meist für antik gehalten und mehrmals verbrannt. Es ist das vermutlich erste rein erotische Buch der Literatur des christlichen Abendlands und setzt sich vornehmlich aus Nachdichtungen und Anlehnungen an antike erotische Dichtung (vor allem Martials) zusammen. 1824 wurde das Manuskript von dem Fichte-Anhänger Professor Carl Friedrich Forberg entdeckt. Dieser ordnete die Epigramme und versammelte in einem umfangreichen Anhang weitere wichtige Texte, die sich zu einer bis dahin beispiellosen Erotologie zusammenfügten.

*(Die mit * bezeichneten Titel stammen vom Herausgeber.)*

Lorenzo Veniero Gereimte Preistafel. Aus: Des Lorenzo Veniero gereimte Preistafel. Hrsg. v. Dr. Gaston Vorberg. München 1924. Der Renaissancedichter Veniero gilt als der beste Schüler Pietro Aretinos, dem einige seiner Werke verschiedentlich zugeschrieben worden sind. Bei ihm finden sich, ähnlich wie im folgenden Text von Stolberg, deutlich koprologische Züge.

Graf Stolberg Wahl meiner künftigen Gattin und ihrer Eigenschaften. Aus: Bürgers Werke hrsg. v. E. Grisebach. O. O. 1894. Stolberg gehörte wie Bürger und Voß, die zwei entsprechende ›Priapische Oden‹ verfaßten, dem »Göttinger Hain« an, einem 1772 gegründeten Dichterbund, der sich nach dem Vorbild Klopstocks vor allem um volksnahe Naturdichtung bemühte. Stolbergs Ode erhellt wie die seiner beiden Hainbrüder exemplarisch die Spanne zwischen poetischer Hingabe an das Erhabene und ›Sudeldichtung‹, wie sie sich oft im Werke ein und desselben Verfassers findet.

François Villon Ballade von Villon und der dicken Margot. Aus: Paul Englisch, Geschichte der erotischen Literatur. Stuttgart 1927. Übersetzt von K. L. Ammer. Der um 1431 geborene Villon wurde zum wichtigsten Vertreter der französischen Vagantendichtung. Seine poetische Aufwertung der sozial Deklassierten, Prostituierten und Kriminellen wirkte richtungsweisend für die Lyrik Baudelaires und Verlaines.

Frank Wedekind Die Mädchen von Paris*. Aus: Die Tagebücher. Ein erotisches Leben. Hrsg. v. Gerhard Hay. Frankfurt 1986. Wedekind (1864‒1918) ist vermutlich der erste echte Erotiker der deutschsprachigen Moderne. Seine Dramen »Erdgeist« und »Die Büchse der Pandora«, aber auch Prosastücke wie die Erzählung »Mine Haha« wurden zu Schlüsseltexten der erotischen Literatur in Deutschland. Sie vereinbaren die Kritik bürgerlicher Sexualmoral mit pointierter Gesellschaftskritik. ›Minet machen‹ (nach franz: das Kätzchen) ist ein metaphorischer Ausdruck für den Cunnilingus.

Lucian Lucius oder der Esel. Aus: Franz Blei (Hrsg.), Opale. Blätter für Kunst und Literatur 2. Leipzig 1907. Übersetzt von O. Knapp. Lucians erhaltenes Werk geht auf eine ältere, nicht identifizierbare Quelle zurück, es bildete das Vorbild zum berühmten Roman des Apuleius. Die hier mitgeteilte Passage wurde in früheren Ausgaben des Lucian unterdrückt. Sie enthält einen für die griechische Dichtung nicht untypischen Vergleich zwischen Liebesakt und Ringkampf, weshalb, wie Blei bemerkt, Lucian dem Mädchen den Namen ›Palästra‹ (= Ringschule) gibt.

Apuleius Die hübsche Dame und der goldene Esel*. Aus: Der goldene Esel. Aus dem Lateinischen des Apuleius von Madaura übersetzt von August Rode. Wedel 1947. Der 125 geborene und um 180 nach Christus gestorbene Dichter bezieht sich ausdrücklich auf »milesische Märchen« als Vorlage zu seiner aus Schwänken, Abenteuerberichten, erotischen Episoden und offensichtlich autobiographischen Erinnerungen zusammengesetzten Schrift. Die berühmteste Episode aus diesem Buch ist die von »Amor und Psyche«.

Pietro Aretino Das Leben der Eheweiber. Aus: Die Gespräche des Pietro Aretino. Übertragen von Ernst Otto Kayser. Leipzig 1921. Der 1492 geborene, 1556 gestorbene Dichter ist von der Forschung jahrhundertelang weitgehend ignoriert worden. Sein Werk galt als schamlos und indezent, sein Charakter als abstoßend. Erpresser, Heuchler, Größenwahnsinniger, Verbrecher, Pamphletist, all das war Aretino ebenso sicher wie ein bedeutender Schriftsteller, einer der bedeutendsten Erotiker und einflußreichsten Autoren seiner Zeit.

Nicholas Chorier Zweikampf. Aus: Johannes Meursius. Die Dialoge der Aloisia Sigea. Privatdruck. O. O. O. J. Dieses außerordentlich einflußreiche Werk, dessen Verfasser man manchmal den ›Vater aller abendländischen Pornographie‹ genannt hat, war

durch den doppelten Schutz seiner Pseudonyme lange Zeit nicht
zu identifizieren. Choriers »Satyra Sotadica« erschien zuerst 1659
und gab sich als Werk einer spanischen Hofdame namens Aloisia
Sigea aus, das angeblich von einem gerade verstorbenen, ebenso
nicht-fiktiven flämischen Gelehrten namens Meursius aus dem
Lateinischen übersetzt worden war. Der wahre Verfasser, Chorier, war ein bekannter Advokat, der über die Landschaft seiner
Herkunft, die Dauphiné, ein mehrbändiges Historienwerk
schrieb und als Advokat des Parlaments zu hohem Ansehen
gelangte.

Alfred de Musset Menage à trois*. Aus: Gamiani. Hamburg 1969.
Dieser populärste erotische Roman der französischen Literatur ist
von dramatisch-novellistischer Struktur, er konzentriert sich vor
allem auf die Perspektive des Voyeurs und stellt bevorzugt lesbi-
sche Szenen dar. Das große Finale mit dem Liebestod der beiden
Frauen entspricht dem romantischen Zug des Werkes. Mussets
Verfasserschaft ist verschiedentlich, aber ohne Überzeugung, be-
zweifelt worden. Die Übersetzung besorgte Rolf Palm.

Davernos Julie*. Aus: Julie. Eine Meisterin der Liebe. München
1981. Über die Identität des Verfassers dieses ehemals sehr popu-
lären episodischen Romans aus dem 19. Jahrhundert sind keine
zuverlässigen Nachrichten erhältlich. Der Text scheint jedoch
von Mussets ›Gamiani‹ beeinflußt.

Anaïs Nin Mathilde. Aus: Das Delta der Venus. Bern und München 1981. Die 1903 in Paris geborene Autorin, die ihr Freund
Henry Miller »ebenbürtig« fand, wurde durch ihre Tagebücher,
Kritiken, Porträts bekannt. Ihre Romane erhoben sie in den Rang
einer der wichtigen Autorinnen der erotischen Literatur der Gegenwart. »Das Delta der Venus« entstand als Auftragsarbeit für
einen Verleger anzüglicher Groschenromane, wurde aber nach
Erscheinen als eine der bedeutendsten Errungenschaften der modernen erotischen Literatur begrüßt.

Antonio Cornazano Dem Klugen genügen wenig Worte. Aus: Eduard Fuchs, Illustrierte Sittengeschichte in sechs Bänden. Ausgewählt und eingeleitet von Thomas Huonker. Frankfurt a. M. 1985. Die Übersetzung dieser Renaissance-Novelle stammt von Albert Wesselski. Sie bietet neben dem Porträt der unersätt-lichen Frau einen frühen Beleg für das verbreitete Vorurteil über die Potenz der Schwarzen. Bis zum heutigen Tag unterliegt auch die fotografische Nacktdarstellung vor allem schwarzafrikani-scher Menschen, die vermeintlich in ihrem ›Naturzustand‹ dar-gestellt werden, anderen Gesetzen als die der Weißen.

Le Pensif Begerine und ihr Galan Ente. Poetische Grillen bey Müßigen Stunden gefangen von Le Pensiv [sic]. Erfurt 1729. Die Schreibweise wurde nach der Fassung von Franz Blei (Hrsg.), Das Lustwäldchen, Wien 1911, in angeglichener Form zitiert.

Shuzo Takiguchi Kuß auf das Absolute. Aus: Das surrealistische Gedicht. Hrsg. v. H. Becker, E. Jaguer und P. Kral. Frankfurt 1985. Der 1979 gestorbene Takiguchi gilt als führender Theore-tiker des japanischen Surrealismus. Er war außerdem einer der bedeutendsten Dichter dieser Strömung und wesentlicher Ver-mittler der europäischen Literatur in Japan.

Paul Verlaine Ouvertüre. Aus: Opale II. A. a. O. Das Gedicht wurde dem Band »Femmes« entnommen, der Übersetzer zeich-nete mit H. A. Verlaine, der 1844 geborene, 1896 gestorbene Mitbegründer des französischen Symbolismus wurde wegen sei-ner erotischen Lyrik, ähnlich wie Baudelaire, verschiedentlich Opfer der Zensur.

Charles Baudelaire Die Juwelen. Aus: Die Blumen des Bösen. Darmstadt 1966. Übersetzt von Carl Fischer. Bei dem ausge-wählten Gedicht handelt es sich um das erste jener sechs Ge-dichte, die gleich nach Erscheinen der ›Blumen des Bösen‹ (1857) verboten wurden. Baudelaire und sein Verleger waren in einem spektakulären Prozeß »der Verhöhnung der öffentlichen Moral und der guten Sitten« schuldig befunden und zu Geldstrafen verurteilt worden.

Arno Holz Die Flördeliese. Aus: Privatdruck. Berlin 1921. Der – neben Johannes Schlaf – wichtigste Programmatiker des deutschen Naturalismus gelangte zu seinem volkstümlichen Ton nicht selten durch die Verwendung des inneren Monologs, ein Stilmittel, das, wie in dem abgedruckten Gedicht, so in der gesamten erotischen Literatur, vornehmlich mit Frauengestalten verbunden wird. Zugleich zeigt sich hier ein Spiel mit triviallitterarischen Sprechformen, die in Groschenromanen und Liedern als Gefühlsausdruck wahrer Liebe populär sind.

Christian Hofmann von Hofmannswaldau An Laurette. Aus: Herrn von Hofmannswaldau und anderer Deutschen auserlesene und bisher ungedruckte Gedichte. Leipzig 1695-1727. Hofmannswaldau (1617-1679) wurde mit seiner anspielungsreichen, metaphorisch wuchernden und gerade in ihrer Erotik sinnlich facettenreichen, dabei einigermaßen ›ausdrücklichen‹ Lyrik einer der wichtigsten Vertreter des spätbarocken Manierismus (früher manchmal als »Schwulstbarock« abgetan).

Henry Miller Brenda – Wachtraum und Traum*. Aus: Brenda, Liebste . . . Henry Millers Liebesbriefe an Brenda Venus, München 1987. Miller (1891-1980) wurde oft als der ›Klassiker des Obszönen in der modernen Literatur‹ bezeichnet. Seine »Wendekreis«-Bücher galten ihm als Auftakt einer lebenslangen »Schlacht um die literarische Freiheit für sexuelle Probleme«. Sie leiteten eine Denunziation Millers als Pornograph ein, die erst im letzten Jahrzehnt einer gerechteren Würdigung des Autors als Wegbereiter erotischer Darstellungs-Freizügigkeit in der modernen Literatur gewichen ist. Die postum erschienenen Briefe an Brenda Venus zeigen den an den Rollstuhl gefesselten Autor in fortgesetzter literarischer Werbung um die junge Freundin und

Künstlerin, die sich Miller zwar nicht hingab, seinen Anträgen aber so verständnisvoll begegnete, daß er sich zur Niederschrift zahlreicher Briefe, vornehmlich erotischer Natur, angeregt fühlte.

Jack Kerouac Traum*. Aus: Traumtagebuch. Augsburg 1978. Die amerikanische Originalausgabe des 1922 geborenen, 1969 gestorbenen ›Vaters der Beat-Generation‹ erschien 1961. Die Übersetzung stammt von Werner Waldhoff. Kerouac steht hier als Vertreter der (bisher) letzten historischen Bewegung, die, weit- gehend ohne Anleihen, Vorstellungen befreiter Liebe mit solchen einer befreiten Gesellschaft verknüpfte und diese, zumindest in Kleinformen, auch umsetzte. Die sexuelle Ausdrücklichkeit ih- res Sprechens schlug sich vor allem in der Pop- und Rockmusik, aber auch in Filmen, Comicstrips etc. nieder (siehe auch: Ed Sanders).

Jaques Prévert Blutorange. Aus: Gedichte und Chansons. Nach- dichtungen von Kurt Kusenberg. Hamburg 1971. Der 1900 geborene Dichter, zeitweilige Anhänger des Surrealismus und Drehbuchautor (u. a. für Marcel Carné), steht hier als moderner Nachfahre des Vagantendichters Villon, mit dem er oft verglichen wurde. Préverts Chansons gehören zu den populärsten Frank- reichs und vertreten hier ein Genre, das der erotischen Liebeslyrik in vielen Fällen benachbart ist.

Johann Christoph Rost Die schöne Nacht. Aus: Bernhard Stern, Geschichte der erotischen Literatur aller Zeiten und Völker. Wien/Leipzig 1908. Der 1717 in Leipzig geborene, 1765 in Dresden gestorbene Rost hat neben Schäferdichtungen und zwei Satiren gegen Gottsched zahlreiche erotische Werke verfaßt, wur- de aber als Dichter, möglicherweise wegen seiner beharrlichen Konzentration auf das schlüpfrige Genre, zu Unrecht nicht ernst genommen. Sein bekanntestes Gedicht ist das hier mitgeteilte.

Johannes Secundus Der fünfte Kuß. Aus: Wayland Young. Der verleugnete Eros. A. a. O. Der 1511 geborene Niederländer, der eigentlich Jan Everaerts hieß, adressierte sein Hauptwerk, die lateinische Gedichtsammlung »Basia« (Die Küsse), an eine Spa⁄nierin namens Neaera. Der Zyklus wurde beispielhaft für die mystische Verschmelzung der erotischen Liebe mit der Gotteser⁄fahrung.

Japanische Göttersage Nuna⁄kaha⁄hime antwortet der Werbung Ya⁄chi⁄hokos*. Aus: Friedrich S. Krauss, Das Geschlechtsleben in Glaube, Sitte, Brauch und Gewohnheitsrecht der Japaner. Leipzig 1911. Der Text ist ein seltener Beleg für den alten japa⁄nischen Brauch, in der Brautnacht noch Enthaltsamkeit zu üben und erst am folgenden Tag Beischlaf zu pflegen.

Joyce Mansour Deine Hände wühlten*. Aus: Das surrealistische Gedicht. A. a. O. Die in Paris lebende Dichterin ägyptischer Abstammung gehörte zu den weiblichen Hauptvertretern der erotischen Literatur im Surrealismus.

Sappho Zwei Fragmente*. Aus: Mechthild Barthel⁄Kranzbühler (Hrsg.), Irdene Schale. Frauenlyrik seit der Antike. Heidelberg o. J. Die Lyrik dieser berühmten etwa 600 vor Christus gebore⁄nen Dichterin, die auf Lesbos einen Kreis junger Frauen um sich sammelte und erzog, ist leider nur bruchstückhaft erhalten. Die Fragmente geben jedoch Aufschluß über ein leidenschaftliches, weitgehend der Liebeslyrik zugehöriges Werk.

Johann von Besser Ruhestatt der Liebe oder Die Schoß der Ge⁄liebten. Aus: Franz Blei (Hrsg.), Amethyst. A. a. O. Johann von Besser wird am 8. Mai 1654 geboren, 1690 ist er als Zere⁄monienmeister am Berliner Hof, wo er später das Amt eines Geheimen Kriegsrats ausfüllt. Der am 17. 2. 1729 gestorbene Autor gilt als ›lüsterner Dichter der vornehmen Welt‹. Bessers Werk zeigt eine für die empfindsame Lyrik typische ›Naturali⁄

sierung‹ der Geliebten, die hier mit Flora, Elementen und Landschaften so weitgehend identifiziert wird, das alle Sinnlich‚ keit als Form der Erotik erscheint und Erotik ›nur‹ als eine Ausprägung jener allgemeinen Sinnlichkeit, durch die wir die Natur erfahren.

George Villiers Das vollkommene Vergnügen. Aus: Wayland Young, Der verleugnete Eros. A. a. O. Die Verfasserschaft Vil‚ liers, des zweiten Herzog von Buckingham, ist nicht völlig gesichert. Der Titel des Werkes bezieht sich unmittelbar auf Ro‚ chesters Folge von Gedichten mit dem Titel »Das unvollkom‚ mene Vergnügen«, von denen eines weiter unten abgedruckt wurde.

Paul Boldt Mädchennacht. Aus: Junge Pferde! Junge Pferde! Das Gesamtwerk. Olten 1979. Boldt (1885‚1921) gilt als Vertreter des expressionistischen Vitalismus.

Ed Sanders Das Treffen zwischen Elisabeth Barrett und Robert Browning. Aus: Acid. Neue amerikanische Szene, hrsg. v. R. D. Brinkmann und R. R. Rygulla. Berlin und Schlechtenwegen 1969. Der 1939 geborene amerikanische Autor gehört als Her‚ ausgeber von The Dick, als Aufsichtsratsvorsitzender der Fuck You Press, als Gründungsmitglied der Rock Band The Fugs, als Lyriker wie als Prosaautor zu den einflußreichsten Figuren der amerikanischen Underground‚Literatur der Sechziger Jahre. Der Text wurde von Rolf Eckart John übersetzt.

Thomas Carew Entzücken. Aus: Wayland Young, Der verleug‚ nete Eros. A. a. O. Selten hat in der empfindsamen englischen Literatur das Motiv des Goldenen Zeitalters befreiter Liebe eine so eindrückliche Darstellung gefunden wie in diesem Anfang des 17. Jahrhunderts geschriebenen Gedicht.

Simon Lemnius Von der Sardoa. Aus: Monachopornomachia. Der Mönchshurenkrieg. Threni. Von der Sardoa. Hrsg. v. Gaston Vorberg. München 1919. Der Schweizer Lemnius (1510/1550), ein Schützling Melanchthons, wurde wegen seiner ersten Gedichtsammlung von Martin Luther heftig verfolgt, zur Flucht aus Wittenberg getrieben und von diesem noch später als »der flüchtige Bube« verunglimpft. Erst aus dem Exil schlägt der u. a. von Lessing später in Schutz genommene Dichter mit teil- weise zotenhaften Spott- und Anklagedichtungen zurück. Das Liebeslied »Von der Sardoa« gehört zu den gelungensten Werken der neulateinischen Dichtung dieser Gattung. Es wurde von Walter Bähr übersetzt.

Anonym Der erschöpfte Liebhaber. Aus: G. Vorberg und W. Bähr (Hrsg.), Meisterstücke neulateinischer Liebesdichtung. München 1920. Über den Verfasser dieser vermutlich Anfang des 18. Jahr- hunderts verfaßten, einzigartigen Elegie ist zu viel spekuliert worden, als daß eine zuverlässige Zuschreibung hier möglich wäre. Vorberg gibt an, das Gedicht zuerst in einer Beibindung zu Choriers »Aloisia Sigea« von 1757 gefunden zu haben.

Edgar Firn Bibergeil. Aus: Bibergeil Pedantische Liebeslieder und andere Schriften. München 1983. Edgar Firn ist das Pseudonym des expressionistischen Lyrikers Karl Döhmann (1892/1982).

Walter Dienstmädchen*. Aus: Viktorianische Ausschweifun- gen. Nördlingen 1986. Die Übersetzung stammt von Reinhard Kaiser. Das Pseudonym ›Walter‹ konnte bis heute nicht gelüftet werden, das Buch, unter dem Titel »My Secret Life« etwa 1890 erschienen, gehört jedenfalls zu den unverblümtesten Autobio- graphien des viktorianischen England und wurde in Deutsch- land nach seinem Erscheinen beschlagnahmt.

Honoré Gabriel Graf von Mirabeau Der käufliche Liebhaber. Aus: Ausgewählte Schriften Band 1 Hrsg. v. Dr. Johanna Fürstauer.

Hamburg 1971. Den novellistischen Roman »Ein Lebemann von Format«, aus dem hier das erste Kapitel wiedergegeben wird, schrieb Mirabeau (1749-1791) in der Haft in Vincennes, wohin er wegen ›Verschwendungssucht und Ausschweifungen‹ auf Betreiben seines Vaters gebracht wurde. Aus Vincennes entführte er später die Gattin des Gefängniskommandanten und verdiente den gemeinsamen Lebensunterhalt im Ausland durch die Abfassung erotischer Schriften. Charakteristisch ist für diese Werke des späteren Volkstribuns der Revolution die Vermittlung von Erotik und Gesellschaftskritik.

Amru Al Kais Wie viele Frauen habe ich verführt! Aus: Amrilkais, Der Dichter und König. Aus dem Arabischen übertragen von Friedrich Rückert. Leipzig 1843. Der Dichter aus einer arabischen Königsfamilie des 7. Jahrhunderts wurde im 8. Jahrhundert im »Muallaqat«, einer Sammlung vorislamischer Gedichte, erfaßt. Die Sammlung wiederum wird von Goethe begeistert im Zusammenhang mit seiner Arbeit am »Westöstlichen Divan« erwähnt. Mohammed nannte Imru Al Kais den ›Führer der Dichter zur Hölle‹.

Caelius Calcagninus Die Tapferkeit des Priapus. Aus: Vorberg/Bähr, Meisterstücke . . . A. a. O. Der Dichter ist im 16. Jahrhundert als Kanonikus von Ferrara bekannt. Typisch ist hier die Parallelisierung von Wüstling und Priapus, die den ersteren ähnlich stilisiert und entschuldigt, wie es die Antike durch die Vergötterung des Liebesprinzips tat: der Wüstling untersteht der Macht des Priapus, ist sein Opfer und besitzt also mindere Verantwortung.

Pietro Bembo Priapus. Aus: Paul Englisch, Geschichte der erotischen Literatur. A. a. O. Bembo (1470-1547), einer der bedeutendsten Humanisten der italienischen Renaissance, war der Geliebte der Lukrezia Borgia. Er verfaßte vor allem theologische, literarische und philosophische Schriften, erwarb aber auch durch seine erotischen Gedichte einigen Ruhm.

Aphra Behn Die Enttäuschung. Aus: Ariès, Béjin, Foucault u. a., Die Masken des Begehrens und die Metamorphosen der Sinn⁄lichkeit. Zur Geschichte der Sexualität im Abendland. Frank⁄furt 1984. Die 1640 geborene erste Berufsschriftstellerin Englands stellte Sexualität nicht nur in bemerkenswerter Unverhohlenheit dar, sie brachte diese in ihren Stücken auch auf die Bühne. Das ausgewählte Werk eröffnet einen in der älteren Literaturgeschichte sehr seltenen Blick der Frau auf das männliche Impotenzerlebnis.

John Wilmot Earl of Rochester Das unvollkommene Vergnügen. Aus: Wayland Young, Der verleugnete Eros. A. a. O. Rochester (1647⁄1680) gilt als die höchste Vervollkommnung des engli⁄schen Wüstlings. Sittenlosigkeit, Atheismus, Antiklerikalismus, die Verherrlichung von Schmutz, Trunksucht, Ausschweifung und Prostitution, sowie Kritik am Königshaus, an den höheren Ständen und der Institution der Ehe kennzeichnen sein Werk so durchgehend wie die häufige Darstellung der Impotenz. Bei al⁄ledem gewinnt man den Eindruck, daß sich die Kritiker ange⁄sichts des Antiidealismus' seiner Liebesdarstellung grämen, den Autor so gut schreiben zu sehen. Entsprechend haben sich in der Geschichte immer wieder Gegenstimmen gefunden, die die Stär⁄ke und Echtheit seiner poetischen Sprache lobten.

Ovid Schwache Stunde. Aus: Die erotischen Dichtungen. Neu übertragen von Viktor von Marnitz. Stuttgart 1967. Das abge⁄druckte Gedicht des 43 vor Christus geborenen, in der Verban⁄nung 18 nach Christus gestorbenen primus inter pares der römischen Liebesdichtung stammt aus den »Erotischen Elegien«. Ovids »Ars Amatoria« ist die einzige Dichtung der Antike, die von einem römischen Papst auf den Index gesetzt wurde.

Poggio Bracciolini Von einem Mönch, der sein Glied durch das Loch eines Brettchens einführte. Aus: Die Facezien des Floren⁄tiners Poggio. Hanau 1967. Die Schwanksammlung des 1380 geborenen Autors gehört zu den berühmtesten der italienischen Renaissance⁄Novellistik.

Anonym Die Nencia von Prato oder die Feile. Aus: Friedrich S. Krauss (Hrsg.), Historische Quellenschriften zum Studium der Anthropophyteia Bd. 1, Volkstümliche Dichtungen der Italie‑ner. Deutsch von Jakob Ulrich. Leipzig 1906.

Gautier Le Leu Der dumme Ritter. Aus: Fabliaux. Französische Schwankerzählungen des Hochmittelalters. Ausgewählt, über‑setzt und kommentiert von Albert Gier. Stuttgart 1985. Aus der zweiten Hälfte des 13. Jahrhunderts sind uns von Gautier Le Leu zehn Fabeln überliefert: unter ihnen einige der ausdrücklichsten und drastischsten, die aus dem französischen Mittelalter bekannt sind. In Le Leus Werk verbindet sich solche Unverhohlenheit mit tiefem Pessimismus.

Mittelalterliches Sauflied Bruder Conrat. Aus: Dr. Paul Englisch. Geschichte der erotischen Literatur. A. a. O. Ein gutes Beispiel für die freie Form, in der man Bibelstellen, Psalmen, Texte von lateinischen Kirchen‑ und Erbauungsliedern satirisch in erotische Gedichte und Lieder einarbeitete – eine Tradition, die mit dem 17. und 18. Jahrhundert weitgehend versiegt und häufig ähnlich blasphemisch wirkt wie die zotenhaften Neudichtungen klassi‑scher poetischer Werke.

August Tünger Propter Reverentiam. Aus: Eduard Fuchs, Illu‑strierte Sittengeschichte A. a. O. August Tünger wurde 1455 geboren, 1486 ist er als bischöflicher Prokurator in Konstanz dokumentarisch belegt, sein Todesdatum bleibt unbekannt. Tün‑gers vielbändige Schwanksammlung »Facetiae Latinae et Ger‑manicae« gehört zu den umfangreichsten und meist rezipierten der Zeit.

Das Buch Miyet Nikayet Von dem Jüngling, der sein Geschlecht nicht kannte. Aus: Franz Blei (Hrsg.) Amethyst. Zwölf Hefte. Wien 1906. Das arabische Buch »Miyet Nikayet« erschien im Jahre 1864.

Walter Serner Las Tortilleras. Aus: Der elfte Finger. Erotische Kriminalgeschichten. Ausgewählt von Axel Matthes. München 1977. Die Spur des 1889 geborenen, zeitweilig dem DadaistenKreis zugehörigen Serner verliert sich 1942 im KZ von Theresienstadt. Seine erotischkriminalistische Kurzprosa blieb in der deutschen Literatur ohne Pendant.

Claude Henri Abbé de Voisenon Von dem Glück der Auserwählten. Aus: Die Liebesübungen. München 1976. Der Teil, aus dem der gewählte Auszug stammt, trägt auch bei Voisenon den Titel ›Von dem Glück der Auserwählten‹. Der 1708 geborene, 1775 gestorbene Autor pikanter Galanterien schrieb vor allem – »um sein Alter anzuwärmen« – für seine Freundin und freizügige literarische Testamentsvollstreckerin, die Komtesse Turpin de Crisse. Sein Werk kennzeichnet die Bloßstellung des scheinheiligen und bigotten Tartüffs und der in diesem verkörperten Moral. Der vorliegende Text bezeichnet nicht ohne Selbstironie die Lektüre als Eröffnung der Initiation.

Chang Tienyi Die Brüste eines Mädchens. Aus: Erotische Geschichten aus China. Herausgegeben und übersetzt von Adrian Baar. Frankfurt 1978. Die auch kulturhistorisch sehr aufschlußreiche Erzählung bildet in ihrer Themenwahl und formalen Gestaltung ein beispielloses Dokument aus dem maoistischen China.

Guillaume Apollinaire Die Geißelung*. Aus: Die elftausend Ruten. Deutsch von Rudolf Wittkopf. München 1985. Dieses riskanteste aller Bücher des 1880 geborenen, 1918 gestorbenen Dichters, erschien zuerst um 1907 und trug nur die Initialen G. A. Zahlreiche Hinweise, ein Widmungsexemplar, eine frühe Bibliographie etc. aber machen die Verfasserschaft Apollinaires sicher. Gelungen war ihm ein Werk, das in einzigartiger Weise einen Digest klassischer Situationen der erotischen Literatur in der Brechung der Parodie vorführt. Der Roman wurde nach seinem Erscheinen in Deutschland beschlagnahmt.

Georges Bataille Der Tote. Aus: Das obszöne Werk. Übersetzt von Marion Luckow. Hamburg 1977. Der 1967 postum erschienene Text geht in seiner typographischen Gestaltung auf einen Entwurf Batailles zurück. Der 1897 geborene, früh den Surrealisten nahestehende, später antifaschistisch engagierte Mitbegründer des »Collège de Sociologie« war als Theoretiker so einflußreich wie als Verfasser erotischer Romane. Er starb 1962.

Seneca Der Wüstling Hostius*. Aus: Antonii Panormitae Apophoreta. A. a. O. Der Text findet sich bei Seneca unter Nat. Quäst. 1.16 und bildet ein gutes Beispiel für das unbeherrschte Auftreten der Lust innerhalb einer moralisch ermahnenden Darstellung. Ähnlich zeichnet sich auch das theatralische Werk des Stoikers Seneca immer wieder durch die Zeichnung zügelloser, der stoischen Lebensphilosophie entgegengesetzter Charaktere aus.

Donatien Alphonse Francois Marquis de Sade Gartenfest beim Fürsten Francavilla von Neapel. Aus: Die Geschichte der Juliette. Ausgewählte Werke Bd. 3. Hrsg. v. Marion Luckow. Hamburg 1962–1965. Der 1740 geborene de Sade ist keineswegs der Vater der ›sadistischen‹ Literatur, aber der radikalste und programmatische Vertreter einer Literatur der moralischen Indifferenz. Die Juliette wurde von de Sade als Schwester der berühmten Justine bezeichnet. Der Roman erschien 1797 anonym. De Sade stirbt 1814 im Irrenhaus von Charenton.

Charles Bukowski Liebe für $ 17.50. Aus: Die Stripperinnen vom Burbank und 16 andere Stories. Deutsch von Carl Weissner. Frankfurt a. M. 1979. In Bukowski erreicht die amerikanische Underground-Poesie eine Direktheit in der Zeichnung des Milieus von Trinkern, Prostituierten und Outcasts, die gerade in der Darstellung des Sexuellen alles Auratische, ›Literarische‹ und ästhetisch Überhöhte abwirft und zugleich zu transzendenzlosen Bildern trostloser Lust gelangt. Die Puppe wird in dieser Hinsicht zur Metapher.

Quellennachweis